紐西蘭

New Zealand

尊重智慧與創意的文化事業

關於本書

![INSIGHT GUIDE NEW ZEALAND]

知性之旅⑩・紐西蘭
INSIGHT GUIDE・NEW ZEALAND

編輯群
李育琴、陳芙陽、陳慧梅
林瑞霖、趙晨宇、張毓玲、李昧

美術編輯
林麗華

企畫
張震洲

董事長&發行人
孫思照

總經理
莫昭平

總編輯
林馨琴

出版者
時報文化出版企業股份有限公司
10803台北市和平西路三段240號4樓
發行專線：(02) 2306-6842
讀者服務專線：0800-231-705
(02) 2304-7103
讀者服務傳真：(02) 2304-6858
郵撥：19344724 時報文化出版公司
信箱：台北郵政79-99信箱
時報悅讀網：
http://www.readingtimes.com.tw
電子郵件信箱：
know@readingtimes.com.tw

法律顧問
理律法律事務所　陳長文律師
李念祖律師
印刷
詠豐彩色印刷有限公司
初版一刷
2006年12月22日
初版二刷
2008年5月8日
定價
新台幣600元

©2006 Apa Publications GmbH & Co.
Verlag KG (Singapore branch)
All Rights Reserved
First Edition 1984
Seventh Edition2004
(Updated) 2005
Complex Chinese translation copyright
© 2006 by China Times Publishing
Company
ALL RIGHTS RESERVED

行政院新聞局局版北市業字第80號
版權所有　翻印必究
(缺頁或破損的書，請寄回更換)
ISBN 978-957-13-4562-8

本書結合了全球兩家最知名的旅遊資訊提供者Insight Guides和Discovery頻道精彩和熱情的優點：自1970年以來，Insight Guides精采亮麗的攝影照片便有口皆碑；而Discovery頻道更是第一個旅遊電視節目。

Insight Guides的編輯給予讀者實用的建議，以及旅遊地點的歷史、文化與人民的大致情況。Discovery頻道和網站www.discovery.com幫助上百萬的觀眾在舒適的家中探索世界，並積極鼓勵大家走出去發掘世界之美。

這本書經過細心安排，希望能一邊讓讀者認識到紐西蘭人文的面貌，也一邊帶領讀者拜訪各個景點、融入各種活動中：

如何使用本書

◆本書的第一部分，即頁面上有黃色條狀的部分，介紹了紐西蘭的歷史以及紐西蘭的人文風情，這一部分由專家寫成，內容詳實豐富。

◆本書最重要的部分是景點導覽（藍色條狀的部分），將一一介紹所有值得您拜訪的地方。重要的景點都標上了編號，可與彩色地圖對照。

◆橘色條狀的旅遊資訊則提供您便利的參考資訊，例如交通資訊、旅館和餐廳名單、戶外活動和藝文活動資訊等等。

本書作者群簡介

本書已完整改寫並且更新資訊，全書由Francis Dorai負責出版，他是Insight Guides新加坡分部的編輯經理。此版是依據1998年最暢銷的版本所改寫，該版編輯為Craig Dowling。本書將既有之篇章加以擴充和更新，並且加入新的特色以反應21世紀紐西蘭的變化。也加入了由紐西蘭圖像（Photo New Zealand）和Fotopress所提供的令人驚艷的照片。

主導本書的是奧克蘭人Paul Little，他曾為報紙、廣播和電視撰稿，是《地鐵》與《紐西蘭聽眾》雜誌的編輯，他重寫了本書一部分的重要內容（包括旅遊資訊），並召集一組當地寫手更新了既有的文字以及增加一些新的篇幅。

Denis Welch曾任《紐西蘭聽眾》雜誌的美術設計和書籍編輯，他是寫「當代藝術文化」篇章的最佳人選。「表演藝術、音樂和電影」的篇幅則由Philip Matthews撰寫，他也曾任《紐西蘭聽眾》雜誌的美術設計和編輯。我們借重Ngarino Ellis的專長在當代毛利藝術的資訊列上，她是奧克蘭大學的藝術講師，本身是毛利人。

美食這個主題十分貼近Lois Saish的心，他曾經經營餐廳，而與美食並列的則是紅酒的單元，由藝術和美酒評鑑家Keith Stewart所負責，他也是《地球的品味：創造紐西蘭美酒》一書作者。

戶外活動的章節由Angie Belcher負責撰寫，她同時也是冒險運動的熱愛者。

有關奧克蘭與其周邊的章節由Peter Calder負責撰寫。納爾遜（Nelson）當地作家Gerard Hindmarsh則重寫了納爾遜與馬波羅（Malborough）、西岸和南岸的部分。最後，紐西蘭野外生活專家Brian Parkinson撰寫司徒華島和紐西蘭的動植物兩處訊息。

本書之前的撰稿人還包括David McGill（負責族群、威靈頓部分）；Graeme Stevens（負責自然史）；Michael King（負責毛利人的到來以及毛利人的今日部分）；Gordon McLauchlan（負責歷險與探索之旅、定居紐西蘭島以及殖民、南極洲部分）；Terence Barrow（負責毛利藝術部分）；Janet Leggett（負責威卡托部分）；John Harvey（負責塔拉那基、馬那瓦圖和汪加奴）；Jeoff Conly（負責波佛提灣以及和克灣部分）；John Goulter（負責基督城部分）；Robin Charteris（負責丹尼丁部分）；Les Bloxham（負責坎特伯利和西海岸部分）；Anne Stark（負責皇后鎮和奧塔哥中部部分）；Clive Lind（負責南島部分）；Joseph Frahm（負責科羅曼德和普連提灣部分）；William Hobbs（負責納爾遜及馬波羅部分）；Colin Taylor（負責羅托魯部分）；Jack Adlington（負責北地島部分）；以及Jane Wynyard（負責實用旅遊資訊）。

2005年，本書由紐西蘭當地人Helen West更新資訊，並由Insight新加坡本部的Jocelin Lau負責監督完成。

地圖說明

━ ∙ ━ ∙ ━	國家公園/自然保護區
━ ━ ━ ━	渡船行經航道
✈	機場
🚌	巴士站
P	停車場
❶	旅遊服務中心
✉	郵局
✝	教堂/教堂遺跡
☪	清真寺
✡	猶太教堂
♂♀	城堡/城堡遺跡
∴	考古據點
∩	洞穴
★	值得一看的景點

在本書的景點導覽部分，最重要的景點都標有編號（例如❶）並附上全彩地圖，在每個右側頁面上方還標有圖示，告訴您在哪一頁可以找到地圖。

目　錄

實用旅行資訊

完整版的旅遊指南索引可以在**323**頁找到

「歐提羅奧」

為什麼紐西蘭擁有如此豐富的自然美景？
答案就在一則古老的神話傳說中。

紐西蘭，毛利人稱作「歐提羅奧」（Aotearoa），意味「擁有長白雲朵的土地」。這塊土地有著壯麗的覆雪山峰、未曾被人探訪的雨林，清澈的湖水中游著鱒魚，蔚藍的海灣中點綴著林木蒼翠的小島；還有冰山、有峽灣、間歇溫泉、火山地景。這裡是貝殼杉和奇異果的種植地，有現代化的大都會，也有著鄉下的綿羊牧場，有不會飛的鷸鴕（Kiwi）和遠古時代就已經出現的鱷魚。

紐西蘭有兩大島——北島和南島，加上南島尖端的小司徒華島，以及一連串無人居住的島嶼，這些小島有部分被設為自然保護區。北島擁有最多人口，不過仍有許多遼闊空曠的景觀；而南島則更是荒野一片，景色更為驚人——是《魔戒》三部曲中「中土」的拍攝地點。這是一塊令人忘卻時間的土地，直到最近幾年以前都無人居住，而另一方面，卻又是讓人難以忘懷的地方。不過更重要的，這裡是毛利人居住的地方。

根據人類學家的說法，毛利人的祖先來自太平洋上的玻里尼西亞群島，在大約8世紀的時候，他們以長槳划動的獨木舟，乘風破浪來到紐西蘭的群島。毛利人的神話則更為動人：毛利人說，生命是在一個漫長寂靜、被毛利人稱為「迪波」（Te Po）的夜裡，被稱為「藍奇」（Rangi）的天空之父和「吧帕」（Papa）的大地之母所生。

「達內」（Tane）是森林之神，也是這兩位太初雙親的長子。他用盡力氣和漫長的時間，在黑夜裡從他雙親中掙脫而出，並將他們兩人拉開。他用日、月和星辰為「藍奇」加上裝扮，用植物和動物裝點「吧帕」，於是宇宙穿滿了光和色彩。然而「藍奇」因為和他的另一半分離而使他的眼淚奪框而出，結果淚水變成的汪洋和湖泊淹蓋了大地。

自然美景造就了紐西蘭的休閒天堂，而且紐西蘭人非常喜愛戶外運動——包括橄欖球賽，滑雪場、野外烤肉和高空彈跳都在此盛興。在保護這些大地的贈禮時，他們不僅用來作為冒險運動（和電影）的場景，也用來生產世界最好的美酒和食物，創作藝術，並且融入每天的休閒娛樂中。紐西蘭人是充滿活力的民族，但他們也喜愛思考，對自己所擁有和所做的一切深感驕傲。總而言之，他們渴望分享其美麗壯闊的國家，並慷慨贈與所有前來的遊客。「哈列邁依」（Haere mai），歡迎來到紐西蘭。

前頁：最紐西蘭的交通方式之一，就是乘坐小艇穿越峽灣了；或者試試搭乘吉普車前往北島的90哩海岸；或是坐飛機前往庫克峰上的冰川；再不還可以搭乘噴射機飛過地形崎嶇的岩區。

左頁：羅托魯島上的「波胡度」（Pohutu）間歇噴泉。

歷史記事

史前時代

大約1億3000萬年前 一塊陸塊從新卡列多尼亞、東澳大利亞、塔斯馬尼亞和南極大陸中脫離出來，這個陸塊最後便成為了紐西蘭。

8000萬年前 紐西蘭在地理上已經脫離了崗底瓦那大陸，成了完全獨立的陸塊，塔斯曼海開始形成。

6000萬年前 紐西蘭陸塊漂浮到今日的位置，也就是距離澳洲大陸約1500公里（930英哩）處。

商旅和探險家開始造訪

西元800年 第一批玻里尼西亞人來到紐西蘭。根據傳說，這批人是由一位名叫「庫普」（Kupe）的

探險者所帶領。他將這塊土地命名為「歐提羅奧」，意思是「長白的雲」，然後回到他的故鄉夏威夷。

西元1300年左右 第一批移民乘坐12艘獨木舟前來紐西蘭定居。他們帶來了芋、薯、一種稱為「庫馬拉」（Kumara）的甜薯、老鼠，還有狗。

西元1642年 荷屬東印度公司的亞伯·塔斯曼（Abel Tasman）是第一位看到這塊土地的歐洲人，將之命名為「紐西蘭」（Nieuw Zeeland，意思是「新海上的島」，後來改寫成英文即New Zealand。）

西元1769年 英國人詹姆斯·庫克（James Cook）成為第一位登陸勘察的歐洲人。

西元1791-1792年 遠洋補鯨業開始發展。

西元1814年 屬於英國國教派的傳教會（Church Missionary Society）開始在島灣（Bay of Islands）的藍吉霍亞（Rangihoua）傳教。

西元1815年 第一位白種歐洲人小孩湯瑪斯·金恩（Thomas King）誕生。

西元1818年 毛利人從歐洲人手中購得毛瑟槍，開始了毛利人各族間的「毛瑟槍之戰」。12年內各族裔間的爭戰造成了2萬人死亡。

西元1839年 羅斯船長（Capt. W. B. Rhodes）在南島的阿卡羅亞（Akaroa）設立第一座牧牛場。

殖民時期

西元1840年 「紐西蘭公司」的一批殖民者來到尼可遜港（Port Nicholson）、威靈頓等地建立了第一個「殖民地」。約50位毛利酋長簽署「威坦奇」（Waitangi）條約，將土地主權割讓予英國女王。英國女王則允諾毛利人土地、森林、漁場等其他財產權，做為交換條件。

代理總督威廉·霍布森（William Hobson）選擇奧克蘭作為紐西蘭的首府。

西元1844年 在一次土地權爭執中，第一位簽署威坦奇條約的荷內·希克（Honi Heke）連續三次砍下可可拉列卡（Kokoraraeka）鎮上象徵條約簽署的旗桿，佔領並燒毀整座城鎮。大約有1000名的毛利人參與了這次武裝抗英行動。

西元1848年 一群來自蘇格蘭的農民在南島建立了奧塔哥市。

西元1850年 坎特伯利建城。

西元1852年 普利茅斯公司開始在塔拉那基殖民。

西元1853年 毛利立王運動（Maori King movement）開始。主要由在威卡托和曼尼波多（Waikato-Manipoto）的族人所發起，目的是為了保護族地。

西元1856年 紐西蘭成為英國的自治殖民地。淘金熱和土地爭議不斷。

西元1860年 威利姆·金基（Wiremu Kingi）族宣稱擁有威塔拉（Waitara）的土地權，引發了毛利爭地之戰（Maori Land Wars）。一大片土地後來被敵對各族佔領沒入。

西元1861年 蓋伯瑞·李德（Gabriel Read）在突亞佩加的藍馬刺（Blue Spur, Tuapeka）發現了金礦，帶來了奧塔哥市的淘金熱。

西元1865年 威靈頓成為紐西蘭首府。

西元1867年 毛利人獲得投票權。

西元1868年 毛利領袖迪托可渥魯（Titokowaru）和德·庫地（Te Kooti）所發動的突擊行動，使得殖民地陷入危機。

西元1869年 德·庫地在涅塔巴（Ngatapa）被擊敗。紐西蘭第一所大學奧塔哥大學成立。

西元1870年 紐西蘭第一次舉行英式足球賽。

西元1877年 大法官普蘭德傑斯（Prendergast）宣告威坦奇條約「根本無效」。

西元1881年 Parihaka毛利人宗教團體被軍隊驅散。

西元1882年 第一批以冷凍貨櫃運送的農產品輸往英國。

西元1886年 塔拉威拉（Tarawera）火山爆發，153人喪生。

社會改革和世界大戰時期

西元1893年 女性獲得投票權，比英國和美國要早25年。

西元1896年 由於疾病的因素，毛利人的人口下滑至4萬2000人（西元1769年時有10萬人）。

西元1898年 民主黨的理查·席登（Richard Seddon）推動世界第一個男性老人年金法案。第一輛汽車引進。

西元1899-1902年 紐西蘭軍隊參與波耳戰爭（英國和荷蘭為爭奪南非殖民地所發動的戰爭）。

西元1901年 紐西蘭奪下庫克群島。

西元1907年 紐西蘭從殖民地升格為自治地。

西元1908年 埃尼斯·拉塞福（Ernest Rutherford）獲頒諾貝爾化學獎。人口超過100萬。

西元1914年 第一部紐西蘭電影《Hinemoa》上映。

西元1915年 第一次世界大戰爆發。紐西蘭的傷亡官兵比例（和全國人口相比）在聯軍當中居首。

西元1918-19年 感冒病毒橫掃紐西蘭，造成6700人死亡。

西元1926年 全國公共廣播開播。

西元1938年 紐西蘭推動健保和社會安全體制。

西元1939年 第二次世界大戰爆發。紐西蘭人民傷亡慘重。

獨立國家時期

西元1947年 紐西蘭完全獨立。

西元1951年 紐西蘭與澳洲、美國共同簽署紐澳共同防禦組織協定（ANZUS）。

西元1953年 紐西蘭人艾德蒙·希樂瑞（Edmund Hillary）和尼泊爾雪巴人但金（Tenzing）成為首位登上聖母峰的人。

西元1956年 柯林·梅鐸發明拋棄式注射器。

西元1958年 希樂瑞經陸地抵達南極洲。

西元1959年 奧克蘭港橋開通。

西元1961年 莫理斯·威爾金（Maurice Wilkins）因發現DNA共同獲頒諾貝爾生理醫學獎。

西元1963年 威廉·理萊（William Lilley）首度為3個月大的胎兒輸血，該胎兒的血型與母親不同。

西元1965年 紐西蘭派軍前往參與越戰。

西元1967年 阿瑟·波理特爵士（Sir Arthur Porritt）成為第一位出身紐西蘭的總督。

西元1968年 一艘名為瓦辛（Wahine）的載客快艇，在威靈頓港附近遇上暴風雨而觸礁沉沒，51人死亡。

西元1971年 紐西蘭加入南太平洋論壇。這一年開始出現一段經濟危機時期。

西元1973年 英國加入歐洲共同市場，剝奪了紐西蘭在主要產品的傳統市場商機。

西元1975年 國會通過威坦奇條約法案，並成立威坦奇裁決委員會，調查土地爭端案件。

西元1977年 山姆·尼爾（Sam Neill）主演的《Sleeping Dogs》證明了紐西蘭電影業的重生。

西元1981年 南非足球隊在巡迴比賽中抗議種族隔離，預見了國內難以平息的不安定。

西元1983年 與澳洲簽署加強經濟合作關係協議。

西元1985年 綠色和平組織開著「彩虹戰士號」船艦停泊奧克蘭，抗議法國核子試爆，結果遭到法國情報人員的炸沉。保羅·李維（Paul Reeves）爵士宣誓成為首位毛利裔的總督。福利國家制度在激烈的經濟改革過程中解體。政府拒絕裝備核武的船隻造訪。

西元1987年 毛利語成為法定官方語言。

西元1993年 國會選舉改採「MMP」，即所謂比例代表制。

西元1994年 《鋼琴師與她的情人》獲頒3項奧斯卡金像獎。

西元1995年 紐西蘭國家代表隊贏得美國盃足球賽冠軍。

西元1997年 紐西蘭國家黨的珍尼·雪普莉（Jenny Shipley）成為紐西蘭首位任命的女首相。

西元1999年 工黨的海倫·克拉克（Helen Clark）成為紐西蘭首位民選女首相。

西元2001年 紐西蘭導演彼得·傑克森的《魔戒》第一集全球首映。

西元2003年 人口突破400萬人。

西元2005年 公民婚姻法通過，同性婚姻伴侶擁有和一般夫妻同樣的法定權利。

前頁：毛利人與歐洲軍隊的戰爭。

左圖：昔日的女性戰士。

右圖：紐西蘭的軍隊在威靈頓展演。

毛利人的到來

玻里尼西亞人大約在西元800年左右來到紐西蘭定居。
他們在此地發展出一套精緻且有強大社會組織的文化。

紐西蘭是除了南極之外最後一塊被人類造訪的土地。太平洋上的航海者們比歐洲人要早800年來到這裡。他們是「日出之地的維京人」（Vikings of the Sunrise），他們的後代則得到了「毛利人」的稱號。

很少有話題要比毛利人的起源來得更受爭議。19世紀的學者們提出了各種古怪的理論。有些人認為毛利人是到處漂流的亞利安人（歐洲白人的祖先），其他人則認為他們原來自印度，更有人覺得他們一定是以色列某支走失的部族。到了20世紀人們對史料的解讀才謹慎得多。當今學者的共識是，毛利人是南島語族的後代，起源地則是東南亞。至今仍有人對此持保留態度。另外還有一些非主流的意見，認為毛利人起源自埃及、美索不達米亞（今天的中東地區），或甚至來自南美洲。

事實證明

語言學和考古學的證據在在顯示，紐西蘭的毛利人原是玻里尼西亞人。玻里尼西亞人的祖先大約在2000到3000年前從亞洲大陸乘船渡過南中國海。這些人當中有些向西南航行，最終抵達了馬達加斯加；其他人則沿著馬來西亞、印尼和菲律賓島群航行定居。

是什麼造成了這種大規模的遷徙呢？有兩個原因是顯而易見的，一個是帆船被引進東南亞，另一個則是有桿獨木舟（裝有舷外浮桿或支架，可以將數艘船相連起來）的發明。太平洋和東南亞各群島住民的語言，都屬於南島語系，而在這個語系的語言中，有各種關於船帆、桅桿、浮木和舟筏的詞彙，這些詞彙不但是數量最多的，也是形成年代最早的。

大約在西元前1300年，一支太平洋的南島族民沿著美拉尼西亞群島航行而來到斐濟，

之後在西元前1100年來到東加，他們留下許多零碎的陶器遺跡，上面有著獨具一格的花紋裝飾。這種陶器被稱作「拉披塔」（Lapita），考古學家便以同一個詞彙稱呼當年燒製這些陶器的人。除了陶器外，他們還帶來了豬、狗、老鼠、家禽和可供人耕植的

作物。這些東西全部源自東南亞大陸，只有一種稱為「庫馬拉」（Kumara）的甜薯例外，它的發源地在南美洲。

在東加和薩摩亞群島上的拉披塔人後來發展出今日的玻里尼西亞文化。至於那批來到紐西蘭的移民，則是從東玻里尼西亞來的，他們可能來自今日的法屬社會群島或馬克沙斯群島（Marquesas Islands）。早期的毛利人保存了東玻里尼西亞的特色，而碳年代測定、毛利人的人口成長率和遷徙分佈等種種資料都顯示，這批人是在西元800年左右在紐西蘭登陸上岸。

這塊土地與玻里尼西亞人之前在太平洋所

左圖：庫克艦長麾下畫家席尼帕金遜筆下的毛利族酋長。
右圖：毛利族的羽毛盒。

待過的地方完全不同。這塊土地相當之大——從北到南綿延1500公里——而地形也比他們之前所住過的島嶼更多變，山峰更高，而河流更寬廣。它的氣候較為溫和，和熱帶不同，而氣溫也較低，所以傳統的農作物無法在此生長。這批人得要學習適應他們之前從未經歷過的氣候環境。除了蝙蝠外，岸上沒有其他哺乳類動物，一直到毛利人的祖先把帶著一起旅行的老鼠（毛利人稱作kiore）和狗（毛利人稱作kuri）釋放上岸，才開始有其他哺乳類動物。他們可能也帶了豬和其他家禽。這些動物並沒有活下來，但是毛利人的祖先卻存活了下來，證明了他們的強韌和高度適應力。

雖然缺乏肉食，但豐富的漁獲卻補償了這點的不足，還有海中的哺乳動物：鯨魚、海豚和海豹，以及海帶等。內陸的水道則有其他的資源：水鳥、鰻魚、淡水魚和更多的貝類。還有大約200種左右的飛禽類，其中大部分都可獵取食用。除了飛禽、魚肉和海中哺乳動物外，暫時還有少量的狗肉和鼠肉可供食用。

陸地上的羊齒類植物變成了主食（不過它們必須經過繁複的研磨才能食用），除此之

上等材材

紐西蘭森林裡的樹木要比玻里尼西亞人之前看過的林木來得高大。利用這些木材，他們造出更大的中空獨木舟，並發展出一套雕刻的傳統。後來他們又利用木材做屋內的樑柱。一種稱作raupo和另一種稱作nikau的材料，則很適合用來砌牆或做為屋頂的材料。亞麻則可以編成粗繩或籃子，也很適合當做製衣的材料。石材被拿來做成斧頭或鑽頭，骨頭可以製成魚鉤和裝飾品，黑曜石可以製成除雪刀。紐西蘭的玻里尼西亞人運用這些材料，發展出一套世界上最精緻的新石器時代文化。

外，這批移民們還種了他們帶來的糧食類作物：芋頭、甜薯、甘薯、絲瓜和桑椹等等。

也許這塊新土地上最令人稱奇的資源，就是那稱為恐鳥（moa）的巨型無翼鳥。這種鳥有許多品種，從如火雞般大小的異禽（*anomalopteryx*）到巨大的恐鳥（*dinornis maximus*），這種鳥比駝鳥的體型還要大上數倍。除了上岸擱淺的鯨魚外，牠們是另一個充足的食物來源，數量之大是之前在玻里尼西亞群島上所未見的。有些早期的毛利部落索性就定居在這種鳥的大量棲息地，並藉此維生，直到這種鳥類因為過量獵捕而終致滅絕為止。

這批早期移民的歷史，從他們上岸一直到歐洲人到來前的這段時間，是一段環境的適應史——他們將生存的技能和文化累積應用在新環境上，新的文化特色也隨著環境所加諸的條件限制相應而生。

毛利人的文化

民族學家分析，毛利文化有兩個特色各異但彼此相連的發展階段。第一階段是在紐西蘭的東玻里尼西亞人，或說古毛利人時期。這段時期的特色是由早期住民和他們後代所留下的考古遺跡展現出來的。第二階段則是

北島和南島的方言有著明顯差異。雖然生活的細節和傳統各地或有差異，但最重要的文化傳統則是全島通行的。

舉例來說，競爭性的部落文化，一直是毛利人生活的重心。家庭和hapu（即子部落）是構成社會的單位，並由這兩個單位來決定人們的婚嫁、居住地，何時何地該和他人爭鬥（以及為什麼要鬥）。部落的祖先被奉為神明，另外還有代表大地的各種神祇（土地、天空、風、海等等）。整體生活被放進一個齊一的框架中，生活中的每件事都是彼此相關。另外毛利人也有著幾個共通的概

所謂的毛利古典時代，也就是早期歐洲探險家到紐西蘭之後所接觸並記錄下來的文化。至於第一階段是怎麼演進到第二階段，中間的過程相當複雜。

可以肯定的是，當詹姆斯·庫克在1769年探訪紐西蘭時，紐西蘭玻里尼西亞人的居住地已經從最北邊一直遍佈到南部的福沃海峽（Foveaux Strait）了。這些住民有著相似的共通語言，任何一地的人都可以了解其他人講的語言，不過方言差異仍是存在的，尤其是

左圖：帕金森繪製的理想化毛利人形象。

右圖：早期的問候儀式，hongi。

念，例如tapu（神聖性）、mana（神靈的權威）、mauri（生命力）、utu（對生活的滿足）以及對makutu（占卜巫術）的信仰等，這些便規範著毛利人全部的生活。

毛利人的階級制度

毛利人的社會是以階級劃分的。人們如果不是生在部落首領階級的家庭（rangatira），就是生為平民（tutua）。如果他們在部落戰爭中被俘，便會淪為奴隸。家族的首長（kaumatua）有著最直接的權力。整個部落有共同的祖先，並受到首領階級家庭的統治，他們的權力一部分繼承自祖先，一部分則是

建立在他們過去的成就上。有時候子部落或部落間會構成聯盟，一起接受最高首領（ariki）的領導，一同對外發動戰爭、進行貿易或徵收物資。不過子部落和子部落間最常有的，卻是激烈的競爭關係。

一個村落（kainga）裡可能居住著從幾戶到500戶不等的家戶。他們通常都屬於同一個子部落。村落的位置通常靠近水源、糧食和稻作。有一種稱作pa的聚落則還有防禦工事。往往

對抗物資的稀有

當kainga或pa村落裡的某些食物變得稀有時，它們就變成了違禁品（rahui），禁令加諸在村民身上，使他們必須儲存珍貴的食物。

是生活的重要事務之一。有時發動戰爭是為了奪取土地、食物和其他自然資源（例如用來製作工具的石材）；有時是為了報復他人的攻擊，有時是為了讓子部落裡犯了錯的成員將功贖罪，有時則是因為部落間對於資源掌控或權力分配發生了嫌隙。

不過，在毛瑟槍（即最早的獵槍）引進前，大多數的戰爭都不致於造成全面性的毀滅。通常參與戰爭的人數不多，最多就是

村落會接鄰位在山上的堡壘，這樣一來當村落遭受攻擊時便有地方可以撤退。

防禦性的聚落

毛利人的pa聚落構造繁複，內部有堡壘，外面則有溝渠、堤防和木柵。有些pa的確滴水不漏，也有的在歷史中曾經多次被奪去。有些學者認為，pa建在山上，最初的功能是為了防止甜薯被人奪去。

毛利聚落的團體生活，圍繞在食物採集、種植和戰爭（尤其在常有爭戰的地方）上。大批的農工依著季節進行種植和採集工作。

對紐西蘭大部分地方的毛利人來說，戰爭

一小群部隊，偶爾有突襲或短暫、間歇性的攻擊行動。即使是一大群人發生遭遇戰或包圍戰，死亡人數很少會超過個位數字。大多數的戰爭都發生在夏天。而且除非是發生在遷徙過程中，否則大多數戰爭都在距部落領土不遠處發生的。

毛利人認為mana（神靈的權威）是至高無上的，不管對個人或對部落來說都是如此。個人會因為戰爭的勝利而得到更多的權威，反之也會因戰敗而失去它。毛利人的成人式特別強調勇氣和戰鬥技巧，也強調男性同儕的認同，尤其是酋長。毛利人最喜愛的武器是一種叫taiaha的長扁木劍，還有一種叫patu

和mere的短棍。

不參與戰鬥的人則可以藉由藝術或學習秘術（tohunga，即神職人員或占卜術士）而獲得高尚的地位。因為沒有文字，所以毛利原住民有著極精緻的口述傳統。演講技巧高超的人可以得到相當高的敬重。雕刻工藝也相當受人敬重。紐西蘭的木雕、骨雕和石雕，無論在繁複度或精緻度，都是世界少見的。最精緻的木雕往往出現在門楣、外牆或獨木舟船頭上。石雕和骨雕則出現在個人飾品（例如一種叫hei-tiki的飾品）、墜子或項鍊上。最珍貴的雕刻材料要算是pounamu（紐

西蘭玉），為了尋找紐西蘭玉，毛利人甚至不惜前往南島最不適宜人居的地方。紐西蘭玉最珍貴的地方在於它的硬度以及從它琢磨出的稜角。它除了做為物資，更有著神秘的力量。此外，和其他玻里尼西亞人一樣，毛利人並不知道如何使用金屬。

因為沒有動物皮革可以使用，毛利人用羽毛、亞麻和其他材料，織出了精緻的節慶服飾。

用刺青（毛利人稱之為 moko）來為自己

身體作裝飾，也是毛利藝術的特色之一。男性多半刺青在臉上或臀部，而女性則刺在臉部和胸部。毛利人通常不用鋸齒狀而用筆直的刀鋒來刺青。這樣一來留下的刺痕就會變得細長，感覺更像雕刻的花紋，而不像刺青。

毛利人部落間除了有競爭、戰爭和涇渭分明的疆界，貿易也相當興盛。南島的居民將紐西蘭玉輸往其他地方，供人作為短棍、鑿子或其他物品的裝飾。普連提灣的居民則從馬約島上運來精緻的黑曜石；納爾遜（Nelson）和得威勒島（D'Urville Island）上的居民則採集泥質板岩。在某些地方有其他地方沒有的食物，例如綿羊鳥（mutton bird），則被醃製來進行交易。毛利人會為了材料和食物而長途跋涉。雖然到了18世紀紐西蘭的出海船隻消失了，但獨木舟仍被廣泛用在河道、湖泊或海岸地區的交通。

長白雲朵之地

現代醫學檢驗歐洲人到來之前的居民骸骨，發現毛利人很少活過30歲。大多數人在20歲最後幾年便開始為關節炎所苦，另外高纖維的羊齒類食物也造成了牙齦的感染和掉牙。根據詹姆斯・庫克在1770年所作的記載，許多看來健康的「長者」，年紀最多也才不過40出頭而已。

以上這些就是18世紀末時，庫克船長和其他探險家所遇見毛利人生活的景像。當時的人口大約介於10萬人到12萬人之間。因為和其他文化隔絕了這麼久，因此毛利人並沒有國家的概念。不過，他們對自己從祖先和子部落承繼下來的身分，卻是無比的自豪。從這方面來說，他們始終過著一種部落式的生活。不過不管他們生在哪個部落，有一件事是大家共通的，那就是對這塊土地和其豐饒所具有的深厚感情。他們稱這塊土地為「歐提羅奧」──「一塊有著長白朵的土地」。

左圖：毛利人堡壘，pa。

右圖：帕金森繪製的毛利戰士像。

歷險和探索之旅

一位尋找「偉大南方大陸」的荷蘭人，
在1642年第一次撞見了紐西蘭——但直到130年後，才有歐洲人再度回到這裡。

在世界上可供人居的土地中，南太平洋是最晚被歐洲人造訪的。過去這個地區只有在從南美洲到非洲間長途航程中，漸漸被人探索發覺。航海者一進入世界最大洋的內環地帶，他們就得穿越一望無際的廣大區域，至少要航行數百甚至數千哩才會來到熟悉的國界。要航進這個區域，需要的不只是充足的勇氣，更需要高超的航海能力。

歐洲人首度航進西太平洋後，南太平洋上諸多國家（多半都群聚在地球底部）的玻里尼西亞仍享受了150年清閒的日子。在荷蘭人亞伯・顏生・塔斯曼（Abel Janszoon Tasman）於西元1642年首度登陸之後，紐西蘭仍有130年的遺世獨立的時間。

不過要到了英國人詹姆斯・庫克出現，南太平洋才終於穩穩進駐世界地圖上。畢格侯爾（J. C. Beaglehole）博士是紐西蘭著名的史學和傳記學家，他曾經將庫克的3次遠航做了如下描述：「他一生並不只是為航海地圖點綴一些細節而已，在他首次出航前的太平洋航海圖，到了世紀結束前變得完全不同了。他的生命充滿熱情且專一致志：他將探險者奮鬥的無窮熱情帶進對地圖精準的要求中……」

荷蘭商旅的到來

自從葡萄牙人鮑伯亞（Nunez de Balboa）在西元1513年從巴拿馬地峽首次望見太平洋後，歐洲人對太平洋的瞭解在16和17世紀間有了長足進展。西班牙的麥哲倫、葡萄牙的季洛斯（Quiros）、英國的德雷克（Francis Drake）都進行過史無前例的航行。對西班牙來說，出航不只是為了奪得更多天主教的信徒，更是為了稀有的貴重金屬和香料。

不過到了16世紀末，荷蘭興起成為中西部太平洋上的航海貿易大國。他們在17世紀初，於爪哇島上的巴答維亞（Batavia，今日的雅加達）設立了一個統治和交易的中心，交由荷屬東印度公司掌控。荷蘭成為這個區域200年間的重要強權，不過儘管如此，偶爾還是會有探險隊伍伴隨著貿易商旅一起出現。

過去荷蘭船隻一向先開到非洲東岸，再乘著季風朝東航向爪哇島。後來他們發現，在船隻繞過好望角後，繼續待在南邊，就可以利用四季不停、一路吹至澳洲西岸的西風，加速抵達爪哇。也因為這樣，澳洲西邊的離島和海岸線開始被人注意並繪入地圖中，只是當時人們還沒發現，這原來就是一塊龐大大陸的西岸。

後來巴答維亞來了一位野心勃勃的總督安東尼・凡迪曼（Anthony van Diemen），他對開發新商業領地的興趣，比前任總督們都來得高。

前頁：庫克船長於1769年抵達紐西蘭。

右圖：18世紀庫克船長的「冒險號」素描。

塔斯曼的造訪

西元1642年，凡迪曼親自選定由塔斯曼負責南方探險，並由航海高手法蘭·威瑟（Frans Visscher）陪同前往。他們預定先航行到模里西斯，然後向西南方航行，到達南緯50到55度之間的區域，以尋找那塊南方大陸（Terra Australis Incognita，意思是「南方的未知領域」）。探險隊登上「漢斯魁克」（Heemskerck）和「瑟漢」（Zeehaen）兩艘船，準備在預行航程結束後，在沒有其他陸地阻擋的前提下向東航行，橫越大洋尋找前往智利的捷徑；當時智利是由西班牙一國獨

佔的區域。結果探險隊只航行至南緯49度就折向東方航行，他們在那裡找到南太平洋的兩大「發現」——塔斯馬尼亞（Tasmania，又稱「凡迪曼島」，這是總督當時自己命名的）以及紐西蘭（荷蘭文為Staten Landt，或稱「南美大陸」）。

1642年12月3日，塔斯曼和他的手下發現南島上有「被高高舉起的陸地」——南阿爾卑斯山（Southern Alps），然後乘著強風和巨浪朝北方一路航行至威斯蘭（Westland）的海岸，繞過費維爾角（Cape Farewell）來到今日所稱的哥登灣（Golden Bay，又稱金灣）。塔斯曼的海上行一開始並未被人視為是成功的（見下表），不過最後他還是藉著他對探險的勇氣和完整的紀錄而獲得應得的地位。

庫克的探勘

不到兩年，其他航海家便發現到，原來紐西蘭並不是一路相連到南美大陸的。於是紐西蘭的名字便從「南美大陸」改名為「新」西蘭（New Zealand），這名字是延用荷蘭的西蘭省（Zeeland）省名而來。

但一直要到詹姆斯·庫克的出現，南太平洋才像塊巨大的生蠔被人橇開，展現出其中的內容。1769年6月，為了觀測次年金星橫越太陽表面的軌跡，庫克獲派坐上一艘373噸級、在英國惠比（Whitby）建造的三桅帆船「冒險號」前往南太平洋。他奉命過境歐塔席地（即大溪地）觀測金星，然後再往南航行一直到南緯50度的地方，進行另一項尋找南方大陸的任務，把任何他可能碰到的島嶼繪製在地圖上。

庫克航行繞過智利的合恩角（Cape Horn）後，於1769年1月27日首次進入太平洋。他觀測完金星軌跡並調查完一群他命名為社會群島（Society Islands）的島群後，便向南然後向西航行。10月6日，一位名叫尼可拉斯·揚（Nicholas Young）的船工，目測到紐西蘭北島的東岸，這個地方今日便因此命名為「尼克小子的頭」（Young Nick's Head）。

看到了紐西蘭的東海岸，也就是塔斯曼所記載的陸地，兩天後，「冒險號」航行到一個灣區，在那裡可以看得到煙——這顯示陸地上有人居住。他們第一次的登陸以暴力收

塔斯曼的差點失誤

塔斯曼和毛利人的第一次也是最後一次接觸，是以混亂收場。毛利人的獨木舟撞到「漢斯魁克」和「瑟漢」兩艘船放下的小艇，引發一場打鬥，雙方均有死傷。塔斯曼把該處稱作「屠殺灣」（Massacre Bay）並繼續向北航行。他沒注意到的是，他已經進入今天的庫克海峽西口了。如果他再往東航行幾海哩，就會發現他不是在一個大陸的邊緣，而是在兩個島的中間，否則這個海峽今天很可能就稱做塔斯曼海峽了。

場。一群毛利人對留守登陸小船的4名船工發動攻擊，其中一名攻擊者遭槍殺身亡。

後來發現，「冒險者」上一名來自大溪地的酋長「突貝亞」（Tupaea）可以用他的語言和毛利人溝通，於是第二天早上庫克帶著他一起回到岸上。但毛利人示意進犯，於是庫克下令槍殺其中一人，好叫毛利人撤退。當天下午，一記槍聲飛過一艘獨木舟上方（只是為了引起獨木舟上的人注意），結果卻使得放槍的登陸船再

畫地圖的人也難免有錯
庫克犯了兩個錯誤：一個是將司徒華島誤認為是連接到大陸上的半島，另一個是將班克斯半島（Banks Penninsula）當成一個獨立的島。

Bay），然後又向北繞行東角（East Cape）的尖部。船隻在麥庫里灣（Mercury Bay，意思是「水星之灣」）待了10天，因為他們在那裡進行水星軌跡的觀測。這群探險家終於在麥庫里灣和當地毛利人有了第一次的友善接觸，並用小飾物換得漁獲、鳥肉和淡水等補給品。毛利人帶探險家們參觀他們的部落，並仔細研究了鄰近的一個有防禦工事的pa村落，這讓庫克留下了深刻的印象。

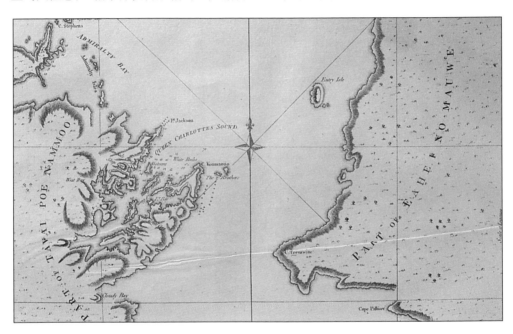

度遭受攻擊，一些毛利人遭到槍殺。庫克立刻瞭解到，這塊土地上的居民不但強悍、侵略性強而且勇敢。他把這裡命名為「波佛提灣」（Poverty Bay，意即「貧窮之灣」），因為他在此地找不到他所要的補給品。

第一次的友善接觸
「冒險號」向南航行到了和克灣（Hawke's

左圖：塔斯曼肖像。
右圖：未被命名為庫克海峽的地圖，是庫克早期探勘時使用的其中一張地圖。

這批探險隊繞行紐西蘭一周，並精確地繪製了一幅海岸線地圖，而且在之後的150年間大致仍然是準確的。庫克和他的船員們，在南島北海岸、船灣（Ship Cove）地區一個他稱為「夏綠蒂皇后峽灣」（Queen Charlotte Sound）的狹長海口待了數週時間，進行船隻修復和補給工作。這段停留時間讓船上的兩名植物學家，約瑟夫‧班克斯（Joseph Banks）和丹尼爾‧索蘭德（Daniel Solander）有絕佳機會仔細研究這塊區域的動植物分佈。在母船進行整理的期間，數艘小艇則進行了細部的測量工作。

1770年3月底，「冒險號」啟航開返母國，途中經過澳洲東岸，穿越了荷屬東印度地區，並繞過好望角，完成了繞行世界一周的航程。這次航行不但為一位航海者帶來無比榮耀，也將紐西蘭精準地放進地圖，還蒐集了大量的資料。庫克的傳記作家畢格侯爾對這位偉大的發現者有如下定義：「每個偉大的發現者心中都有兩股熱情──發現的熱情和記錄的熱情；而對最偉大的發現者來說，這兩種熱情是融合為一的──一種急於發現且精確紀載報導的熱情。」庫克的首航是航海探險史中最專業且最詳實的一頁。

在南方休養、在南方生息

庫克之後又二度率領航海隊前往太平洋──一次從1772年到1775年，另一次從1776年到1780年。他在第二次航海探險時帶領船隻南行進入南極圈。根據記載，在此之前，從未有船隻到達過這裡，不過他運氣不佳，並未成為第一位看見南極大陸的人。

庫克的船員們在洋的生活極為艱困，他後來航行到紐西蘭的德斯基灣（Dusky Sound），在那裡進行休養和修復。他的船隊在那裡待了7個星期，船員們在這段期間設立了一個小工廠和一間觀測站，靠著喝粗釀

庫克的經歷

庫克是約克夏郡的勞工之子，生於1728年，他在一艘煤船上當學徒，在七年戰爭期間自願當海軍艦上的水手。他協助調查加拿大的聖羅倫斯河，這是詹姆斯·沃夫（James Wolfe）將軍奪取魁北克的開始，隨後漸漸獲得聲譽。1766年，庫克觀察到日蝕的現象，皇家學會和英國海軍部非常滿意他的表現，也因此他獲得了前往南海的機會。

啤酒（以抵禦壞血病）和豐富的魚肉鳥肉恢復體力。他們和某個從以前至今就從未有過密集人口地區的毛利家族建立了關係。他們在灣區的海岸邊播下種子，然後航行到南島另一端，在船灣一個他們最喜愛的地方停泊。

幾年後，在庫克第二次的航行將返國前，他把豬隻、家禽和蔬菜種子送給和克灣附近的毛利人，之後他便再度前往徐布海灣，與另一艘名叫「歷險號」的探險船會合。

第三次出航，庫克再次來到紐西蘭，並再度從船灣的停泊地返回家鄉。此時他已經和當地毛利人建立友誼關係，並維持了10年之

久。他在日誌中形容毛利人是「強壯但溫和的」，他還寫到：「他們擁有某種形式的藝術，他們以高明的眼光和從不懈怠的耐心去製作這些藝術品。」

庫克在這時已經完整地將紐西蘭的海岸測繪完成，探險者除非深入內地，否則也沒多少事情好做了。不過還是有一些航海家在18世紀的最後幾年跟隨著他的軌跡前進——包括法國人得威勒（de Urville，他在庫克踏上紐

庫克之死

1778年1月，在夏威夷的開亞拉克庫亞灣（Kealakekua Bay），庫克的探險隊因為幾起偷竊事件，而和當地人起了嚴重衝突，庫克船長因而遇害身亡。

洲人，要算是獵海豹的漁民。第一批獵海豹船隊在1792年上岸抵達南島的西南海岸。19世紀初期獵海豹一度達到極盛，但很快地海豹的數量便大為銳減，漁船只好向更南方的極地島嶼前進。

接下來到了世紀之交，則有補鯨船到來，他們有的是從南美洲靠太平洋的那一岸開過來，以躲避西班牙和英國之間因戰事而生的風險。英國、澳洲和美國的船隻來到這裡獵補抹香鯨，而船隻

西蘭後兩個月才到），杜費斯內（du Fresene）、湯德卡斯托（d'Entrecasteaux）、率領西班牙船隊的義大利人馬拉比納（Malaspina），以及曾經跟隨過庫克的喬治·溫哥華（George Vancouver）等。

1770年後的這10年間，庫克和他的同輩將太平洋遍覽無遺。然後到了1788年，雪梨成為英國的法定殖民地。商人迅速隨之到來，將任何他們發現可能值錢的東西運出去。

不過，對紐西蘭真正造成衝擊的第一批歐

的到來，則讓船員和北島可羅拉列卡（Kororareka，之後改名為羅素Russel）地區的毛利人有了經常的接觸。歐洲人和毛利人最初的關係是平和且友善的。但自從1809年，一艘名為「布德」（Boyd）的船被燒毀、船上船員被殺後，之後幾年的接觸便大為減少。這事件起因於出身歐洲後裔的船長下令處罰出身貴族的毛利水手，於是他燒船作為報復。

紐西蘭的內陸拓荒多半在19世紀中期完成，主要還是在離海岸不遠的區域進行。然而，南島內陸的廣大區域卻一直要到20世紀，歐洲人才成功地深入完成探索。

左圖：1990年庫克探險家號的複製圖。

右圖：英國探險家與毛利族人見面。

HARRIETT
HEKI'S WIFE   HEKI   KAWITI

THE WARRIOR CHIEFTAINS

of

定居紐西蘭島及殖民

紐西蘭的殖民史充滿爭議，而毛利人、傳教士、政客、土地炒作投機客，
這些人之間為了殖民而相互較勁

紐西蘭的殖民史充滿爭議，毛利人、傳教士、政客和土地炒作投機客，為了殖民相互較勁著

亞伯・塔斯曼的悲慘經驗，以及130年後，詹姆斯・庫克較為成功的歷險經驗——對紐西蘭兩大島的未來都未造成最直接的影響。荷蘭人關心的是如何把印尼群島上的資源搾乾；英國人在乎的則是如何一邊固守、一邊擴張他們在印度的通商領地。紐西蘭看來似乎對殖民者的用處不大。

就連澳洲距離塔斯曼海不遠的的波塔尼灣（Botany Bay），在1788年美國贏得獨立戰爭後，也被設立成為監禁犯人的流放地（這是庫克航海探險的意外結果）。然而，長白雲之島簡直是被完全忽略了。

海豹皮與鯨魚油

隨著19世紀到來，歐洲各國紛紛捲入拿破崙戰爭中，對海豹皮和鯨魚油等物資的需求也節節上升。紐西蘭水域的海豹和鯨魚數量龐大，於是遠至傑克遜港（雪梨的港口），近至凡迪曼島（塔斯馬尼亞）上、新近有人定居的荷巴克（Hobart），各方漁民無不全力投入獵捕行列。

許多捕魚船隻在島灣的可羅拉列卡（Kororareka，今日的羅素〔Russel〕）找到便利的休憩據點。那裡的港口風平浪靜且受到良好蔽護，而且又有充足的杉木，可供船隻修護帆架或桅桿使用。

隨著歐洲人的到來，可羅拉列卡迅速成為一座充滿活力、喧鬧不已的城鎮。傳教士到這裡都譴責這簡直是「西南太平洋的墮落地獄」。這些新到的人士帶了許多危險物品，致使毛利人部族和村落在極短時間內就完全被消滅或受到重創。這些危險物品包括毛瑟槍、攙水烈酒、娼妓，以及一大票致命傳染病——毛利人由於之前未曾接觸過這些疾病，因此完全沒有抵抗力。

19世紀初期發生過零星的敵對事件，例如在1809年，「布德號」船隻在晃加羅亞

（Whangaroa）港被放火燒，船員被殺或被烹煮為食。

但儘管有過一些醜陋的事件，毛利人和歐洲人的相處大體上仍是平和的。以物易物的交易十分盛行，毛利人用蔬菜和亞麻換取各種歐洲來的飾物、工具以及武器（毛瑟槍想當然爾在交易項目之列）。毛利人幫歐洲人砍下巨大的杉木，將它們從樹林間拖至海灘邊；他們擔任歐洲獵豹和捕鯨船的船員；他們精力充沛體格強壯，不過他們也相當有自信——這是許多歐洲人所忽略的一面。

1817年，大體上為了對付島灣的混亂狀態，西南威爾斯州殖民地（在澳洲西南部）

左頁：毛利酋長荷內・希克和站在右側的妻子海莉葉（Harriet）。卡威提酋長（Chief Kawiti）站在他的左邊。
右圖：將基督教傳入紐西蘭的薩謬・馬斯登。

將其法律管轄範圍,延伸到紐西蘭。

大約在此同時,薩謬‧馬斯登牧師(Rev. Samuel Marsden)從西南威爾斯州來到紐西蘭。他在澳洲被人指責成「笞刑牧師」,這是他在傑克遜港任職牧師時所得到的稱號。紐西蘭人則對他另眼相待,將他看做是將基督教帶進紐西蘭的人。

馬斯登牧師是一位虔誠的傳教士,他認為他所帶來的這群傳教商旅,不但可帶動毛利人改信基督

著名的傳教士

1834年,威廉‧可蘭素(William Colenso)抵達百希亞(Paihia),並在當地設立一家印刷廠。這對提升毛利人的識字率有相當大的貢獻。

部毛利語字典和文法書舉足輕重。他在1820年陪同洪奇(Hongi)和威卡托(Waikato)兩位著名的毛利酋長一同前往英國。

到了1830年,毛利人開始參與出口事業。那一年就有28艘船隻(平均重110噸)來回橫越塔斯曼海56次,載著一批數量可觀的貨運運往雪梨等港口,包括毛利人種植的馬鈴薯等。

即使西南威爾斯州將法律管轄範圍延伸到紐西蘭,紐西蘭仍不算是英

Kororarika Bay of Islands N.Z. 1836

教,也可以幫助他們發展木工、農業及學習歐洲的技術。

不過馬斯登深信不疑的這種「傳教士—商旅—教師」三位一體的角色,其實不過是一群烏合之眾,幾乎沒什麼教養可言,與其說是傳教,不如說是把暴力傳給了他們想要改變的毛利人。就因為太多歐洲人在當地從事槍枝交易、沉溺酒色等勾當,馬斯登到紐西蘭後過了10年才開始有毛利人願意受洗信教。一直到1820年代以後,毛利人才開始覺得信基督教有其值得的地方。

不過這群傳教士還是有所貢獻的。湯馬斯‧肯達爾(Thomas Kendall)對編纂第一

國的殖民地,而法律管轄的效力也似乎不大。船隻進入紐西蘭水域時,州政府既不能收取費用也無法強制執法,對於外國籍的船隻和船員更沒有管轄權。

早期的傳教士並不希望紐西蘭被殖民。他們希望將基督教文明好的一面散播給毛利人,這樣他們就不會被早期殖民地歐洲人帶進的惡習給帶壞。

但許多英國人則認為,有組織、有責任的殖民方案才能斷除歐洲人帶給原住民和其他國家的亂象。擁護這觀點最賣力的,要算是艾德華‧吉朋‧威克菲德(Edward Gibbon Wakefield)了。

即使把理想放一邊，英國人也感受到需要擴張領土以供人定居的壓力，再說，就算英國不拿下紐西蘭，並將歐洲移民帶上岸，也有其他殖民國家會想這樣做——最可能這樣做的就是法國了。不過，回顧歷史，法國人對紐西蘭似乎更缺乏治理的能力。

設立「管轄政府」的想法一直無法確立下來，而殖民的議題就一直延宕。到了1830年代，人們爭奪土地的現象到達極點，而這種爭先恐後的奪取，終於在20年後引發了悲劇。

毛利人並沒有永久私有土地的觀念。他們的土地是由世代繼承的部族所掌管。通常一

樁土地買賣，只要酋長點頭同意，部族其他成員也都會接受——但是不同部族或子部族可能同時宣稱對一塊土地有掌控權，而且這一牽扯可能就是面積龐大的區域，因而使得問題變得更複雜。在1860年代，許多歐洲人和毛利人之間的土地交易都導致衝突；其中某些交易甚至到了今天在法律上仍有爭議。

另一個問題是到底歐洲人買到了什麼。英

左頁：塔斯曼灣的納爾遜港，由查理·希菲（Charles Heaphy）繪於1841年。

右圖：艾德華·吉朋·威克菲德。

國的移民和貪心的土地投機客認為他們獲得的是買斷的自用土地；但許多時候，毛利人覺得他們只是出租土地收取租金而已。

傳教士對英國的法律事務所知有限，對於土地交易這類的事就更不用說了。他們在仲裁爭端上的表現並不怎麼樣，也不想被牽扯其中，因為他們一向反對外來移民。百般不願地，政府只好出手干預。

政府干預開始於1833年，詹姆斯·伯斯庇（James Busby）以英國「駐派代表」的身分前來島灣。「駐派代表」本身的意思很模糊。大體說來，在一塊尚未收納進英國版圖的領土上，「駐派代表」擁有一切皇室所給予外派官員的名分，他可以和當地酋長同進同出，也可以欺上瞞下——但就是沒有實權。

伯斯庇盡其所能，他曾經試圖為各毛利酋長設立一個聯邦，將完全沒有共通點的毛利各族統一在一個主權體制下。1835年，他又向英國和毛利酋長聯邦雙方提議，認為雙方應該訂立協議，好讓代表毛利人民的聯邦慢慢擴張成為一個政府，而在此同時，紐西蘭由英國代為託管。

伯斯庇獲得了毛利人的敬重。但儘管如此，他仍深深感受到無力感。他知道，如果沒有適當的勢力來支持，他不可能為當地帶來法律和安定。

威克菲德的計劃

1830年代以降，土地收購顯然已經帶來嚴重問題。投機分子看好英國將接管並治理紐西蘭（因此土地價值將水漲船高），而伯斯庇這位駐派代表則無力阻止這種投機買賣。此時殖民的勢力已經不可抵擋。1836年，威克菲德向下議院一個委員會報告，認為英國早已經在殖民紐西蘭了，只不過殖民的手段「極其邋遢、爭先恐後，且吃相超級難看」。

1837年，在西南威爾斯州的授命之下，威廉·霍布森船長（Captain William Hobson）乘著英國軍艦「響尾蛇號」，從雪梨開抵島灣，負責回報當地狀況。霍布森提議和毛利各族酋長訂立協議（伯斯庇以為他早已完成這一點），然後將所有在紐西蘭的英國人納入英國治理範圍內。霍布森的報告獲得了一些回應，但如果沒有威克菲德在當地的影響力，可能連這樣的回應都不會有。

威克菲德對美國、加拿大、西南威爾斯州和塔斯馬尼亞的殖民結果相當不滿。他認為，如果土地用「合理」價格賣給那些「奉行資本主義的移民」，那麼從事農工業的其他移民就不會散居四處，而會乖乖地留在新社區裡為地主服務——這種情況至少會持續幾年，直到他們存夠錢，用「合理」價格購買新地，然後雇用更多新來的移民僱工為止。

土地價格對威克菲德計劃的成功與否相當關鍵，紐西蘭於是成為測試這套計劃的實驗室。可惜的是，他低估了勞工移民對獲得自己土地的渴望程度，他們寧願忍受孤單，也

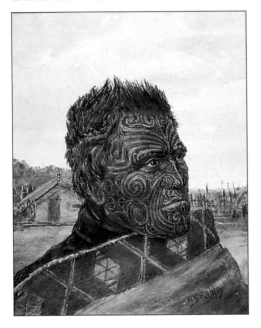

要得到自己的土地。他也沒想到那些「資本主義者」很快就從集體農耕地轉移到其他被認為更有價值的土地。

1830 年代晚期到 1840 年代間，威克菲德成立紐西蘭公司（New Zealand Company）。這間公司後來成為聯合控股公司，計劃一塊新移民區的人要向公司負擔設立移民區的費用。

威坦奇條約

英國政府此時也終於開始對傳教士團體的反殖民立場作出回應。英國認為毛利人的前途應該和毛利人商量，而接管紐西蘭必須徵得他們的同意，於是威坦奇條約（Treaty of Waitangi）誕生了。這個條約是由代理總督霍布森代表英國政府，於 1840 年 2 月 6 日在島灣簽定。之後這個條約被帶到紐西蘭各地供人簽署，大多數毛利酋長都簽署了這個條約。

諷刺的是，這個條約從未被批准過。不到 10 年，大法官威廉·馬丁（William Martin）就以條約不符紐西蘭當地法條為由，判決條約無效。另一個諷刺的地方是，現代人把條約簽署的日子看做是紐西蘭被英國「正式」殖民的開始，這和當初傳教士所期望的完全不同。

威坦奇條約本身一直是爭議不斷。條約內文是用英文寫成，顯然這是由霍布森提出的要求。條約內容先向集會的毛利酋長解釋過，然後毛利酋長簽署的是一份翻譯較為粗略的毛利文版條約。毛利人對先前傳教士告知的訊息深信不疑。傳教士跟他們說，他們要簽的是一份嚴肅的條約，條約內容是將紐西蘭的主權交託給英國王室，並以此交換毛利人的特許權利。許多歐洲人（以及毛利人）都堅信這一點，但是英國政府將這協議擱置了許多年。

如今要公正地看待當年的條約已經是不可能的事了。以當時的歷史條件，它可以說是對原住民尊重的一種進步表現，但正因為條約從未被批准，更不用說被那些貪圖土地的白人移民所尊重，這項條約如今反而變成一場騙局，也成為不滿的來源。

1840 年，威坦奇條約對英國接管紐西蘭還只是語帶含糊地提及。但很快地，第一批由威克菲德的紐西蘭公司所組織的移民團體就上岸了。這艘名叫「保王號」（Tory）的移民船，早在條約簽署前便已從英國出發，並在 1840 年初抵達，之後船上載的移民便定居於威靈頓。很快地汪加奴（Wanganui）地區也開始有第一批移民到來。紐西蘭公司原來成立於英國的普利茅斯（Plymouth），後來在 1841 年又在汪加奴地區設立子公司，並從英國得文郡（Devon）和康瓦耳郡（Cornwall）兩地招攬移民前來，一同建立了新普利矛斯（New Plymouth）。

紐西蘭的南島也未被人遺忘。亞瑟·威克菲德船長（Captain Arthur Wakefield）是艾德

華·威克菲德的眾多兄弟之一，他在1841年來到納爾遜，之後於1842年有3000名移民跟隨他的腳步登上南島。

南方移民所產生的問題都反應在島灣一地。荷內·希克是當時威坦奇條約的簽署人之一，他對條約所帶來的結果失望不已。可羅拉列卡（羅素）在條約簽署前一直是紐西蘭「實質上的」首都，但是代理總督霍布森卻決定將這個新國家的首都定於奧克蘭（Auckland）。羅素城的商業交易變得黯淡，這讓荷內·希克十分不滿。他和他的部族勇士們接連三次搗毀象徵王室領地的英國旗

營權易手，並把將近40萬公頃的土地交給英國政府，以支付近50萬美元的債務。紐西蘭公司最後在1858年宣告解散。

雖然紐西蘭公司最後10年的運勢不順，不過仍扮演著重要角色。它對蘇格蘭自由教會提供有組織的協助，使其在1848年建立了丹尼丁；後來又向英國國教派提供協助，讓他們在1850年建立了基督城，並且很快地開發了坎特伯利平原的肥沃牧草地。有越來越多移民從澳洲引進綿羊，其中大多是美麗諾種的。很快地紐西蘭的主要經濟資產就建立起來，也就是大面積的牧羊業。

桿，甚至還有一次佔領了整座城，而歐洲人不是驚慌躲進森林裡，就是逃到船上避難。

1845年，喬治·葛芮（George Grey）以殖民地總督身分來到紐西蘭。他出動軍隊鎮壓荷內·希克的人馬。葛芮和不願站在希克那一邊的毛利人合作，獲得了勝利。

這種公開的衝突當然不會構成移民的誘因，紐西蘭公司的營業狀況於是一路下滑，而在1840年代末期幾乎面臨破產，只好將經

左圖：托密卡·德·木圖（Tomika Te Mutu），莫突荷亞島（Motuhoa Island）的酋長。

右圖：涉水於北島溪流間的驛馬車。

威勞（Wairau）屠殺事件

雖然威坦奇條約已經簽署，土地爭議很快就變質為火爆衝突（說不定正是因為條約簽署才如此）。1843年，亞瑟·威克菲德帶領一隊武裝的納爾遜移民，進入土壤肥沃的威勞村中。他宣稱，這塊地當初是由一位歐洲商人以一架大砲和毛利人換來的，而紐西蘭公司已經和這位商人的寡妻買這塊地。威勞村的酋長德·勞帕拉赫（Te Rauparaha）和他的姪子蘭吉赫塔（Rangihaeata）卻不這麼認為。雙方人馬正面遭遇，造成了暴力衝突。德·勞帕拉赫的妻子遭槍殺身亡，而毛利人殺死了22名歐洲人，威克菲德本人也死於這次衝突。

艾德華‧威克菲德，這位未曾涉足紐西蘭的移民建築師，最後終於在1852年時首次踏上了紐西蘭。該年英國授予紐西蘭殖民地的政府自治權。他成就斐然，但在他有生之年，卻無法看到他那想要建立由「資本家」和「勞工」混合成的高聚合力、高擴張性社區的想法實現。紐西蘭的移民不一定會選擇過「城市裡的生活」，許多人甚至會離開創建中的城鎮，以一己之力建立（或至少試圖建立）不受城鎮範圍框限的農作或放牧事業。不過，至少因為威克菲德的努力，使得紐西蘭的移民和殖民要比先前數十年在加拿

大和澳洲有秩序得多。

紐西蘭的數次戰爭

不過，這塊新殖民地有了新的問題。土地炒作的投機風十分盛行；許多毛利人開始發覺，一塊土地的賣出價格比他們當初出售得到的價錢，要高上20倍。

這種不公平現象的結果之一，便是1858年北島中部的毛利各族選出了一位「國王」。毛利人之前從來沒有這種職稱封號，他們不是臣屬於一個部族就是一個子部族。毛利人期望藉由國王的權威，將各部族統一起來，使他們得以抵抗歐洲人的土地併購。但結果

並不如預期。

1860年6月，在殖民政府強硬定下「威塔拉土地交易」（Waitara Land Deal）後，塔拉那基的另一批部族起身反抗政府。英國正規軍倉促趕來，結果在威塔拉南部幾乎全數遭到消滅。

幾天之後，北島上盡是毛利人和歐洲人之間的衝突。這次紐西蘭戰爭讓雙方都卯足全力，衝突大多沒有明確結果，卻十分血腥。在歐洲人這邊，一直到1865年之前，早期的主要衝突都是由英國正規軍擔綱出擊，其中14名軍人還曾獲授英國的最高戰爭榮譽——維多利亞十字勳章。

從1865年到1872年這段期間，地方民兵和管區警備隊扮演衝突主角，有些不願參與毛利國王聯邦的毛利部族也參與協助工作（1872年是「官方宣稱」戰爭結束的一年，不過間或還是有衝突，一直到毛利國王於1881年正式投降才告終）。

雖然戰爭事端不斷，但紐西蘭的整體遠景仍日漸光明。1860年代早期在南島發現金礦，帶來一批新的移民潮。1865年，首都從奧克蘭遷至威靈頓（Wellington），而為了開發牧地，紐西蘭有越來越多的大片土地開始向外界伸開雙臂。

左圖：受淘金熱潮吸引前來的移民。

右圖：紐西蘭戰爭充滿著血腥衝突。

新國家的誕生

20世紀的紐西蘭目睹了一連串的社會、政治、經濟的變革與新局。

毛利人和歐洲人之間的土地戰爭才告一段落,脫離英國完全獨立的行動便開始了。朱利亞·魏格爾爵士(Sir Julius Vogel)是當時的殖民地財政部長,他向海外大筆舉債以進行公共建設,尤其是鐵路,因此任內帶來了1870年代的經濟勃興。另一波移民潮接著湧入,主要來自英國,但也有來自北歐和德國的移民。

但魏格爾低估了舉債建設所帶來的負面影響。1880年,紐西蘭險些破產。幾年內,羊毛和穀類價格便跌到谷底,造成經濟蕭條、失業人口大增。 1888 年有超過9000人次的移民離開殖民地,大多數人前往當時還維持一定繁榮的澳洲。

不過,紐西蘭漸漸成為世界上擁有最進步社會制度的國家之一,這很可能是造成那幾年艱困時期的原因。1877 年,紐西蘭立法推動免費、義務且供平民就讀的公立學校制度;兩年後,成年男子皆獲得投票權——不論是毛利人或歐洲後裔都有。

羊肉供應全世界

希望仍然存在。有一種新產業正在興起,協助紐西蘭在往後的日子度過難關。1882年,一艘名叫「丹尼丁」的冷凍船載滿羊肉出航,三個月後抵達英國。這趟航程相當辛苦,但是肉品安然抵達英國,而售出的獲利也比在紐西蘭高得多。牧羊對農人們來說,不再只是取得羊毛,同時也為了羊肉。冷凍肉品業漸漸成為經濟的主力。

在19世紀最後幾年,由約翰·白朗斯所率領的新自由黨(Liberal Party)發起一連串的社會改革議案。土地政策受到大幅改革,將大片的土地不動產分割成小塊,並提供資金給第一次貸款的人,讓他們在土地上安定。勞工法規的訂立提升了工人的工作條件,也

同時開創世界上第一個強制的勞資仲裁體制。貧苦的老人可以獲得老人年金。而另一個首開世界先例的(除了南太平洋的皮特肯島以及美國的懷俄明州外),則是女性獲得和男性相等地位的投票權。

威廉·邊伯·李維(William Pember Reeves)這位紐西蘭出生的改革者,是推動

社會改革的重要人物。另一個推手則是理查·約翰·席登(Richard John Sedon),他在白朗斯於1893年去世後成為總理。席登以手段強悍、政策立場明確著稱,也因此使他在黨內和國內擁有龐大的權力。

新興的冷凍肉業,以及20世紀初期開始擴張的酪農業,為農人帶來財富,也帶來政經影響力。紐西蘭委婉拒絕了澳洲的邀請,而沒有成為澳大利亞國協(Commonwealth of Australia)的一員,後來更從大英帝國的「殖民地」升級為「自治領區」。新興的改革黨(Reform Party)在1911年取得執政權。新任總理威廉·梅塞(William Massey)本人

前頁:現代紐西蘭的多元種族色彩。

右圖:1893年到1906年擔任總理、備受愛戴的理察·席登。

就是酪農出身；他當選總理，更確立了紐西蘭作為英國海外農牧產品供應地的地位。

世界大戰和經濟蕭條

戰爭為紐西蘭帶進一股新的國家認同，但同時也加強了和英國之間的連繫。1914到1918年間，10萬名男子加入了紐澳聯軍（ANZAC; Australia-New Zealand Army Corps），與一次大戰的聯軍一同在非洲和歐洲大陸作戰。

1930年代的世界經濟大蕭條對紐西蘭造成重創。英國對肉類、羊毛和乳類製品的需求

兵總是紐西蘭人：第一次世界大戰有紐西蘭人伯納‧佛雷堡（Bernard Freyberg），二次大戰則有查理‧亞普罕（Charles Upham）。只有3個人曾經連獲代表英軍最高榮譽的維多利亞十字勳章，而亞普罕這位「粗壯的方下巴弟兄」就是其中一人。

戰士歸國後，由於經濟穩定政策奏效，加上人人就業，使得1940年代在相對的繁榮中度過。經歷戰爭的紐西蘭慢慢發展出國家意識。紐西蘭政府適時地於1947年通過了威斯敏斯特條款（Statute of Westminster），使紐西蘭完全從英國獨立。

大減，造成嚴重的失業，也帶來幾次血腥的暴動事件。1935年新成立的勞工黨（Labour Party）當政，乘著世界景氣恢復讓全國脫離蕭條。在總理邁可‧索維奇（Michael Savage）的帶領下，紐西蘭又再次在社會改革上居於世界前鋒，並建立了一套完整的社會福利制度。索維奇帶領紐西蘭參與二次世界大戰。這一次將近有20萬紐西蘭人民被召集，其中多數人由麥克阿瑟將軍指揮進駐太平洋地區，其他人則分佈在北非、義大利和克里特島等地。超過一萬名士兵在戰役中死亡。

美國作家詹姆斯‧麥雪納（James A. Michener）曾說兩次世界大戰中最勇敢的士

第一次世界大戰

第一次大戰結束時，將近1萬7000名的紐西蘭人在戰爭中死亡。當時的紐西蘭人口僅不過100多萬，因此傷亡人數的比率十分龐大。1915年4月25日在土耳其加利波利半島（Gallipoli Peninsula）的潰敗更使情況雪上加霜（如今這一天變為了「ANZAC紀念日」）。英國海軍一直到8個月後才完成撤離，造成8587名紐西蘭人和澳洲人死亡。彼德‧威爾（Peter Weir）的電影《加利波利》（Galipoli）為這部戰爭悲劇搬上銀幕，也為英倫帝國下的紐西蘭賦予新的認同意義。

但此時的勞工黨已經喪失執政的熱忱，1949年的選舉挫敗結束了此一時代。贏得選舉的則是鼓勵私有企業的國家黨。

1950年代由一件政治騷動揭開序幕。新的國家黨政府廢除立法議會，也就是紐西蘭國會的上議院。紐西蘭變成民主國家中少數的單院制國家。這使得行政當局擁有不需節制的權力——內閣全由執政黨黨員組成。這種可以在短短幾小時內大幅修改法律的權利，使得勞工黨在1984年到90年間得以完全翻轉紐西蘭的經濟和社會結構。

單院制國會的第一件作為，就是在1951年

小時的範圍內，這意味著商店營業時間受到嚴厲管制，而大多數家庭只能待在家中度過週末。整個紐西蘭社會的步調大體如是，一直到1950年代，載客郵輪終於再度上岸，而成千上萬的紐西蘭青年開始出外遊學工作（他們稱作國外生活經驗〔OE；overseas experience〕），他們大多前往倫敦，也終於第一次有機會將自己的社會與舊世界做比較。

航空和電信在1960和70年代的突飛猛進，對紐西蘭這個狹窄、封閉、高度管制的社會造成巨大的變化。到了1980年代，商店普遍加時營業，在夜間和週末提供服務。對旅店

通過了紐澳美聯防協議（ANZUS；Australia-New Zealand-United States）。紐西蘭和澳洲以此清楚地宣示，從此他們不願再靠英國來供給他們的國防需求了。

結束孤立

儘管如此，戰後的首批政治革命仍為孤立劃下了句點。在大眾旅遊的概念還未出現前，旅館在晚上6點就結束營業，餐廳禁止賣酒，而工作時間嚴格限制在一週5天、40

和酒館的限制也已大多解除。紐西蘭的葡萄酒躋身世界名酒行列，而眾多的餐廳、咖啡館供應著各種當地的或外國的飲食，更使得外食成為紐西蘭國民文化的一環。而觀光業也在這眾多發展中變得勃興。

改變並不總是順利的。1970年代早期，紐西蘭便被兩個問題所困擾，一是如何轉移粗重物品的生產模式，另一則是如何轉移至英國以外的市場。原油價格飆漲的時候，紐西蘭的外債節節攀升，因為勞工和國家兩黨當局都對外舉債，並寄望出口主力產品的價格能隨之提高。這就涉及到如何行銷了。不過紐西蘭人從來就不需要做行銷，因為他們已

左頁：庫克群島派軍隊前往歐洲（圖為慶祝ANZAC紀念日）。
右圖：1970年代英國女皇伊利莎白二世訪問紐西蘭。

經過這麼久的好日子，靠的都是簡單的農牧業。一直到英國於1973年加入歐洲經濟共同體（EEC），才讓紐西蘭人大夢初醒。

混亂時期

1970年代，由於政府鼓勵提高羊隻數量而補貼農民，使得羊隻數量首度超越了7000萬頭。1975到1984年間，主要的工業生產都獲得大量國家津貼，而且製造業完全被保護著。

英國加入歐洲經濟共同體後便設下貿易障礙，再加上原油價格飆漲，使得製造業的成本居高不下。

13萬人，而對外的債務則高達143億紐幣。

但是新的勞工黨政府於1984年年底接手政權後，農牧和其他生產補助幾乎在一夜之間全數取消，進口限制打破，工資結構全數重整，經濟政策開始變得更為寬鬆放任。

另一個改變出現在外交領域，此時紐西蘭終於準備好要在國際舞台上伸展亮相。1960年代，法國開始在其玻里尼西亞群島屬地上進行核子試爆，紐西蘭舉行了數次大型的示威活動。

勞工黨政府拒絕讓載有核子武器或以核能為動力的美國船艦進入紐西蘭港口，使得紐西蘭國內的反核情緒達到最高點。美國方面

SHOULD AULD ACQUAINTANCE BE FORGOT?

在羅勃・莫頓爵士（Sir Robert Muldoon）帶領下，國家黨政府加緊勞工黨執政時對移民、進口貨品以及匯率的管制。莫頓是個抓緊事物牢牢不放的人，他曾下令停止調漲工資，造成工會不滿，最後在多次罷工和抗議後收回成命。

從70年代末期一直到80年代初期，由於紐西蘭國內的通貨膨脹率飆高（最高曾達17%），使得農牧業的成本水漲船高，而莫頓政府不得已只好增加對紐西蘭農民的補貼。種種政令和修正都使得人們對眼前的經濟前景深表懷疑。到了1984年，失業人口達到了

堅持他們做為紐澳美協防協議的同盟，有權進港，因此破壞了所有和紐西蘭訂立的防衛協議。

大衛・蘭奇（David Lange）帶領的勞工黨於是誓言要在紐西蘭的海岸建立一個長達320公里的非核區域，並且重新對已有33年歷史的協防協議展開談判，以迫使美國將核子武器帶離紐西蘭港口。但勞工黨政府內部對其他議題的歧見過深，以至於蘭奇在1989年宣佈辭職。1990年的大選之後，新任總理吉姆・伯格（Jim Bolger）立刻明白宣示政府對經濟自由化的立場不變。

1990年代中期，紐西蘭的經濟開始復甦，政府的開支稍獲寬解，一向緊縮的貨幣政策也稍微放寬了。

在戰後早期，紐西蘭就已發現，要維持未來的經濟發展，最好要和澳洲訂立某些協議。1965年，雙方簽署了紐澳自由貿易協議（NAFTA；New Zealand Australia Free Trade Agreement）。協議內容是要計劃逐步消解雙邊的貿易壁壘，但此計劃的進度緩慢，因此需要簽定更好的協議。

要孩子、不要核子

1990年，在壓倒性多數的民眾支持下，使得新的國家黨政府維持了蘭奇執政時期的反核立場。

以上的貨品出口至亞洲市場──這比北美和歐洲加起來的量還要大──而幾乎有三分之一的貨品是從亞洲進口。日本和新加坡是紐西蘭長期以來的貿易夥伴，但紐西蘭也開始和韓國、泰國、馬來西亞、印尼、台灣、中國以及汶萊、智利等國家建立貿易關係。

毛利人議題

1960年代以來，歷經了30餘年的社會經濟動盪後，紐西蘭向世人證明其為世上最安定的民主政體之一。但表面下仍然有尚未撫平

1983年，雙邊政府簽定了加強經濟關係協議（CER；Closer Economic Relations）。到了1990年代初期，塔斯曼海兩岸兩個國家的自由交易幾乎已完全展開，只剩少數服務業尚未完全自由化。

紐西蘭和澳洲都已開始將其經濟重心放到北邊的新興亞洲經濟體上。如今日本是紐西蘭的第二大市場（僅次於澳洲）。三分之一

左圖：英國加入歐洲經濟共同體對紐西蘭的經濟造成嚴重打擊。

右圖：1960年代晚期，群眾參與一場反核政策的遊行。

的傷口，這傷口就是對毛利人長達一世紀的不平等對待。

1984到1990年間執政的勞工黨政府開始承認毛利人對其土地、漁場等其他財產的所有權宣告，毛利人堅稱他們財產被非法略奪，這種說法是根據1840年所簽定的威坦奇條約。於是勞工黨政府設立了威坦奇裁決委員會，處理毛利人的產權問題，這個委員會的運作一直到國家黨當政仍持續著。多數土地都得以歸還，尤其是先前被政府佔有的土地；另外政府將一座大型漁場給予毛利人。雖然大家認為這種補償是合理的，但是某幾

項威坦奇條約的爭議卻造成爭執,這些爭執爆發了數次的衝突。曾有一次有人試圖砍下奧克蘭在單樹丘(One Tree Hill)的地標樹(見143頁);還有一次一名民運人士用榔頭敲下了美國杯帆船賽的紀念碑,宣稱那是白人菁英主義的象徵。解決土地爭議的努力持續進行著,且一直是紐西蘭的首要政治議題之一。但不管怎麼解決,都無法讓每一方滿意,因此爭執仍有可能繼續下去。不過許多人把這些難題當做是一個新國家成長的陣痛。文化的多樣性,加上新的經濟結構,使得社會人心的態度也有了極速的轉變。在過

進行了一次公民投票。1993年,紐西蘭全國投票通過廢除選區單一代表制,而改行「混合比例代表制」。許多人擔心這會使得政黨結構更加支離破碎──從某些方面來說確實如此。

1996年的大選中,吉姆・伯格帶領的國家黨,在120席的國會中只得到44席,而勞工黨只贏得37席。紐西蘭領先黨(New Zeland First Party)贏得17席,這其中還包括從勞工黨分出的4席毛利席次。領先黨扮演制衡的角色,也因此成為國家黨組成聯合政府的夥伴。1996年後政黨形勢依然多變,改變成為

去150年來,平等主義一直是紐西蘭的國家共識,但現在越來越多人認為,要讓紐西蘭在世界上屹立不搖,國家和人民都得更加努力工作,參與更激烈的競爭,不管在國內或海外市場皆然。這使得貧富之間的差距逐漸加大──也為全國性的政治議題添加許多變數。過去兩黨政治的理念都和中間路線相差不遠,而這種傳統的、狹隘的政治分際,早已無法容納其他的政治經濟目標了。

選舉改革

由於對變革步調過快感到不滿,對近年來政府的表現又不滿意,紐西蘭針對選舉改革

政治最持續不變的主題。1997年,伯格總理辭職。

1997年12月,珍妮・希普莉(Jenny Shipley)成為紐西蘭第一位女總理,她成為繼伯格之後的國家黨主席。然而,由於與結盟政黨分裂造成的弱勢,以及經濟上的掙扎,希普莉在1999年的大選輸給由勞工黨帶領的聯盟;勞工黨由另一位女性海倫・克拉克(Helen Clark)所領導。克拉克以嚴肅而從容的方式,藉助強勢的國內經濟和低失業率,讓她和勞工黨在2002年再度當選。

克拉克在執政上的實用主義加上平民主義的熟稔,為紐西蘭人民創造出值得驕傲的態

度，自此散發無遺。

新的自信

紐西蘭長期陷在「自我詆毀」的文化牽絆
中，這種想法使紐西蘭一直自認不如其他國
家。這部分說明了許多人認為外國的月亮比
較圓而離開紐西蘭，許多人在海外成名後，
國內的人才知道這號人物，包括作家凱瑟
琳・曼斯費爾德（Katherine Mansfield）和搖
滾樂團The Datsuns。

1999年12月31日，紐西蘭人重視到自己國
家因靠近國際換日線而成為全球第一個進入
千禧年的國家。這反映出國人發覺到自己國
家的獨特和特殊之處。

長久以來，紐西蘭一直被認為是小號的澳
洲或「母國」英國的虛弱反射體，但是當所
有人都了解自己並不是那樣時，他們便努力
想找出自己的特色。有幾個方面使得這個尋
找自我的過程更為容易，其中最重要的便是
1993年的「混合比例代表制」，創立了真正
的代議政治。在隨後立即進行的選舉中，有
更多女性和毛利人獲選為代表，且有第一個
太平洋島嶼人、亞洲人，和穆斯林民代皆獲
選上任。

這也顯示紐西蘭不再只是毛利人和歐洲人
的雙重文化社會，更是多重文化的社會。這
是得力於寬鬆的移民政策，讓亞洲人大量暴
增，卻也意外讓政客在民眾之中煽動新的種
族緊張情勢。

如同以往，紐西蘭會找到自己解決問題的
方法。紐西蘭的地屬偏遠可能造成了紐西蘭
人的眼界狹隘，但卻也迫使他們發展出一種
所謂的「八號鐵絲」自給自足的性情——傳
說中，紐西蘭人只要用一根「八號鐵絲」，
就可以創造出各種奇特的東西。他們也因此
感到自傲。他們將繼續欣賞自己的特質和特
色——這是長久以來訪客皆有所目睹的。

女人的世界

1883年紐西蘭成為全球第一個讓女性有選舉
權的國家，而因此自豪。21世紀開始，女性
在公眾事物上的主導地位，象徵了平等的高
度發展。國家最重要的三個公職——總理、
總督、審判長，可說皆是女性的天下；第二
和第五大都市為女市長；且兩大電信公司和
最大銀行的執行長皆為女性。不過，研究顯
示女性的平均薪資仍低於男性。

左圖：威靈頓充滿現代感的市民廣場（Civil Square）。

右圖：海倫・克拉克總理。

探訪國家公園

步道上有完善的標示、住宿設施充足，
沿著步道健行探訪紐西蘭的戶外景緻，
是極大的享受。

　　人們遠自世界各地來到紐西蘭，為的就是要踏上著名的長程登山步道。例如沿著南島北海岸而行的海岸步道；密爾福步道（Milford Track）由於前往人數多，出發前一定要先預約；還有南島南部的路特本步道（Routeburn Track）等。不過，在某些漂亮的步道上，你可能走上幾個小時都不會見到半個人。另一個好處是，步道沿路常會有溫泉，當腳酸的時候可以泡個舒服。

　　紐西蘭的14個國家公園除了健行之外還有提供許多東西。紐西蘭保育部（DOC；Department of Conservation）在每個城市和許多小鎮都有提供國家公園裡關於野生動植物的資料，和步道的資訊。遊客中心也都可拿到保育部提供的這些小冊或資料。

獨樹一格的生態

　　紐西蘭有許多沒有翅膀的鳥，這表示牠們沒有天敵，但是許多樹木卻沒有那麼幸運。原產澳洲、1837年為了毛皮交易而引進的袋貂，對紐西蘭的原生森林帶來毀滅性的影響。澳洲的樹種有天然的保護機制，使袋貂不至於把樹啃光，但紐西蘭的樹種則不然。這也是紐西蘭總是站在環保和維持生態平衡前哨站的原因之一。在紐西蘭發現的生命型態如此獨特，科學家總是將對此地原生物種的研究與其他星球的研究相連結。

△ **南阿爾卑斯山**
庫克峰（Mt. Cook）是南阿爾卑斯山脈的極致。登上聖母峰的艾德蒙‧希樂瑞爵士就是在這裡受訓的。這裡的地勢險惡不容大意。高空滑雪和冰川滑雪在這一帶頗為風行。

▷ **亞卡斯樹**
北地島的威波亞貝杉森林（Waipoua Kauri Forest）是一塊受保護的自然保留地，沿著林地中的步道會來到紐西蘭第八高的貝殼杉樹亞卡斯樹前。步道上還有「塔尼‧馬突亞」（Tane Matua）樹，高52公尺，是紐西蘭第一高的樹，樹齡大約已有1200年之譜。

▽ **羅托魯湖**
　　羅托魯湖是釣魚的天堂，它和另一個名叫羅托提湖（Lake Rotoiti）的冰蝕湖，構成了納爾遜湖國家公園。

國家公園裡的安全事項

◁ 去西邊看看
威斯蘭國家公園裡有馬迪遜湖，以及塔斯曼和庫克等山。這座國家公園裡還有福克斯和法蘭茲‧約瑟夫兩條冰川，也有像卡普蘭步道這類的著名步道。這裡的氣候狀況極不穩定、難以預測。

△ 恩高魯荷峰
這座山峰是通加里羅國家公園（Tongariro National Park）三座火山中年代最晚的，是登山健行的好去處。國家公園裡的魯亞佩胡一地的滑雪坡最近也變得熱門。此地的野生動物、打獵和釣魚活動也很出色。

只要簡單的事前準備，你就可以享受到世界上最美麗的景致。出發健行前一定要去一趟當地的保育部或遊客中心，因為許多地方的氣候變化極快，即使是盛夏時期也要對突變的天氣有所準備。許多保育部的辦事處也會提供住宿資訊（例如山間小屋是否開放）、告訴你行程所需時間、所需攜帶的食物，甚至火山活動的狀況等等。如果有熟悉當地的嚮導帶領，你的健行收穫一定會更多──許多地區也提供了有人帶隊的團體健行行程。

進行長途跋涉前一定要穿著合適的衣物和鞋子：隨身帶著地圖、指南針、火把、火柴，以及急救用品。防曬用品、太陽眼鏡和一件好的雨衣也是必需的。如果你沒帶裝備來，許多商店都有出租或出售適合你的用品。許多青年旅館和旅店也有提供衣物、手套和帽子。當你出發前和回來以後，記得一定要通知他人。所有的行動皆應在保育部和山屋登記。

一旦你走出主要路線，萬一你走錯了路，走回來的時間可能就會比預計的還要長得多。

△ 塔拉那基山
雖然是紐西蘭最潮溼的地區之一，卻也是紐西蘭人最常爬的山，冬天時也是人們常去的滑雪聖地。

▷ 艾麥拉（翡翠）湖群
湖水中的礦物使山間的湖泊有亮麗的顏色。通加里羅國家公園裡的北巡區域和這些多彩的湖泊及火山帶相交壤。

自然景觀的歷史

紐西蘭的地質史十分特殊，野生生物也令人驚奇，
包括已絕種的恐鳥和具有象徵意義的鷸鴕等。

在所有地球的陸塊中，紐西蘭最為孤立，四周環繞著廣大的海洋，與亞洲和美洲大陸有數千公里的距離，和歐洲更隔著半個地球。但在過去並不是這樣的。

紐西蘭陸塊差不多是在恐龍盤據地球的8000萬年前開始獨立出來的。時間漫長地流過，紐西蘭大約在此時從史前的「岡底瓦那」（Gondwana）大陸脫離出來，塔斯曼海也開始成形。到了6000萬年前，紐西蘭漂流到今日的位置，即距離澳洲大陸1500公里處。但即使這樣，紐西蘭的岩石仍記載著複雜無比的地質歷史。

最早人們認為，紐西蘭大致上原來有一塊廣大的大陸陸塊。現今的澳洲東部原先是和另一個大陸相連在一起的——而地質研究發現，這塊大陸很可能是今天的北美大陸，相當有意思。5億年前，這兩塊陸塊開始分離，於是兩者之間便形成一連串的火山島群。這些岩石留存於紐西蘭的峽灣區（Fiordland）和南島的西北部，它們記錄著紐西蘭的地質史。這些地方還保存有三葉蟲和腕足類生物的化石，這是紐西蘭最早有生命的紀錄。

漂離岡底瓦那大陸

紐西蘭在過去數億年間一直附屬在岡底瓦那超級大陸的「隱沒帶」上。海洋地殼從海洋中的中洋脊向外移動，在板塊構造運動的作用下被推擠到隱沒帶的大陸地殼之下。海床上帶著各種岩石和沉積物，它們跟著海洋地殼一起緩緩移動，有如輸送帶一樣。它們碰到隱沒帶時便會層層堆積，像一層層土司蓋上去一樣。紐西蘭在過去幾百萬年來就是

這樣形成的，它是由各種雜亂、來自各地的岩石聚集而成的。

後來，一塊龐大的碎陸塊從岡底瓦那大陸分離，開始朝太平洋漂去。在此同時陸塊也開始下沉，讓海水不停地灌進內陸。高山被沖蝕成低丘，最後被波潮蝕平。今日的紐西蘭是這塊巨大陸塊所剩的殘餘部分。這塊地形被稱作「塔斯曼堤斯」（Tasmantis），今天仍可從海床圖上看出來，它從北邊的新卡利多尼亞（New Caledonia）一直延伸到南邊的坎貝爾島（Campbell Island）。事實上，到了3000萬年前，紐西蘭幾乎沉到海面下沒剩多少外露的陸地了。今日的紐西蘭主要由一片淺礁構成，裡面富藏著海中生物。

用地質學上的說法，一直到「最後關鍵時刻」地殼擠壓作用才開始啟動，把紐西蘭整塊抬起離開海面。擠壓作用持續施展，使得山勢高低起伏，也造成火山噴發，然後在水

左頁：在南島一隻大的花斑鷸鴕。

右圖：峽灣國家公園大分水嶺附近的柏樹林。

和冰的侵蝕下形成今日的紐西蘭地形。

現今的紐西蘭地處兩塊移動中的大型「地球板塊」之中。在南邊有澳洲大陸板塊往太平洋板塊下方推擠，而太平洋板塊也從相反方向對澳洲板塊下方推擠，結果就是紐西蘭不停地隆起。這巨大的力量帶來的便是一處有火山和經常地震的陸地。

南島的南阿爾卑斯山可說完全是在過去200萬年裡成形的——在地球漫長的歷史上，

暗光鳥

鷸鴕是紐西蘭的國鳥，kiwi這名字是從其雄鳥的叫聲而來。這種在夜間出沒的鳥類，以水果、昆蟲和幼蟲為食。

這個時期是由一連串的低溫期構成的，中間夾著溫暖的時期。在低溫時期，紐西蘭出現冰河，並在峽谷間流動。這段時期對地貌有著重要影響——紐西蘭的年輕山脈和冰河一起構成了地球上最壯觀的地景之一。在峽灣區，古冰河峽谷的石壁忽然一下子就掉到幾千呎下的海面上。這種極端的環境確保這裡不會有人為造成的影響。

紐西蘭大多數的地區仍保持在純靜無人跡

這點時間簡直短得微不足道。高山隆起以每年數公分的速度在增高。如果你到西部一遊，很容易就會看到造就這座高山的板塊邊界。那裡的低地區屬於澳洲板塊，而山脈以上的部分則屬於太平洋板塊，就是這塊板塊被推擠向上的。這場造山運動帶來的影響驚人，除了為這塊幾百萬年來平坦的陸地帶來山脈地勢外，也阻擋了西風氣流形成一道防線。只有南阿爾卑斯山和南美洲南部山脈有這種高度可以阻擋這道充滿水汽的氣流。

南阿爾卑斯山形成的時候正值全球降溫時期，之後地球便進入了冰河時期。實際上，

的狀態，也因此許多想要一探「原始風貌」的旅遊者很輕易就能在紐西蘭得到滿足。在

雨和雨林

當氣流被迫吹上南阿爾卑斯山時，水氣就會下降，為西海岸地區帶來了龐大降雨（有時一年高達5000公釐）。不過，在南阿爾卑斯山的另一側則有一塊相對應的雨水稀少地區。這裡距離紐西蘭最潮溼的地區不過數公里之遙，年降雨量卻只有300公釐不到。雖然有點奇怪，但是高雨量對雨林來說並不適當，因為土壤的養份很快就被沖走，使得地面上只能保有疏落的植披。

南阿爾卑斯山的另一端是南島的湖泊群，例如瓦納卡（Wanaka）和瓦卡堤布（Wankatipu）湖等，是冰河「刮蝕」的直接產物。由於在雨量稀少的地區，因而有陽光普照的氣候，使這裡變成度假的聖地。游泳、滑水、釣魚都是這邊的熱門活動。

南阿爾卑斯山外的高地有個特色，就是它們的頂部十分平坦。這是古代大陸的地表，它們是被晚近的造山運動推擠上來的。大多數的高地地表都是海蝕平台，它們的歷史大多可上朔至紐西蘭還在海面下的時代。這些

得不易，有獨特的美，而毛利文化中由於沒有金屬，因此這種礦物對他們來說就和歐洲人的金礦一樣。這裡的金礦則是從片岩中的石英礦脈上風化下來的。山脈成長的時候，這些礦脈也跟著被侵蝕，較輕較軟的礦物被沖走後，密度高的金礦便會集中在隱匿的角落或河床的縫隙中，也因而帶來了另一波的淘金移民潮。

紐西蘭晚近的地質史並不全是向上發展的。南島北邊的馬波羅峽灣（Marlborough Sounds）就是在河流系統的淹蓋下形成的。

區域既有高山氣候又有平坦的地表，使得這裡成為大型滑雪活動的熱門場地。

和南阿爾卑斯山緊密相生的，是紐西蘭最重要的礦物：綠石。毛利人稱它作pounamu，這是在地殼下一層薄薄的奇異岩層中所形成的礦物。它的礦物組成受到造山運動所產生的熱而發生變化，又在造山運動下被擠到地表上。這些岩石只有在南島西部少數幾個孤立的區域才找得到。這種礦物取

這裡有著和煦的陽光和無數的海灣及島嶼，使這裡成為划船和健行的好去處。北島的主要地質特色則是火山，各種類型的火山在複雜的地質條件下一一成形。

奧克蘭就是建立在數個小型完整的小火山錐之間的都市（火山如今已經停止活動）。這些火山椎是由緩慢流出的岩漿和火山灰所形成。由於位置良好適於防禦，毛利人在這些地方大多佈有圍籬，並建有pa式的聚落防禦城堡。在中央高原地帶有另一種火山岩漿，使得這裡的火山噴發變得十分危險。西元130年左右，紐西蘭地質史上最大的一次

左圖：懷特島（White Island）的地塊仍在變動成長。

右圖：鱷蜥（tuatara），一種有如活化石般的生物。

火山噴發形成了陶波湖（Lake Taupo）。火山噴發的熱火山灰遍佈北島大塊地區，將整片的森林和其中的生物全部滅絕。歷史上紐西蘭的火山活動從未停過，而將來也仍會持續著。長遠看來，火山活動是一種恩典。火山岩塊為地貌帶來新生命。它們風化後形成紐西蘭最肥沃的土壤，酪農業得利於此甚多。中央高原的火山群也是滑雪的最佳去處。

恐龍的出現和其他動物

紐西蘭動物圈最另人驚訝的一點，是其中沒有四足陸生動物的出現，尤其是沒有哺乳類動物（蝙蝠是唯一例外），另外也完全沒有蛇類。這在過去被認為是和紐西蘭脫離岡底瓦那大陸的時間有關。不過根據晚近的發現，這種想法也隨之被修正。紐西蘭曾經一度有過陸生動物，就是恐龍。牠們在紐西蘭脫離岡底瓦那大陸時仍活躍著，包括肉食性和草食性的恐龍，以及翼手龍等等。在恐龍之後，四足陸生動物的唯一化石證據，是一塊鱷魚的顎骨，這是在奧塔哥（Otago）中部的聖巴坦斯（St. Bathans）所發現的。除了沒有蛇，紐西蘭今天也沒有鱷魚。

紐西蘭在脫離澳洲大陸時可能也一度有原生的哺乳類動物。除了鳥類之外，紐西蘭沒有大型陸生動物——很可能是在過去8000萬年一一滅絕了。由於沒有天敵，紐西蘭成為鳥的國度。鳥兒在沒有天敵的條件下繁殖旺盛，並佔據著一般會是哺乳類動物的棲息地。有些鳥因為不需要飛，便失去了飛行能力。紐西蘭無翼鳥中，最有名的大概就是已絕種的恐鳥了。很遺憾地，我們沒有像恐鳥、鷸鶚、鱷蜥和變色龍等紐西蘭絕種生物的化石紀錄。

氣候因素

由於紐西蘭長期屬於岡底瓦那大陸，它曾一度位處極地緯度，也就是處於極地圈南緯66度以內的範圍。化石證據顯示紐西蘭不曾有過極冰，甚至不曾有過冰川。這對植物和動物來說自然不致太過寒冷，但是在這個緯度上的生物分佈難免稀少——這裡有半年的永晝和漫長的極地冬夜。接近南島最南端的庫立歐灣（Curio Bay）有著世上保存最好的「化石林群」（petrified forests），它位在一處波蝕平台上，形成時間上朔至遠古時代。平

台上的隆起其實是松樹或羊齒植物的殘幹，旁邊則有長條形已成化石的木材。

紐西蘭脫離岡底瓦那大陸後，陸塊便朝赤道方向較暖地帶漂移，因而經歷了種種的氣候改變。例如，在大約2000萬年前，全球發生急劇的暖化現象，這可能是紐西蘭最熱的一段時期。這可能是唯一一次珊瑚礁在海岸生長的時期。當時的紐西蘭遍佈著棕櫚樹，但是如今過了南島一帶，就找不到棕櫚樹的蹤跡了，可說是全球棕櫚樹的生長南界。

有些生態圈無法應付氣候變化因而滅絕，

度出現過）。取而代之的則是高大的常綠樹種。

今日紐西蘭最有特色的樹種之一是南方柏（Nothofagus）。這種樹佔有大片的林地，也遍佈塔斯馬尼亞、澳洲大陸一些地方、新幾內亞、太平洋上的新加利多尼亞、南美的巴塔哥尼亞等地，也曾一度在南極生長過。

人類的影響

毛利人的祖先究竟何時來到紐西蘭，至今仍有爭議。不管怎麼說，紐西蘭都是地球上

有些生物則用飛、用游泳等方式，或甚至就是被風一路從別地吹到紐西蘭。紐西蘭並不是保存岡底瓦那大陸生物的「諾亞方舟」——紐西蘭的生物圈很可能重新洗牌過。但紐西蘭的生物圈在演化過程中的確獨樹一格，大約80%的紐西蘭樹種在別處都不曾看過。澳洲常見的土生橡膠樹（Eucalyptus）、金合歡（Acacia）以及木麻黃（Casuarina），在紐西蘭全無蹤跡（不過化石證據顯示它們曾一

恐鳥（Moa）

恐鳥的滅絕可說是一大損失。有些恐鳥身高可達3公尺，重250公斤。牠們的大小和缺乏天敵，使牠們輕易成為人類獵捕的對象，而在16世紀初期被獵捕至絕種。不過，恐鳥在傳說中的地位卻仍相當大，在傳說故事中現身，包括兩位探金礦者於1860年代被關起來，也有人在20世紀初在馬丁斯海灘看見牠們的蹤影。1993年，一家酒吧老闆堅持說他曾拍到一張照片。恐鳥的生存機率非常渺茫，部分紐西蘭地區也是，所以誰有知道真相如何？

左圖：卡配地島（Kapati Island）上的卡卡鸚鵡。

右圖：南島的啄羊鸚鵡（kea）。

最後一塊被人探訪的陸地（南極例外）。人類定居最顯著的影響之一是火災頻率增加。到底是因為意外或刻意放的火還有待爭論——但是大塊的林地被移除則是事實。

另一個影響則是幾種鳥類迅速地絕跡了。各地的恐鳥在幾百年內就消失了，顯然是人類過度獵食的結果。老鼠和狗的引進也為鳥類帶來威脅。恐鳥變得稀少，甚至絕種，對人類文化也有相對應的影響。魚類漸漸成為主食，食人祭典也開始成形。有一種說法是，毛利人之所以發展出食人行為，只是單

純因為缺乏動物蛋白質的因素。

18世紀末期歐洲人的到來，加快了玻里尼西亞人先前帶來的環境衝擊。紐西蘭的大片林地被整平，或索性焚平。大批食草動物的引進以及農牧，使得地景大幅改變，原生生物幾乎無一倖存。袋貂、兔子和鹿食用過多植物，造成植物滅絕，這種毀滅的範圍是極大的。森林在地形陡峭的鄉間有保護土壤的重要功能，而植物滅絕造成了大量的土壤流失。鼬鼠、貓和齧齒類動物對本地原生鳥類也是一大危害，這些鳥類先前完全沒遇過這些捕食者。

在紐西蘭的悠久歷史中，其地景從未有像過去幾百年之間所發生的劇烈變化過。由於變化得太快，紐西蘭許多大樹的樹齡可能都老到可以上朔至還有恐鳥的年代，而許多原生鳥類未能有足夠的時間對人類產生戒心。紐西蘭的過去就一直在經歷改變，未來想必仍舊如此。人們的挑戰是，如何在劇烈的改變中讓紐西蘭仍然保有其本色。

紐西蘭人對此危機非常了解。大約出現在2億5000萬年前的鱷蜥，如今被圈養繁殖，當它們回到荒野時，也將設有保護禁獵區。保育人士也盡力為鳥類復育棲地，奮力對抗未來的海岸開發。

知名的成功事例是在南島奧塔哥半島的企鵝地計畫，為了搶救稀有的黃眼企鵝（大約只剩5000隻野生的），在1984年時，僅看到剩下16隻，而2000年時，孵育了160對企鵝。海獅和皇家信天翁也在奧塔哥半島被孵育至健康安全的數量。（見302頁）

左圖：仔細看好了——你可能會看到恐鳥（或者是傳說中的喜瑪拉雅山雪人、甚或是貓王復活……）

紐西蘭的
獨特動植物

紐西蘭因其演化歷史,而有古老而奇特的自然環境。幾乎紐西蘭的所有昆蟲和海洋軟體動物、80%的植物,以及25%的鳥類,都是在別的地方沒看過的。因此,對紐西蘭新的動植物,以及將其保存的各種方法,開始在全球獲得重視。

在紐西蘭看到信天翁、鴿子、鯨魚、海獅和海豚這些動物,其實滿容易的。從南島頂端的卡庫拉(Kaikoura)坐船出海,看見6頭抹香鯨、和數百隻海豚並不希罕。回到岸上,卡庫拉當地更是海獅成群。

紐西蘭有很大比例的全球瀕臨絕種鳥類,有無數個保存與增加這些鳥類的計畫正在進行。其中一種鳥是卡卡鸚鵡(Kakapo),全世界唯一不會飛的鸚鵡,以前分佈在紐西蘭的3個島上,但今天只在紐西蘭最古老的地點峽灣區和司徒華島上找得到。卡卡鸚鵡也曾被轉移至無肉食性動物的島上。在1974年,人們還不確定是否有這種鳥的存在,後來在峽灣區發現一群公鳥,又在司徒華島發現一群公鳥和母鳥。自然保育部目前有10個工作人員,全職來處理卡卡鸚鵡的相關計畫(www.kakaporecovery.org.nz),但這種鳥仍處在相當大的危機。

2002年,一隻人工養殖的卡卡鸚鵡完成了正常的鳥會做的事──生下蛋並照顧牠的小鳥時,各地都歡聲雷動。

一些離島在清除了肉食性動物後,有許多種瀕危鳥類、爬蟲類和昆蟲被引進,如今在這些安全的環境下,開始繁衍,數量多了起來。例如位於北島附近的提里提里蒙塔奇島和卡配地島,南島的摩托拉島,以及司徒華島的尤瓦島,都可輕易到訪。好比在司徒華島的尤瓦島,你可以看見的鳥類有短翅水雞、鞍背鴉和stitchbird,然後想像紐西蘭在還未有歐洲人來到時的模樣。

紐西蘭至少有1萬500種昆蟲,其中1100種是人類無意中從外地引進的。

植物的生態與動物生活一樣充滿趣味。尤其,紐西蘭擁有全世界最為壯觀的森林,幾乎沒有太多地方比這些森林更讓人驚嘆,例如北島北部的高林普森林、中部普羅拉或威林那基的闊葉松林,或當你穿越南島大分水嶺時,看到的廣大古老山毛櫸森林。

此外,花些時間外出尋找高山植物也很值得,此地的高山植物包含600種,多數都是地方特有的。紐西蘭最著名的是庫克山百合,它其實是毛茛屬植物,不過還有許多獨特罕見的植物,例如蔬菜羊──一種長相奇特、很像羊

毛的植物,成對長在一起。許多植物以特殊的方式進行演化,以在惡劣的環境下生存。

專業生物學者和業餘的園藝專家等人,在紐西蘭一定會驚喜不已。想在賞鳥手冊上記錄美麗海鳥的賞鳥者,在這裡必定收穫良多。憧憬海洋哺乳類的遊客,也肯定不會感到失望。

右圖:不會飛的鴞鸚是個夜行地上鸚鵡。

民族大融爐

毛利人、太平洋島民、歐洲白人後裔，以及其他各種族群，
共同發展出一套獨具紐西蘭風情的文化。

人們總認為最典型的紐西蘭人是來自鄉村的。會有這種形象，也許是因為紐西蘭在過去一直是國際市場上肉類、羊毛、乳品和園藝製品的生產者所致。

但事實上，紐西蘭人大多住在都市裡面。紐西蘭400萬人口中，超過一半住在主要都市周邊。大奧克蘭市區的人口比南島全島加起來還要多。超過90%以上的紐西蘭人住在人口超過1000人的城鎮裡。

今日，有將近75%的紐西蘭人有歐洲血緣，絕大多數是英國後裔，但也有來自荷蘭、克羅埃西亞、德國和南非的後裔。毛利人大約佔了人口的14%，而太平洋島民大約佔6%，其他亞洲裔佔5%。

從19世紀末開始，中國人開始移民進入紐西蘭，之後來自北歐、德國、南歐、希臘、義大利、黎巴嫩等地的移民，以及納粹時期逃離歐洲、或晚近在東南亞和非洲因戰事而出走的難民，也漸漸遷進紐西蘭。1990年後，來自香港、台灣和韓國的移民人數倍增。

各種遷徙故事

第一批從玻里尼西亞大舉遷徙至紐西蘭的移民，大約是1000多年前的事了，當時毛利人用獨木舟開始有如史詩般大規模的航行，穿越太平洋抵達紐西蘭。第二波玻里尼西亞移民潮則是來自分佈各地的玻里尼西亞人，西至太平洋上的東加，東至庫克群島。

太平洋島民在紐西蘭約佔有6%的人口。大多數人是1960年代之後移民進來的。他們的人口數從1961年的1萬4000人大舉跳躍至2001年的26萬2000人。第二波移民潮的開始，是由於傳教士將太平洋島民帶到紐西蘭

進行訓練。二次大戰後，太平洋島民填補了勞工的短缺。在定居之後，他們便將家庭接過來，親屬關係層層相聯，最後幾乎是把庫克群島、西薩摩亞、紐威（Niue）、托克勞群島（Tokelaus）以及東加島上每一村莊的人口都接過來了。

西薩摩亞人幾乎佔了太平洋島民的一半人口。庫克群島的居民原本就有紐西蘭國籍，他們大約佔了島民的五分之一。至於紐威和托克勞群島的居民，住在紐西蘭的人數比住在他們家園所在群島的人還多。有三分之二的太平洋島民住在奧克蘭，多數人聚集在南邊的郊區。

薩摩亞人

薩摩亞人除了是紐西蘭太平洋島民的最大族群外，他們也有著比庫克群島居民更強大的教會和家族組織。他們每個週日一定上教堂，不管他們參加的是天主教會、長老教

前兩頁：「哈克」（Haka）慶典的公開演出；不同種族的人共掌一輪之舵。

左圖：地區慶典仍保留了傳統的舞蹈和服飾。

右圖：奧克蘭的一對情侶。

會、衛理公會、公理教會、復活會或摩門教皆然。教會活動強調歌唱和言語的使用，是一大特色。

至於酋長的制度則沒有維持得那麼好，它的功能主要被教會所取代。這個制度在適應紐西蘭的工作環境上出現問題，因為紐西蘭的職場不像傳統的群島生活，紐西蘭崇尚年輕人而排擠年老、受人尊敬的長者。這個問題又因重要的工作型態而變得更複雜。一家之主往往在各種零工之間輾轉，而女性得在夜間工作，這樣收入在付完房租之後仍有結餘，足以支付教堂的什一稅，並將多餘的錢

其他太平洋島移民

許多紐西蘭人無法分辨庫克島民和毛利原住民有何不同。如果要看看這2萬7000名居民在語言、文化和舞蹈上究竟有何不同，您得親身參與在奧塔拉（Otara）、玻里魯瓦（Porirua）、內皮爾、哈斯丁（Hastings）、羅托魯（Rotorua）或托可魯亞（Tokoroa）等地的教堂禮拜或社交活動才行，這些地方的當地人多半從事林務事業。當然，當地人可能會告訴你，幾次大型獨木舟遷徙都是從庫克群島出發至紐西蘭的，而毛利語也不過是眾多庫克群島語系的一支方言。

寄回他們家鄉的家族。薩摩亞全國有一半的外匯是來自海外國民工作的現金所得。

薩摩亞人另一個一展長處的地方是運動場。紐西蘭有不少優秀的薩摩亞籍足球和觸網球選手。許多足球選手最後都回到西薩摩亞國家代表隊，在國際足球賽場上爭光。如今東加人和斐濟人也是紐西蘭地方球隊的常客，有些甚至更進一步代表全由黑人選手組成的國家隊。

多元化的大都會

許多太平洋島民住在奧克蘭地區。他們再加上當地的毛利人，使得奧克蘭成為全世界最大的玻里尼西亞聚落。

紐西蘭的東加社群是從1950年代開始變得獨特。那時東加的沙蘿德皇后（Queen Salote）在奧克蘭成立東加會社（Togan Society），讓人們有個集會社交的場所，東加人自此之後便深入全國各地。教堂是各地東加人的主要集會場所，這些教會包括衛理教會、東加自由教會以及聯合教會等。在教會裡，只要情況允許，東加人會以原先的家鄉來分組聚會。

雖然聯合國曾在1974年助紐威一臂之力，要求紐西蘭給予獨立，絕大多數紐威人仍選

擇定居紐西蘭，因為他們的島國太小無法維持生計。紐西蘭的1萬8000名紐威人，藉著教會的集會，保存了他們的語言和身分認同。

社會地位較低的托克勞人有幾次差點就因為颶風而消失殆盡，他們在紐西蘭找到避風港。托克勞人在太平洋環礁帶的艱難生活條件下依舊挺立，使他們成為太平洋上最擅長說故事的人。

人數眾多、來自美拉尼西亞的斐濟人，晚近才來到紐西蘭。奧克蘭和威靈頓都陸續成立了小型社區，而現在人口更增長到8000

成長中的亞裔移民

1990年代開始，政府政策公開鼓勵亞洲人移民進入紐西蘭。這政策的出現，一方面是紐西蘭了解自己在太平洋地區的定位，另一方面是基於經濟的考量，希望藉此促進外國投資。

許多移民來自香港，他們對中國接手香港的前景感到不安。他們每個人至少得帶進50萬美元才能定居。過去10年累積下來，他們已成為紐西蘭最大的亞裔移民。連同台灣移民在內的華人，在5年內成長到將近3萬8000人。印度移民在此同時也成長到2萬7000

人，你可以在「斐濟節」（Fiji Day）時欣賞到他們著名的舞蹈。

不同黨派的政府對太平洋群島移民的態度就有所不同。1970年代莫頓政府對移民施加嚴格管制，造成社會緊張，也引來種族歧視的批評。近年，東加移民的人口從1986年的1萬3600人增加到現在超過3萬人，這可以視為移民政策往光明面走的表現。紐西蘭政府預測到2021年，太平洋島民的人口會佔總人口數9%。

人，相當於來自越南、柬埔寨、日本、泰國、馬來西亞和菲律賓等國移民相加起來的總數。1970年代中期因東南亞戰事所帶來的7000餘名「船民」，佔了晚近難民90%以上的人數。來自柬埔寨、越南和寮國的難民都在曼吉爾（Mangere）移民中心的協助下在全國各地找到了工作。

因為戰爭而從非洲前來的難民也藉由相同的途徑開展了新生活。例如，索馬利亞人漸漸地開始在全國各地建立起他們的社區。

華人親眼目睹了移民政策的大轉變。第一批華人在19世紀淘金熱時前來的。沒有淘到金的華人在紐西蘭孤立無援，還被當時的總

左圖：從庫克群島來的一對夫婦。

右圖：來自東加的太平洋島國移民在伐木場工作。

理席登說是「不想要的人」，他們甚至領不到老人年金。

晚近的印度移民很多是因為斐濟的歧視政策而前來，從1920年代開始就有從孟買一帶古加拉省（Gujarat）前來的印度人。最早前來的印度人是席克教徒，漢米頓（Hamilton）城內就有一間小型的席克寺廟。紐西蘭的印度人多半是回教徒而非印度教徒，奧克蘭的回教中心即反映出這個事實。近年也有不少信奉佛教的斯里蘭卡家庭移民到此地來。在更近期，遭戰火蹂躪的阿富汗與伊拉克難民也來到紐西蘭，使這個國家多了許多回教徒。

猶太人與其他歐洲移民

在各大都市中心裡猶太商人一直有著領導地位。早先有魏格爾爵士，他先當上財政部長，後來成為總理。他在1870年代透過關係向倫敦的大銀行家羅塞普爾德（Rothschild）等人興債，資助大型建設計劃，從歐洲帶進10萬移民，以建設公路和鐵路系統。

魏格爾帶來的移民中，最成功的要算是為數5000的丹麥和挪威移民了。他們伐下北島的樹林，建立諾斯伍德（Norsewood）和丹內維克（Dannesvirke）等城，後來一共有1萬移民來到這裡。他們和另一批總數1000的

塞爾提克（Celtic）後裔——偏見與繁榮

移民政策經常被各種偏見主導。19世紀的時候，信奉天主教的愛爾蘭人往往被排擠無法成為第一批移民。1860年代的淘金熱破除了這項政策，當時幾乎世界上每個國家的人都湧入紐西蘭。愛爾蘭人約佔了西海岸人口的四分之一。

大體說來，愛爾蘭後裔已融入紐西蘭歐裔圈子的主流，且在政界的表現卓越。席登最初就是在西海岸出線的，至今愛爾蘭人在這個區域仍有強大影響力。他後來成為紐西蘭最強悍的總理。莫頓有愛爾蘭人和利物浦人的血緣，則從另一個愛爾蘭人的重鎮奧克蘭脫穎而出，他從1970年代中期到1980年代初期擔任總理。伯格在1990年間在國家黨佔有主導地位，他也有深厚的愛爾蘭血緣。

紐西蘭有將近四分之一的人口是參加長老教會的蘇格蘭人後裔。他們在丹尼丁一帶色彩最為鮮明。只要有蘇格蘭球隊來到當地，就會有人穿著蘇格蘭裙，風笛聲也此起彼落。蘇格蘭風笛社、蘇格蘭高地舞蹈社等社團更是遍佈全國各地。

瑞士移民一樣靜悄悄地建立了自己的獨特文化。這群瑞士人是受到瑞士探險家菲力·罕格（Felix Hunger）的召集而來，他們在19世紀的下半葉定居在北島的另一側。

德國移民和英國移民是同時到來的，之後，除了世界大戰期間仍陸續有移民前來。二次大戰於1945年結束後，紐西蘭便開始在奧地利和德國募集移民。遍佈紐西蘭各地、外型簡潔嚴峻的路德會教堂，就是德國移民的具體表現。

從荷蘭的Zeeland 到紐西蘭的Zealand

戰後最大批的移民要算是為數3萬的荷蘭移民。他們離開了工作機會稀少的家鄉，在經濟繁榮時期來到了紐西蘭。

19世紀末前來紐西蘭的3000名義大利移民，主要來自索蘭多（Sorrento）和斯托玻利（Stromboli）兩地，他們從事著和在家鄉時相似的工作，下海捕魚或種植蕃茄。威靈頓郊區的島灣地區至今仍有「小義大利」的稱號。

有1000名左右的南歐人同樣在19世紀末逃離了奧匈帝國軍隊，加入英國人在紐西蘭北邊的樹膠採集隊。樹膠採集殆盡後，他們又轉而從事釀酒。諷刺的是，一次世界大戰時，他們竟又和德國移民碰在一起，受盡當地人的欺負和不公。不過他們堅持了下來，其中有人在奧克蘭建立了紐西蘭的製酒業。他們的名字至今仍在紐西蘭酒業響亮著。

在酒業另一個響亮的名字是「喀班斯」（Corbans），不過這個家族來自黎巴嫩，他們就和其他在紐西蘭事業有成的黎巴嫩人一樣。

希臘人、塞爾維亞人，及克羅埃西亞人

希臘人乘著和義大利人同期的移民潮零零星星地前來，他們大多數人就待在他們上岸的城鎮，也就是威靈頓市區。不過，他們的生活可是圍繞著雄偉的東正教教堂，而顯得十分耀眼。在馬斯頓（Masterton），一座當地教堂甚至改頭換面，成為一座充滿彩色瓷繪的東正教教堂。唯一能和這幅彩繪相比的，就是威靈頓郊區伯罕普（Berhampore）一座羅馬尼亞東正教教堂的雕刻祭壇屏幕。

這座教堂是一群羅馬尼亞移民的集會重鎮。

在相隔數百公尺外的地方還有一座塞爾維亞教堂，這是威靈頓兩座塞爾維亞教堂的其中一座；隔幾座小丘的地方則有著克羅埃西亞人在他們教士的帶領下集會，這群教士從其他城鎮搬來，以加入這群前南斯拉夫的難民。較早的移民已經待在這裡數個世代，這啟發了作家亞美莉亞·巴蒂絲奇（Amelia Batistich）寫出她的民族傳說。宜芳·杜費

斯納（Yvonne du Fresne）則寫下了在馬那瓦吐（Manawatu）地區的匈牙利和丹麥移民的故事，而雷納多·亞麥托（Renato Amato）則是著名的義大利裔紐西蘭作家。

1944年，當時總理彼德·佛雷瑟（Peter Fraser）的夫人珍娜，為733名因戰爭而流離失所的波蘭孤兒建立收容所。他們大多定居在威靈頓，之後又有超過5000名波蘭移民隨之而來。

戰後難民還包括了捷克和斯洛伐克人。1968年「布拉格之春」被鎮壓後，又有幾百名政治難民前來。1956年蘇聯進攻衛星國匈牙利也帶進了1000名匈牙利人。許多俄國人

左圖：奧克蘭的中國元宵節。

右圖：南島南部的居民仍維持著濃烈的蘇格蘭傳統。

也以政治難民的身分陸續前來，他們大多是猶太人。其他還有少數的智利人、東歐人和亞述人等。

未來展望

從1970年代起，移民使得紐西蘭的都會區域變得多元豐富。雖然紐西蘭傳統的烤羊腿漸漸淡出，但早期移民仍讓紐西蘭人得以享受各種民族風的美食。而除了足球和賽馬外，在奧克蘭和威靈頓等地所舉行的划龍舟賽也越來越受到歡迎。紐西蘭被官方認定是雙文化的國家（歐洲人和毛利人），但它其

黨。毛利人首要關注的對象就是亞裔移民。他們對亞裔移民購買紐西蘭土地感到不滿，而他們的威坦奇條約問題卻仍未解決。在此同時，紐西蘭亞裔移民也覺得他們受到了不公平的待遇。

實更是個多元文化的國家。

有些人說紐西蘭之所以成為民族融爐，與其說是刻意設計的，不如說是件意外驚喜。但一直要到1980年代紐西蘭才改變其實際上「只允許白人移民」的政策，轉而採取鼓勵亞太移民的態度。這對紐西蘭的社會結構已經產生一定影響。

面對21世紀，「民族融爐」的理想仍然有許多問題待解決。許多毛利人對於他們以及移民人數的平衡表示關切，而且兩者間也有著緊張關係。政府多次向毛利人徵詢移民政策的意見，而他們在1996年和2005年的選舉中，強力支持採取反移民政策的紐西蘭領先

左圖：紐西蘭足球隊。

紐西蘭人的特色

在這個全球化、網際網路與國際旅遊熱絡的時代，紐西蘭人就和其他國家的人民一樣，或多樣。據說，紐西蘭孤立與島國的形象，孕育了此地比其他地方更為獨特的特質和個性。

其中一個早期觀光客觀察到的特色是其「文化自卑」，當地人相信，因為紐西蘭非常的小而且地處偏遠，因此任何從其他地方引進的東西都自然比當地的好。這個特點意味著他們非常需要得到外國人的認同。紐西蘭人最喜歡問外國人的問題是：「你覺得紐西蘭怎麼樣？」（而正確的答案是：「很棒！我考慮要搬來這裡住。」）

由於這種倚賴外國認同的性格，在國外功成名就的紐西蘭人在祖國最受尊崇，例如艾德蒙·希拉瑞爵士、山姆·尼爾、和基里·德·卡那瓦（Kiri Te Kanawa）。對於那些選擇留在自己國家攀登高山或演戲或唱歌劇的人，總會被懷疑是「因為他們無法在國外成名」。

另一個證明紐西蘭很小的推論是，個人很容易在這裡發光發熱。任何人都很可能在其努力付出的領域成為前5名，只因為不會有超過5個人做同樣的事。這便直接產生了所謂的「達人」（tall poppy）症候群，亦即任何人出類拔萃之後，即會因受嫉妒而遭負面批評，而被打敗。很多人都這麼說紐西蘭人，但這種事並不是真的，這種說法很可能是因為某個易受傷害的精英，因受不了其他人的建議，而讓他們無法表現完美，因此創造出這種說法。

「達人」說法的來源是說，儘管貧富差距大，紐西蘭仍舊是個真正平等的國家，這是殖民時期留下的烏托邦夢想。雖有階級制度，但比起其他西方民主國家，紐西蘭卻沒有如此嚴謹與受限。

紐西蘭人相當簡單的民族，但他們說話時卻相反的說得很快，常常一口氣長長的句子，跟別的以英語為母語的民族相比快得多了。同時，他們在與人談話時，語調總是拉得很長。對紐西蘭人說話的迂迴漫長感到反彈的人可要注意了，根據語言學家的理論，英語世界正發展出大母音轉變，也就是最後每個人都會像紐西蘭人這麼說話。

紐西蘭人的特色之一是活躍的幽默感，不過這種幽默常在不經意中出現，因為他們總是一本正經地說出來。如果紐西蘭人說了一個聽起來很扯的事，那很可能是真的，不過他卻不會自己接著一連串的捧腹大笑，或大聲拍掌。

雖然多數紐西蘭人住在都市，但他們傳承了許多農村的價值觀，一直到出了家門仍延續下去：勤勉、支持他人、強烈的團體精神、踏實（對知識份子的不信任），以及什麼都能做的態度。「八號鐵絲」這個名稱，表示紐西蘭人只要用一根「八號鐵絲」，就可以解決任何問題。紐西蘭人確實是智足多謀的，他們也很多變、充滿想像力且令人歡喜的東道主。

右圖：一位毛利女性驕傲地展示其繼承的傳統骨飾。

毛利人的今日

毛利人的地位在紐西蘭漸漸地提高了。
非毛利人也開始對傳統的毛利信仰漸漸產生了興趣。

如果說，毛利文化得以在現代生存下來，真正的幕後功臣，那一定要算是來自北島東海岸的國會議員阿比貞納‧涅塔爵士（Sir Apirana Ngata, 1874-1950）了。他對毛利文化的貢獻，使他成為極重要的代表人物。涅塔曾任原住民事務部長，他曾推動立法以開發毛利人的土地，在羅托魯設立育幼院，並促成就業方案，以營造毛利社區的公共設施。

在地方和涅塔一起推動這項全國性政策的人，有各地的部族領袖，其中包括了威卡托（Waikato）的迪‧布亞‧荷蘭綺公主（Te Puea Herangi, 1883-1952）。在之前40年間，迪‧布亞一直是毛利立王運動的推行者，立王運動是自從1860年代毛利人與歐洲人進行戰爭後的產物。她帶動族人的士氣，復興文化活動，還在涅魯瓦希亞（Ngaruawahia）建立了一座中等規模的村莊，後來更成為立王運動的重心，她還讓數千名威卡托的毛利人回到他們的農地。她所建立的毛利王儲在毛利人和白人間獲得普遍支持，在此之間威卡托之外的人對王儲普遍存疑。涅魯瓦希亞的吐蘭加威威‧馬雷（Turangawaewae Marae）更成為全國毛利人的集會重地，一直到今天仍是如此。

毛利人生活水準的提升

在全球經濟大蕭條結束的1930年代裡，隨著勞工黨政府當政，毛利人也更加團結起來。勞工黨的福利政策對毛利人生活水準提升貢獻之大，與先前的政策完全不能相提並論，除此之外。這些政策也讓飽受歐洲移民帶來傳染病之苦的毛利人得以生存下來。毛利選民投桃報李，此後投票總是支持勞工黨的議員，直到紐西蘭領先黨仕1996年給他們

不同的選擇為止。2004年，毛利黨（Maori Party）成立，讓毛利人在2005年的選舉有了另一個選擇。

不過二次大戰之後，毛利社會發生了重大改變。農村就業人口的銳減，正好和都會區製造業的擴張同時發生，這使得毛利人大量

湧入都市。以1945年來說，當時超過80%的毛利人仍住在農村聚落，到了1980年代就只剩下不到10%了。毛利人和歐洲後裔在歷史上首度必須相依共存。

這種新關係帶來了種種問題。毛利人面臨各種有形無形的歧視。由於缺乏教育資源或缺乏進修誘因，許多新遷居都市的毛利人都被迫從事低收入工作。他們居住條件惡劣，而這強化了刻板印象，使得毛利人的就業條件更加艱難。都市和鄉村是截然不同的世界，農村裡有族人的相互支援，但都市環境險惡而孤立。許多出生在都市的毛利人走向反社會的路。毛利人的犯罪率攀升，使人們

左頁：已逝的詹姆斯‧希納雷爵士（Sir James Henare），他是著名的毛利領袖。

右圖：毛利人母子。

對毛利人的刻板印象更加惡化。

　　不過，人們逐漸認清問題所在，過去數十年間也開始有些進步。紐西蘭的教育制度逐漸開始調適新的需求。母語課程（毛利語稱作Kohanga Reo）讓學齡前的毛利兒童得以接觸到毛利語言和文化。課程安排上也顯示毛利文化在紐西蘭生活中佔有重要地位。獎勵毛利人繼續進修唸大學的政策也已訂立，另外有多項法案禁止在職場上的歧視。全國各法院都備有辯護和翻譯人員。毛利語已經成為紐西蘭官方認定的第二語言，國會也開始偶爾有人使用毛利語辯答。

　　不過儘管有以上正面舉措，許多地區的毛利人仍然面臨貧窮問題，毛利人在犯罪人口的比率也依然偏高。許多社評家因此認為，這些社會問題根深柢固，甚至上朔至紐西蘭被歐洲人殖民初期就已開始出現。

　　1975年成立的威坦奇裁決委員會是幫助毛利人討回失地的主要機構。毛利人可以藉該委員會，針對歐洲殖民紐西蘭過程中被強奪走的資源，提出賠償要求，賠償的形式可以在土地、現金或漁場分配等項目中選擇。委員會是根據1840年的威坦奇條約行事，它對撫平毛利人過往悲傷的貢獻，要比任何措施

「輝」（hui），傳統的毛利集會

　　「輝」集會一開始，與會者就要在「卡蘭加」（karanga）的呼喚聲中前往稱為「馬雷」的集會地。「卡蘭加」是一種只由女性吟唱的長串吁聲，除了召喚活人，也紀念往生者。與會者聽到「卡蘭加」後，就由穿著黑色服飾的帶隊女士帶入「馬雷」集會地內。在短暫停歇後，接下來是為往生者所吟唱的「坦吉」（tangi）儀式。接下來則是由男性長老所主持的「密希」（mihi）歡迎演說和致答辭。

　　在每一篇演說過後，演說者的族人便會起身，與演說者一起吟唱一段「威塔塔」（waitata）的嘆歌。在這些儀式過後，與會者走向前與當地人致上「紅奇」（hongi）的觸鼻禮，然後依照主持部落

「坦加塔・威努亞」（tangata whenua）的分配，完成剩下的儀式。

　　這種集會上所供應的食物十分特別：肉和蔬菜都是在稱作「罕奇」（hangi）的土窯上烹煮。海鮮是主菜，包括貝類、海蛋、鰻魚和鯊魚乾等美味。另外還有像發酵過的玉米、一種叫「堤堤」（titi）的鳥肉等特別食物。集會吃的麵包大多是一種叫「雷威那」（rewena）的薄餅，或者是一種像炸甜甜圈的麵點。共同進食是一種互相分享喜悅的儀式，毛利人在這點上看得比歐洲人重。對毛利人來說，接受這項好客的善意，和給予善意是一樣重要的。

來得多。

　　雙重文化的衝擊繼續不斷上演。在1990年代中期，毛利主權運動興盛一時；2003年，全國籠罩著毛利人主張擁有前灘潮間地帶的事件，兩年後，這項爭議還未落幕。

　　對於紐西蘭的生活型態來說，毛利人的地位越顯重要，正面形象也開始慢慢取代舊有的負面刻板印象。

　　毛利人的「輝」（hui）（見左頁說明）集會是一探毛利人生活最動人的機會。通常集會是在稱作「坦加塔・威努亞」主辦部落的主持下，在稱作「馬雷」（在集會廳前的一片

歌曲演唱、毛利諺語傳講，這些儀式的開放和情感充沛更是令人印象深刻。

　　毛利人的價值觀也在西化的外表儀容下澎湃流動著。毛利人的現代生活仍然維持著他們對 tapu、noa、wairua、 mana（神聖事物、不神聖的事物、精神性、權威）等概念的生活信仰。

　　如今紐西蘭的兩大族群比鄰而居，這也意味著非毛利人得對毛利人的儀式和毛利信仰中的聖地（例如有聖物、發生歷史大事或族人安葬的地方）表現尊重。毛利人的儀式，尤其是「輝」、「坦吉」（哀悼儀式）以及

空地）的場所舉行。在開場儀式過後，「輝」集會便開始討論和地方、部族或全國毛利人有關的公共或私人事務。集會也包括了共同用餐、歌唱和宗教儀式等。與會者在大型的集會廳房內過夜，因為事物討論往往會進行到第二天的清晨。

　　毛利人的婚禮、21歲成人禮、新生兒命名禮，或者是喪禮，也都和歐洲人的儀式大大不同。這些儀式都包含了毛利語演說、毛利

「卡拉基亞」（karakia，祈禱）等等，也漸漸被歐裔人士所看重。希望這些對兩大族群都是好事。

左圖：「紅奇」，正式的毛利見面禮節。

右圖：毛利的獨木戰艦仍然可以在節慶儀式中看到。

毛利文化（Maoritanga）的興趣提高，促成了毛利文化的復興。毛利藝術的復興要一路上朔回19世紀，但大舉提倡毛利藝術研究和再造的，是20世紀的兩位領袖，阿比雷納‧涅塔爵士和彼德‧柏克爵士（Sir Peter Buck，毛利名Te Rangi Hiroa）。而集會廳就是從事這些活動最理想的場所。

傳統毛利社會

毛利人的社會和藝術總是和帶領戰爭的首長共生，他們藉由調理族內事務以伸張他們繼承得來的權利。他們在穿著、吊飾和裝備

上一定是最精緻的；部族的權威需要仰賴領袖。

一位裝備齊全的戰士既要有行頭也要有武器：皮帶間繫著短棒，手上則要拿著長棍。武器往往是隨身配帶以供自衛，因為毛利人崇尚襲擊沒有戒心的敵人。武器在毛利人做演說時也是不可缺的，演說者用它來輔助演說強化要點。

毛利社會整體說來是建立在專制的階級制度上的。每個人都附屬於一個大家族（whanau）之下，大家族又從屬於部落支部（hapu），支部間又以血緣關係合組成一個部族。沿著族譜一路上朔，最後會看到先祖所乘獨木舟的名字，部族的名字就是由此而來的。

毛利人的社會分為兩大階級，不過兩者之間多少有重疊之處。上層階級是由貴族（ariki）和戰爭首領或首長（rangatira）所組成。而廣大的下層階級是由平民（tutua）組成。在兩大階級之外則有奴隸（taurekareka），他們沒有任何權利。這些不幸的人只能從事卑微的工作，有時還會成為祭典上的犧牲品，或者在某些需要食人肉的場合被人宰殺。

毛利人根據階級來穿著，不過在從事每日工作時，不管高低階級的人都盡可能穿著舊衣服。男性和女性都穿戴束腹，天寒或遇到祭典時則穿上披肩。未成年的兒童通常裸身。一旦成人之後，露出性器就被認為是不合宜的了。

毛利人的集會廳

在古典時期，毛利人開始向國外購買貨品，帶進了新的經濟型態，也使人們開始建造大型的倉庫。這個時期精美的「帕塔加」（pataka）倉庫已被收進博物館保存，奧克蘭戰爭紀念博物館（第142頁）裡即有收藏。

在傳統時期，集會廳（Whare runanga）成為毛利社交生活的重心，更是毛利藝術革命的起源地。集會廳在19世紀扮演重要的角色，受到外來傳染病的影響，加上土地流失以及和外來移民的爭鬥，使得毛利人口大受影響，毛利人建造為數眾多的集會廳，便反應了這個影響。今日在北島各地都可以看到這些集會廳。

毛利人的建築通常都以祖先的名字命名，建築也象徵著這位祖先。屋脊即祖先的脊椎，屋樑則是胸骨，門面偶爾有著指頭的形象，代表著祖先的手臂。三角牆突出的部分則有著臉部面具。許多部落的人仍然相信，他們走進某些屋子，就等於被祖先的身體給保護著。許多集會廳都開放供人參觀。位於羅托魯的歐希尼莫吐（Ohinemutu）村、建於1878年的「塔瑪‧德‧卡布亞」（Tama-te-Kapua）是值得探訪的地方之一。毛利人的集會廳通常是私人用地，但只要獲得許可，訪客便可進入。

刺青藝術

　　臉部刺青是表現階級最特殊的標記。刺青師傅的收入不錯，人們根據他們手藝程度，以財貨或請客的方式支付酬勞。男人的臉部全部刺青，過程痛苦，紋路相當深，使用的器材是浸有黑墨汁的鳥骨製鑿子，墨色刺在臉上則顯現出藍色。住在北部的戰士們往往還額外在大腿和臀部上刺青。女性的刺青則深印在唇部和下巴，不過嘴唇部分是用一種像梳子的「針」刺成藍色的。

　　至今人們仍可在毛利人的木乃伊上發現刺青師傅的精湛技藝。在毛利人的傳統裡，敵

品製作。上層階級的女性喜歡製作細緻的衣物，而酋長們經常拿著鑿子敲敲打打，做些小盒子或其他小型器物，藉以消磨閒餘時光。

為戰士和神祇所製的藝品

　　毛利藝術的宗教部分則是奠基在毛利人對神祇和祖靈的普遍信仰上。在基督教傳入前，人們相信超自然力量會駐留在天然物品上。於是為了求任何事物平安成功，就需要有各種歌唱和儀式。

　　毛利人認為，不管是人、手工藝品或天然

人的頭顱是要帶回部落供人辱罵，而親人的頭顱則留存供人祭弔。毛利人使用蒸氣、煙燻、上油等技術製作木乃伊，頭部尤其保存完好，連頭髮、頭皮和牙齒都完整留下。基於尊重毛利信仰，這些頭顱都不會放在博物館展出。今日毛利人也像各國的博物館施壓，要求他們歸還這些製成木乃伊的頭顱。

　　刺青師傅和其他工匠多半來自上層階級，也常常是受人尊敬的祭司。酋長和平民都相當崇敬他們的手藝，即使是貴族也要參與藝

物品，他們內在都有一種神聖的力量（mana）。這個概念是瞭解毛利藝術和社會行為的重要基礎。神聖力量有許多層次的意義，例如榮譽、影響力、權威，其中尤其重要的是「靈力」。神聖力量傳統上是表現在事務的成就或成效上，例如戰士的表現或一隻漁勾所能補獲的魚數量等等。一旦有成功表現，力量就會增強；反之如果接觸到不當事物或被污染，力量就會減少。如果酋長或他的器物被下層階級的人碰到，就算是被污染，而他的力量就會減損。

　　傳統的毛利社會，在製作所有的手工藝器物時，都遵守著性別分工的原則。男性負責

左頁：羅托魯的歐希尼莫吐村一座雕像的細部。
上圖：臉部有刺青的毛利國王。

處理例如木材、骨材或石材一類的硬質材料，而女性則使用例如像亞麻繩一類的軟性材料（用以製作踏墊或提籃蓋子一類的物品，見82頁），再不然就是負責處理亞麻纖維，並裝飾一種名叫「塔尼可」（taniko）的花邊。根據毛利人的說法，女人是由森林之神「達內」（Tane）由泥土中創造出來的。而男人則是由「圖神」（Tu）直接從靈魂創造出來。因此根據毛利人的說法，女人屬於noa層次——也就是「非神聖性」的種類，而相反的，男人則屬於精神上的tapu，也就是神聖層次的種類。這使得女性處於較卑下的地位，最重要幾種宗教活動、手工藝和部族活動也都將女性排除在外，因為這些都需要

珍貴的個人用品

毛利人的個人用品展現出藝術最細緻的一面。梳子、羽毛衣、寶物盒、衣扣、軟玉飾品（包括一種稱作hei-tiki的祖傳墜子）以及武器，這些器物往往表現個人風格，而且展現出器物主人的權威精神。木製的寶物盒（wakahuia）內裝的是軟玉飾品或羽毛等珍貴物品。寶物盒上有蓋子，設計成供人吊在屋樑下，每一邊都刻上有細緻的刻紋，尤其在底部更是細緻，因為人們最常看到它們的底部。

重要神祉和祖靈的參與。男性在製作手工藝品時，女性是不能靠近的。毛利人將這些規矩定為律法，任何僭越這些規矩的人都會受到嚴厲的懲罰。

酋長和祭司的地位最高；他們必須經過長時間的學徒訓練，參與各種宗教儀式，才能夠獲得這項地位。

藝術也有它和平的一面。木棍神（tiki wananga）上面纏著具有神聖性的繩索和紅羽毛裝飾，是祭司們用來和神明與祖靈溝通、祈請他們保佑部族的工具。石農神（taumata atua）則放在花圃中或花圃旁，人們藉此祈求土壤肥沃有個好收成。

還有一種木製的靈柩，中間挖空並附上一塊扁門，用來裝去世之人的骨骸。毛利人的喪葬習俗是由「預埋」開始的，一兩年後進行撿骨，然後才是最後的正式葬儀，至少對有階級的人是這樣進行的。毛利人相信死者的亡靈會旅行至蘭峽角，該地位於北島的最北端。亡靈在此入海，一路回到祖先所居住的哈威基（Hawaiki）一地。靈柩的形式往往類似一艘獨木舟，有的甚至還有龍骨結構。這種大型的棺木埋在洞穴中或其他隱密的場所，它們多半在奧克蘭地區被發現，許多已經保存於博物館中。

為了紀念往生者，人們會豎立各種紀念碑或墓碑。有些是用木雕做成的立柱，有些則是將獨木舟深埋入土，好讓它們得以豎立起來。標示柱也被用來標出部族的疆界，或者是做為紀念各種重要事件之用。

毛利藝術的主題

毛利藝術乍看之下雜亂無章，然而有一些象徵和主題是井然有序的。人型圖樣幾乎在各類物品中都看得到，毛利語稱作「提基」（tiki），代表的是毛利神話中第一個被創造出來的人。「提基」在雕塑品中代表的是先祖和諸神，多半刻於木頭、骨材或石材上。用軟玉（綠石）製成的「黑提基」（hei-tiki）是最知名的飾品。在祭典集會廳內，樑柱面和許多地方都刻著先「提基」的面板。這些刻飾有巨大的頭部，裝飾樑柱或面板等地方。這種設計也反映了毛利信仰中對頭部的重視程度。對毛利人來說，頭部和性器官一樣，都是全身最重要的器官。

男性和女性的性器官在雕刻形象中往往被誇大，陽具和陰道都被視為具有生育和防禦神力的中心。「提基」形象的雙腿間或身軀上常刻有縮小的新生兒形象，用以代表後世子孫。平面雕刻的形象則往往是跳著戰爭舞蹈的姿態。向外吐出的舌頭，除了代表不輕易屈服外，也代表著守護神力。

毛利的「提基」雕刻家將材料變為供神靈或祖靈寄居的場所。有些雕柱形象刻著某個人身上的刺青，但大多數的形象都不是尋常

側身像中。如果出現在「提基」旁邊，看起來就似乎是頭部和身體被啄到似的。「馬納亞」有時會成為「提基」的一部分，或者在門楣上和「提基」交互出現。它也可能代表著「提基」的靈力。它在形式上是半鳥半人或半人半蜥蜴，不過蜥蜴在毛利木雕和其他雕塑藝術中並不常見。

鯨魚（pakake）和類似鯨魚的生物，常常出現在傾斜狀的門面或倉庫上。頭部碩大置於底部，中間以螺紋代表嘴部。雕刻形象中

人間所能找到的。「提基」的形象通常是傾斜的，有凝視的眼睛、似爪的手，以及像馬刺一般的手指，似鳥喙的嘴，以及其他和鳥相似的身體特徵。鳥的形象不斷融入人類形象中，形成一種半人半鳥的混合體，這很可能是從人們的信仰發展出來的，他們認為亡靈以及神靈都用鳥作為宣達精神力的中介。

「馬納亞」（Manaia）是另一個重要的符號，通常以尖喙形式出現在有雙臂和雙腿的

左圖：一座英國國教派教堂上方的毛利「提基」雕刻品。
右圖：毛利木雕匠凱利‧威爾森（Keri Wilson）正在做木工。

也偶爾出現像魚、狗等動物，但整體說來並不多見。毛利人並不用寫實的方法去表現自然界的事物。

另一種在平面雕刻和綠石掛飾品中的形象是「馬拉基惑」（Marakihau），這是一種屬於「塔尼華」類（tanihwa，一種伏居於河中暗穴或岩洞中的生物）的人魚怪物。「馬拉基惑」很可能是選擇在海中居住的祖靈，在19世紀的屋外門面上，他們有柔軟的身軀，後面有捲曲的尾巴。他們頭上有角、大圓雙眼，以及管狀的舌頭，偶爾還雕刻成吸入一條魚的模樣。據說「馬拉基惑」可以把獨木舟連人帶船一起吞沒。

屋樑上的彩繪有一種類似花莖或球莖狀的曲線樣式，稱作「蔻魯」（koru）。紐西蘭航空就使用「蔻魯」作為公司標誌。

工具和材料

毛利人工藝的工具和材料都以木材、石材、布料或貝殼製成，他們沒有金屬器具。木匠主要所用的工具是用石頭製成的斧，再加上木製的柄。毛利傳統的木雕都少不了它。大體形狀先用斧劈出，再使用鑿子做表面細飾。

工法的改變

歐洲人引進金屬後，原有的石頭製工具就被遺棄，人們改用鐵刀，使雕刻的工法為之一變。

綠石則是製刀的重要材料。鑿子如果不是單邊鑿就是半圓鑿，兩者都綁上木製的柄。再加上石頭製的旋轉鑽頭和一些木楔子和木槌子，毛利人的工具組就齊全了。

自從油畫顏料被引進後，傳統的紅土顏料（kokowai）就被遺棄，如今只能在早期的雕刻作品上發現。後人用歐洲人的顏料為舊木雕重新上色，造成了不幸的後果，因為舊的顏料和紅土毀掉，使得很多傳統時代的多彩作品就因此損失了。

北島溫暖地方所產的貝殼杉樹，以及另一種「托塔拉」（totara）樹，由於木質較軟而耐久，因此受到木工的喜愛。硬木的數量也不少。今天被稱作綠石的腎石（pounamu）被當作珍貴的材料。綠石只有在南島西海岸的阿拉胡拉（Arahura）和塔拉馬考（Taramakau）兩地的河床上採集得到，使這種稀有材料成為熱門商品。由於硬度高，綠石無法用鋼刀雕刻。在鑽石刀還沒發明前，雕刻綠石是費力的工作。工匠用沙岩來磨光綠石，使它成為墜子、「黑提基」、武器或是其他物品。

骨材則有多種使用方式。鯨魚骨是製作武器的上選材料，而抹香鯨的牙齒用來製作飾品。狗毛則用來裝飾武器或衣物。紐西蘭鳥類的五彩羽毛以各種方式放置在衣物上。多彩的鮑魚殼（paua）用作木雕的鑲嵌品。將布料浸在沼澤泥中則可以將布染黑。

毛利人使用亞麻的方法也很多。亞麻葉可以很快地做成籃子或盤子，泡水敲打漂染過，則變成強軔的纖維，可以用來製衣或繩索。毛利的戰艦木舟、房屋和糧倉都是用亞麻繩組裝起來的。毛利人沒有鐵釘，也沒有木釘或木隼一類的東西。

左圖：紐西蘭航空公司使用毛利的「koru」作為識別圖案。

當代毛利藝術

今天有上百名毛利藝術家在紐西蘭工作，他們使用多種媒體創作，從最新的科技，到毛利祖先的藝術品。

在20世紀時，毛利藝術形成出兩種主流。第一種是以雕刻集會廳為基礎，例如雕刻、繪畫、和毛織等。許多毛利藝術家很歡迎新的藝術運動引入紐西蘭，例如現代主義和後現代主義。他們以自己獨特的方式與這些風格相互激盪，將本土與世界融合。

1960年代以前，毛利人以個人展或集體展的形式在美術館裡展示他們的藝術品。當時有一群非常成功的藝術家，這些人現在都已60、70歲了，例如羅夫‧霍德烈（Ralph Hotere）、佩瑞婷‧馬其特（Paratene Matchitt）、阿諾‧馬那其‧威爾森（Arnold Manaaki Wilson）、珊蒂‧阿賽特（Sandy Adsett）、佛瑞德‧葛拉罕（Fred Graham）等人。他們的作品向紐西蘭展示出毛利人的藝術品值得在藝廊中展示，而非僅是人類學的研究樣本。

在1970到80年代間，另一個新的團體出現，這些藝術家包括愛瑪爾‧卡拉卡（Emare Karaka）、羅賓‧卡虎其瓦（Robyn Kahukiwa）、庫拉‧堤‧瓦魯瑞理（Kura Te War-Rewiri）、蘇娜‧羅比拉戴維斯（Shona Rapira-Davies）。他們多數作品有明顯的政治意味，包括抗議的圖示、亮麗的色彩，和寫意的繪畫風格。從那時起，有更多藝術家出現，例如布雷特‧葛拉罕（Brett Graham）、麥可‧派雷高海（Michael Parekowhai）、娜塔莉‧羅伯森（Natalie Robertson）、愛瑞塔‧威金森（Areta Wilkinson）、和麗莎‧雷哈納（Lisa Reihana），這些人許多都在大學受過教。他們的作品闖入了新的領域，透過不同的媒體，例如數位／影像裝置，來挑戰對毛利藝術型態的刻板印象。

傳統的毛利房舍仍是現代藝術的中心。許多現代雕刻集會廳的基本建築架構和設計元素的選取（例如雕刻、繪畫、和毛織），保存著傳統的那一面，不過卻在材料的選擇和圖象的運用上創新。雕刻大師巴卡利基‧哈里森（Pakaariki Harrison）就廣受歡迎，他旅遊全國和世界講述毛利人的藝術作品。

關於毛利藝術和藝術家的出版品越來越多，這些出版品檢視傳統的部落藝術和當代藝術。最引人注意的是這些出版品都是以毛利語寫成，給毛利人看的。有些藝廊現在只展示毛利藝術品，例如帕內爾街的馬塔奧拉（Mataora）藝廊、和上西蒙茲街的堤陶馬塔（Te Taumata）藝廊，兩家都在奧克蘭。

毛利人的臉孔也在改變，刺青仍是一項可見

的文化表現。在身體上刺上傳統的刺青仍常見，尤其是在臉上（男人是全臉；女人是臉頰和嘴唇）、大腿和小腿上。刺青專家（Tohunga ta moko）有男有女，他們在全國各地幫人刺青，而且很受歡迎。從1970年代中期開始，刺青文化復活起來，經常可見身上有刺青的人在咖啡店裡喝咖啡。現在的刺青專家都採用現代化的機器，不過對於學習使用傳統的工具也很熱中，例如將刺青刺入皮膚的鑿子。

當代的毛利藝術就和毛利人一樣多元，不管你到紐西蘭的什麼地方，一定可以發現值得一探究竟的展覽場或美術館。

右圖：現代毛利藝術家積極地挑戰毛利傳統藝術作品的刻板印象。

毛利手工藝：生活和傳說

毛利人有著石器時代的文化，
他們用最稀少的資源，
就創造出高度發展、極度精緻的工藝品。

　　毛利人從玻里尼西亞遷徙到紐西蘭的時候，面對的是不熟悉的環境，但他們很快便發現如何有效運用當地資源的方法。例如，他們用石斧砍下貝殼杉樹來建造身長優美的獨木舟，或者利用「托塔拉」樹，這種樹林極適合雕刻使用。毛利人還使用一種紅土和鯊魚油的混合物，為雕像上色，以使得雕像長期保存不致腐朽。

實用的物品

　　像餐具、日用工具、武器這樣的生活用品，對毛利人來說當然是重要的。然而藝術也同樣重要，因為它和毛利的神話戲劇是密不可分的。傳統的集會廳毛利語叫「馬雷」，裡面至今仍是以地位崇高的先人木雕像做為主要裝飾。「提基」則是會帶來好運的漂亮飾品，以綠石或骨材製成，通常佩戴在腰際。另一種「黑提基」則戴在脖子上。傳統上，婦女將亞麻葉織成厚墊或籃子，或者將亞麻纖維做成特別節日時所穿的裝飾性衣物。

傳統手工藝的復興

　　隨著毛利人對他們歷史傳統的逐漸覺醒，傳統手工藝也得以復興。年輕人主要在「毛利藝術和工藝學院」（Maori Arts and Crafts Institute）一地學習木雕、骨雕和綠石研刻等技術。有歐洲血統的紐西蘭人近來也開始對傳統玻里尼西亞藝品感到興趣。綠石雕刻尤其成了一種精緻的藝術，這和在一般藝品店裡買到的大量生產品是完全不同的。

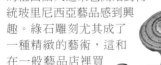

▷ **訓練中心**
大多數的毛利木雕師傅都是在「毛利藝術和工藝學院」受訓的。學院位於華卡列瓦列拉（Whakarewarewa），每天上午8點到下午5點對外開放參觀。

▽ **傳統紡織**
毛利婦女先將亞麻葉泡在溫泉中軟化，再將其織成美麗的衣裳。毛利男子也穿著亞麻製的大衣，外緣還織有幾何圖案的飾紋。

▷ **看圖說故事**
過去的毛利人沒有書寫語言，因此神話和傳說都是以口述方式代代相傳。一位祖母便用線條排出圖案，以解說東加希羅（Tongahiro）和羅亞佩胡（Ruapehu）兩地的火山故事，人們認為這兩座火山代表兩位脾氣多變的神明。

◁ **骨製的「提基」人像**
在幾世紀前，這種有著精細紋飾的護身符是尖銳的石器雕刻恐鳥的骨骼所製成的。由於恐鳥已絕跡，「提基」現在都是用其他動物的骨材來製作。

◁ **令人驚駭的臉型**
巨大頭骨雕像和鬼臉都是毛利藝術的一部分，其中有很大的神靈信仰成分。這些雕像原先可能都是放在碉堡聚落的圍籬上，用以驅嚇前來進犯者。

▽ **祭典用斧**
毛利人使用石器工具來從事木雕。綠石斧（tokis）由於無比珍貴，拿來做木雕就太大材小用。這種石斧上有紋飾，主要供酋長或其他地位崇高者在祭典上使用，或者是用以象徵他們的地位和權威。

▽ **特別的保護**
重要的先人木雕像往往用來保護部族不受神靈降惡，或用以鎮守整個部族的行事平安。

部落中
戰爭用獨木舟

戰爭用的獨木舟上有豐富的雕像和繪畫裝飾，是毛利部落的重要精神象徵。這類獨木舟大多漆以紅色，中間有黑色和白色的細部修飾，再黏上羽毛做為花飾。上圖這艘巨大的獨木舟長36.5公尺，陳列在威坦奇，這是由兩棵出產於普凱提（Puketi）的大貝殼杉樹雕刻而成。建造這艘獨木舟費時27個月，並在1940年舉行下水儀式，以紀念威坦奇條約簽定滿100年。

流線型的船身最寬部分不超過兩公尺，但這艘船可以載下200名戰士而絲毫不會感到擁擠。船隻由80位搖槳者推動，在有島嶼遮庇的島灣內航行神速，這次的下水讓玻里尼西亞的航海技藝在參觀者面前完全展現其風采。

為了尋找新的居住地，毛利人乘坐手工製的船隻，穿過寬廣卻時而洶湧的太平洋。這種船隻並不是瘦長的獨木舟，而是更穩定、裝有舷外浮桿的小船，上面有較大的空間可供裝載食物或個人使用財物。1985年時，一架傳統船隻的複製品從庫克群島上的拉羅通加（Rarotonga）一路航行至紐西蘭。這趟5,000公里的旅程僅僅花了5週便完成了，上面的船員全靠夜間的星空、月相和潮水來判斷航向，毛利人過去就是這樣航海的。

當代藝術與文學

紐西蘭的藝術與文學背後，
大多存在著景觀與居住其上人們之間的張力。

許多紐西蘭人對於藝術，總是懷抱一種矛盾的心態。國立機構創意紐西蘭基金會授獎給藝術家與作家，卻經常招人嘲弄，彷彿是讓流浪漢與遊民無端發財。實利主義從未遠離大眾生活的表象。不過，儘管如此──或者，更精確地說是，正因如此──充滿活力的本土文化蓬勃發展。因為孤立，藝術家不太仰賴海外得獎或當地鼓勵，而開創出自己的道路。

紐西蘭人在其他領域，尤其是在農耕與整修房子上──那種一切靠自己的務實傳統，同樣也展現在風格多樣的藝術家作品上。從充滿放克創造力的麥可・帕克懷（Michael Parekowhai），到精湛的雷夫・赫特（Ralph Hotere）都可見到，其畫作經常結合波紋金屬與舊木材。在麥可・史蒂文生（Michael Stevenson）創立的威尼斯雙年展（Venice Biennale）紐西蘭2003年的參展作品，包括Trekka（該國唯一當地設計生產的汽車）、以及Moniac（水力驅動的電腦，毫不意外地未有量產）。紐西蘭國家博物館暨國立美術館（Te Papa Tongarewa Museum）（見217頁）位居威靈頓，令人讚嘆，擔任該館館長的羅伯特・雷納德（Robert Leonard），認為上述作品巧妙顛覆了「紐西蘭人有衝勁的姿態」。

沒有任何國立美術館，仍是紐西蘭的恥辱。過去的作品都擠進德帕帕樓上的空間，雖然這間博物館不可或缺，但別期望可在此地找到可以代表紐西蘭藝術的展覽；反倒應該周遊城鄉各處美術館──特別是卓越的基督城美術館（Christchurch Art Gallery）（見250頁），終於在2003年開幕。外頭玻璃與金屬的波狀長線條透露出它是「寇魯」（koru）的體現，這種格式化的蕨類也裝飾在紐西蘭航空公司飛機尾翼。威靈頓的市立美術館（見219頁）、奧克蘭美術館（見140頁）、丹尼丁公共美術館（見297頁），與新普利茅斯（New Plymouth）刺激的戈維特布魯斯特美術館（Govett-Brewster Gallery）（見209頁），不用說，還包括位於玻里魯瓦、文化更為多樣的博物館帕塔卡（Pataka），都是令人振奮、便於參觀的地方。

藝術品

W. A. 沙頓（W. A.〔Bill〕Sutton）是第一

電影

連恩・萊（Len Lye）（1901-1980）置身紐西蘭藝術主流之外，且終其一生也大多身處國外。連恩・萊待過許多媒體，但最主要還是以動能塑造家與導演電影的先鋒，讓人銘記在心；他刻劃或直接參與電影，創造出壯麗的抽象意象。它們加入音樂因子的方式，使其有原始音樂影片（proto-music video）之稱。新普利茅斯的戈維特布魯斯特美術館藏有連恩・萊作品集與檔案，定期展出他的作品。引人注目的雕塑「風杖」（Wind Wand），就屹立在新普利茅斯海邊。

左頁：雕鑿堅硬的石頭，威靈頓雕刻節一景。

右圖：連恩・萊的作品「風杖」，驕傲地翱翔在新普利茅斯海邊。

批在新開幕的基督城美術館展出的藝術家之一，這位長壽的地方畫家（1917-2002年）不加掩飾的半抽象風景畫，似乎象徵了這位藝術家與土地的關係──紐西蘭的藝術經常把它描述成空無、沈思，甚至與人類對敵。

極受歡迎的寫實風景畫家葛拉漢・席尼（Grahame Sydney），儘管風格較為溫和，卻也多少捕捉了這樣的意境。席尼的作品常被人拿來與安德魯・魏斯（Andrew Wyeth）相提並論，這有其充分理由。柯林・麥卡宏（Colin McCahon）可說是紐西蘭藝術的教父，他的作品超越了帶有宗教含意的單純風

有人評其超現實主義畫作為：「全然奇特」。

雕塑與陶藝

雕塑在紐西蘭一直走得相當艱辛。國家幅員大小與把錢花在藝術是浪費的觀念，意謂公共委任稀少且吝惜。雕塑家習慣小型創作，但仍有兩人值得關注。泰瑞・史尊爾（Terry Stringer）的作品經常巧妙地將堅硬的青銅與溫柔主題之間的張力，發揮得淋漓盡致。史尊爾儘管常帶有後現代的風格，仍屬於傳統主義者，而且也是精湛的肖像畫家。

光線運用的實驗，向來被視為畫家的領

景畫，進入一種浩瀚、神秘主義的魔咒，這種沈思的力量不只存在於銘刻其中的禱文，也在於其宏偉的立體形式。

但是，當代的紐西蘭藝術並非全然都是消沈與毀滅。在麥卡宏之後，較不令人苦惱的承繼者，其作品較為偏向趣味與後現代的反諷，尤其是下列藝術家：喬安娜・白斯維特（Joanna Braithwaite）、夏恩・考頓（Shane Cotton）、迪克・佛塞爾（Dick Firzzell）、唐・卓佛（Don Driver）、理查・奇林（Richard Killeen）、沙拉芬・皮克（Seraphine Pick）、彼得・羅賓森（Peter Robinson）與反覆無常的比爾・漢默德（Bill Hammond），曾

域，但在尼爾・道森（Neil Dawson）運用其偏好的鋁、鋼等材質，所鑄造出來的雕塑品，光影卻與形狀同樣重要。盤旋在威靈頓市民廣場上的就是他引人注目的作品「蕨」（Ferns），他並且創造出驚人的「聖杯」（Chalice），裝飾家鄉基督城的大教堂廣場。

陶藝為何成為紐西蘭如此受歡迎的創作志業，並不十分清楚。或許，就跟持久烘烤是當地美食特色是一樣的道理。紐西蘭陶藝有兩個代表潮流。第一是粗鑿、手塑，連泥土的風格。

巴瑞・布里考（Barry Brickell）是這個領域的一個標誌人物。另一種是較為「藝術」

的手法，以約翰・帕克（John Parker）為代表，他多年來都致力創作白色陶藝，這是一種高雅樸實的形式，線條是重心。

文學

凱瑟琳・曼斯費爾德是紐西蘭第一位揚名異鄉的作家，其精緻的短篇故事——儘管她個人並不看好前景——卻通過各種潮流的考驗，屹立下來。她在1923年辭世，得年34歲；這些故事是在她離世前15年左右創作，現今讀來仍給人和當時一樣的樂趣。紐西蘭在20世紀初期，十分壓抑年輕作家；曼斯費

不朽著作則更有雄心，專注在國家認同與雙重文化，以及一些更為世界性的主題。

難以置信的是，直到1972年，紐西蘭才出現毛利人作家所出版的著作——威提・伊希麥拉（Witi Ihimaera）的短篇故事集《綠岩綠岩》（*Pounamu Pounamu*）。伊希麥拉並加入該國頂尖小說家之林：他1987年的小說《鯨騎士》（*The Whale Rider*）改編成了2003年的熱門電影。

另一部成功躍上大銀幕的是，愛倫・達夫（Alan Duff）1990年代襲捲全國的轟動小說《戰士奇兵》（*Once Were Warriors*）。《牛津紐西

爾德在1908年離鄉背井，滿腔熱情追求生涯，先是前往倫敦，隨後到了瑞士與法國南部。終其一世，未再返鄉。

直到1985年，才又出現一個廣受閱讀的紐西蘭作家，克里・休姆（Keri Hulme）因《骨頭人》（*The Bone People*）獲得「布克獎」。這本書被譯成約40種語言，在世界各地銷售了數百萬本。兩者之間的差異概括出紐西蘭文學的發展，曼斯費爾德的作品帶著淡淡的筆觸，只偏重紐西蘭的題材；休姆的

左圖：基督城美術館吸引眾多人潮。

右圖：率性湊和的陶藝工作室。

必賣無疑

紐西蘭史上最暢銷的書不是該國眾多詩人所創作的詩集，也不是有如休姆得到布克獎的《骨頭人》等享譽國際的小說。而是《艾德蒙食譜》（*Edmonds Cookery Book*），它在1907年出版，原本是用來促銷艾德蒙的「必發無疑」（Sure to Rise）發酵粉。食譜內容帶著濃厚的老式風格，而且就跟隨食物風味變化的步調來說，顯得緩慢；但是，這可能反倒是吸引紐西蘭傳統主義者的部分原因。在2003年，它已印刷至第51版，約在紐西蘭銷售了400萬本，等於該國人口數字。

蘭文學》指出，「這是第一本紐西蘭小說」，「徹底探討現代毛利人都市生活的實際情形」。

隨後佔有一席之地的小說家包括依莉莎白・納克斯（Elizabeth Knox），其描寫一名19世紀的法國人遇上天使的幻想小說《釀酒人的好運道》（*The Vintner's Luck*），打入國際市場；以及千變萬化的洛伊德・瓊斯（Lloyd Jones），繼描寫1905年橄欖球黑衫軍的精彩英國行程的《名聲》（*The Book of Fame*）一書，他寫下截然不同的《世界盡頭學舞》（*Here at the End of the World We Learn to Dance*）。

在歷史傳記文學領域，多年來都由麥可・金恩（Michael King）主宰，從毛利女性領

袖德蒲雅、薇娜・庫波（Te Puea、Wina Cooper）的開拓傳記，轉向該國兩名偉大作家的生涯：法蘭克・沙吉森（Frank Sargeson）與已故的珍奈・法蘭姆（Janet Frame）。麥爾斯・費爾班（Miles Fairburn）、詹姆斯・布利屈（James Belich）、安・薩蒙德（Anne Salmond）與菲利普・譚波（Philip Temple）等歷史學家，幫助歷史寫作從純粹的政治與經濟事件紀錄，轉向更加著重探討社會、文化、毛利與歐裔白人的關係。

兒童文學當然是自成一格，林利・塔德（Lynley Dodd）與喬伊・考莉（Joy Cowley）享譽國際，成了紐西蘭該領域的開路先鋒。

塔德以其為幼童所寫的《毛狗麥拉瑞》（*Hairy McLary*）系列聞名；考莉的小說《沈默者》（*The Silent One*）令人難忘地拍成影片，文選也廣泛地在世界各地被當作教材。

嘉文・畢希（Gavin Bishop）等繪本作家也為幼童創造了生動的作品，但是，最令人興奮的發展，卻可能是在為青少年所寫的書籍方面。寶拉・布克（Paula Boock）、大衛・希爾（David Hill）、伯納德・貝克特（Bernard Beckett）、泰莎・杜德（Tessa Duder）與凱特・高蒂（Kate de Goldi）的小說，都處理一些極具挑戰性的主題，像是青春期與性慾萌發的問題，尤其是高蒂的《親密的陌生人》（*Closed, Stranger*），更是力作。瑪格麗特・梅罕（Margaret Mahy）自然也不容忽視，不只是著作，也經由文選、公開露面，成為國家重要資產。

詩

詩歌在紐西蘭有著驚人的表現。雖然詩作的平均銷售量不過數百本，但每年都有數十本詩作出刊，而且詩作研習會與創作課程也極為興盛。當美國詩人比利・柯林斯（Billy Collins）訪問紐西蘭時，受到彷如搖滾明星的歡迎。主要城市大多擁有詩人咖啡座、酒吧或是集會場，定期舉辦開放朗讀；同時，全國各地湧現數量驚人的文學活動，有些則附屬於藝術節的一部分。奧克蘭作家節（Auckland Writers Festival）與威靈頓國際藝術節中的作家讀者週，可說是其中的佼佼者，兩者都是兩年舉辦一次的活動。

紐西蘭的確擁有非官方的桂冠詩人，只是它的地位未受到廣泛認同。只有一名詩人達到可稱為傳奇的成就：激情的國家主義者詹姆斯・巴克斯特（James K. Baxter），他最知名的事蹟是在去世前幾年，赤腳、長髮、留著如同耶穌的鬍子，漫遊全國。巴克斯特在1972年辭世，得年46歲。「對我們來說，」巴克斯特在〈瑪圖基圖基谷的詩〉（Poem in the Matukituki Valley）寫道，「土地既是母體也是毀滅者」——簡扼且值得紀念地道出

與土地的衝突關係，這也是許許多多藝術家所表達的要素。

巴克斯特死後，詩作轉向較為冷靜、較為疏離與諷喻的風格，較少大格局——事實上也較少理念。比爾‧孟海洱（Bill Manhire）可說是這個學派的代表人物。舊時熱中打造的「紐西蘭認同」，現在早已捨棄，因為當今的紐西蘭作家已確信他們在世界的定位。即使是該國資深詩人艾倫‧柯諾（Allen Curnow）的詩風，在其2002年去世前，也與年輕時代的浪漫國家主義大相逕庭，轉向評論家稱之為較「鮮明通俗」的風格：直接了當、簡略，而且犀利。

逐漸佔有一席之地的年輕詩人包括珍妮‧伯恩赫德（Jenny Bornholdt）、詹姆斯‧布朗（James Brown）、凱特‧坎普（Kate Camp）、格林‧柯庫宏（Glenn Colquhoun）、安娜‧傑克森（Anna Jackson）、安德魯‧強斯頓（Andrew Johnston）與羅伯‧蘇利文（Robert Sullivan），後者加上富有生氣的侯恩‧圖威爾（Hone Tuwhare）堪稱是最佳毛利詩人。

大部分毛利詩人與小說家用英語寫作，但是，語言之間有大量的轉換。例如，朗讀柯庫宏自我非難的詩作，很難知道他是個歐裔白人還是毛利人。最後的結論很可能是，反正這真的一點也不重要。

建築：風格乎？拙劣乎？

雖然毛利的主題有時會融入紐西蘭歐風的公共建築設計，像是威靈頓的德帕帕與基督城美術館，卻未曾深深影響該國的建築理念。英國哥德式建築仍處處可見——例如，威靈頓宏偉的老聖保羅主教教堂（Old St. Paul's Cathedral）——不是以石材建造，而是木材。

可能除了內皮爾之外，沒有任何主要城市或鄉鎮能有統一的建築風格。內皮爾因1931年的地震被夷為平地，而以裝飾藝術（deco art）的風格改建。丹尼丁保留一些戰前的魅力，而奧馬魯（Oamaru）因使用當地白石而獨樹一格。約翰‧史考特（John Scott）在威靈頓市郊的福圖納禮拜堂（Futuna chapel），被視為現代主義的作品；但首都最令人印象深刻的建築卻可能是，後現代的威靈頓中央圖書館（Wellington Central Library），它的設計師伊安‧艾斯菲德（Ian Athfield）在正面豎立成列的金屬棕櫚。艾斯菲德在鄰近設計的市民廣場同樣引人注目。

對建築衝擊來說——只是順帶一提——紐西蘭兩個最著名的建築物，可說同時包羅宏偉與荒謬。必須自行判斷哪個是哪個。一個是奧克蘭的「天空之塔」，有如巨大的冰棒直入雲霄；另一個是費德瑞克‧韓德威瑟（Frederic Hundertwasser）在北島卡瓦卡瓦（Kawakawa）所設計的公廁。

表演藝術、音樂與電影

資源貧乏抑制了創造力，使紐西蘭的音樂、戲劇與藝術一直在努力求生存，
但最近有了改變，變得較有自信與肯定。

紐西蘭人給人的評價總是簡潔、幾乎不愛出風頭的民族，他們居然可以被勸服從事藝術工作，似乎是不尋常的事。許多紐西蘭人發覺，要找到可以發揮才能的工作，必須遠赴異鄉；琪莉・卡娜娃（Kiri Te Kanawa）、羅素・克洛（Russell Crowe）與珍・康萍（Jane Campion）是其中的代表。

儘管對他們的成功感到驕傲，但繼續為祖國人民努力、效力與發聲的，仍是紐西蘭人。彼得・傑克森（Peter Jackson）堅持好萊塢必須來此拍攝他的電影，為「本土產品」激發了信心，各種創作活動在21世紀前幾年，有了驚人的增長。

古典音樂

紐西蘭交響樂團位於威靈頓，成立於1946年，當時瀰漫一股戰後樂觀的氣氛，該國一些知識分子、作曲家、畫家與演員策畫創造一種國家文化；紐西蘭皇家芭蕾舞團與紐西蘭演奏家等團體也在同時期誕生。世界級的紐西蘭交響樂團就其國家交響樂團的身分來說，非常勤於表演，每年表演超過100場演奏會。奧克蘭愛樂的水準也同樣高。

紐西蘭第一位現代作曲家道格拉斯・利本（Douglas Lilburn）說：「音樂曾在此寫成，現在仍在寫成，但我感覺到，這一切都只是朝向解決問題的第一步——朝向發掘我們的自我特質。」這些話與其國家交響樂團的塑成，有著同樣作用。許多作曲家跟隨他的覺醒，創造豐富且多樣的曲目，有些以毛利與玻里尼西亞風格寫成，包括傑克・柏帝（Jack Body）、賀尼・墨爾本（Hirini Melbourne）、嘉利斯・法爾（Gareth Farr）與菲利普・戴森（Philip Dadson）。

但是，紐西蘭最知名的古典音樂家還是女高音琪莉・卡娜娃。她是當之無愧的歌劇首席女角，但很少在家鄉表演，而且更糟糕的是，紐西蘭人認為，她對此似乎興趣缺缺。不過，紐西蘭盛產金嗓子，包括女高音瑪薇娜・梅傑（Malvina Major）與前景無量的男低音喬納森・萊馬魯（Jonathan Lemalu）。

紐西蘭歌劇團通常在威靈頓的聖詹姆斯（St James），或奧克蘭的奧提中心表演，水準相當不錯。劇團經常被指稱只作保守的選

毛利音樂與舞蹈

在毛利生活中，音樂向來扮演重要角色，回溯古老時代，當時的樂器是由木頭、鯨骨，甚至是石頭製成。傳統禱歌與歌曲（waiata）是喪禮與婚禮等典禮的重要特色。毛利舞蹈也是一樣，韻律與肢體動作兼併，拍胸、掌腿、踩足，有時還加上擊棍的節奏。「演奏會」現在每年都舉行比賽，以發掘最佳的表演者，有些團體還巡迴世界表演，分享令人印象深刻與愉悅的文化藝術。

左頁：彼得・傑克森因《魔戒》三部曲，被視為紐西蘭文化的標誌人物。

右圖：女高音卡娜娃揚名海外。

擇，但它的演出作品都是第一流。但是，想要觀賞由紐西蘭人編寫的歌劇，應該計畫在兩年一度的紐西蘭藝術季前往威靈頓，這是藝術表演行程的盛會。

芭蕾與現代舞蹈

紐西蘭舞蹈史儼然是努力奮鬥與艱忍不拔的化身。舞蹈的巡迴演出與擴展，耗費甚鉅，皇家紐西蘭芭蕾舞團能在2003年慶祝50週年團慶，可說是一個奇蹟。該團贏得了努力奉獻的評價，但是，觀眾對於芭蕾那種「短裙加上精靈墳土」的刻板印象，使其無

法出現創新的作品。

現代舞團「肢體」（Limbs）照亮了這片荒地，該團成立於1970年代，1980年代解散。在這段期間，紐西蘭兩位頂尖的現代舞蹈編舞家道格拉斯・萊特（Douglas Wright）與麥可・帕曼特（Michael Parmenter）趁勢崛起。兩位編舞家都已製作出令人驚艷、感動與重要的作品，但在資本不足的情況下，愈來愈難以創造曲目。

奧克蘭的「黑色優雅」（Black Grace）是一個結合橄欖球員體格與芭蕾舞者優雅的男性舞團，因充滿活力地混合了現代舞蹈與毛

當代音樂場景

令人欣慰地，紐西蘭一度興盛的酒吧搖滾場景，並未完全被1990年代大舉前來的舞曲扼殺。相反地，「達桑氏」樂團（The Datsuns）（未成氣候以前，他們奮力帶起回歸重搖滾之風，一度引人難堪）與D4等搖滾團體在國際舞台大放異彩，已在家鄉創造出前衛搖滾（pro-rock）的衝力。

「另一」傳統也仍屹立在主要城市的夜店與酒吧，這指的是該國傳奇的「飛行修女」公司（Flying Nun Records），他們曾在1980年代製作The Clean、The Chills與Straitjacket Fits等風靡一時的團體。其他令人關注的還有玻里尼西亞成功的嘻哈樂團Nesian Mystik與Che Fu，以及創作歌

手碧可・蘿嘉（Bic Runga）。

如果喜歡爵士，務必要在復活節週前往奧克蘭，觀賞年度的威赫基島爵士音樂節（Waiheke Island Jazz Festival），會有許多國際級樂手與團體參與；或是參加每年10月到11月間在威靈頓舉行、規模較小的爵士音樂節。

受歡迎的世界音樂節Womad，在紐西蘭原是不定期舉行的活動，但現在已暫定為兩年一度，附屬於新普利茅斯的塔拉納基藝術節。Womad除了有國際性的表演團體，通常也包括最佳的毛利與玻里尼西亞團體，是一個溫暖和善的大型活動。

利、玻里尼西亞風格，而廣為人知。

戲劇

理查（Richard）與愛迪絲·康萍（Edith Campion）不只孕育了電影導演珍·康萍，也在1953年設立了「紐西蘭演奏家」，這是紐西蘭第一個職業劇團。

在此之前，戲劇愛好者只能零星看到降貴紆尊的英國巡迴劇團。劇作家布魯斯·梅森（Bruce Mason）回想這些巡迴劇團說道：

非常戲劇

建於1929年的奧克蘭市民劇院（Civic Theatre）是個可笑的建物，以佛教、大象、豹與南半球的天空為主題。

演出地方戲碼。

說到紐西蘭戲劇史，就一定要提到霍爾。他是英國移民，以中產階級、中年人與中等知識分子的喜劇為風格，連結觀眾的恐懼、欲望與興趣，讓人聯想起英國的電視喜劇。之後，又崛起一批更具魅力的劇作家，像是肯·鄧康（Ken Duncum）、鄧肯·沙奇斯（Duncan Sarkies）、JO蘭德森（JO Randerson）、霍恩·考卡（Hone Kouka）與布萊爾·史密斯（Briar Grace Smith）；後兩者以

「受到一般紐西蘭人忽略，有時甚至是激烈地憎惡。」這句話總結了當時的情景。

「紐西蘭演奏家」在1960年結束，但啟發一個全新世代的演員與職業團體。第一個是威靈頓的前台（Downstage），即使幾年前，該團在紐西蘭非官方的「戲戲之都」，把首席劇團的地位，拱手讓給對手希卡（Circa），但它至今仍屹立下來。希卡擁有一群可靠的演員，他們不只表演國際戲碼，也

左圖：地方男孩「達桑氏」表現非凡。
右圖：奧克蘭的男性舞蹈團「黑色優雅」結合健碩的運動體格與優雅的芭蕾。

毛利觀點來編寫與紐西蘭歷史相關的戲劇。

紐西蘭職業劇團的演出作品包括最新的英美知性巨作、古典復興、或當他們想嘗試挑戰，會安排新的地方戲碼。除了前台與希卡，這樣的劇團還包括了北帕麥斯頓（Palmerston North）的中心點（Centrepoint）、基督城的庫特（Court Theatre）與丹尼丁的財富（Fortune）。奧克蘭劇團（The Auckland Theatre Company）沒有自己的戲院，但通常在奧提中心的先鋒劇場（Herald Theatre）或奧克蘭大學的梅德門（Maidment）表演。

奧克蘭劇團的作品曾被批評過於保守，但隨著劇團的成長，愈來愈多地方演員藉此登

上舞台；而它也擁有一大群有才能的演員，這些人大多是在較不具挑戰性的電視演出之餘，很高興能得到另一種轉換充電的機會。

紐西蘭的前衛劇團較為罕見，但奧克蘭的Silo與威靈頓的Bats都讓人覺得像是反體制抵抗組織的小型團體。他們的作品雖然顯得拼湊而不協調，但時而大膽充滿啟發；基督城的多媒體團體（The Clinic）是少數值得信賴的演出者之一。就風格來說，前衛劇場被定位在，處於生動說笑的喜劇與可供演出、較傳統的戲劇之間，就像Silo與Bats。在1990年代，喜劇在奧克蘭古典劇場（Auckland's Classic）找到一個永久棲身之處，而且每年3

月都會舉行盛大的喜劇節。

戲劇節為新作品提供發表的機會，也讓既存作品有再次出場的機會。規模最大的是威靈頓兩年一度（在偶數年）的紐西蘭藝術節。基督城、新普利茅斯、陶波、陶藍加、納爾遜與島灣等城市也各自有其藝術節。

電影

堅定不移的紐西蘭導演在1970年代以前，就開始製作一些應景影片，其中最值得注意的是，約翰‧歐席（John O'Shea）的作品。他專注在雙重文化的主題，像是不同種族間的傳奇劇《打破藩籬》（Broken Barrier）；

通俗音樂劇《勿失志》（Don't Let It Get You）描寫年輕的卡娜娃。他必須靠拍攝交通安全宣導片與報導體育賽事維生，但是，他堅持理念，紐西蘭電影事業著實虧欠他良多。

然而，早在羅傑‧唐納森（Roger Donaldson）1977年的恐怖片《Sleeping Dogs》躍上當地大銀幕之前，紐西蘭就已產生了一波商業電影，而這股風氣仍沿續至今。唐納森接著進軍好萊塢，拍攝出其最賣座的電影：1988年由湯姆‧克魯斯（Tom Cruise）主演的《雞尾酒》（Cocktail）。其他在這段期間崛起的導演包括，喜愛藝術電影的,文森‧華德（Vincent Ward），作品包括《美夢成真》（What Dreams May Come）與《中古世紀奇蹟之旅》（The Navigator）；還有喬夫墨菲（Geoff Murphy），他的《西方毛利》（Maori Western/Utu），普遍被人低估；而蓋林‧普雷斯頓（Gaylene Preston）的《Mr. Wrong》是巧妙顛覆女性主義的驚悚片。珍‧康萍是紐西蘭在海外最成功的導演之一，跟隨其獨特的紐西蘭電影《鋼琴師和她的情人》之後，並拍攝出《伴我一世情》（Portrait of a Lady）等成功的國際電影。

妮琪‧卡羅（Niki Caro）繼其耀眼的處女作《Memory and Desire》之後，又拍攝出國際知名電影《鯨騎士》，根據頂尖毛利作家威提‧伊希麥拉寫下的毛利傳奇拍成。就像《鋼琴師和她的情人》一樣，它證明紐西蘭電影不一定要拍攝耳熟能詳的幻想故事，才能揚名海外。不過，這並未抹滅彼得‧傑克森的成就，他所拍攝的《魔戒》完成了不可能的任務，取悅了影評家、托爾金（Tolkien）的書迷，以及曾未聽聞此書的觀眾。他成為最非凡的人物，成為紐西蘭的英雄。這使大家都在期盼，他重新拍攝、2005年底上映的《金剛》（King Kong）也能擁有同樣的魔法。

就其幅員來說，紐西蘭對這個世界所貢獻的國際知名影星，並不成比例。該國知名的影星包括山姆‧尼爾嶄露頭角、奧斯卡獎得主安娜‧派昆（Anna Paquin）與羅素‧克洛。丹妮爾‧柯麥克（Danielle Cormack）與喬爾‧托貝克（Joel Tobbeck）則是傑出的兩位新生代演員。

左圖：紐西蘭演員山姆‧尼爾揚名好萊塢。

魔戒鴻運

電影《魔戒》三部曲的拍攝地幾乎遍及整個紐西蘭，儘管最後不免仍加入電腦特效，但這些地點仍呈現其自然原貌、無可匹敵，且幾乎是難以置信的壯觀。這部電影讓紐西蘭對戶外與其原始景觀引發了極大的興趣，同時也點燃了商業觀光旅行，自從首部曲上映後，已有數百萬影迷前往拍攝地點。

雖然一些在三部曲出現的場景相當難以前往，或位於私人土地，只能在旅行社的安排下造訪；但其他地點卻是個人可以輕鬆到達。例如，任何人都可以一窺大部分的「魔多」（Mordor）或是「迷霧山脈」（Misty Mountains）。但別期待可以見到真正的電影場景，因為紐西蘭人懷抱深切的環境意識，所以電影殺青後，除了一處場景，所有佈景都已拆除。

唯一保留下來的電影場景是哈比村的袋底居（Bag End），或至少說是前門——屋內是在威靈頓搭景拍攝。它位於馬塔馬塔（Matamata）的私人土地，但可以付費參觀。這個地區遍地翠綠的農業景象，讓遊客感受到夏爾（Shire）的和平。

往南行就是魔多，或人稱通加里羅國家公園（Tongariro National Park）的地方。許多電腦特效用來創造電影的景觀，但這片不毛之地的一片荒蕪，以及火山摧殘過後的景象，不難想見它為何會是索倫的領域。見到國家公園三座高峰之一的恩高魯荷峰（Mt. Ngauruhoe），就找到了末日山脈（Mt. Doom）。

威靈頓北方的凱多可公園（Kaitoke Regional Park）是魔戒製片的據點，可以找到愛隆的家鄉瑞文戴爾（Rivendell），以及安都因河（River Anduin）。沿著威靈頓市外公路而行的哈特河（Hutt River），以及南島馬納普利湖（Lake Manapouri）也都被徵召納入安都因河的場景。

《魔戒》最容易前往的場景可能是在威靈頓中部，這裡的維多利亞山（Mt. Victoria）拍攝了許多場景，包括佛羅多與山姆離開夏爾，以及戒靈追捕哈比人的地方。

前往魔多的旅程，要遠赴南島，佛羅多、山姆

與咕嚕爭奪魔戒的死亡沼澤（Dead Marshes），是在蒂阿瑙（Te Anau）附近凱普勒步道（Kepler Track）邊的凱普勒沼澤（Kepler Mire）。同樣鄰近蒂阿瑙的塔卡羅路（Takaro Road）則有一個較為愉快的場景，就是樹人的家鄉法貢森林（Fangorn Forest），梅里與皮聘在此力勸樹精加入聖盔谷的戰役。

皇后鎮外，位居亞羅鎮（Arrowtown）附近的史奇波峽谷（Skippers Canyon），就是亞玟拯救受傷的佛羅多，一邊與戒靈作戰，直到戒靈被湍流沖走的地方。

在南島，還可以享受迷霧山脈景致，這就是魔戒遠征軍在被擊潰前所跋涉的地點。當然，這一

帶（所有地圖都是）稱為南阿爾卑斯。

紐西蘭人有些喜好來自其他國家的讚賞，對於《魔戒》三部曲的成功極感驕傲。只是，如果他們對於這部電影的拍攝場景顯得有點無動於衷，請原諒他們。因為，對他們來說，這只是他們的家，從未改變。

右圖：你不可能會遇到《魔戒》電影這樣令人噁心的人物，只會見到令人驚艷的美景。

當代藝術與文學

紐西蘭菜十分有名，不只因為食材鮮美，
也因為融入了來自各方的影響，反映出該國文化的多樣性。

紐西蘭美食的本質在於其水果、蔬菜、肉類、海產與酪農製品的自然鮮美。盤中菜餚的主要食材，往往都取自方圓100公里以內的地方。但是，紐西蘭廚師面對這些食材，絕非只單純帶著做出傳統家鄉菜的想法。事實上，原住民的地方菜色不多。除了豐富的海產，這裡所用的食材源自世界各地，引進此地後，各自找到了一個適合的環境，不管是在終年溫暖的北方，還是在氣候極端的南方。

世界性的美食

提到烹飪風格，紐西蘭廚師和澳洲或加州的同伴有很多共通點。雖然，這些地方全都位於太平洋邊緣，但是信心十足、熱愛活力風味與樂於嘗試喜好食物的共同心態，遠比地理位置對其影響大。胡椒、茄子、橄欖、蘆筍與大蒜在此地很容易生長，提振了地中海美食。青醬與雞豆沾醬在此地和在世界其他地方一樣受歡迎。亞洲菜同樣不落人後，咖哩、熱炒、壽司與味噌湯也十分常見。

紐西蘭人經由海外旅行帶回許多觀念，也藉由書籍、雜誌與電視跟上國際潮流。此外，該國每一個小文化群體——太平洋、印度、中國、希臘、柬埔寨、荷蘭、泰國、德國等民族——經由引進特殊食材、開餐館與持續在家烹調傳統食物，都為這個美食大熔爐增添了各自的特色與風味。

殖民根源

自從殖民時代，英國、蘇格蘭與愛爾蘭成為此地最大多數移民的來源，至今也仍擁有

強烈的影響力，特別是在家常菜方面。家族聚會時，甚至青少年都會要求母親烤小羊腿，加上黃金薯片、南瓜、防風草根與甘薯，用相同的平底鍋烹調，並佐以肉汁、薄荷醬、豌豆與瑞士甜菜。在夏季，肉品高層的傳統地位就反映在戶外烤肉上，加上各式

肉排、小羊肉與香腸，或是搭配麵包與沙拉的海鮮串。儘管有著其他烹調的影響，餐廳許多主餐仍是佐以蔬菜的上好肉塊或魚。至於英式鬆餅、厚鬆餅與鬆餅，以及蛋糕、餅乾、果醬、橙醬、酸辣醬與醃菜等私家小點，許多女性與不少男性都是箇中好手。

毛利菜

紐西蘭原住民的許多食材——鳥、漿果與蕨根——收集、備料與保存都大費周章。傳統的毛利佳餚有灰鸌（風味近似魚肉的灰色海燕幼鳥）、淡水鰻，以及鮑魚、貝類、刺

前頁：威靈頓Nicollini餐廳忙碌廚房的場景。

左圖：剛捕捉的新鮮龍蝦。

右圖：為來自太平洋的異國美食增添美味。

海膽等海鮮。但源自玻里尼西亞的甜薯，讓食材可以生長在較溫暖的地區；而引自歐美的豬與其他家畜、蔬果、穀物，更讓毛利菜餚生色。

海產向來是毛利美食不可或缺的一部分，而這種重要性也在針對毛利人的慣例法中受到認可，該法同意毛利採集原本受到管控的物種。最常提供給遊客食用的毛利餐是hangi（土窯），它把肉類與蔬菜包起放進籃子，置於土坑掩覆，內有熱燙的石頭加溫，帶來柔嫩的風味餐。豐盛的肉湯內有豬肉或牛肉、馬鈴薯、洋蔥、紅蘿蔔、水田芥、苦菜，有時還會加入麵糰。Paraoa rewana是一種用馬鈴薯酵母製成的大型小麥長條食物。

新鮮水果

每個季節都帶來驚人的各種水果，其中卻無一是紐西蘭土生土長的種類。然而，在過去200年間，它們都已變成當地美食極受歡迎的一部分，現在甚至成為重要的外銷水果。蔬果店與超市的囤售種類繁多，有些水果在銷售時甚至還未熟，必須等待數日才能

薯頭先生

紫皮黃肉的甘薯（kumara）是多數紐西蘭家庭與許多家餐廳的主要食材，但它只是逾20種馬鈴薯中的一種。馬鈴薯對毛利人來說，是相當獨特的。許多馬鈴薯品種並未被廣泛食用，除了專家之外，一般人對它們也不熟悉，也幾乎瀕臨絕種；紐西蘭現在致力保存這些品種，甚至做到可以商業行銷。其中一個重要品種的馬鈴薯——也是最不尋常的——就是urenikai，它極富營養，不只和甘薯一樣有著紫色外皮，連薯肉都是鮮紫色。這種充滿異國風味的馬鈴薯贏得了義大利米蘭的Slow Food 2000獎項。

食用。全國各地的水果攤都可以買到附近栽植的美味樹熟水果。在城市與農產地，逐漸出現農夫週末市集，為數眾多的超市、攤販與專賣店則提供有機農產品。

秋天可說是最令人興奮的季節，在該國較溫暖地區生長的亞熱帶水果，紛紛開始收成。首先問世的是feijoa，它是一種香味四溢的橢圓形綠色水果，果皮光滑，味道近似鳳梨與草莓。帶著皺紋的紫色百香果，在金色的芳香果汁中含著一匙黑色種子。奇異果貼著Zespri的商標行銷，有著酸酸的綠色果肉，或是較為甜美的金黃果肉等品種，現在

更加入櫻桃大小、果皮平滑的新品種。紐西蘭當地的蕃茄果皮光滑，果肉深紅或金黃，酸而多汁，對許多遊客來說，是非吃不可。有些柑橘類水果在冬季收成，像是易於剝皮的柑橘、臍橙與紐西蘭葡萄柚，後者是一種特別的品種，金黃色的果皮，果肉也呈金黃，帶著酸甜滋味。

春天是草莓收成的季節，12月時，還有覆盆子、黑莓果、洛根莓、波森莓以及黑醋果與紅醋果。到了耶誕節，櫻

耶誕甜點

耶誕大餐之後的甜點，通常是配上糖霜、鮮奶油的各式莓果。

括最受人喜愛的Braeburn蘋果；還有梨子，箇中以甜美的Doyenne du Comice為翹楚；另外還有稱為nashi的水果，它是擁有如同蘋果外型的梨子，果肉色白、脆而多汁；以及呈光滑橘色、味道不澀的柿子，趁著手感仍硬時食用。當地成長的變種甜栗、胡桃、榛果與夏威夷果則是另一種饗宴。

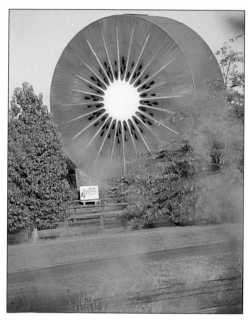

桃就成熟了，它們是第一批現身的核果，小盒的頂級水果成了受歡迎的禮物。

到了夏天，其他核果類也開始結果，像是李子、桃子（當地培育的「金后桃」（Golden Queen）在收成季初，果肉呈白色，隨後就轉為深金色）、油桃、杏。這些水果在主要生長地區和克灣與中奧塔哥，經常可在路邊水果攤買到。秋天帶來蘋果，包

海鮮

一年四季，商業漁船都帶來各式各樣的驚人海產，從細嫩的福氣魚（hoki）、魴鮄與比目魚，以及受當地喜愛的美味唇指鱸與迦納魚，薄薄的藍鱈、口感韌實的鏡鯧，以及多肉的hapuka與藍吻魚。

全年都可以買到太平洋鮭魚。鮭魚與其他品種通常採用精心燻製的手法。儘管冬天是擁有高評價的布拉夫鮮蠔產季，但相當接近的納爾遜品種也是美味的另一選擇。人工培育的太平洋生蠔經常供應。肥美多汁的綠殼淡菜是在馬波羅峽灣培植，在大部分的超市

左圖：紫色果皮的kumara馬鈴薯幾乎是一種主食。
上左：向奇異果致敬──紐西蘭國家水果。
上右：多汁的櫻桃蕃茄。

都可以買到活的淡菜。小型貝類自沙灘採集，包括pipi、tuatua與小圓蛤（little neck clam），當地稱為鳥蛤（cockle）。許多海岸都可以看到依附在岩石上的鮑魚，可以限量採收。白魚整隻端上，通常還加上蛋，油炸酥脆。另一個春天美食是干貝，而燻鰻魚也非常美味。鹽漬灰鸌有時也可以在海產店吃到。這些是灰海鷗的幼鳥，從鄰近司徒華島的一些小島採集而來。它們濃厚的肉味深受老饕喜愛。螯蝦，或稱龍蝦，以前是頗為平易近人，現在則是奢侈享受。

肉類與酩農產品

廣闊濃茂的草原是數百萬隻小羊與綿羊長年的家，養羊不只是為了羊毛，也為肉品，牛則是取用牛奶與牛肉，另外還有數目較少的鹿。這些草原，在當地作為牧場，受到含鹽的海風吹拂，讓肉質美味、別具風味。全年都可以買到各種肉品。外層焦烤、但內層仍是鮮嫩粉紅的羊肋排作法，向來非常可口，如果喜歡傳統口味，可以嘗試燜小羊腿。羊肝，或稱炒雜碎，也很好吃。對牛排愛好者來說，菲力牛排最為柔嫩，而沙朗牛

甜點對手

如果說，紐西蘭有所謂的國家甜點，那就是奶油蛋白餅（pavlova）。而如果澳洲有國家甜點，那也是奶油蛋白餅。兩個國家仍在爭論，誰才是這種覆以鮮奶油、上層堆著新鮮水果的蛋白餅發源地。
準備這種甜點的最佳方法，也成了另一個爭論的枝節問題。但是，有兩件事是無庸置疑的，首先，這道可口甜點的問世，是用來向俄國芭蕾名伶（Anna Pavlova）致敬，她在100多年前造訪了這兩個國家；其次，這一道甜點絕對要用上大量的糖。

排、紐約牛排、牛臀或肋眼牛排口味較重。常以Cervena名稱行銷的農畜柔軟鹿肉，最適合快煎、五分熟食用。

長久以來，牛奶、奶油與乳酪一直都是菜餚的一部分。濃濃的奶油與氣味強烈的優格，品質絕佳。紐西蘭生產逾60種以上的乳酪，可以品嘗看看由幾個小型製造商所生產的aorangi、kirima、blue supreme與荷式乳酪等種類，但是，不管是從乳狀柔軟，還是到濃厚熟成，切達（cheddar）乳酪仍是最受歡迎、最容易取得的一種。羊奶與山羊奶做成的乳酪仍屬新產品，不過，數量已逐漸增

加。

儘管很少會在餐廳的菜單中，找到野味，但此地的灌木林有許多野生的鹿、豬與山羊，供獵人獵取。如果發現野味菜單，倒是可以大為放心，它絕對是在有執照的屠宰場處理，安全無虞。許多河流與溪流都可發現鱒魚，但它受到保護，唯有領有許可證的釣客才可以釣取，而且市面不會販賣。垂釣大型獵物，再大快朵頤，則是另一種引人入勝的地方。

野餐補給

肉餡餅在當地是一種歷史悠久的外賣餐點，在便利商店、麵包店、加油站，都都接受點餐，然後再加熱販賣。這種單一銷售的餡餅，有橢圓形、圓形或方形，大多包著含有濃濃肉汁的牛絞肉或肉丁。另外多加一層乳酪，是很受歡迎的吃法；有些餡餅不用麵糰，而改以馬鈴薯泥覆蓋。在麵包店，也可以找到許多甜點，和家庭傳統烘焙的糕點一樣，經常帶有紐西蘭的特別風味──紐澳餅乾、搭配巧克力糖霜覆以胡桃的afghan、花生布朗尼、薑餅、麥麩或乳酪鬆糕與香蕉蛋糕。咖啡大多都是濃縮咖啡，而且經常使用由小型專賣店烘培的咖啡豆。此外，也經常可以享用到各式各樣的茶、花草茶、礦泉水與果汁。

儘管有常見的國際連鎖店出現，但店家自營的炸魚快餐店，仍供應了最受歡迎的外帶餐點，包括厚片的黃金薯條、沾麵糊或麵包屑油炸的魚，以及時節生蠔、扇貝、臘腸與其他餐點。點餐後，待烹調完畢，餐點會用吸油紙或紙盤盛裝。帶著外帶餐前往海邊的美麗景點，海鷗會幫忙吃光剩菜。

美味餐廳

紐西蘭擁有不少國際級的精緻餐廳，即使在較偏遠的地區，也以豪華客棧或酒莊的形式經營。即使在中規中矩的用餐禮儀下，餐點多樣的料理方式仍讓人目不暇給──從重新創造受爭議的美味：牛肚，到藉由剛捕捉的獵物與海鮮，作出最精緻的美食。受到來自世界偉大美食等不同素材的啟發，廚師的創造力似乎無邊無際，他們努力在對食材的尊敬，與藝術家超越自然的真正想望之間，取得平衡。

紐西蘭的餐廳市場不大，意謂競爭極為激烈──廚師如果闖出名堂，很容易就像蒸魚一樣，很快就炙手可熱──這也有助於保持

水準。但是，奧克蘭、威靈頓與其他大城市的頂尖餐廳，易受國內趕時髦的趨勢影響。不時會出現，前三個月預約穩定的新餐廳，卻因當地又出現了一間新穎的餐廳，人們的注意力轉移，而變得門可羅雀。然而，還是有許多優秀的餐廳通過時間與口味的考驗，必能為訪客提供卓越的用餐體驗。

左圖：奧克蘭餐館的露天餐區。

右圖：與景色共餐。

農牧生活

紐西蘭雖然以農立國，但這幾十年來農人的處境不佳——儘管如此，大多數人仍不願意放棄他們的工作另謀安逸的出路。

南島中部的一個盛夏清晨。丹尼爾·詹明遜（Daniel Jameson）是第二代農人子弟、兩位孩子的父親，偶爾也玩玩英式板球。他和妻子可琳（Colleen）用過早餐後，即步出家門開始一天的農務，這塊農地是他出生和長大的地方。舊時這裡有座羊毛剪理廠，離這不遠處是

哥、南地等等。

如今有幾千畝的陡俏山坡上種著松樹，以維持畜牧經濟的發展，這種情形在北島一些地區更是如此。至於如蘋果、核果、奇異果等園藝類作物，主要還是在普連提灣、吉斯本、和克灣、納爾遜、奧塔哥等地栽植。不過大規模的蔬菜栽培業也開始在肥沃的海岸地區生根。許多山丘地帶都開始大量種起葡萄。橄欖、鹿、駝鳥、薰衣草、山羊，等也以商業化的方式畜養或種植著。

看來溫和的綿羊越來越不吃香了。在過去，牧羊業一直是紐西蘭農業的支柱，也是全國出

一座高科技的擠乳廠，裡面有超過600頭的乳牛，等待丹尼爾和他同僚的到來。

丹尼爾回想起過去從事牧羊業時，夏天收成時羊毛的溫熱、汗水以及灰塵。他和可琳是4年前首批在北坎特伯利平原，將傳統羊毛業轉換為酪農業的人。他們的土地是這裡許多牧場之一，放牧著羊群達一世紀之久。

改變中的牧地

這種改變正在紐西蘭各地的農地上發生。酪農業在全國各地無一例外地開展，從傳統的北島區域，諸如威卡托、塔拉那基、馬那瓦吐等地，一直到過去的牧羊重鎮如坎特伯利、奧塔

口經濟的主角，但如今牧羊相關的產業開始受到激烈政治經濟面的衝擊。英國當年加入歐洲經濟共同體，使得紐西蘭失去穩定的出口市場，是牧羊業的第一次衝擊。1984年之後，紐西蘭政府認為財政負擔沉重，開始一步步取消原有的大量農牧補貼。紐西蘭的農業補貼目前是全球最低的國家之一。

新興的發展

紐西蘭的農業家庭只好迎頭面對這些挑戰。如今農產品仍佔有紐西蘭半數以上的出口量，酪農業也是最大的出口獲利來源。

銷往歐洲的傳統農產品的確可能萎縮，但多

樣化的新產品到處都找得到買主，尤其在亞洲和澳洲更是如此。1882年紐西蘭用冷凍船載送首批肉品出國的創新精神，如今重新降臨，為食品加工業和農產系統帶來快速的變革，對農業的態度改變就更不用說了。

紐西蘭的農業變革反應在很多方面，產品多樣性只是其中之一。紐西蘭的農產品從鹿茸粉、鮮花、冷凍肉片到手工製乳酪一應俱全。另一個同樣重要，但較少人看到的是，農人對適應市場新需求的意願。這對仍執著於牧羊業的人來說，則代表了更專業化的生產、更細緻的肉品和羊毛製品，其中許多已開始冠上品牌出售。而對其他人來說，則代表開始從事各種不同的農產或園藝事業。

對環保的關心

紐西蘭的農人對化學藥品殘留、動物保護以及食品安全等漸受世人重視的議題相當重視。由於人口稀少、空氣和水源潔淨，再加上氣候溫和適合生長，紐西蘭的有機農產出口有顯著的成長，紐西蘭的農業也開始採行嚴格的動物保護及品質管制措施。

農業改變還有另一項關鍵。1980年代許多人預言沒有補貼農業就無法繼續生存，結果正好相反，由農村家庭所開設主持的農場，至今仍是紐西蘭農業的支柱。不可否認的，這些農場的規模比過去都大，僱用人力也比過去少。夫婦其中一人很可能會在農場外另尋工作貼補家用，將家業交由子女繼承的傳統也不再像過去那樣牢不可破了。此外，現在有越來越多由大企業集團所經營的「超級農場」。

在許多地區，土地擁有權本身就是個問題。毛利人開始索償過去失去的土地，其中還包括被政府沒入的大片土地。

政府複雜的補償政策，主要是希望用現金賠償或還回部分公有地的方式，來補償毛利人的土地權。雖然在歐洲人移民一世紀後的今天，農人不至於面對突然失去土地的危險，但是原住民的土地求償的確升高了許多農村的緊張氣氛，尤其在塔拉那基和北地島兩地更是如此。

保護未來

在國內問題和土地疆界外，外來的害蟲和動植物疾病對紐西蘭仍然構成一大威脅。紐西蘭的國界管制大概是世界上最嚴格的國家之一，幾乎到了偏執的程度，這都是為了保護價值億萬的出口業不致被外來的小小侵入者給破壞。

經歷了這樣的轉變和挑戰，也難怪像坎特伯利鎮的丹尼爾和可琳‧詹明遜這樣的農人要擔心這麼多事情了。有趣的是，他們就和其他所有靠農維生的人一樣，不願也不會放下農業去做其他的工作。

左圖：威卡托翠綠的酪農牧場。

右圖：伐木競賽。

葡萄佳釀

紐西蘭是釀酒業的後起之秀，
現在已釀造出行銷全球的葡萄美酒。

紐西蘭是地球上人類最後入居的國度，自然也成了地球上最後加入釀酒行列的地方。然而，她的崛起令人驚艷，尤其是在小型、個人釀酒的領域，擁有相當的高水準。

紐西蘭釀酒史發源於頂端的島灣，始於詹姆士‧巴斯比（James Busby）之手。他是英國官方的駐外代表、才能非凡的園藝家、栽培葡萄的先鋒（並且在澳洲的新南威爾斯創立了釀酒業），同時也是威坦奇條約的起草人。1834年時，他在島灣威坦奇的私人土地上，栽植第一處葡萄園。幾年後，釀造出紐西蘭第一批葡萄酒。法國航海家迪蒙‧迪爾維爾（Dumont d'Urville）品嘗後評定，它屬於輕淡、發泡的美味白酒。這位法國人對紐西蘭酒不見得總是如此溫和，但隨著歲月的腳步，卻不太有理由繼續嚴苛以對。威坦奇（見158頁）現已成了國家歷史景點，可在遠眺海灣的巴斯比宅，見到殘留在草地上的葡萄園防風林。

在18世紀最後25年間，奧克蘭北端馬塔卡納（Matakana）與開帕拉（Kaipara）地區相隨的葡萄園，成了認真進軍商業釀酒的先驅者，但受到禁酒令的嚴重打擊。這條法令在1900-20年間，簡直摧毀了釀酒業。現在這個美麗的鄉間呈現前景樂觀的復甦，製造出紐西蘭最好的葡萄佳釀，以及對遊客親善的酒莊，Heron's Flight（www.heronsflight.co.nz）是箇中的佼佼者，擁有庭園餐廳，以及令人愉悅的休閒風。

國際地位

如果紐西蘭有所謂的「簽名酒」，則非蘇維翁白酒（sauvignon blanc）莫屬，與世界各地相較，毫不遜色，不時還更勝一籌。黑皮諾酒（pinot noir）也有同樣的競爭力，此外，還

有專家預言希哈酒（syrah）革命（在紐澳地區稱為shiraz）。不用說，唯有紐西蘭酒可與地方美食相佐，訪客在旅遊期間應列入考慮。

放眼出口市場，紐西蘭釀酒業者已積極參與國際葡萄酒競賽，不少抱獎而歸。

舉個例子，在2003年波爾多舉行的葡萄酒

葡萄酒質

紐西蘭葡萄酒有一種特色，帶著水果風味的純淨透明，無人能解。當然不是拜氣候所賜，該國多數臨海，而且各地氣候就和景觀一樣，迥然不同；儘管在葡萄園經營術語來說，紐西蘭各處都可以歸類為「涼爽」，近似全球最佳的葡萄釀酒地區。可能是土壤的緣故，就地質標準來說，這裡是無與倫比的年輕。否則，也可能是因為此地擁有絕佳的日照，近似法國干邑（Cognac）的狀況，當地人認為這正是造就其知名白蘭地醇美風味的功臣。而最有可能的是，結合上述所有因素所帶來的結果。

左圖：釀酒師品味酒桶裡的黑皮諾酒──這是紐西蘭最知名的葡萄酒（varietal）之一。

右圖：和克灣的葡萄園。

博覽會，蒂瑪塔酒莊（Te Mata Estate）的 Coleraine Cabernet Merlot 2000獲選為前十名。同款酒並被選為紅酒類第二名，以及全酒品中的第六名。如此激勵人心的熱情，同樣也運用在市場上：紐西蘭葡萄酒主要出口至澳洲、英國與美國，而在1990-2001年間出口量成長5倍。

閃耀標籤

釀酒廠最近時興委託頂尖藝術家設計標籤，有時甚至比瓶內物更出色。

且擁有堪與媲美的夏多內酒（chardonnay）。順路南行，馬騰谷（Matua Valley）酒莊（www.matua.co.nz）的餐廳與遊客中心，讓人彷如置身加州，而Westbrook（www.westbrook.co.nz）與Soljans（www.soljans.com）兩地則更像是餐廳附屬的酒莊，不過，它的葡萄酒和餐點一樣棒。

鄰近奧克蘭的還有充滿異國情調的威赫基島（Waiheke Island），很快成為奧克蘭有如美國的瑪莎葡萄園島（Martha's Vineyard），

北島釀酒廠

奧克蘭附近釀造的葡萄酒在紐西蘭名列前

茅，而且此地的酒莊餐廳也更有規模。來自克羅埃西亞省份達爾馬提亞（Dalmatia）的移民，建立了此地的釀酒文化，這裡因而被奧克蘭人稱為「達利國」（Dally country）。許多釀酒廠，包括位居亨德孫（Henderson）原創地的Babich（www.babichwines.co.nz）酒莊，仍由達爾馬提亞創始者的後裔經營。

這個地區的酒廠深深保有舊時的好客之道。例如，在林肯道的Collards，可享受紐西蘭最上等的白酒，以及吧台上的閒適對話。該市西北方的庫穆谷（Kumeu Valley）擁有絕妙的庫穆谷葡萄園（www.kumeuriver.co.nz），有如勃根地（Burgundy）一樣精緻發展，並

而且佳釀更出色。在Goldwater Estate酒莊（www.goldwaterwine.com）可見到美麗的太平洋田園風光，往南行經德考瓦塔（Te Kauwata）山麓，可享受Rongopai's酒莊（www.rongopaiwines.co.nz）充沛的甜酒。

和克灣與威拉拉帕

沿著北島崎嶇西岸來到和克灣，此地釀酒業十分興盛——有些人說是興盛過頭。不過，此處葡萄酒的品質卻無庸置疑。其中當然包括蒂瑪塔酒莊（www.temata.co.nz），它擁有堪稱全球頂尖的一些最佳建築與葡萄酒。

它也是紐西蘭最早開始營運的酒廠。

這裡還有許多得獎的酒廠，當中最為不凡的是艾斯克黛（www.eskdalewinegrowers.co.nz），它位居美麗的艾斯克谷（Esk Valley），由滑翔翼與中古學家釀酒者經營，致力獨特酒風的葡萄酒。可能除了義大利一些孤離的地區之外，沒有地方釀造像他這樣的乾白酒。恩加魯羅羅河（Ngaruroro River）畔的Stonecraft（www.stonecroft.co.nz）也帶著經營者的濃厚個人特色——大門的標誌宣示：巴士、旅行團與雪利酒，不准入內——但它擁有世界級的格烏茲塔明那酒（gewurz-traminer）、夏多內酒與希哈酒。

紐西蘭最令人興奮的釀酒地區在威拉拉帕（Wairarapa），它是黑皮諾佳釀的中心，而且由於它的釀酒廠鱗次櫛比，可步行瀏覽各地。不要錯過Ata Rangi（www.atarangi.co.nz）、Martinborough Vineyard（www.martin-borough-vineyard.co.nz）與Te Kairanga（www.tkwine.co.nz）等酒莊；這裡葡萄酒非常受歡迎，銷售極快，別期待想買什麼就有什麼。

南島釀酒廠

馬波羅（Marlborough）是實際上唯一讓人覺得像是全然專注的釀酒城——有些布干第的味道，因為它的酒廠遊客中心爭搶遊客的注意。Cloudy Bay（www.cloudybay.co.nz）與Fromm（www.frommwineries.com）是重點酒莊。Villa Maria's（www.villamaria.co.nz）令人印象深刻的現代酒廠也值得一遊，屹立帶著擴建雄心的建築。

納爾遜則完全不同，令人沈醉的鄉村田園、艷陽高照，海岸與山色風光盡收眼底，到處都是陶藝家與藝術家。全國頂尖的Neudorf酒廠（www.neudorf.co.nz）位居此地。

位居北坎特柏利的威帕拉（Waipara）各酒廠生產不少頂尖的黑皮諾酒，但要找尋絕美的葡萄園與景觀勝地，則要南下來到中奧塔哥，高山聳立在綿延的葡萄園上方，湖水翠綠，冷冽的河水滔滔流洩陡峭的山谷；訪客

可以坐在戶外，輕啜美酒，高山藍天映入眼簾。黑皮諾酒是此地的王道，但也有一些閃閃動人的里斯令酒（Riesling）。幾乎所有開放參觀的酒廠都值得一遊，尤其是吉斯本谷（Gibbston Valley）（www.gvwines.co.nz）與查德農莊（Chard Farm）（www.chardfarm.co.nz），兩者的食物與葡萄酒同樣出色。

亞力山竹（Alexandra）的黑嶺酒莊（Black Ridge）（www.blackridge.co.nz）可做為紐西蘭葡萄酒旅程最後一個回憶，在此可以體驗發揮得淋漓盡致的葡萄酒藝——充滿挑戰，以及炙熱與歡欣的個人滿足感。

和克灣的葡萄酒步道

開放參觀的和克灣酒廠（見206頁）處處可見，當地觀光機構繪製了葡萄酒步道，達36家入列。這裡有許多知名與得獎酒廠，但如果非做抉擇不可，你絕對不會想錯過最佳葡萄酒或最佳景點。在此推薦一些酒廠：Clearview Estate、Mission Estate、全然鄉村風的Alpha Domus、反映和克灣舊時地主士紳的Ngatarawa、現代的Te Awa Farm、Selini、Trinity Hill、企業化的Montana，以及Church Road，它收藏了來自不同國家的釀酒器具，增添遊賞樂趣。

左圖：庫穆葡萄園檢視葡萄狀況。

右圖：品嘗葡萄新釀。

戶外活動

開闊的空間與相當健康的生活形式，使紐西蘭人
對運動與冒險擁有一股熱情，並且熱切與他人分享這一點。

擁有絕佳的戶外環境，容易前往海邊與荒野地區，這只能解釋一部分紐西蘭人強烈的運動熱情。事實上，不花大量時間在爬山、河釣或衝浪，是很難在這個國家長大。最受紐西蘭崇拜的英雄許多是在世界戶外運動上，擁有偉大成就的人士，像是艾蒙德·希拉瑞爵士、已故的彼得·布雷克（Sir Peter Blake）與黑衫軍（the All Blacks）。

打從孩童入學開始，運動與體能活動就佔據教育課程的一大部分。該國九成以上的人口都熱中經由俱樂部或學校從事運動，這幫助紐西蘭成為孕育運動員的搖籃，也讓追求刺激的冒險家，有了施展身手的地方。

團隊運動

橄欖球聯盟是主要的國家運動。逾14萬人在參加俱樂部橄欖球，而國家隊「黑衫軍」更是世界上最成功的球隊之一。球季從2月開始，進行地區性的超級12聯賽，最後以10月下旬的國家地區冠軍賽結束球季。

如果黑衫軍在球季表現良好，球員就會得到如名人般的地位，他們的名字與個人事蹟幾乎佔據紐西蘭每家報章雜誌的版面，達數個月之久。紐西蘭對這項運動的著迷在國際比賽時最讓人感受深刻，數以萬計的球迷會用支持顏色打扮自己，比賽失利會引起集體哀痛，每個球員的表現都會被拿出來仔細檢視。

板球是主要的夏季運動，紐西蘭參加Test Match系列賽以及其他國際賽事。板球英雄包括傳奇球員理查·海里（Sir Richard Hadlee），他出身基督城，在1970年代早期與1990年間，展開不斷締造新猷的職業生涯，並因在這項運動的貢獻，被授予爵士地位。球員身著色彩亮麗的球衣，背後印著名字讓人易於辨認，參加單日比賽的興奮，讓人們對這項過去一度認為無聊、沈悶的運動，提高了興趣。

冬季女性的籃網球運動也受到高度關切，部分是因為電視轉播了所有重要國際賽事，以及紐西蘭與其主要對手澳洲的熱烈競爭。

排球在紐西蘭最美麗的海灘上，轉為戶外運動。兩人或四人一隊的沙灘排球已變成一種受歡迎的觀眾運動，球隊對手難料，最後一刻才被放在一起捉對廝殺。

至於曲棍球、足球與籃球等團隊運動，由於紐西蘭的學校會教授這些運動的規則，使它們也都擁有可觀的愛好者。

在冬季的週六，幾乎紐西蘭所有運動場都擠滿了運動的孩子。場邊還有許多父母在一旁加油、叫喊，有時還會對孩子提供不太需要的指示。

前頁：在馬波羅峽灣玩獨木舟。

左圖：羅亞佩胡峰華卡帕帕（Whakapapa）的雪板玩家。

右圖：黑衫軍球員打球的英姿。

打獵、釣魚與滑雪

　　許多在世界其他地方被視為菁英活動的運動，在紐西蘭則是平易近人。很少城鎮沒有費心剪修的高球場，以及快速成長的俱樂部會員。這項運動不再盡是由退休人口主宰，也開始逐漸受到年輕族群歡迎。

　　這裡有充沛的機會讓獵人捕捉鹿、羚羊、野豬、塔爾羊（thar）與山羊。為強調多樣化，較為偏遠地區的農人積極鼓勵獵人進入其地產。南阿爾卑斯山擁有世界上最佳的野生獵物種類，可作為爭取獎杯之用。主要狩獵季節是從3月到9月的「發情期」，大型雄

北地島與普連提灣捕捉到的大魚加上標籤後放生。全年都可以進行釣魚活動，但1月中旬到5月底被認為是最佳釣魚季。

　　清澈的藍天、高聳的群山以及耀眼的雪坡，使得滑雪與雪板活動在這裡大受歡迎，出現營利的滑雪場、北歐式越野滑雪與直升機滑雪（heli-ski）地區。北島在羅亞佩胡山有三個滑雪場，塔拉那基山則有一處。南島滑雪場地散佈在南阿爾卑斯山，皇后鎮的皇冠峰（Coronet Peak）是最南端，也堪稱該國最好的滑雪場。這些地方成了北半球滑雪隊伍喜愛的訓練場地。直升機滑雪與冰河滑雪

性動物在此時求偶。這裡的狩獵活動可說是充滿挑戰性、環境艱辛；因此需要處於絕佳的體能狀態。

　　自從英國移民引進之後，釣鱒魚便受到歡迎。南、北島的釣鱒魚季節不一樣。兩島都在10月開始，但北島在6月底結束，南島則在4月底落幕。鱒釣許可證在22個釣區的任何體育用品店都可以取得。

　　捕釣食用魚在紐西蘭也同樣受人歡迎。自從作家贊・葛雷（Zane Grey）提醒這個世界把握島灣的魚釣機會，釣客就開始夢想能釣到大隻的馬林魚或劍魚。雖然許多人喜歡把漁獲帶回家，但其他人卻會把這些從東岸、

業者在7月到10月期間，提供遼闊的滑雪道外滑雪。

健行登山

　　紐西蘭擁有全世界最好的一些步道。從偏遠的峽灣區林地到維利那基森林（Whirinaki Forest）的荒野；從橫越通加里羅國家公園的火山平原，到佛蘭茲・約瑟夫冰河（Franz Josef Glacier）的直升機健行（heli-hiking），該國步道的多樣性與美麗已是無庸置疑。

　　如果精力特別旺盛，可以經由標示步道（見46-47頁）走過紐西蘭。先不管耐力與建議的體能狀況，大部分步道的詳細資料，都

可以在服務中心與保育部的辦公室取得。紐西蘭的健行步道很安全，沒有危險的野生動物，路況與路標都維護良好。然而，要注意的是，氣候極度多變，不管程度如何，登山客都必須要有充分的準備。

要前往一些最受歡迎與世界知名登山步道，必須向保育部登記，像是密爾福、希菲（Heaphy）與路特本（Routbourn）。健行人數受密切管控，以確保這些原始地區的特別自然環境與

航海城市

奧克蘭帆船賽（Auckland Anniversary Regatta）在1月最後一個星期一舉行，超過1000艘帆船參加，是全世界最大的單日帆船賽事。

只有些許距離。接著，在把海岸遠遠拋到後頭之後，它們便往四方散開，顯現各自的帆船、汽艇、快艇、風浪板與水上摩托車的面貌。這樣的景象在紐西蘭的海岸水域不斷重現。

說帆船是這個國家另一個狂熱的運動，可會讓人驚訝？在1995年，贏得全世界歷史最悠久的體育競賽美國杯帆船大賽（America's Cup），讓這項運動備受注目；接下來又在2000年達到高峰，當時「黑魔法」

野生動植物，不會受到破壞。

水上活動

只要天氣良好，環繞奧克蘭的水域必定佈滿由上千艘水上船隻所激起的漣漪。從西港（Westhaven）到巴克蘭海灘（Buckland's Beach），從東岸灣（East Coast Bays）到莫瑞灣（Murray's Bay），他們乘著盛行的西南風，就像掠過水面的白色小蝴蝶，彼此之間

左圖：釣客在納爾遜湖國家公園捕釣褐鱒。
右圖：奧克蘭港的遊艇比賽。

號（Black Magic）衛冕，並二度贏得美國杯。

刺激運動

在19世紀早期，「冒險」意指人們將人類的耐力推至極限。許多事物等待人們發現與探索，還有等著被征服的地帶，等著劃入地圖的土地。

當時，雙邊挽具、聚脂布料、衛星導航都尚未問世；冒險，真實的冒險，意味面對艱辛、不適，常常還帶有死亡威脅。現在，冒險家只需要有冒險精神、一些現金，以及些許瘋狂因子。

　　紐西蘭發明各種冒險，並發展成商業的能力，可說是一種傳奇（見120-121頁）。從飛機、高山、橋上彈跳；衝入難馴的河水、越過駭人的瀑布；潛進洶湧的海洋，找尋沈船；或是與鯊魚共游，都已準備好待人享用。

　　纜索飛翔（Fly by Wire）就透露出紐西蘭人的設計才能。這項活動由尼爾‧哈拉普（Neil Harrap）發明，並在全球取得專利，它是世界上第一個提供人們完整航行掌控一架高速、繫鍊的飛行器。它以皇后鎮為據點，飛行器懸吊在頭上55公尺（180呎）高地

他人可能會比較喜歡搭乘熱氣球越過坎特柏利平原，或在羅托魯附近以雙翼飛機進行空中特技。對於尋求較為沈穩空中冒險的人來說，飛行傘是個寧靜的選擇。威拉拉帕、馬塔馬塔與奧馬魯以其適合飛行傘的卓越環境知名。

衝浪與潛水

　　對許多追求刺激的人來說，紐西蘭的水域是其中最為廣闊、狂野與刺激的遊樂場。衝大浪、風浪板、滑翔翼衝浪與水肺潛水，讓參與者隻身以人類的力量與勇氣，對抗大自

方。最高紀錄曾達時速125公里（時速77哩）。

　　拖曳傘、飛行傘與跳傘是一種既可以一覽絕佳空中景觀，又可以調整腎上腺素的好方法。在夏季，多數的主要湖面都進行著收費的拖曳傘活動。鄰近主要觀光地點的小型飛機場，逐漸在當地或周遭設置飛行傘或跳傘中心。對許多人來說，完成縱排花式跳傘高居其「非做不可」冒險清單上的要項。陶波、基督城、瓦納卡與皇后鎮都是受歡迎的著名高空跳傘地區。跳離飛機後，跳傘員先採取自由落體，以200公里時速筆直衝向地面，30秒後才開始享受浮往地球的悠閒。其

然最為有力與最難馴服的元素。

　　滑翔翼衝浪（kite surfing）是紐西蘭最快速成長的新興水域運動之一。衝浪者同時利用海浪與風的力量，讓自身推向30公尺高的空中，並劃過水面很長的距離。乘浪者的腳被綁在「衝浪板」上，然後用近似風浪板玩家使用的挽具連結一個鼓起的滑翔翼。

　　滑翔翼衝浪被形容是結合空中特技飛行、風浪板與空中滑板的運動。

　　紐西蘭的海岸與鄰近島嶼擁有全世界最適合潛水的水域。從最北佈滿岩石的海角，到南端的峽灣，可以探索沈船、在冰下游泳、進入暗黑洞穴、漫游穿過黑色珊瑚、與魚兒

嬉戲，面對害怕鏡頭的鯊魚。岸邊水域反映了陸地的多樣性，在一個極小的區域提供了範圍浩大的潛水體驗。

　　圖圖卡卡（Tutukaka）沿岸的普爾奈茨群島（Poor Knights Islands）無疑是紐西蘭潛水之寶。這個地方被暱稱為「潛水武士」（Diver's Knights），它的洞穴迷宮、拱道、氣泡洞穴與洞穴斷崖，加上因被劃入海洋保護區而繁茂的豐富海洋生態，讓潛水活動美不勝收。塔拉瓦納洞（Taravana Cave）、卡馬卡茲斷崖（Kamakazi Drop Off）、北拱野獸岬（Northern Arch Wild Beast Point）等潛水地點，絕對不會讓資深的潛水玩家感到失望。對於經驗較少、漫遊為主的攝影客，毛毛拱（Maomao Arch）、米德拱（Middle Arch）與克林園（Cream Garden）則在較淺的水域，提供了多彩多姿的水生活動。離普爾奈茨不遠處，躺著兩艘驅逐艦的沈船，圖伊號（The Tui）與懷凱托號（The Waikato）。這兩艘船和再往北的彩虹戰士號（Rainbow Warrior）都是非常好的沈船潛水景點。圖圖卡卡的潛水業者為各層級的潛水玩家提供各式各樣的行程與娛樂；並為需要的人，提供裝備與嚮導。

　　南島潛水較寒冷，但一樣刺激。俄國遊輪萊蒙托夫號（Mikhail Lermontov）靜靜躺在馬波羅峽灣高爾港（Port Gore）附近36公尺深的海域，提供沈船潛水玩家不少樂趣；塔卡卡溪谷（Takaka Valley）的瑞瓦卡源（Riwaka Source）洞穴系統是洞穴潛水愛好者的一大挑戰；而峽灣區也讓初露頭角的海洋生物學家充滿好奇心。峽灣區充沛的降雨量讓這裡成為全球最潮溼的地方之一，也因此創造出獨特的潛水環境。海水上面長久浮著一層達10公尺深的淡水，成為絕佳的陽光過濾層，愚弄深海生物來到較淺的水域。14處峽灣提供了全球最大的黑色珊瑚生長地，約有700萬群，有些已達200年之久，並位於只限體能良好的潛水人士可以抵達的深處。

白水刺激

　　每年都有成千上萬追求刺激的人士爬進獨

木舟、橘色充氣式皮筏，努力航向可想見最具景致、最嘆為觀止與危險的河流。無懼大自然的阻礙，他們狂熱地在白花浪沫中，衝下瀑布、急馳過有著尖銳岩石的湍流。

　　當水流平靜的時候，他們讓自己的心靈隨著舟筏，無所為地漂浮著。紐西蘭有80多家泛舟業者，每年在57條河流上，運行達13萬名泛舟客。在耶誕節與2月底之間，每年光是修特歐瓦河（Shotover River）就有13萬人泛舟。湍流等級分為五級，可以選擇自己想要的刺激程度。業者會提供潛水衣、救生衣與頭盔。

泛舟規則

除了要有冒險犯難的精神，沒有經驗的泛舟客還需要其他兩件事，才可以參與這項刺激的體驗——聆聽的能力，以及高度的幽默感。出發前，聆聽所有指示；並且注意如何划前槳與後槳，如何在不會持槳打到別人的頭的情況下換邊，如何在衝進水花四濺的地帶握緊槳。還有，當已分不清左右，搞不清楚誰是誰；被一個沒聽指示的人持槳打到頭；以及被沖過船側，真的需要能笑得出來的能力。

左圖：一名跳傘玩家正對自己成功地降落，滿意至極。

右圖：衝浪人士在基督城海灘乘風破浪。

獨木舟活動較為沈靜，各地都可以找到在河流或岸邊划舟的行程。峽灣區是划舟景點中，最壯觀的一處，大部分可航行的峽灣旁，都有高聳入雲的山色。亞伯‧塔斯曼國家公園（Abel Tasman National Park）不管是單日、過夜或是長途冒險，都值得一遊。這個原始的海岸線散佈著安全的過夜營地，而且很有可能會有海豚與好奇的海豹，前來伴隨。

深入地底

洞穴探險家戴夫‧艾許（Dave Ash）與彼

對威托莫的回應是在西海岸，西部荒野探險公司（The Wild West Adventure Company）在此提供同樣讓人膽顫心驚的活動。

峽谷探險是使用專用繩索、坐式滑降技巧，有時也會加上不太優雅的跳躍與游泳，探索滑進險陡與狹窄的河峽。這項活動是在深峽探險公司（The Deep Canyoning Company）開始探索瓦納卡附近從片岩刻劃出來的壯觀峽谷時，而引進紐西蘭。滑降過程會沿著巨大瀑布，或進入、或隱身其後，並且目睹水流力量所雕刻出的壯麗岩石藝術，令人激動不已。

得‧錢德（Peter Chandler）1987年於威托莫（Waitomo）設立黑水浮舟公司（The Legendary Black Water Rafting Company）時，把地底探險帶入商業領域。洞穴探險客搭著浮胎，漂浮在有水流經過的地下洞穴，螢火蟲照亮路途，鐘乳石、石筍裝飾著洞穴，然後再回到地面，享受熱湯與煎餅。要對打溼身子、寒冷與驚悚，有心理準備。同一家公司介紹更為放縱的冒險行程。另一家裝備可靠的威托莫探險公司（Waitomo Adventures）稱其冒險等級為「藍波級」，讓玩家援繩滑降瀑布，或是下墜100公尺，來到人稱「失落的世界」的地球裂縫裡。南島

縱身一跳

紐西蘭人似乎沈迷在把自己拋出去的活動，而且愈高愈好。

沒有比奧克蘭的天空之塔更高的了，它是南半球最高的塔。天空之塔在奧克蘭中心讓天空之城（Sky City）賭場騰空192公尺。這是高空彈跳的地點，也就是不帶降落傘的低空跳傘。高空彈跳者被送上升降梯，來到53樓。穿上挽具，檢查裝備後，就走到平台邊緣，鼓起最後一股勇氣（或是瘋狂）後，便跳離高塔，墜向地面的城市。

紐西蘭全國有各式各樣的高空彈跳地點，其中最著名的是奧克蘭港灣大橋。走到彈跳

地點的「橋上行從」，對觀眾來說，也同樣刺激。選擇南島彈跳的人可以前往皇后鎮，他們可以在卡瓦拉烏河（Kawarau River）的原址，跳下43公尺，船長峽谷（Skippers Canyon）可跳下71公尺，管道橋（Pipeline Bridge）可跳出102公尺，或自可眺望尼維斯河（Nevis River）、卡瓦拉烏河交會的134公尺高吊籃，進行終極高空彈跳。

修特歐瓦峽谷擺動（Shotover Canyon Swing）也提供相同的刺激，穿著挽具自109公尺高處跳下，先順暢經歷時速150公里的鐘擺弧行200公尺，再自由落體60公尺進入

峽谷。

距離納爾遜鎮10分鐘車程的天空纜線（Skywire），是最新景點。遊客會被扣在四人座的座位上，繫著無際的纜繩，以時速100公里的速度，推進1.6公里，飛越山谷。

彈跳簡史

對過去太平洋島國（Vanuatu）的青春期男性來說，生活是很容易的事。要證明自己成年，只需爬上一座竹塔，在腿上綁好繩子，再往下跳就可以了。今日要尋一個適切的成人儀式較不容易，但是，高空彈跳仍被想要證明自己勇氣、考驗自己的人們，或是太懦弱而無法抗拒同儕壓力的人們，視為最大挑戰。現代高空彈跳由牛津危險運動俱樂部（Oxford Dangerous Sports Club）在英國發端，而由A.J.海克特（A. J. Hackett）與亨利・范艾許（Henry Van Ash）開始商業化經營，並在1987年自艾菲爾鐵塔演出驚人一跳，使它成為國際焦點。

左圖：坎特柏利蘭吉塔塔河（Rangitata River）的泛舟活動。

右圖：自皇后鎮卡瓦拉烏橋彈跳而下。

冒險刺激愛好者的天堂

紐西蘭的冒險活動似乎沒有極限可言。一項冒險活動剛結束，就又有人想到瘋狂的新點子。

眾所周知，紐西蘭人非常樂意從橋上一躍而下、在狹窄河道裡飆船，或是把人裝在大球裡從山坡滾下。而且，他們也很樂意幫忙其他人這麼做！紐西蘭人為這世界帶來了各種刺激的新運動，但也奉運動安全為圭臬。每週都有成千上萬的遊客，在血脈高張的經驗中得到快感。

紐西蘭人似乎對腎上腺素上癮。這是自身體內產生的最佳成癮元素，但就和其他「藥物」一樣，人們得用各種不同的方法才能得到更大的興奮感。如今愛好刺激人士竟已覺得高空彈跳是個「無聊」的運動——高空索降才是現在流行的方式。另一項熱門活動是從河流隘口乘快艇激流而下，用嚇死人的急速一路衝下滿是礁岩的河道（如上圖）。

安全的問題

這項運動事業如今受到嚴格法規管制，經營這些事業的人也經過嚴格的訓練。他們全都上過學校訓練，而且很樂意把任何活動改造成看起來比原先更危險。他們的理由是，如果你越是覺得危險，那麼活動結束「存活下來」之後的腎上腺分泌，就會越高。

如果你問你的跳傘夥伴，他從事這活動多久了，他一定會跟你說，這是他第一次和付錢的顧客一起跳。如果你站在橋上問人，這條高空彈跳索用過幾次就要換，一定會聽到這樣的答案：「跳100次就要換了，而你是第99次。」

這種技倆雖然簡單卻有效。事實上，紐西蘭的冒險運動業有極佳的安全紀錄。

至今仍沒人能解釋為什麼紐西蘭能創造出如此成功的冒險運動業——不管是岩洞泛舟還是各種跳傘活動皆然。原因之一很可能是紐西蘭擁有漂亮的戶外景緻，和孤立的地理位置。紐西蘭人自然想地盡其利，對什麼事都願意嘗試至少一次。如果成功了，他們便將它發揚光大，為外來遊客帶來刺激和歡樂。

△**雙人跳傘**
這趟自由落體下降在開頭30秒會以時速200公里落下，並由專業人士做你的跳傘夥伴。最後4分鐘的降落傘緩降則能讓你從極度興奮中回復平靜。

▽**大樓高空索降**
這是由冒險運動協會（SAS）發明的運動，從事這項活動臉朝下順著繩索下降，為你提供欣賞城市的另類角度。

撐著滾球下山坡

「滾球」（zorbing）大概是紐西蘭人熱愛奇異事物的最佳寫照。有位紐西蘭空軍飛行員曾說：「搭滾球的感覺，大概就和在飛機上空翻個幾圈、水平盤旋，最後墜落在地面的感覺一樣。」唯一不同的是滾球不會讓你受傷。較沒創意的人說它「就好像被關進一台乾衣機一樣。」

滾球事實上有兩層，內層掛在充氣的外層裡。從裡面望出去的景觀是藍天綠地的混然天成，然後你就一路邊彈邊滾下山坡。熱愛此道的人還會先在球內放一筒水，以免他們樂得不願意出來。除此之外還有人計劃在紐西蘭最湍急的河流和瀑布上從事這項玩意兒。

就和其他運動一樣，看別人玩滾球就和自己下海一樣有趣。一開始人們會先用吸塵器後方的排氣為滾球充氣，並灌進人們的笑聲。最後當天旋地轉完畢，昏了頭的玩家爬出來後，人們也同樣報以笑聲回應。

滾球可能是所有刺激運動中最安全的。就和其他運動一樣，從事滾球運動不需要什麼合理的原因。紐西蘭的第一位冒險運動家要算是艾德蒙‧希樂瑞爵士了。他在1953年爬聖母峰的理由就和今日所有熱愛刺激運動的人一樣：因為山就在那，不爬太可惜了。

△高空特技
這種飛機體積不大，飛行員看來則像個瘋子。他們甚至不會供應嘔吐袋給你，不過你隨時可以喊停。空翻、迴旋、機身顛倒飛行、急轉彎等特技，大概會讓你的胃變得不成人形。這絕對比任何遊樂場的雲霄飛車來得好玩——只是記得上機前千萬別吃東西。

△輕型滑翔翼
雖然鋁和碳纖維翼身看起來很脆弱，卻可能是較安全的冒險活動之一。如果你運氣好，可以在空中停留約5分鐘之久。

▽冰河縱走
在隨時漂浮、移動、斷裂的冰河上步行是令人摒息的經驗。你和你的嚮導以繩子繫在一起，以免滑倒掉進冰河裂縫中。

△直升機高空彈跳
從直升機上繫著橡膠繩索向下跳，將來在宴會上一定不愁沒話題可炫耀，如果橋上高空彈跳對你已經不夠刺激了，你可以試試看。

景點導覽

為你深入導覽紐西蘭全國，
包括主要景點介紹和相關的地圖。

先把紐西蘭人擺一旁——當然和善的紐西蘭人絕對值得您認識——不過紐西蘭最吸引人的，還是各個著名區域，讓你覺得「只有親自到此一遊，才可能有此感受。」親自走一趟密爾福步道來到盡頭的海灣，或是欣賞南方湖群的純靜銀白，再不然在樹叢圍繞下孤挺而棲的威卡雷摩納湖（Lake Waikaremoana），或是到火山地區沸騰的驚喜感受……即使是最老練的旅行家，也不免要用最高級的形容詞形容紐西蘭的經驗。

在毛利的創始神話中，土地和人原為一體，肉身和大地都源自相同的物質。毛利人對土地的感情是無比深厚的，也影響著歐洲人的文化，締造出相信「潔淨和翠綠」哲學的國家信仰，而不將其視為只是一種旅遊行銷的工具而已。

第一批歐洲人航行了兩萬公里離開他們在歐洲稱為家的小鎮。起初他們試圖將紐西蘭鄉間面貌變得和英國一樣，他們伐木焚林、修剪草地，但他們終於有機會停下來休息時，才發現他們身邊早已是一個多采多姿充滿景致的新世界。

北島的礦泉和溫泉長久以來就以其療效見稱於世。1901年，紐西蘭政府特別聘請了一位水療學家，並成立了觀光部，這是世界上第一個由政府贊助的旅遊推廣機構。

紐西蘭的火山區至今對遊客的吸引力不減。現今的世界有太多過度擁擠的都市，紐西蘭純靜而人煙罕至的風景，給人天地浩翰時空無盡的感受，讓無數觀光客前來只為了親眼目睹，在此同時越來越多人願意親身走入曠野一遊。來一趟紐西蘭的景觀健行，毋寧是一次身心淨化的朝聖之旅。

紐西蘭遠離世界的地理位置，限制了大量的遊客前來，也保存土地不被過度開發。那些前來旅遊的人愉快地發現他們在這個國家只要花一兩天即可開車由南到北，而穿越東西只需幾個小時。在2001年，當《魔戒》電影上映後，原本只有一小群熱愛人士知道的地方，變成全球數百萬人的憧憬。《魔戒》由彼得‧傑克森執導，紐西蘭就是電影中的「中土」，其獨特而充滿異國特色的景色，清楚地呈現在所有人眼前。突然間，紐西蘭成為旅遊世界最難保守的祕密。

前頁：令人神往的密爾福海峽；西海岸牧草原和山峰景致；山丘上綿羊壯觀如海；
左圖：南島的壯麗風光。

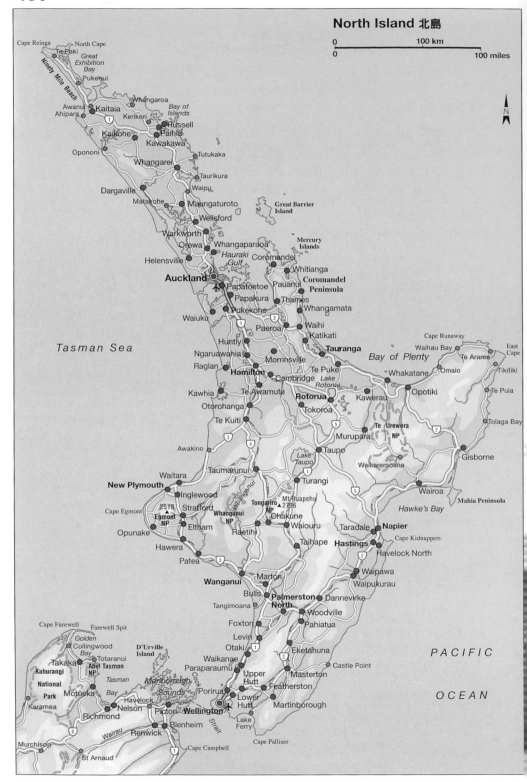

North Island 北島

北島

紐西蘭的重心所在，除了商業繁榮、休閒活動興盛外，
其地形本身也萬分迷人。

根據玻里尼西亞傳說，北島是從夏威夷的毛伊神（Maui）撈
起的一條魚。撈得真好。紐西蘭兩大島中，北島人口較
多，它的景致和觀光活動也會讓訪客神往不已。

紐西蘭的三大都市－－奧克蘭、威靈頓和漢米頓都在此島。北
島的許多特色與其他地方不同，或是被紐西蘭其他地區模仿建
造，但是對北島的注意力應集中在三個特別擁有各自特色的地
方：島灣、羅托魯，以及較少人前往的德‧烏列維拉國家公
園。

北地島是北島的頂端區域，有著濃烈的毛利傳統，也是歐洲
人最早定居的區域之一。如果你造訪島灣地區的百希亞（Paihia）
或羅素城，就會知道為什麼了。在這裡，航海、捕漁競賽、遊
艇出航是主要的活動。許多地點有趣味十足的歷史，從威坦奇
條約的簽署地，一直到紐西蘭最早的石屋，無一不是涵蓋歷史
的。

紐西蘭北部地區的生活步調緩慢，但是可別把奧克蘭也算在
裡面。在紐西蘭400萬人口中，住在奧克蘭地區的就有100萬。
它同時是世界上最大的玻里尼西亞城市。而城市內各式各樣的
商店、餐廳和各類型的活動，使它成為十足國際化的大都會。

紐西蘭其他地區大致相同，景致變化不大。只要開一小時的
車，您就可穿過以從事園藝業和酪農業為主的鄉村，來到威卡
托。威卡托的名字來自於紐西蘭最長的威卡托河，它流經整個
北部地區。淘金熱為科羅曼德（Coromandel）吸引了第一批歐
洲移民，它有漂亮少有人跡的海灘和海灣，讓現代探險家免不
了想駐足一遊。普連提灣（意思是豐饒之灣）適如其名，為人
們提供生計，而遙遠的東岬則有其獨特的韻味。

一進內陸，溫度很快便會升高。這裡有著熱礦泉、滾燙的泥
漿、間歇泉以及火山，使得羅托魯得到「美麗熱世界」的美
名。在此地遊歷的勞累，可以藉由泡溫泉得到抒解。再往南便
是紐西蘭的最大湖：陶波湖，釣魚是這裡最受眾人喜愛的活
動。塔拉那基、汪加奴和馬那瓦吐等地有肥沃的土壤，是紐西
蘭農業最密集的地區之一，主要以酪農業為主。農場附近的各
地小鎮對旅行者來說會是不錯的中途歇腳地。

威靈頓雖然位在北島底端，卻是紐西蘭生活的中心。它除了
是紐西蘭的首都外，緊臨港口的威靈頓市中心有密集的建築，
也是紐西蘭許多大公司的總部所在地。

奧克蘭

它是世界上最不規則的城市之一，
但你仍可以輕鬆地花20分鐘漫步橫越這個城市。火山和海洋是
最主要的景色，而當地的人們仍在尋找屬於自己的特色。

地圖見 **134頁**

奧克蘭建在兩座大海港中的地峽上，從一開始，就以環繞其四周的水而聞名。港口中輕拍在奧克蘭主要街道最底層的水域，當地人稱為威堤馬他（Waitemata）——氣泡水——從最有利的觀點來看，不管是遠古或現代、人為或自然，這個名字都適情適性。

奧克蘭人喜歡把他們的城市視為南太平洋的陽光寶石，即便太陽沒有出來，水面仍舊閃耀，在廣大的天空下呈現一片銀白，當雲散去時，立刻變成最燦的金剛鑽石。

海水衝上溪流和河口，拍打著沿岸上百個海灣，奧克蘭一段少於一英里的陸地，讓海水不至於將奧克蘭切斷漂浮於海上。19世紀建立的城鎮集結在一起而成為這個21世紀的都市，這些城鎮星羅散佈在S形的地峽上，這塊地峽最窄的地方僅1.3公里寬。穿越其中道路名為波特吉路（Portage Road），說明這是一條連接兩個港口的路。

在這裡，毛利人會將獨木舟拖上岸，穿越這個水上高速公路唯一的間斷之處。這條水路從北部的東邊海灣，通往紐西蘭最長的河——威卡托河，這條河深入北島的內地。很少有國家是你可以在20分鐘內走路就能橫越，從這一頭的海岸走到另一頭的海岸。

左圖：奧克蘭的港口與天際線。
下圖：熱中船隻的城市。

帆船之城

威堤馬他港是進入島嶼遍佈的遊艇天堂霍拉奇灣（Hauraki Gulf）的通道，奧克蘭人熱愛乘船，是全世界平均每人擁有最多船隻的國家。奧克蘭並非毫無理由就自稱為「帆船之城」。每年一月的最後一個星期一，是帆船比賽的紀念日。這項比賽從1980年開始舉辦，幾乎就跟這個城市一樣老，每年這一天，港口會湧入將1,000艘大小各異的帆船，進行展示和競賽。

一個由船主組成的國家，當然就會產生一組世界最佳的水手。紐西蘭隊在1995年獲得夢寐已久的美國杯帆船賽獎盃時，僅僅花了其他競爭對手所用經費的一小部分，並在2000年再度衛冕。而當2003年，輸給了由瑞士組成的Alinghi船隊時，失落的心情在得知其主要船員接來自於紐西蘭後，終於稍能平復。

具體來說，奧克蘭區是由四個城市組成的。奧克蘭市南邊緊鄰著瑪努考（Manukau）；西邊是懷塔克雷（Waitakere）；北岸的城市越過了威堤馬他。不過奧克蘭市不可諱言是紐西蘭的經濟重鎮，它擁有這個地區30%和全國10%的人口。自1991年起，10年內人口成長了25%，奧克蘭人創造也消耗了國

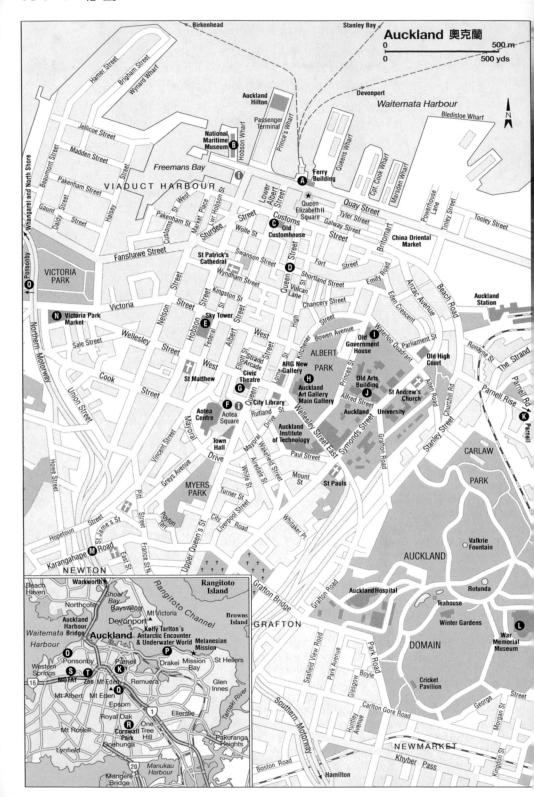

家財富的大半。這個事實造成了居住在小城市或鄉村裡較不富裕的人們相當程度的敵意和憤怒。

騷動的歷史

奧克蘭的地峽地形，是由60座火山在晚近的噴發活動所造成的，在地質上，奧克蘭是個新生兒。這些火山中，年齡最老的已有5萬年歷史，而最年輕的火山，是充滿樹叢的蘭吉多多島（Rangitoto Island）。600年前，蘭吉多多島最後一次的噴發，使得鄰近莫吐塔布島（Mototapu Island）的一個毛利部落全村被掩埋。

奧克蘭的人類定居史就比較沒那麼激烈了。毛利人的祖先據說是在西元800 年左右從玻里尼西亞東部前來，他們定居在霍拉奇灣沿岸的離島上。根據毛利傳說，隨著人口增加，為了爭奪這塊豐腴之地，曾經一度戰事連連流血不斷，這些爭戰也賦予了奧克蘭一個毛利名字——塔馬基馬考勞（Tamaki Makaurau），意謂「百位愛人之戰」。這種詩意的名字和浪漫愛情一點關係都沒有，卻顯示了奧克蘭是多方覬覦之地，為了奪取而大打出手。

毛利人和白人之間的溝通橋樑是他們稱為帕克哈（Pakeha）的人，這些人意外地作了半個世紀的商人和捕鯨者，他們的私人衛生標準未必和其性嗜好一樣高，這些人在海岸邊落腳。而英國人移民奧克蘭始於愛冒險的傳教士薩謬·馬斯登（Samuel Marsden），他於1820年前來此地（見下框）。

地圖見
134頁

 旅遊指南

奧克蘭人最受歡迎的暱稱叫JAFA（just another Aucklander三字的第一個字母，猜猜第三個字是什麼？猜對沒有獎品。）這憤怒的詞句有部分是來自於對奧克蘭人所擁有的財富和地位氣慣之故。

下圖：過往的皇后街。

便宜的買賣

英國人移民奧克蘭始於愛冒險的傳教士薩謬·馬斯登，他於1820年前來此地。這位雪梨的傳教士，為這個新首都以奧克蘭公爵喬治·伊甸（George Eden）之名命名，奧克蘭公爵是印度殖民地總督。馬斯登11月搭乘「科羅曼德號」帆船穿越奧克蘭地峽，他是第一個完成此行的歐洲人，而他的到來預示了未來一連串的土地買賣和直到今天仍未解的問題。

毛利人對土地的傳統觀念是，擁有土地並無意義。因此很有可能，當毛利人將土地賣給英國人時，以為他們只是讓新移民居住在他們的土地上，而對方以禮物回饋善意。

這些新移民當然賺到了，他們用50條毛毯、20條褲子、20件襯衫、其他雜貨和50英鎊現金，以及隔年再支付6英鎊，就買到了今天奧克蘭市中心的土地。英國移民買到的1200公頃土地，涵蓋了從弗利曼灣（Freemans Bay）、帕奈爾區（Parnell）到伊甸山的三個灣區。今天奧克蘭市中心一英畝的地價值至少1200萬紐幣。

奧克蘭最窄的地方有
1.3公里寬，可讓行
人舒適地散步，是紐
西蘭大城市中少數可
讓一般人輕易跨過的
城市。

英國人克萊蒙・佛洛伊德（Clement Freud）在1978年說過對紐西蘭觀感的名言是，「很難評論，因為我到那裡時店總是關著。」但1980年代末期後，這些都會市區和市郊注入了新的活力。

奧克蘭市的擴張有一部分原因來自於90年代的大量移民，而且亞洲人占了多數，在豪維克（Howick）的東南區有富裕的移民，此外還有大量前來留學的學生。如此改變可預期的造成了久居於此的紐西蘭人不滿，他們認為奧克蘭的種族組成變換得太快了。不過沒有人會否認，移民也讓奧克蘭成為亞太地區充滿活力大都會。

曾經有拓荒者形容奧克蘭是「設了幾張帳蓬、幾間小屋、然後是一望無際的羊齒植物」。今天一望無際的則是郊區住宅，也難怪奧克蘭和美國洛杉磯會是姐妹市了──奧克蘭有1016平方公里，比倫敦還要大，且人口只有130萬人，大奧克蘭是全世界擁有最大面積地鐵的城市之一。奧克蘭都會區從北邊的汪加帕羅亞（Whangaparaoa）和托比（Torby），沿著海岸一直到南邊的帕帕庫亞（Papakura）和德盧瑞（Drury）共長達 80 公里。

一般來說，奧克蘭人在近郊的海岸內地生活、工作和購物等，這些地區星羅林立著大型購物中心，他們只有在有特殊事情時，才會進城。自1980年代起，內城就快速地發展，辦公高樓大廈和公寓一一興建。就傳統和遺產的觀念來看，可說是一場災難。比起其他前共產國家更為誇張，奧克蘭把舊時高雅的維多利亞建築拆除，改建為了無特色又廉價的密集公寓。特殊又有趣的現代建築幾乎沒有，不過在維多亞克港（Viaduct Harbour）倒

下圖：有如針筒般的
天空之塔從奧克蘭的
天際線中央穿破而
出。

是有一些令人興奮的新發展開始進行。這裡便是美國盃村的所在之地。

奧克蘭最窄處僅1.3公里，讓你可以輕鬆地在幾分鐘內走過。因此紐西蘭成為少數讓一般人都能輕鬆步行橫越的城市。

奧克蘭港

奧克蘭由於市郊區域龐大，觀光客可能深感在此交通不易。計程車車資並不便宜，所幸有便利的公車和渡輪服務。不過，市中心的重要歷史景點都可用雙腳輕易到達。

皇后街（Queen Street）底的紅磚建築**渡輪樓**（Ferry Building）是個漫步探索的好起點。建於1912年，曾經是港口事務人員的辦公室，現在裡頭是市區裡最好的兩家餐廳，到其後頭，你就可以搭乘渡輪到北岸，以及霍拉奇灣的群島。

站在大街上背對著渡輪樓，維多亞克港區的**國家海洋博物館**（National Maritime Museum）（9am-5pm；需購票；電話：09-3730 8003；www.nzmaritime.org）就在右前方走路3分鐘的距離。博物館的館藏包含了從早期波里尼西亞探險家到今天的航海史。有幾艘歷史上的著名船隻安置在地面上，還有紐西蘭1988年首次參與美國盃帆船賽而在聖地牙哥輸掉的KZI這艘帆船。

紐西蘭在美國盃帆船賽的雪恥造就了維多亞克港的再發展，此地是南半球最大的超大帆船港澳，附近滿是生意興隆、價格高昂的酒館和餐館，用

地圖見 134頁

紐西蘭1988年首次參與美國盃帆船賽KZI帆船，在國家海洋博物館展示。

下圖：歷史建築渡輪樓。

位於基成納街奧克蘭美術館對面的是奧克蘭有名的私人美術館 Gow Langsford Gallery，許多新紐西蘭當代藝術家，以及一些國際藝術家，都曾在此展覽。週一至週五10am-6pm，週六11am-3pm；電話：09-303 4290；網址：www.gowlangs-fordgallery.com

9:30am-8pm；週六10am-4pm；週日中午-4pm），裡面陳列各國報紙，讓海外遊子和移民可以稍解思鄉之情。

在往東一條街的街角，在基成納街（Kitchener）和威列斯利街的交叉口，則有一半的**奧克蘭美術館** （Auckland Art Gallery；每天10am-5pm；免費；電話：09-307 7700；網址：www.aucklandartgallery.govt.nz），在1995年加入了對街同樣不太有創意名字的**新美術館**（New Gallery）後稱為**主美術館**（Main Gallery）。主美術館館藏為歷史文物，而新美術館則多為紐西蘭和海外的當代美術品。遊客較受主美術館裡林道爾（Gottfried Lindauer）所繪的19世紀毛利人的畫像，以及高地的畫作。

美術館東北方600公尺的山丘上，穿過**亞伯特公園**（Albert Park），這裡融合了愛德華公共園藝設計的特色，還有一些現代雕塑品，之後你將到達滿地落葉的**奧克蘭大學**（University of Auckland）。在王子街和滑鐵盧區（Waterloo Quadrant）的交叉口，以及學區的一部分便是**舊政府大樓**（Old Government House），建於1856年作為市長官邸。這棟建築看起來是用石材建的，其實外牆包覆的是貝殼杉，貝殼杉是紐西蘭樹叢裡常見的大量樹種，在19世紀前一直是建材的選擇之一。

奧克蘭大學的中央名勝，是在王子街往南數公尺遠的**舊美術館**（Old Arts Building），它有非常精緻的鐘塔建築，建於1926年的哥德式風格。由於它的尖頂華麗，塔身以白石砌成，當地人都戲稱它為「結婚蛋糕」。

下圖：前衛的新美術館主要展示當代藝術。

往東北方250公尺之處，你會發現剛整修完的**高等法院**（High Court），外牆有著微笑的半獅半鷹石像以及其他長相怪異的人偶。位於安札克大道（Anzac Avenue）和國會街（Parliament Street）的交叉口，國會皆的名字表露出過去奧克蘭做為紐西蘭首府的驕傲。因為南島的淘金熱潮，再加上新來移民逐漸往北島南部定居，才促成了1865年遷都威靈頓的決議。

市中心以東

繼續往東走穿過名為**健身丘**（Constitution Hill）的公園，健身丘的命名是在說商人從位於帕奈爾的家到辦公室必須走一段很難走的水坑，好比是在健走一般。接著走上帕奈爾高地2公里後可到**帕奈爾區 K**。有個奧克蘭市的古怪故事說，因為上層階級不喜歡到市中心上下班時，陽光射入眼睛的感覺，因此皇后街以東的郊區總是最富裕人住的地方。因此帕奈爾擁有最精緻優美的風格一點也不意外。這裡也是**新市集**（Newmarket）購物中心的出入口，裡頭有時尚廠牌的過季商店。而**瑞木爾拉區**（Remuera）則是嚴肅的有錢老年人居住的地方。帕奈爾區走過了1970年代不幸的古蹟重建之害，當時政府企圖用難以維護的材料，將其重新改造為新市鎮。

在帕奈爾路盡頭，越過安格利迦教堂（Anglican Cathedral）在蒙塞街（Maunsell Street）右轉就進入奧克蘭中央公園（Auckland Domain）。占地75公頃是奧克蘭市最古老的公園，內有池塘、遊樂場、傳統雕像和冬季花園（Wintergarden），兩個大型的溫室裡展示著溫帶和熱帶植物。走這條路

地圖見 **134頁**

旅遊資訊

如果在奧克蘭中央公園覺得肚子餓的話，可以到冬季花園的茶店吃點東西。他們提供的三層拖盤茶點非常值得推薦。

下圖：日落時的奧克蘭中央公園。

單樹丘的方尖塔，曾有棵樹立於其旁。

下圖：奧克蘭動物園的海獅。

點。從這裡可以看到市區360度的全景，就和在天空之塔上看到的景色一樣。伊甸山東邊有一處火山灰窪地**伊甸花園**（Eden Garden；每天9am-4:30pm；需購票；電話：09-638 8395；www.edengarden.co.nz），在奧瑪納大道（Omana Avenue）24號，裡面展示著無數花朵，以擁有南半球最多的山茶花而聞名。建於1964年，過去此地是廢棄的礦場，現在完全由志工進行管理。

再往南走3公里，就到了**康沃公園**（Cornwall Park；每天7am到日落；免費）**ℝ**，裡頭有著名的單樹丘（One Tree Hill）火山椎，以及有「奧克蘭之父」之稱的坎貝爾爵士之墓。坎貝爾爵士於1840年12月21日於休德蘭街（Shortland Street）底設立了一座帳蓬，成為奧克蘭市的第一家店鋪。他在1912年以95歲高齡去世前，一直是奧克蘭最出名的商人。

坎貝爾爵士當市長時，將這塊135公頃的土地，包括了單樹丘，捐了出去，在1901年他成為康沃的大英公爵時，將其命名為康沃公園。坎貝爾也在1841年興建了**相思樹別墅**（Acacia Cottage），是現今奧克蘭最古老的建築，保存於單樹丘山腳下的康沃公園裡。

毛利人稱單樹丘為Te Totara-i-ahua，是為尊崇在1852年之前佇立在此地的神聖的木蘭樹，不過在那之後，那棵樹被早期移民移植改種松樹。如今，「單樹」的暱稱也不再正確，因為曾經站在高處的孤單松樹在2002年時，被毛利激進份子因政治憤怒而鋸倒該樹後，就再也沒有將樹木復原。

汽車和鷸鴕

從西邊公路下西邊溫泉（Western Springs）就會到另一個著名景點，簡稱MOTAT的**運輸科技博物館** **ⓢ**（Museum of Transport and Technology；每天10am-5pm；需購票；電話：09-815 5800；www.motat.org.nz）。裡面展示著超過30萬種收集品，包括老式的交通工具、飛機和機械器具。週末的時候，這些機具會有義工前來操作表演，展示品還包括有一架由紐西蘭人理查・皮爾斯（Richard Pearse）所建造的飛機。這架飛機可能在1903年3月就已經試飛過，比萊特兄弟還要早上幾個月。

沿著西邊溫泉公園的湖畔優閒地走一段路，就會來到**奧克蘭動物園** **ⓣ**（Auckland Zoo；每天9:30am-5:30pm；需購票；電話：09-360 3800；www.aucklandzoo.co.nz），裡面有紐西蘭最獨特的鷸鴕，以及有「活化石」之稱的鱷蜥。

奧克蘭是紐西蘭的進出門戶，聰明的遊客應在前往南北其他知名的觀光景點前，在這個最大城市多逗留點時間，更重要的是，在市區中心可輕易到達的地方有更多可看的。不過任何奧克蘭人很可能跟你說，你一定要離開市區，否則你會發瘋的！

開創紐西蘭時尚

紐西蘭時尚或許還未成熟，但是，在迎向21
世紀時，它已逐漸立足。如果說，模仿是
時尚界最真實的奉承形式，那麼紐西蘭設計師以
往也像其他人一樣，不斷地在恭維別人；不過，
在世紀交接之際，他們已開始發展出自己的獨特
風格。

在1997年，4個本土品牌──Moontide、
World、Wallace Rose與Zambesi──參加了澳
洲時尚週。兩年後，紐西蘭設計師更參與了倫敦
時尚週。「澳洲與紐西蘭似乎有明顯的不同。紐
西蘭人有著較為黝黑的外在，較不誇耀，較為知
性，」法國《風尚》（Vogue）雜誌如此評論。
紐西蘭人是這樣打扮自己。

原本在紐西蘭主要時尚活動中，海外時尚作家
與意見領袖都算稀客，現在不再如此。不管《風
尚》評論的真實性為何，紐西蘭風格較不具個人
主義，而出色地同化各種影響。就像其他領域一
樣，該國地理位置的孤立，迫使當地人提出自己
的解決方案──不管是在農耕，還是時尚都一
樣。儘管仍深受北半球設計師影響，許多設計師
畫下玻里尼西亞風格，其他則集全球折衷主義者
的混合體，創造凝聚之大成（許多當代的玻里尼
西亞年輕流行時尚，強烈受到美國嘻哈文化影
響）。

能在時尚產業揚名，通常都是那些成功把自己
作為品牌行銷的人士──凱倫‧沃克（Karen
Walker）與崔莉絲‧庫波（Trelise Cooper）就
是知名例子。在一個小型社會，擁有名人地位，
就容易贏得注意，成為設計師。

許多優秀的設計師（與品牌）都以奧克蘭為據
點，他們擁有海外一些成就後，也同樣受到當地
的歡迎，像是沃克、庫波、凱特‧席佛斯特
（Kate Sylvester）、Scotties、Zambesi與World
（或許是該族群中最創新的一員）。但是，紐西蘭
最大的城市並沒有完全包涵這個領域。

威靈頓卻擁有代表最知名當地品牌的商店，值
得注意的當地名號包括安卓‧摩爾（Andrea
Moore）、Madcat、Ricochet與Voon。頂尖品牌
NOM D、Carlson、Mild Red與Dot Com全以丹
尼丁為家，而學生的影響使這個城市的時尚與其

他中心相較，帶著一絲放克（funky）的氣息。

一些較有活力的流行時尚是出現在城市邊緣地
區，由有朝一日可能成為大品牌的名字所製造，
但流行就是流行，也可能全部消失。除了奧克蘭
高街（High Street）與錢瑟麗區（Chancery）的
時髦精品店，也可在該市有些聲名狼籍的克朗格
佩路（Karangahape Road），出人意料地挖到
寶。在其他地方，新潮設計在散落丹尼丁周圍的
各種小型工作室很容易發現。但要趁熱找。

至於男性時尚，除了某些場合，紐西蘭男性如
果重視自己的外表打扮，還是會被視為是一件怪
事。

右圖：設計師崔莉絲‧庫波在其位於帕奈爾時髦地區的工
作室。

奧克蘭周圍

奧克蘭是集合許多城市的區域，遊客所領略的風味，
端看是往西、朝北、向南，還是前往東方，
來到霍拉奇灣的47座島嶼。

就如同尖峰時刻，公路急速呈現的咆哮景象所透露的，奧克蘭人就像其姊妹市洛杉磯的居民一樣，對於汽車有著狂熱、執著與盲從。數十年來的政治推擠，導致無法發展有用的鐵路系統，公車不得不加入糾結的交通之中。尖峰時段以外，公車來去自如，有組織的班次毫不匱乏，可前往最重要的一些景點。但是，眼光獨到的探險家為了遠赴城市邊緣，充分利用短暫的停留，進行探索，是會選擇租車；以免增加令人望之生?的計程車帳單。

往西行

奧克蘭的邊界，就像新大陸的一樣，是往西推展。**懷塔克雷市**（Waitakere City）❶ 經由國道16號，位居奧克蘭市區西方15公里處；它在1950年代中期，由於上港口的幹道鋪設，讓西部更接近城市，而開始出現人煙。儘管如此，它仍舊維持獨特的野生面貌。它的居民通稱為「西部人」，但整體稱呼下是這個城市的多樣面貌。藝術家、工藝人士、返回大自然的叢林愛好者、豐富的毛利與玻里尼西亞人口，加上新移民的社區，全都是懷塔克雷混合體的一部分。

從奧克蘭市中心出發，遊客品味懷塔克雷市的第一站是**亨德孫谷**（Henderson Valley）❷，位居國道16號西邊，林肯路（Lincoln Road）交流道。這個山谷早期是由達爾馬提亞與克羅埃西亞釀酒人士開拓定居。現在，許多街道的名稱仍紀念著他們的世代，現代的懷塔克雷道路之間也散布著葡萄園，有些達世界級水準，而還有些古老家族業者仍以半加侖裝的大肚酒瓶，販售其粗釀的紅酒。

在城市邊緣——仍走國道16號，經過亨德孫，離亨德孫交流道20公里處，就會來到**庫穆**（Kumeu）❸，週末農人在其小型生活區塊養馬。這裡的小型農業地產，主人在附近城鎮工作，週末則沈浸在略帶嗜好意味的農業活動。它還有一些較為富足的葡萄園，像是**庫穆河**（Kumeu River；www.kumeriver.co.nz）、**諾比羅**（Nobilo；www.nobilo.co.nz）與**馬騰谷**（Matua Valley；www.matua.co.nz）。

最近，奧克蘭的西郊大多成了購物中心地區。平淡無奇的商業與輕工業發展地帶，並列在寬廣道路兩旁，但它也是進入濃密森林地區懷塔克雷山（Waitakere Range）的大門。懷塔克雷山距離奧克蘭市中心只有20公里，這裡有高聳的澳洲貝殼杉、巨大的羊齒植物與尼考棕櫚（nikau palm），創造出叢林健行者與電影製作的天堂。

受歡迎的電視影集「戰士公主」（Xena）與「大力士」（Hercules）就是在**懷塔克雷地區公園**（Waitakere Ranges Regional Park）此處拍攝。沿著從蒂蒂蘭基（Titirangi）到史旺森（Swanson）山脊、全長28公里的**景觀大道**（Scenic Drive／SH24），可以輕鬆地探索這座山脈。在距離**蒂蒂蘭基**❹約5公里處的大道終點，就是

地圖見 149頁

奧克蘭 Auckland
北島 North Island
威靈頓 Wellington
Christchurch
基督城
South Island
南島

左圖：在奧克蘭西方的懷塔克雷山，手持繩索滑降。
下圖：小小庫穆農夫。

阿拉塔基遊客中心（Arataki Visitors Center；夏季9am-5pm；冬季10am-4pm；電話：09-817 4941），在此可以尋求詳細的探索計畫，包括不同難度的步道，以及露營過夜的建議。

西岸海灘

從9月到3月的繁殖季節，是造訪穆里懷塘鵝棲地的最佳時期。

越過了山脈，西部開始呈現真實的荒野面貌：土地邊緣鑲著一道黑沙衝浪海灘，承受來自塔斯曼海大風與大浪擊打。32公里長的**穆里懷**（Muriwai）**❺**是最北端的海灘，原本是設計作為公共道路（有勇無謀的人才會只開著兩輪傳動的交通工具上路）。在距離此地24公里、位居南端的**華提普**（Whatipu），海水就好像沸騰一般，不斷拍打白浪進入有潮港瑪努考港（Manukau Harbour）。在穆裡懷南邊有一個塘鵝棲地，可從觀景台近處眺望，是這個地區最佳景致之一。對紐西蘭已故的卓越藝術家柯林・麥卡宏（Colin McCahon）（見86頁）來說，穆裡懷是激發視覺靈感的最重要地點之一。

海洋在沿岸耙出的沙灘還有皮哈（Piha）與凱里凱里（Karekare）**❻**，前者是衝浪天堂，也是渡假客的最愛，而後者是珍・康萍《鋼琴師和她的情人》壯麗序章的拍攝地。對泳客來說，西岸海灘都非常危險，這裡的死亡人數還包括許多疏忽安全的遊客。儘管夏季有巡邏人員，但務必在旗幟地帶間游泳，並留意可能會把海灘拾物者及岩石上釣客捲走的大浪。

再往南，瑪努考港是標示**瑪努考市**（Manukau City）西界的海岸之一，欠缺威提馬他般的迷人景致。它大部分是退潮時露出的泥地，但是道路從邊緣下坡來到樹林環繞的寧靜海灘。漁民把它視為漁場，這裡人煙稀少，因為它曾被工業與國內排放廢物污染，許多奧克蘭人因而忽略它。不過，它的清除整肅意味水土保持計畫的一項勝利。

下圖：皮哈海灘的衝浪活動。

地圖見
149頁

南奧克蘭

「南奧克蘭」這個名詞對奧克蘭人是個負擔。南方奧塔胡（Otahuhu）外圍公路兩旁所串連起來的郊區，無疑屬於這個地區經濟最蕭條的地帶之一，儘管它是南方富足城市瑪努考市的一部分。這裡可以找到《戰士奇兵》（*Once Were Warriors*）所刻劃的社會與外在景觀，這部影片直接探討毛利人酗酒、家庭暴力與幫派衝突所帶來的社會成本。

瑪努考的面孔不相稱地黝黑，雖然許多歐裔白人紐西蘭人不太喜歡這樣想——毛利與玻里尼西亞少數民族和社會地位貧窮的關聯性十分強烈。**奧塔胡❼**經由國道1號在奧克蘭南方14公里，提供一個良好機會一窺瑪努考市文化的多樣性：漫步在主要街道上，可以看到亞太攤販緊靠在一起，爭取行人的注意。

但是，這個城市也有成功的故事，可在多彩多姿又吵雜的**歐塔拉市集**（Otara Market；週六6am-中午）見到毫不矯飾的快樂面孔。市集距離該市南方3公里，位於紐貝瑞街（Newbury Street）的歐塔拉購物中心（Otara Shopping Centre）（走國道1號轉往塔瑪基路／歐塔拉交流道）。這裡是聰明的觀光客購買紀念品的地方，不只是因為它比觀光陷阱景點來得價廉物美，也因為它顯而易見的真誠。

曼吉爾山（Mangere Mount）位居這個文化多元社區中央，高100公尺，可眺望瑪努考港。

再往南行5公里，就可以來到受歡迎的遊樂園「**彩虹的盡頭**」（Rainbow's End；每天10am-5pm；需購票；電話：09-262 2030；www.rainbowsend.co.nz）。在這裡可以找到紐西蘭唯一的螺旋形雲霄飛車，以及把遊客緊扣後從極高度落下的自由落體。

瑪努考其他景點還有**奧克蘭植物園**（Auckland Regional Botanic Gardens）（每天8am-6pm；免費；電話：09-267 1457），它位於「彩虹的盡頭」南方5公里，

深具意義的紐西蘭影片《戰士奇兵》，是根據愛倫・達夫（Alan Duff）的小說，由李・塔瑪何瑞（Lee Tamahori）執導拍攝的，它在1994年上映，得到熱烈的迴響。電影場景是在南奧克蘭，深刻描述蔓延在毛利勞工階級家庭之間的問題。

下圖：瑪努考的饒舌歌手。

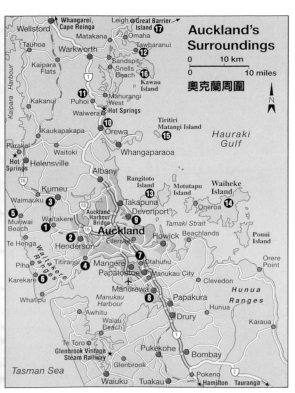

鄰近**馬努雷瓦**（Manurewa）**❽**，各式各樣的當地與外來植物種類，讓園藝愛好者目不暇給。該園現在每年11月都會固定舉行為期5天的「艾勒斯萊花卉展」（Ellerslie Flower Show）。

北奧克蘭

奧克蘭港灣大橋（Auckland Harbour Bridge）在1959年落成使用，幾乎在一夕之間，把奧克蘭的地位從鄉村轉為城市。原本只是因綿延牧草地而興起的帶狀寧靜海邊社區，現在成了——至少是有其潛力——奧克蘭的一部分，這要感謝這座1020公尺長的「掛衣架」，從市中心北端的芳蕭街（Fanshawe Street），橫跨水面到北寇特（Northcote）。現在，這座橋樑每日平均通行量達13.6萬人次。

這座橋通往的廣大北方腹地，明顯可以供作無際的郊區與產業發展，而這已具備城市本質（許多北岸居民避免前往奧克蘭，而許多奧克蘭人也會說，這真是件好事。）冒險娛樂業者「**奧克蘭攀橋公司**」（Auckland Bridge Climb；電話：09 377 6543；www.aucklandbridgeclimb.co.nz）提供2小時的攀橋導覽行程，讓不怕暈眩的人士可以鳥瞰城市與內港。也可以從橋上進行高空彈跳，但有兩件事不能做：走路和騎腳踏車，真是奇怪吧。

渡船從達街的渡輪樓（見136頁）出發，為奧克蘭市中心與港口對岸的達芬波特（Davenport），提供全天定時交通服務。**達芬波特❾**距離市中心至少20分鐘車程，但經由渡船只要往北行3公里，這是一個富裕地區，有許多宏偉的維多利亞式房屋、工藝美術館與過剩的酒吧與咖啡館。維多利亞山（Mount Victoria）與北角（North Head）火山海角就在附近，距離碼頭北方1公里，擁有一個毫無阻礙的奧克蘭市區景觀，橫跨港口到東邊海灣。兩座山丘在1870年代恐懼俄國人入侵的時期，建造了蜂巢狀的防禦隧道；而毛利族群在這兩個山頭

勇氣十足的人士可以參加2小時的奧克蘭港灣大橋攀登行程。

下圖：奧克蘭港灣大橋。

居住了700多年,直到1863年。

從達芬波特往北的海岸線盡是綿延無際的白沙灘與藏匿洞穴(sheltered caves),從郊區開展,景色愈來愈壯觀,直到北島的頂端。**塔卡普納**(Takapuna)提供了良好的購物地點,並且擁有一個可以眺望蘭吉多多島的人氣海灘。

但是,要再往北走,經過**北岸市**(North Shore City),一日玩家才開始有了收穫。**奧雷瓦**(Orewa) ⑩ 位於汪加帕羅亞半島(Whangaparaoa Peninsula)底端,距離市中心40公里,不過一個世代以前,這裡還都只是起伏的牧地與海灘農舍,現在卻成為奧克蘭最北端的郊外住宅區。這個郊區雖然因此喪失了許多以往的魅力,但是它通往安全的游泳沙灘,而且東邊有個維護良好的地區公園,是個不錯的野餐地點。

過了奧雷瓦,也展開了鄉村風光。記得造訪**懷威拉溫泉渡假園區**(Waiwera Thermal Resort;每天9am-10pm;需購票;電話:09-427 8800;www.waiwera.co.nz)。位於奧雷瓦北方6公里的山丘陡坡,它的泳池是奧克蘭地區兩處溫泉區之一(其毛利名字意指「熱水」),另一處是在**帕拉凱**(Parakai),經由國道16號行駛55公里,位居該市西北方的海倫斯維(Helensville)附近。

懷威拉往北6公里就是**普荷伊**(Puhoi) ⑪,它是紐西蘭最早的天主教波希米亞殖民地。如果行經此處,務必在**普荷伊客棧**(Puhoi Tavern)歇腳小酌,這裡充滿早期波希米亞移民的圖片與舊時魅力,並且展出農耕設備。

向北行駛,找尋位居沃克沃斯(Warkworth)南方4公里的蜂蜜中心(Honey Centre)(每日8:30am-5pm;免費;電話:09-425 8003;www.honeycentre.co.nz),在這裡可以買到紐西蘭各式各樣的優質蜂蜜,並且觀賞蜜蜂在蜂房的玻璃牆後

旅遊資訊

河角(Riverhead)渡船之旅是一趟漫遊在內港的5小時行程,提供獨特的角度觀看奧克蘭風光與郊區。它從奧克蘭港橋附近西哈芬大道(Westhaven Drive)的Z碼頭出發(電話:09-337 0752;網址:www.seacity.co.nz/riverhead.htm)。

下圖:達芬波特將港口對岸景色收入眼簾。

旅遊資訊

如果時間許可，請前
往普荷伊路上的普荷
伊波希米亞博物館
（ Puhoi Bohemian
Museum；夏季每天
1pm-3:30pm；冬季
週末1pm-3:30pm）
一遊。這個博物館述
說19世紀波西米亞移
民來此地建立家園的
故事。

釀蜜。沃克沃斯是奧克蘭地區的北界，它本身就是個美麗的河岸鄉鎮，也是前
往該地區許多美麗明珠的跳板。經由馬塔卡納（Matakana）─雷伊（Leigh）公
路往東行駛，可以經過馬塔卡納附近的新興釀酒地方，並來到**塔哈拉努**
（Tawharanui）**⓬**。它是最北端的地區公園，距離瓦克沃斯25公里，遊客很有可
能在此處獨享一望無際的白色沙灘──至少平日很有機會。

霍拉奇灣群島

　　眼光獨具的遊客不該遺漏點綴在霍拉奇灣（Hauraki Gulf）的美麗島嶼水域，
或至少也該一遊內港。這裡提到的島嶼，都很容易搭乘從奧克蘭達街的渡輪樓
（見136頁）出發的快船前往。

　　就許多方面來說，最令人驚艷的島嶼遊覽是前往蘭吉多多島**⓭**之行，它位於
奧克蘭東北8公里處，是一座沈寂600年的休火山，可以鳥瞰市中心景色。登島
是令人振奮的行程，但不致於讓人筋疲力竭，對於不喜歡使力的遊客來說，這
是一個令人著迷的旅遊。穿上耐磨的鞋子；火山岩石步道會折損美麗的皮鞋。
從海拔260公尺的山峰望去，可以看到該市壯觀的360度全景、北方海灣與霍拉
奇灣。步道把神聖島（Motutapu Island）與朗伊托托結合，前者是一個農業島
嶼。

　　威赫基島（Waiheke Island）**⓮**距離奧克蘭市中心僅19公里，是霍拉奇灣人口
最多的島嶼。一個世代以前，它只是窮人與藝術家的避難處，他們必須忍受1
小時顛簸的船程才能前往城市。現在，高速的雙體艇讓路程縮短，結果島上人
口──與曝光程度──已徹底改觀。許多當地工藝家的作品現在已是世界級，
而不再只是嬉皮農舍。可以眺望許多美麗海灣的陡坡，以前只有簡單的農舍，
現在卻散落著經過設計建築的房舍。

下圖：威赫基島。

　　大型拓居地**歐尼羅亞**（Oneroa）的街道兩旁林立別致的咖啡館。島上公車班次並不多，主要是依照渡船的時間表，但是計程車與租車價格低廉，而且步行令人愉快。

　　威赫基以其急速成長的釀酒業，當之無愧地贏得名聲。儘管當天來回的旅程，就可以舒適地品味此地；但是如果決定多留幾天，即使是走奢華風的人，也可以找到符合需要的住宿地方。

　　提里提里瑪塔基島（Tiritiri Matangi Island）**⑮**在奧克蘭北方25公里，是一個宜人的當天來回旅遊地點（也可以選擇導遊行程），它是世界上最成功的水土保持成功例子之一。過去，數個拓居地開墾了這個過去由雜草與猛獸佔據的地方，現在則已回復為絕佳的野生動物保護區，包括鷸鴕與秧雞等許多瀕臨絕種的紐西蘭鳥類在此現蹤。

　　再往北走，**卡瓦烏島**（Kawau Island）**⑯**離奧克蘭46公里，是個寧靜的隱居處，及受遊艇喜愛的避風港。壯觀的**古蹟官邸**（Mansion House）（每天9:30am-3:30pm；需購票；電話：09-422 8882）位居同名的海灣，是早期總督喬治・葛雷爵士（Sir Geroge Grey）的鄉村故居。他引進沙袋鼠，原本這種動物比較常與澳洲相提並論，現在在紐西蘭已成為數量過多的入侵者。

　　時間比較充裕的人，可能會保留數天探索**大堡島**（Great Barrier Island）**⑰**，它位於海灣最偏遠的地帶，離奧克蘭東北90公里。這真的是另一個國度，一個恆久不變的小族群，過著沒有電力的生活。這些島民把他們的家稱為「屏障」，因擁有紐西蘭最隱遁與吃苦耐勞的靈魂而知名。海灘未受破壞，令人驚艷，當地的林木多是原始林，幾種獨特的植物與鳥類品種更是以這個島嶼為家。這裡有許多適合日間散步的步道；也是受歡迎的潛水、釣魚、衝浪與露營地點。有連繫奧克蘭的渡船與飛機，但是只逗留一小時會錯失重點。大堡島絕

可在大堡島位於克拉利司郵政中心（Claris Postal Centre）的遊客中心（每天9am-4pm；電話：09-429 0033），取得該島活動的資料，或是參見www.greatbarrier.co.nz

下圖：卡瓦烏的歷史宅邸。

北地島

北地島風光明媚，在此度假或退休定居均十分理想。
但此地也曾有著荒唐無度、戰事、抗爭、殖民征服等
戲劇性的歷史，最後人們終於在此定居至今。

地圖見
158頁

部落戰爭、毛利人和白種人間的血腥衝突、傷風敗俗、起義反抗、傳教士的熱情、一紙和平條約和無數承諾——這些都構成了北地島的歷史背景。但北地島除了歷史之外還有更多豐富內涵。你可以在此地休憩、享受陽光、美食、風景，以及獨特的生活方式。此處以景色聞名——北地島南部是豐饒的田園景色，而更遠的北部則帶有傳奇的荒野色彩。除此之外，捕魚競賽、未受破壞的海灘、溫和的氣候、熱礦泉浴池、貝殼杉林，以及這裡的人情味，都是北地島出名的原因。北地島是一塊不規則形狀的半島，從奧克蘭算起向北延伸450公里，一直到充滿岩礫的北角（North Cape）和北地島的最北處蘭峽角（Cape Reinga）。由於冬天氣候溫和溼潤，夏天溫暖潮溼，因此以「沒有冬天的北邊」著稱。這裡的特色之一是玻胡吐卡娃樹（pohutukawa），這種樹有暗紅色的花，在夏天開滿整個海岸跟內地。

前頁：俯瞰島灣的景色。
左圖：90哩海灘上的芒草。
下圖：卡瓦卡瓦的公廁藝術

島灣

想要盡情在此區域遊覽的人，從位在島灣（Bay of Islands）最東北邊海岸上的百希亞鎮出發，是最好的選擇。開車從奧克蘭走國道1號，只要三個半小時就到了，而且沿途景色優美。從奧克蘭出發，會先跨過奧克蘭港大橋（Harbour Bridge），然後沿著希比斯庫海岸（Hibiscus Coast）的海灘度假區、穿過沃克沃斯和威爾福特（Wellford）這兩座農業小鎮，便會來到威加雷城（Whangarei），再由此進入北邊。開車的人可以從卡瓦卡瓦下高速公路——卡瓦卡瓦有紐西蘭最知名的公廁由澳洲藝術家設計的巴洛克風味建築——然後轉進濱鄰海灘的度假聖地、奧克蘭北方240公里的**百希亞**（Paihia）❶。

這裡便是紐西蘭的搖籃——島灣。800公里蜿蜒的海岸線，灣內有150座島嶼，與紐西蘭歷史和早期移民有著密不可分的關係。

據說玻里尼西亞探險家「庫普」（Kupe）在10世紀左右來到這裡，200年後有另一位乘獨木舟的探險家前來。庫克船長則在1769年為歐洲人「發現」了這個港灣。他被灣區的景緻所吸引，於是將這塊蔽護良好的水域命名為島灣。

這些島群中，大型的島嶼有8個，其他則是數量繁多的小島，總共有144座島。最大的島嶼面積有22公頃，大多數島嶼都無人跡，有些是私人土地，有些則是毛利保留區。從聖誕節一直到一月底的暑假時節，使得這裡原本稀少的居住人口倍增，有數千人來到北地島的灣區度假。這個時節來此地度假一定要事前預定旅館。

從1950年代開始，百希亞小鎮就開始大興翻修以迎接觀光客的到來。今天鎮上已有一座精緻的購物

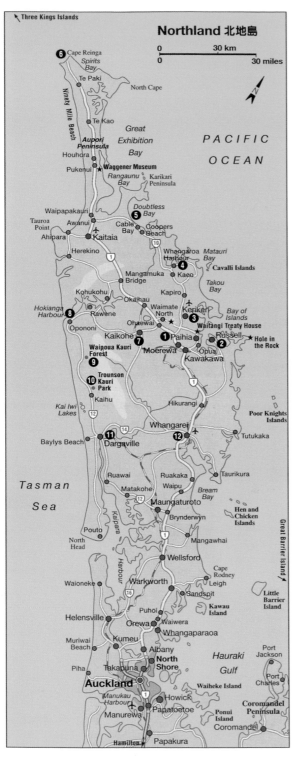

中心，周圍則有許多新穎的旅館。鎮上有各色餐廳，夜生活也算得上精采，因而成為北地島的中心。鎮上的碼頭則是灣區遊艇和漁船出航的焦點所在。

沿著百希亞鎮上的紅沙海灘走下去，每一個具有歷史價值的地點都以銅製的說明牌標示出來。百希亞擁有好幾個「第一」：紐西蘭最古老的「諾福克」（Norfolk）松樹便佇立在此。1823年時，一座教會成立於百希亞。傳教士於1826年在此地建造了紐西蘭第一艘船「先鋒號」（Herald）並成功出航。這裡也有1834年從英國引進的第一家印刷廠，也是第一本毛利聖經的發行地。殖民者的歷史也銘刻在此地的墓園中。

威坦奇條約

紐西蘭早期歷史中最重要的事件是在**威坦奇條約展示館**（Waitangi Treaty House）這塊土地上發生的，這裡位於百希亞北邊約2公里處，途中穿越一座單行橋樑，過橋之後還可以前往威坦奇保留區，或鄰近一座高爾夫球場。展示館目前位於**威坦奇國家信託條約園區**（Waitangi National Trust Treaty Groends；每天9am-5pm；需購票；電話：09-402 7437；www.waitangi.net.nz）之內。

1840年時，威廉‧霍布森總督受維多利亞女王之命，和眾多毛利酋長以及英方人士共同簽署條約，目的是為了終止毛利人和歐洲移民間的衝突，保障毛利人的土地權、以皇室名義保護毛利人，並將紐西蘭納入英倫帝國的版圖中。威坦奇條約簽定的時候，這座展示館還是英國人詹姆斯‧巴斯比（James Busby）的宅邸。他從1832年到1840年居住於此地。

這座可以看盡灣區景色的優美殖民地時期建築曾一度荒廢，如今則已整修成為國家級的博物館。鄰近之處有一座氣派的毛利聚會廳，內有一艘世界最大的毛利戰艦Ngatoki Matawhaorua，總長35公尺的戰艦令人讚嘆不已。

羅素城──過往罪惡之城

　　位於百希亞東北15公里的**羅素城**（Russel）❷舊名「可羅拉列卡」
（Kororaraeka），曾經一度是落跑船員、逃犯、鯨魚濫捕者、蕩婦、各種口
角和醉漢齊聚的地方。還被稱為「太平洋上的地獄洞穴」。交通方面很輕
易到達，有通往百希亞和威坦奇的定期汽艇。距羅素城9公里的深水港歐
普亞（Opua），則提供了渡輪服務，供人來回於這塊小小半島。

　　最早的移民於1809年抵達本地，成為紐西蘭第一個白人定居地。今日的
羅素城是一座小巧、安靜而平和的城鎮。在維多利亞式的門面下，過去的
歷史、風流韻事甚至血淚事蹟只剩下微弱的光環。不過一到聖誕節和新
年，整座城便浸淫在各種盛會中，外來遊客也使城內生氣蓬勃。這裡曾是
紐西蘭的首府（雖然時間極短）。1830年代早期，這裡是縱慾者和無政府
狀態的天堂，小小的港口邊竟然就有30家左右的私酒廠。受到驚嚇的早期
移民因而在1835年建造了基督教堂（Christ Church），就位在哈伯森街和比
瑞斯佛街街角，距離港口東邊兩條街。這是紐西蘭現今歷史最悠久的教
堂。這座教堂曾在1845年時被圍堵，教堂牆上的彈痕為這段歷史作了見
證。

　　1840年時，當時的毛利領袖荷內‧希克心不甘情不願地簽下威坦奇條
約，自此之後因條約中的補償並未兌現，而對政府土地政策的不滿便節節
高升。1845年時，他索性砍下位於羅素城後方邁奇山（Maki Hill）上代表
英國新政權的旗桿。卡威提酋長（Chief Kawiti）則在此同時放火燒掉並攻
佔了這座城鎮，只留下教堂。1846年，雙方人馬在卡瓦卡瓦一帶、卡威提
的"pa"堡壘「盧亞貝卡貝卡」（Ruapekapeka）一地進行最後決戰。強大
的英軍趁著星期天毛利人作禮拜時占領了這座堅固的堡壘。荷內‧希克後

地圖見
158頁

威坦奇聚會廳的毛利
雕像。

下圖：威坦奇條約展
示館。

來獲得無罪開釋，他的部屬們也被釋放。

龐巴利耶教會（Pompallier；每天10am-5pm；5月到11月：每天有5場導覽；需購票；電話：09-403 9015；www.pompallier.co.nz）是一座法式天主教的傳教所，在這次衝突中倖免於難。這座教會建於1843年是毛利人的印刷廠。在整修後成為工廠博物館，裡面的原始印刷廠、裝訂廠和製革站，重製了1840年出版的毛利文的羅馬天主教聖經。位於約克街（York Street）的羅素城博物館（Russel Museum；每天10am-4pm；一月時到5pm；需購票；電話：09-403 7701），內有一艘縮小四分之一比例的「冒險號」，這是當年庫克出海所乘的船艦，館內也收藏了不少殖民時代的古玩。城內**馬波羅公爵旅館**（Duke of Marlborough Hotel）內的酒館則獨具特色，值得一看。

灣區一遊

要欣賞灣區的島嶼景致，最佳選擇便是搭上每日出航的「奶油導遊活動」（Cream Trips），這是由富勒公司（Fullers；網址：www.fboi.co.nz）經營的。這一趟航行路線從百希亞（位於馬斯登路，電話：09-402 7422）和羅素城（位於卡斯街，電話：09-403 7866）出發，走的是過去奶油收集船前往離島牧場收集奶油的路線，費時6小時。至今離島的郵件和民生必需品仍得靠船隻定期運送補給。

富勒遊艇船程路線長達96公里。遊客可搭乘船隻，一睹當年庫克船長1769年時首次登陸的小島風光，也可以看到1722年法國探險家杜費斯納（Marion du Fresne）所航行過的灣區景緻。他和他的25名船員後來遭到毛利人殺害。除此之外還可以看到傳教士最早登陸的海灣。

下圖：釣客傑瑞‧嘉瑞特（Jerry Garrett）於2003年5月在島灣釣到369公斤的劍魚創下紀錄。

釣魚樂無窮

島灣有著世界排名前幾大的深海魚場，是本地的一大特色。主要的捕漁季節從12月一直進行到6月，這是馬林魚（marlin）的活動季節。許多馬林魚、鯊魚和鮪魚的捕撈世界紀錄都是在此創下的。黃尾的國王魚（kingfish）則一直活動到9月，是釣客的良伴。紐西蘭的一種金線魚（snapper）數量也相當多。

灣區還時常補得到重達400公斤的鬥魚，上岸秤重的時候往往吸引大批好奇圍觀群眾。這裡也時常舉行垂釣競賽，最重要的比賽則集中在一月。雖然釣魚有季節之分，但大體上是整年進行不息的活動。釣客可在百希亞或羅素城租用船艇半天或一天，或者可和人分租分擔租金。當然，悠閒的垂釣也是也很不錯，鎮上無數的碼頭總是有一小群釣客帶著希望垂釣著。

島灣也很熱門的活動是划小艇（Kayak），因這裡有許多沙灣彼此近鄰著。在夏天，海面上總是擠滿了遊艇，許多船主是從奧克蘭開過來，在海上度過假期。

地圖見158頁

除此之外還有一種4小時的雙併小艇出遊，到布列特角（Cape Brett）上的燈塔和皮爾西島（Piercy Island）。天氣狀況好的話，則會穿越有名的**石中洞**（Hole in the Rock）。想要更刺激的行程，可以嘗試國王公司（Kings；電話：09-402 8288；www.kings-tours.co.nz）經營的90分鐘快艇衝浪，以時速90公里穿梭於石中洞。

凱利凱利城和周邊

北地島最「甜美」的地方要算是凱利凱利城（Kerikeri）**❸**了。凱利凱利位於百希亞北方23公里處，緊鄰著一處出海口。這座城市有著毛利人和早期歐洲移民的歷史背景，使其別具特色。薩謬・馬斯登牧師於1819年，在凱利凱利城種植第一塊葡萄園。凱利凱利的土壤肥沃，這裡出產了紐西蘭品種最佳的柑橘、熱帶水果，以及奇異果。

凱利凱利城和鄰近郊區的人口總數約有5000人，如今也漸漸成為手工業和小型農業的重鎮。由於氣候溫和、步調悠閒，因此吸引了不少創意無窮的人前來居住，也成為紐西蘭其他地方的居民退休的好去處。這裡的兩座葡萄園和許多好餐廳，讓新居民趨之若鶩。

出海口邊佇立著兩座紐西蘭最老的建築。位於凱利凱利路的**肯普木屋**（Kemp House；每天10am-5pm；需購票；電話：09-407 9236）是其中歷史最老的，建於1822年，是由貝殼杉木和托塔拉樹搭建而成的傳教所。比鄰而居的是**舊石倉庫**（Stone Store；每天10am-4pm；免費；電話：09-407 9236），這是由傳教士在1836年以厚重的石材建成，是紐西蘭最古老的歐式石建築。如今這裡變成了一家商店，樓上則是一間博物館。位於東北邊的**可羅利巴巴**（Kororipa Pa）則是不可小覷的建築。這是著名的毛利勇士洪奇・希卡（Hongi Hika）在1780年到1826年間所駐紮的營地。毛利勇士在南征前都集結此地，他們的出征地甚至遠及庫克海峽。

附近還有瑞瓦村（Rewa's Village；每天9am-5pm；捐款進入；電話：09-407 6454），位於更北的蘭丁路（Landing Road）上，是將18世紀毛利漁村以傳統技法，並且只用當時可用的材料重建而成。

離凱利凱利城不遠處，往西南方走則是北威馬提（Waimate North），這裡是白人的第一個內陸定居地。城內有座建於1831-1832年間的德・威馬提教會（Te Waimate Mission，週一到週三和週六、週日10am-5pm；冬天僅週六、週日；需購票；電話：09-405 9734），。天主教在紐西蘭的首位主教喬治・斯爾文（George Augustus Selwyn）曾於1842年在這裡待過。

蘭峽角與90哩海灘

根據毛利傳說，死去的亡靈是從蘭峽角出發前往祖先居住的哈威基（Hawaiki）。今日人們則可以乘坐遊覽車一遊這塊傳說之地，沿著奧波利半島（Aupori Peninsula）一直到最北邊，然後折返90哩海灘。由於一般汽車常陷在沙地裡，因此以遊覽車和四輪傳動車出遊才是最佳的選擇。東海岸的遊覽路線會帶遊客來到凱利凱利城北邊、如今已停產的樹膠園。這一帶曾經生長著巨大的澳洲貝殼杉樹。枯死的樹木在土壤中留下大量的樹膠，早期移民發現

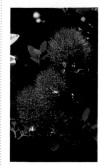

玻胡吐卡娃樹（或稱聖誕樹）的紅花。

下圖：船隻還會開過著名的「石中洞」一景。

蘭峽角燈塔。

這可以用來出口作為釉料,結果帶來了「樹膠熱」。光是1880年代就有2000名男子到此前來挖掘他們的財富。

凱利凱利城北方25公里的**晃加羅亞港**（Whangaroa Habour）**❹**是個深水漁港,停了一艘名為「布德」（Boyd）的船隻殘骸。這艘船於1809年入港載運一批杉木桅桿,並載運一批乘客上岸。當地的毛利人殺害了這批乘客,並穿上乘客的衣服,登上船隻將其他的船員殺害後,放火燒了這艘船。不過,今天晃加羅亞港是遊艇和小艇的熱門停泊處。

再往北走24公里則是**道特雷斯海灣**（Doubtless Bay）**❺**,這個海灣是由庫克船長命名,有著一長段優美而坡度和緩的沙灘。**古伯海灘**（Coopers Beache）沿岸長滿玻胡吐卡娃樹,也同樣景色宜人。卡伯灣（Cable Bay）則有著金色的沙灘和多彩的貝殼。在這兩地的住宿和餐廳選擇並不多。路從阿瓦奴（Awanui）一帶開始向北前進,穿過北方最大的毛利聚落迪高鎮（Te Kao）後,便會看蘭峽角最顯著的燈塔地標。

這整個區域的毛利傳說非常豐富。道特雷斯海灣北邊130公里的**蘭峽角** **❻**,位於奧波利半島的頂端,一棵至少800年的玻胡吐卡娃樹從岩石裡長出來。傳說神靈將它的根深入海底讓他們開始地底的旅程。而臨近的史批林特灣（Spirits Bay）據說是毛利神靈飛往北極的最後停留地。海角的風景相當狀闊,可以看到太平洋與塔斯曼海是如何波濤洶湧地交會;另外還有亞伯·塔斯曼於1643年發現的位於海外57公里的三王島（Three Kings Islands）,以及鄰近的海角和隱密的海灘。

90哩海岸事實上只有60哩（96公里）長,沿途佈滿沙丘和貝殼堆積成的小丘,這是人們在此地進行過祭典的遺跡。這裡的貝類十分出名,尤其是一種汁多味美的「多希羅亞」貝（toheroa）,但如今已是保育類生物。回

下圖:歐波諾尼海灘的日落。

地圖見 158頁

到百希亞的路途上會經過**凱泰亞**（Kaitaia），這是紐西蘭最北邊的城鎮。

西海岸風光

另一種沿西海岸行走的路線則會一路開回奧克蘭。蘭峽角南方150公里的**凱可希**（Kaikohe）**❼**山上有一處紀念荷內·希克酋長（ 的紀念碑，山上可以看見東西兩個海岸，十分壯觀。鄰近則是涅華熱礦泉地（Ngawha Hot Mineral Springs；每天9am-7:30pm；需購票），可以在那邊享受熱騰騰的硫磺泉浴。

凱可希往西40公里則是**霍基安加港**（Hokianga Habour）**❽**，這座長型的港內有著星羅旗佈的小島，使得這裡竟有著恬靜的田園風光。據說最早發現紐西蘭的玻里尼西亞人庫貝（Kupe），就是從這裡於西元900年返回祖居地哈威基的。港口一帶的臨海度假聖地歐波諾尼（Opononi），曾經在1955至56年夏天成為舉世聞名的地名，當時一隻小海豚出現在海灘邊和遊客一同嬉戲。這隻名叫「歐波」的海豚後來不幸死去，舉國為之哀悼。當地人以一首歌和一座紀念碑來紀念牠的故事。

這趟旅程隨之往南穿越**威波亞貝殼杉森林**（Waipoua Kauri Forest）**❾**，這座林地面積達2,500公頃，生長著樹齡成熟的貝殼杉樹，是北島最大的貝殼杉林區。在靠近公路的林地上生長著兩棵最高大的巨樹，一棵名叫「德·馬度亞·涅西列」（Te Matua Ngahere，「森林之父」），樹齡高達2,000 年；另一棵名叫「達內馬胡塔」（Tanemahuta，「森林之王」），樹齡也高達1,200 年，而樹幹的腰圍則長達14公尺。再往南則會經過**度陸森高里公園**（Trounson Kauri Park）**❿**，公園內長滿更多細緻的貝殼杉樹，有的甚至在一棵樹上長出四棵子幹。霍基安加港南邊90公里的**達加維爾**（Dargaville）**⓫**當初是為了木材和樹膠交易而成立的城鎮。鎮上哈丁公園的達加維爾博物館（Dargaville Museum；每天9am-4pm；需購票；電話；09-439 7555）本身則是用從中國開來船隻的壓箱黏土磚蓋成的。館內陳列著幾種精製過的樹膠樣本，以及在一艘法國公司1985年在奧克蘭港炸沈的彩虹戰士號（Rainbow Warrior）環保船展示品。這艘船現在沈在海底成為人工魚礁，是海洋生物和潛水客的最愛。

公路往東折向**晃加雷**（Whangarei）**⓬**。這座工業城有著6萬名居民，城內有一座深水港、玻璃工廠、水泥廠和一座煉油廠。城內也有許多旅館可供遊客在此停留休息。登上城內的帕拉哈基山（Mount Parahaki）可以看到整座城市和港口的景色。城內最重要的景點是丹特街（Dent Street）上的**卡拉普漢的時鐘博物館**（Claphams Clocks‑The National Clock Museum；每天9am-5pm；需購票；電話：09-438 3993；www.claphamsclocks.co.nz），裡面有400種以上、製造時間遠至17世紀的各種時鐘收藏。另外還有可供人戲水的海灘，以及吐吐卡卡（Tutukaka）深海釣漁場。

貝殼杉樹是地球上最古老的杉木，可回溯至3萬到5萬年前，在凱泰亞北方8公里阿瓦奴的「老貝殼杉王國」（Ancient Kauri Kingdom；電話：09-406 7172；www.ancientkauri.co.nz），有貝殼杉藝術品的展示。

下圖：威波亞貝殼杉森林的老貝殼杉。

展覽。其中兩件長期展覽的物品為1987年博物館開幕時展示的戰艦和當代台紐威雕刻和針織藝品。位於博物館園區內的**依克塞中心**（Exscite Centre；需購票；www.exscite.org.nz），是互動式的科技中心，以其地震模擬設備為榮。

市中心南方國道1號上有**漢米頓花園**（Hamilton Gardens；每天7:30am到日落；免費；電話：07-856 3200；www.hamiltongardens.co.nz），占地58公頃，花園以主題進行規劃，包括：天堂花園系列、景觀花園系列、生產花園系列、幻想花園系列、轉植花園系列。這座花園於1950年代創立，目前是漢米頓最受歡迎之地。

威卡托河如今是這個區域重要的休憩據點，但它最重要的功能是其8座電廠，這些水力電廠提供了紐西蘭全國三分之一的電力。每一座電廠大壩後方都有人工湖，是釣魚、划船和水面遊憩的熱門去處。

中國學者花園是漢米頓花園的主題之一。

毛利人的重鎮

從漢米頓順著威卡托河朝下游前進，則會來到**涅魯瓦希亞**（Ngaruawahia）❷，這是毛利立王運動的首都（見36和69頁），也是重要的毛利文化中心。城鎮的河東岸是吐蘭加威威‧馬雷（Turangawaewae Marae）城，意思是「一個人的落腳之地」。城內有著傳統木雕裝飾的集會廳，以及現代的音樂廳，這兩處只有在特別節日才會對外開放。從主要公路上朝河下游方向走一點距離，來到威卡托河的橋上，就可以看到這座城的馬雷集會廳了。

陶必利山（Mount Taupiri）在下流6公里處，是威卡托族往生者的埋葬聖地。威卡托河水在此被引進鄰近**韓特利城**（Huntly），做為火力發電廠的冷

下圖：漢米頓的熱氣球活動。

卻水用。這座電廠有兩根高150公尺的煙囪，俯視全城，這裡也是紐西蘭最大煤礦採集場的中心。

與工業科技色彩相反的是陶必利的**糖果園**（Candyland；每天10am-5pm；免費看表演；電話：07-824 6818；www.candyland.co.nz），這裡是紐西蘭最大的糖果店，現場展示糖果製作過程，你也可以製作自己的糖果，這裡必定是孩子最愛的地方。

賽馬和礦泉療養地

威卡托河上，距離漢米頓城東南24公里的地方，有一座安靜而美麗的**劍橋**（Cambridge）❸小鎮。這座城鎮有著迷人的**聖安德魯英國國教教堂**（St Andrew's Anglican Church）、兩旁充滿林蔭的街道，以及綠油油的小城景色，使它有著獨特的英倫風光。除了寧靜的這一面，劍橋也是國際知名搖滾樂團達桑氏（The Datsuns，見91頁）的發源地。他們從海外紅回國內。

劍橋是馬匹養殖業的重心城鎮，是**紐西蘭馬展**（New Zealand Horse Magic；每天10am-3pm；需購票；電話：07-827 8118；www.cambridgethoroughbredlodge.co.nz）的舉辦地點。位於劍橋南方4公里的國道1號上。每日表演展示各種利比札種馬（lipizaner）生出的馬匹，以及紐西蘭野馬。民眾在表演結束可騎乘馬匹。

其他城鎮

威卡托河的東邊則是三個威卡托區的城鎮：摩林斯維爾（Morrinsville）、德·阿羅哈（Te Aroha），以及馬塔馬塔。**馬塔馬塔**❹以其賽馬培殖場著稱。1881年，一位名叫福斯（Josiah Clifton Firth）的地主建

漢米頓西方48公里的瑞格蘭（Raglan）吸引著全世界的衝浪人士。此地的海浪非常適合衝浪，當地學校甚至設有衝浪學校，學生可在此獲得認證。

下圖：威卡托多數牧場的翠綠草原。

地圖見 172頁

馬塔馬塔是《魔戒》電影中的哈比村，當地旅遊業因電影聞名而大賺其錢。

下圖：凱麥─馬馬庫森林公園。

了一座三層樓高的碉堡，如今仍佇立於此，彷彿告訴人們當時的移民在土地戰爭後感受的不安。現在它屬於**福斯塔歷史博物館**（Firth Tower Historical Museum；每天10am-4pm；需購票；電話：07-888 8369）的一部分。這個家園建於1902年，裡頭有許多福斯家族的物品，希望以生活化的方式展示而非單純的博物館。園區內有幾條步道，可以通往並穿過鄰近的**凱麥─馬馬庫森林公園**（Kaimai-Mamaku Forest Park），另外還有一條步道通往**威列列瀑步**（Wairere Falls）。馬塔馬塔近期受到歡迎是因為《魔戒》電影中將此地變身為哈比村。

　　摩林斯維爾本身就是鄰近酪農業的中心，城內還有大型的乳業處理工廠。**德·阿羅哈❺**在威胡河（Waihou River）的更東邊，曾一度是座淘金城，另外一座時髦的維多利亞式礦泉療養地則座落在高952公尺、佈滿樹叢的德·阿羅哈山山腳下。另外，世界上唯一的熱碳酸泉瀑布**摩卡娜間歇泉**（Mokena Geyser），也位於本地。間歇泉每40分鐘表演一次，噴出高約4公尺的水柱，而遊客可享受當地抽取的泉水。**德·阿羅哈礦泉池**（Te Aroha Mineral Pools；每天10am-10pm；需購票；電話：07-884 4498；www.tearohapools.co.nz）有大眾和個人池，據說當地泉水可治療多種酸痛疾病。

　　漢米頓城西南方的城鎮**德·阿瓦木吐**（Te Awamutu）❻，素有「玫瑰城」的稱號，這是因為城內有許多芬芳的花園且盛產玫瑰。建於1856年的**聖約翰英國國教教堂**（St. John's Anglican Church）位於這座城的主街上，是紐西蘭最古也最精美的教堂之一。另一座同等級的聖保羅教堂（St Paul's）則座落在海利尼（Hairini）城的東邊。

　　德·阿瓦木吐博物館（週一到週五10am-4pm；週六、週日10am-1pm；

地圖見
172頁

需購票；電話：07-871 4326；www.tamuseum.org.nz）藏有許多毛利寶物，長期展示的「真實色彩」（True Colours）是獻給當地有成就的男孩，芬氏兄弟（the Finn brothers）的Split Enz樂團。

威托莫窟

威托莫（Waitomo）位居國王鄉（King Country）北方，以洞穴與螢火蟲洞聞名。國王鄉名字的由來是因為，它曾是毛利王運動（見36與69頁）的中心。當你滑過地下洞穴的流水，抬頭望向成千上萬的螢火蟲附著在洞穴上方，形成猶如閃爍星空時，**威托莫窟❼**（每天9:am-5:30pm；需購票；電話：07-878 8227；www.waitomocaves.co.nz）給人一種肅穆的感覺。這些洞穴還擁有令人驚艷的大自然雕塑：鐘乳石與石筍，它們是水滴經過數千年，作用在石灰岩而成。總共有四個洞穴對外開放——螢火蟲洞、魯亞庫岩洞（Ruakuri）、曼加普洞（Mangapu）與阿拉奴依洞（Aranui）。毛利人很早以前就知道這些洞穴的存在，之後歐洲人前來，他們對此事隱而不宣。勘測員佛瑞德‧麥斯（Fred Mace）在1887年成為第一位造訪這些洞穴的帕克哈，他聽聞這些洞穴的存在，勸說當地毛利人塔尼‧帝諾拉烏（Tane Tinorau）領他入內。

威托莫也是所謂「黑水泛舟」的搖籃，它重現白水玩法所帶來的刺激，只不過它是在地底下與黑暗中進行。最受信賴的業者之一是**威托莫冒險公司**（Waitomo Adventures）（電話：07-878 7788；www.waitomo.co.nz），提供了2小時黑水行程，以及滑降地底洞穴與瀑布的各種排列，另外還有一個7小時「失落的世界」探險，參加者必須援繩滑降、走路、游泳，然後爬出洞口。該公司也帶領前往壯觀的聖本篤洞穴（St. Benedict Caverns）的行程，這些洞穴直到1962年才為人發現，而且除了洞穴專家外，旁人始終難以進入。

但是，出發前往這些洞穴以前，務必先到威托莫村遊客中心旁的**威托莫窟博物館**（Waitomo Museum of Caves）（12月至3月，每天8am-8pm；4月至11月，8am到5pm；需購票；電話：07-878 7640；www.waitomo-museum.co.nz）一遊。博物館對這些地底迷宮的迷人地質與歷史，提供具教育性的展覽。

往南19公里的**提奎提**（Te Kuiti），深具領袖魅力的毛利領袖利奇朗基（Te Kooti Rikirangi）在此地避難，並雕鑿建造了一間聚會所，後來為感謝此地提供的保護，便把它送給了當地馬尼亞波托人（Maniapoto）。威托莫西方約32公里處，就是奔騰的**馬羅考帕瀑布群**（Marokopa Falls），距離大路特安加路（Te Anga Road）10分鐘路程。

螢火蟲洞的螢火蟲實際上是蕈蚊的幼蟲（蚊子的親戚），它們依附在洞穴上方。幼蟲身上所發出的淺藍綠光，是來自纏繞其身的黏絲，它們藉此捕捉飛蚊為食。

下圖：威托莫窟。

科羅曼德、普連提灣

在這裡，每個人都可盡情享受戶外生活──
露營、健行、釣魚、划船；想要靜一點的人
則可以選個陽光燦爛的海灘，享受慵懶的生活步調。

地圖見
172頁

科羅曼德一帶有句口號：「來科羅曼德採礦，那又如何！」可見科羅曼德當地居民認為，這座半島最大的資源不是豐富的礦藏，而是它的天然景色。這一帶曾經帶給人們極大的財富，早期來此的歐洲人都是淘金客、樹膠採集商，以及澳洲來的拓荒者。這一帶許多殖民時期的建築、舊金礦坑，以及貝殼杉林遺跡，都證明了這裡曾經有豐富的自然資源。今日人們前來此地，已經不是為了礦產，而為了另一種更容易取得的寶藏：戶外風光。這「戶外風光」可是科羅曼德最有吸引力的磁石，人們可以在此地兜風、潛水、釣魚、划船、游泳、露營、踏青，甚至可以在河中淘洗貴重的寶石。

泰晤士和周邊

泰晤士（Thames）**❽** 位於科羅曼德半島的基部，在1867年8月正式被宣佈為一座金礦採集場。接著而來的淘金熱使得這座城鎮的人口膨脹到18,000人的最高點。在泰晤士極盛的時候，鎮上曾有超過100間的旅館。如今只剩下4家，最老的一家（創於1868年）是**布萊恩·波盧旅館**（Brian Boru Hotel），它位於波稜（Pollen）和利奇蒙（Richmond）兩條街交會的街角。如果要瞭解這座城的過去，可以到柯奇蘭（Cochrane）街的**礦業博物館**（Mineralogical Museum）和鄰近的**礦業學校**（School of Mines；週六、週日11am-3pm；需購票；電話：07-868 6227）瞧瞧。這是紐西蘭過去的30所礦業學校之一，過去為快速增長的礦業人口提供技術課程。

往東北方500公尺處的塔拉魯（Tararu）路上，有「**掏金體驗**」（Goldmine Experience；每天 10am-4pm；需購票；電話：07-868 8514；www.goldmine-experience.co.nz），過去是個金礦場，現在變成觀光勝地，由霍拉奇採礦協會（Hauraki Prospector's Association）的會員解說採集金礦的方法。

庫耶蘭佳峽谷（Kauaeranga Valley）是紐西蘭保育部遊客資訊中心（電話：07-867 9080）的所在地，離泰晤士鎮約10公里。第一根貝殼杉船柱於1795年在此地伐下，供皇家海軍船艦使用。1830年左右，貝殼杉被大量砍伐。貝殼杉伐木業持續了一世紀之久。1800年代晚期，半島的溪流上開始蓋起以巨大貝殼杉木組成的水壩，用以提高水位，將砍伐下來的圓木漂流至海口。這種水壩大約有300個，其中超過60個以上在庫耶蘭佳峽谷。許多水壩至今仍存在，只是已慢慢朽壞。如今庫耶蘭佳峽谷成為了露營和健行者的熱門去處。這裡有總長將近50公里的步道，遊客可任意選擇路線走進原野。

左圖：科羅曼德半島上，農地和海灘比鄰而居。

下圖：布萊恩·波盧旅館。

契特灣（Fletcher Bay），適合喜歡寧靜和獨處的人。費契特灣位於公路底，也是**科羅曼德步道**（Coromandel Walkway）的起點。走一趟步道需時3小時，可以一路走到**史東尼灣**（Stony Bay）。如果您不想花太多體力，可以直接走科維爾北邊的公路，穿越查爾斯港（Charles Port）來到史東尼灣，然後沿著東海岸的甘迺迪灣（Kennedy Bay）回到科羅曼德。

威第安加和鄰近的海灘

　　威第安加（Whititanga）⓫位於半島的另一邊，從科羅曼德出發到該地有兩條公路可走。第一條國道25號的路途較長，沿途也較未經開發，往東開去一路經過萬加玻亞港（Whangapoua）和庫奧土奴海灘（Kuaotunu Beach）。（你可以在此處停留，走一趟「黑傑克公路」〔Black Jack Road〕，人說這是本地最令人驚悚的公路。）往庫奧土奴西南邊再開17公里便到威第安加了。另一條公路長15公里，是309公路，路途較短，一路爬升至海拔300公尺處，然後再降至平地，從南邊一路沿著威第安加港（Whitianga Habour）港口邊開向威第安加城。

　　威第安加位於科羅曼德對面，據說曾是玻里尼西亞探險者庫普和他的後代子嗣居住長達1000年之久的地方。自1844年起，威第安加就一直是杉樹膠的出口港，並在1899年達到極盛，出口量高達1100噸。今日來此的遊客則可享受釣魚、游泳、蒐集奇石等活動。尤其是石頭採集，對想要尋找半珍貴寶石的人來說極具吸引力，人們可在這裡找到碧玉、紫水晶、水晶、玉髓、瑪瑙以及紅玉髓等礦石。

　　威第安加其實是在**水星灣**（Mercury Bay）的沿岸，海灣南端就是**威地安家港**（Whitianga Harbour）。威第安加港南邊便是**科羅根**（Coroglen，舊名

旅遊資訊

如果你走309公路到威地安加，不要錯過維烏水樂園（Waiau Waterworks；電話：07-866 7191；網址：www.waiauwaterworks.co.nz）。全家人可享受這獨特的主題樂園裡，精彩的水雕塑藝品和泳池。

下圖：威地安加附近的海岸線。

樹膠城〔Gumtown〕）。科羅根城東邊8公里處有一條前往兩個主要景點的道路。其中一個景點便是**庫克灣**（Cook's Bay），是庫克船長於1769年11月登陸紐西蘭，為英王喬治三世插旗宣佈英國擁有此塊領土的地方。他也在同一處觀測到水星的軌跡；這件事被記載於莎士比亞崖（Shakespeare Cliffs）崖頂上的一塊錐形石塚碑文上。

接下來是半島精美的**哈黑**（Hahei）海灘，綿延的白沙適合各種各樣的水上活動，海灘北邊的步道通往**教堂洞**（Cathedral Cove），以其洞穴裡的石頭形狀奇特聞名。這裡是熱門的划小艇之處。

半島上的第二個重要景點便是獨一無二的**熱水海灘**（Hot Water Beach），位於哈黑海灘南方9公里，由於地熱，使得水氣上升至沙灘上幾個特定的地點，遊客可以在灘上挖出坑洞，然後築「沙堡」將外圍海水擋住來保溫，這樣坑內便是一座熱水池了。旅途勞頓的遊客可以藉此好好地放鬆一下疲憊的身體。

南部一帶的重心城鎮則是**泰盧亞**（Tairua），它位於同名的港口邊。這一帶主要被海拔178公尺高的**帕庫山**（Mount Paku）所佔據，站在山頂上可以看到鄰近的「鞋與拖鞋」群島（Shoe and Slipper islands）。港口對岸則是**鮑亞奴**（Pauanui）度假風景區，這裡雖以「海濱公園」著稱，但由於浪潮太大，以致有人認為它名過其實。再往南40公里會來到**汪加馬塔海灘**（Whangamata Beach）⓬，這是週末時全家出動的度假景點，也是科羅曼德半島上最主要的衝浪活動地點。

在科羅曼德熱水海灘好好的泡上一會兒。

從汪加馬塔到內陸

從這裡開始，公路便折向內陸了。再往南30公里便會來到**威希**（Waihi）⓭，這裡於1878年時發現豐富的金礦和銀礦礦脈。**馬塔丘礦坑**（Martha Hill）是其中蘊藏最豐富者。此地的礦坑甚至深度超過500公尺。在一段60多年的採礦史上，這裡至少開採了價值5000萬紐幣以上的金礦和銀礦。過去採礦的遺跡都在**威希藝術中心與博物館**（Waihi Arts Centre and Museum；電話：07-8638 386；www.waihimuseum.co.nz）展示。今天，金礦仍可在馬塔丘礦脈上挖得，而且是直接以露天方式開採。

沿著採礦的過道走下去，會穿越卡蘭加哈克隘口（Karangahake Gorge），來到**百羅亞**（Paeroa），礦石便是從這裡登船運往奧克蘭的。威基諾（Waikino）和卡蘭加哈克間，有一條步道穿過隘口的某一段，這條步道如今已開發完成。百羅亞有個令其驕傲的水泥大瓶子，知名軟性飲料和國家標誌「檸檬和百羅亞」（Lemon and Paeroa）用的是百羅亞的礦泉水。L&P產品已經是大量製造的商品，不過那個本來位於大馬路旁的大瓶子因為造成交通混亂，而在2002年被往後移了幾公尺。

威希南方有一條公路穿越亞典利隘口（Athenree Gorge）通往國道2號的**卡提卡提**（Katikati），人們以「通往普連提灣的孔道」一詞宣傳本地。1991年，當地擔心其城鎮太小，也無特殊特色，無法吸引觀光客，於是重新定位為壁畫鎮。不到5年，當地建築出現超過20幅大型戶外壁畫。從那時候起，許多與城鎮生活相關的各種壁畫逐漸增加，其他的藝

下圖：在教堂洞划小艇。

地圖見
172頁

術表演型式也著重在戶外藝廊的呈現，包括為數不少的雕刻和裝置藝術。

陶藍加和普連提灣

　　從卡提卡提再往東南走30公里，便來到海濱都市**陶藍加**（Tauranga），這裡除了是重要的觀光據點，也是重要的商業中心，由一座鄰近毛加奴山（Mount Maunganui）的港口對外連繫。陶藍加位於**普連提灣**西邊的終點，儘管它是高度商業化的地方，步調卻很輕鬆舒適。這裡最吸引人之處便是宜人的氣候，以及從市中心出發不遠即可到達無數個海灘。

　　陶藍加也有相當有趣的歷史：在150年前左右這裡開始有亞麻交易；傳教士於1838年來到此地。在1864年紐西蘭戰爭期間，加提堡（Gate Pa）戰役的嚴重衝突，便是在陶藍加發生的。這個戰場曾有過動人的故事，當時的毛利領袖奇利卡穆（Heni Te Kirikamu）聽到受重傷的英軍向人討水，於是便在雙方仍在開打的時候，冒著生命危險將水帶給他的敵營。

　　原來的軍營為於**孟摩堡**（Monmouth Redoubt）一代，這裡的墓地不但有在加提堡一役陣亡的英軍遺骸，也埋葬著加堤堡的保衛者普希拉克（Rawhiri Puhirake）的遺體，他是在後來的提‧蘭加（Te Ranga）之役被殺害的。位於教會街（Mission Street）上的**老榆樹教會**（The Elms Mission House；週日2-4pm；需購票；電話：07-577 9772）是陶藍加市最著名的景點，由布朗教士（A.N. Brown）建於1847年，布朗家族成員一直到1991年都居住於此，其建於1839年的圖書館是紐西蘭最古老的私人圖書館。

　　陶藍加港口對面則有**毛加奴山**度假中心。這座度假中心是環繞著高231公尺的山而蓋起來的。人們在這裡可以觀賞到陶藍加和鄰近地區的景緻。山腳下則是漂亮的海灘和海水池可以游泳。

旅遊資訊

要嚐嚐更刺激的，試試看陶藍加巴頓路（Parton Road）的帆車天堂（Blokart Heaven；夏天10am-6pm；冬天中午-5pm）。帆車是單座賽車和陸地風帆的結合，2002年創造出來的風力載具，時速可達90公里。

下圖：毛加奴海灘的救生員訓練。

普連提灣是由庫克船長命名的，他的命名簡直有如預言般準確（英文 plenty有繁榮、茂盛的意思）。普連提灣物產豐饒的最佳證據，大概就是這一地出產的外表毛戎戎的奇異果了。這裡的奇異果讓德·普基（Te Puke）⓯這座城鎮成為「世界奇異果的首都」。在德·普基的後頭是「奇異360」（每天9am-5pm；需購票；電話：07-573 6340；www.kiwi360.co.nz）果園、遊客中心以及旅館，甚至還有「奇異果火車」供遊客遊園一周使用。

德·普基亞熱帶園藝業為此地帶來龐大財富。奇異果原名中國醋栗（Chinese gooseberry），在1906年從中國引進紐西蘭。奇異果在普連提灣生長得特別好。1970、80年代，許多農人只需種個兩、三畝奇異果，便可躋身百萬富翁行列。由於需求多、價錢又高，使得德·普基是紐西蘭小鎮中最富有的。紐西蘭其他地方種植奇異果的面積漸漸擴大，奇異果種植業也開始在其他國家生根，如今奇異果也只是平凡的園藝水果之一了。

紐西蘭人可能已經把奇異果的副產品開發殆盡了。你可以找到奇異果果醬、奇異果蜜，甚至還有奇異果口味的巧克力。

沿著海岸公路到威卡塔尼

威卡塔尼（Whakatane）⓰距離陶藍加約100公里，離羅托魯大概也有85公里。它位於威卡塔尼河的河口及肥沃的藍基塔奇平原（Rangitaiki Plains）邊。這裡曾一度是廣達4萬公頃的溼地，一直到70年前才被人排水放乾。

威卡塔尼的名字，是源自夏威夷的馬塔多亞（Mataatua）族人曾乘坐獨木舟前來威卡塔尼河口。根據傳說，男人上了岸後，把女人留在了獨木舟裡，結果獨木舟漂離了岸邊。女人是不准手持船槳的，但是船長的女兒威拉卡（Wairaka）抓住船槳，並大聲叫道：「我將如男子一般行動！」其他女性跟隨她的舉動，使得獨木舟不致漂走。今日在河口邊的一塊岩石上立

下圖：毛加奴海灘的選美比賽。

威卡塔尼有許多規劃
白島行程的旅行社，
白島旅行社（White
Island Tours；電
話：07-308 9588；
www.whiteisland.co.
nz）提供絕佳的搭船
行程。瓦坎公司
（Vilcan；電話：07-
308 4188；www.vul-
vanhell.co.nz）則提
供較昂貴的直升機行
程。

下圖：登山者遠望白
島的景致。

有威拉卡的銅像。這個地區的高地有「頭等之地」（The Heads）的別稱，毛利人稱為「天堂之脊」（Kapu-te-Rangi），這裡據說有紐西蘭最古老的毛利人pa碉堡，據稱是由玻里尼西亞探險者托伊（Toi）所建造的。

威卡塔尼是生態旅遊的中心點，其中重要的觀光景點就是白島（White Island），距離威卡塔尼50公里，從威卡塔尼可以清楚看到。上面有一座活火山，科學研究飛機曾飛越火山口。1885年到1930年代，人們曾在此採集硫璜礦。1914年時，一場激烈的火山噴發奪走了12個人的性命。

每天從威卡塔尼有船開往白島，船上並有導覽解說火山地形。儘管地質惡劣，島上的生態卻相當豐富，也可以在威卡塔尼租船釣魚，從威卡塔尼出發的行程會帶你在溫熱的海上與海豚一同游泳。

越過山丘，離威卡塔尼7公里處，是著名的**歐荷普海灘**（Ohope Beach）。紐西蘭的前總督可伯罕伯爵（Lord Cobham）曾說這裡是「紐西蘭最美麗的海灘」。

威卡塔尼和普連提灣在蘭爾威角（Cape Runaway）東邊邊界間，最後一個景點，便是位於鄉間中心的**歐波提基**（Opotiki）**⑰**了。1865年的時候，一名名叫富克納（Rev. Carl Volkner）的傳教士在此地被毛利反抗軍領袖卡列歐帕（Kereopa）所殺。富克納的首級被割下並掛在教堂講壇上，人們還拿聖餐禮用杯來盛接他的血。歐波提基西南方8公里處，則是**希庫泰亞保留區**（Hikutaia Domain），旅客在這裡散步欣賞風景，並穿過本地的植物生長區。這裡的許多植物都非常稀有，其中一種自成一綱，樹葬杜荊（puriri burial tree；名為Taketakerau），據估計有超過2000年的歷史。這種樹在1913年被發掘，當時一陣雷雨打斷了其樹枝，露出裡頭毛利人埋葬的屍骨。這些骨頭後來被重新埋進樹裡，這棵樹成為神聖的禁地。

東角

從歐波提基出發，有兩條路線可以抵達東海岸：一條是穿過本地、路比較直的國道2號，這條路線會經過壯麗的威歐卡隘口（Waioeka Gorge）。隘口會越來越窄、越來越陡峭，最後會穿越綠意盎然地勢起伏的山丘，然後一路下坡來到吉斯本。

另一種走法則是開上國道35號繞著東角（East Cape）行進。這條路繞行海岸，長達115公里，最後來到蘭爾威角（Cape Runaway）。路途中會經過莫突河（Motu River），這裡以泛舟和汽艇活動著稱，然後便會經過**德・卡哈**（Te Kaha）**⑱**小鎮，這裡有很多美麗的海灘，走海岸公路經過德・卡哈時，你會看到很獨特的**勞可寇爾教堂**（Raukokore Church），這是建於1894年的英國國教教堂。之後會來到**威霍灣**（Waihau Bay）**⑲**，這裡是頗受歡迎的露營地，許多人到此地租船潛水。從汪加帕羅亞（Whangaparaoa）到蘭爾威角，一路會經過許多漂亮的海灣。

沿著東角邊緣行進，下一站會來到**希克斯灣**（Hicks Bay）**⑳**，山洞裡的螢火蟲夜晚很受登山客的歡迎，再開10公里則會來到德・阿拉羅亞（Te Araroa），從這裡轉往21公里外的東角（East Cape）**㉑**和燈塔，這裡便是紐西蘭北島最東邊端點了。這是世界上幾個能看到第一道曙光的地方之一。在前灘處，有一棵9個樹幹的貝殼杉，據說是全紐西蘭最

地圖見
172頁

大的。

從德‧阿拉羅亞往南，國道35號會穿越**提基提基**（Tikitiki）**㉒**，當地有毛利風格的英國國教派**聖瑪麗教堂**（St Mary's Church），建於1924年紀念第一次世界大戰陣亡的毛利軍人。從國道下去則會來到羅亞多利亞（Ruatoria），這裡是毛利涅提波盧（Ngati Porou）族的重鎮。**德‧波亞**（Te Puia）在往南25公里處，這裡景色宜人，鄰近還有溫泉。再開一小段路，就是**托可馬魯灣**（Tokomaru Bay），這裡有被山崖圍繞著的海灘。從這一帶的海岸，一直延伸到多拉加灣（Tolaga Bay）和**吉斯本**（見199頁），都是衝浪和度假遊客享受清閒步調的熱門去處。

鄰近吉斯本的是**汪加拉**（Whangara）**㉓**，這也是一處純白沙灘的海灣，也是2002年電影《鯨騎士》（*Whale Rider*）的拍攝地點。從吉斯本到汪加拉之間的**懷胥海灘**（Whaihui Beach）有許多汽車旅館，這裡離市區很近，而且提供方便到達的海灘供方便到達的海灘供你享受。

旅遊資訊

不要錯過大街上的德‧卡哈酒吧（Te Kaha Pub；電話：07-325 2830），可以眺望海水，這裡可以遇到很多當地人，尤其是有足球賽的時候。這家酒吧在1995年遭祝融燒毀，之後重建過。

下圖：德‧卡哈海灘。

羅托魯和火山高原區

地圖見
184頁
200頁

表面上這裡看來平靜出奇，但羅托魯的寧靜風景下
有著劇烈的地熱活動，使得這裡從19世紀維多利亞時代開始，
觀光客和療養者就始終絡繹不絕。

19 34年，大文豪蕭伯納（George Bernard Shaw）前往羅托魯旅遊時寫
道：「能這麼接近地獄，還能全身而退，真好。」蕭伯納可不是第
一個把羅托魯和燃燒著硫磺與火的地獄相比的人。對一個虔誠的英國國教
派開發者來說，這一帶一定是被印上了但丁《神曲》地獄篇中的印記——
這裡是一塊荒涼的廢地，植物在此發育不良，彷彿被冒著蒸氣的熱鍋燙得
斑痕累累，還有冒著氣泡的泥池、呼嘯噴發出滾燙熱水的間歇泉，以及充
滿硫磺味的空氣。

今日的羅托魯提供人們的是樂趣而不是苦刑，這塊不尋常的土地已經成
為紐西蘭觀光業的兩塊珍寶之一（另一塊是南島的皇后鎮）——這裡有地
熱的奇異景緻、嫩綠的森林、如茵的綠地，以及清澈無比、裡面游著鱒魚
的湖泊。這裡至少有10座以上的湖泊，為釣客、露營、游泳、滑水、帆
船、遊艇、健行、打獵等各項活動提供了絕佳的活動場地。

羅托魯位於火山區，這塊區域延伸長達200公里，從普連提灣的白島一
直延伸到北島中部高原（Central Plateau）上通加里羅國家公園（Tongario
National Park）的火山群和陶波湖（Lake Taupo）一帶。羅托魯都會區和鄰
近城鎮內，共有超過6萬7000名居民，因為觀光業並
不是這個區域的唯一主要產業。羅托魯城邊有凱安
加羅亞（Kaiangaroa）森林，是世界上最大的人造
森林。大多數的外來樹種都是針葉松，這種樹可以
不停種植，因此可以定期砍伐作為紙漿和造紙原料
使用。這塊區域也有廣大的農耕面積。

前頁：羅托魯的礦泉
池。
左圖：羅托魯一處毛
利人居所的屋頂。
下圖：毛利人歡迎的
微笑。

文化熱門據點

羅托魯據說是由從毛利人祖居地哈威基來的探險
者所建立的。他們乘坐「德‧阿拉瓦」（Te Arawa）
獨木舟前來，時間約在1350年左右。他們其中一人
發現了羅托魯湖（Lake Rotorua），毛利傳說中伊罕
加（Ihenga）為其命名。伊罕加從馬凱度（Maketu）
內陸部落一路走來，穿越了一座他稱為Rotoiti的湖
泊，意思是「小湖」。他繼續旅行，發現了一個更大
的湖，於是命名為羅托魯，意思是「第二個湖」。這
座城市至今仍是紐西蘭中部毛利人最集中的地方。
這裡對觀光客的吸引力之一，正是因為此地是毛利
人文化的「熱門據點」。

今天，這座城市在高價位的旅遊市場中融合些許
凌亂頹圮的氛圍，遊客不難發現瀰漫整個地區的火
山硫磺味，不過大多數人很快就能習慣這樣的氣味
了。

市中心的熱門景點

羅托魯 ❶ 在奧克蘭南方234公里處，沿著國道1號經過漢米頓到提魯（Tirau）然後轉向東南走國道5號。羅托魯市內主要的幾家大型旅館和大多數的汽車旅館，都集中在呈南北走向跨越整座城的芬頓街（Fenton Street）一帶。如果從這裡開車到重要景點，只需要一小段時間，但總之都要有交通工具。芬頓街上的遊客中心（電話：07-348 5179；www.rotoruanz.com）提供了租車、遊覽車、釣鱒魚、風景觀賞等各項服務的資訊。

到羅托魯的遊客必定會花一些時間浸泡溫泉。羅托魯的第一所礦泉療養院於1880前開始興建。至今仍有人認為這裡的硫磺泉對於治療關節炎和風溼有奇效，不過大多數人倒覺得這單純是種放鬆身心的好方式罷了。

芬頓街北端的東邊有一座漂亮的**政府花園**（Government Gardens），佔據其中的便是1908 年建成的雄偉公共浴池，名為**羅托魯博物館Ⓐ**（Rotorau Museum；冬季每天9:30am-5pm；夏季到6pm；需購票；電話：07-349 4350；www.rotoraunz.com/rotorau_museum）Ⓐ。裡頭有畫廊，還有展示一個世紀前的水療器具。此外，長期展覽的還包括當地毛利人在1886年遭遇到塔拉瓦拉山爆發的故事。

距離博物館走路一分鐘處，是歷史悠久的**藍池**（Blue Baths；每天10am-7pm；需購票；電話：07-350 2119；www.bluebaths.co.nz）。這座浴池為西班牙教室的建築，在1933年首度開始營運。在1982年時關閉使用，到了1999年重新整修開幕，如今開放給大眾使用。位於博物館南邊的是**玻里尼西亞池Ⓑ**（Polynesian Pools；每天6:30am-11pm；需購票；電話：07-348

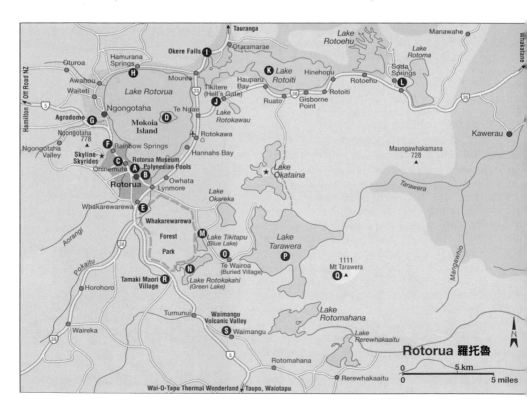

Rotorua 羅托魯

地圖見 184頁

1328；網址：www.polynesianspa.co.nz）。這裡有35座地熱池，每一個池都有特別的礦物成份，水溫也各有不同。教士池（Priest Pool）是以馬洪神父（Father Mahoney）為名的，他曾於1878年在這裡的一處溫泉旁紮營，並在此浸浴。據他說，這樣完全治好了他的風溼症。有些池子的水溫無法控制，因此兒童不宜，裡頭也有私人浴池和一些水療治療可供選擇。

熱水池的傳說

沿著湖畔繼續走下去，就會來到歷史悠久的毛利村莊**歐西尼穆突**（Ohinemutu）**ⓒ**，這裡曾是大湖區的主要人居住地。1910年建造的聖費斯教堂（St. Faith's Church）有著繁複的木雕、毛利基督畫窗、維多利亞女王的半身像等等。這座教堂是為了讚揚當地人對皇室的效忠，而建給羅托魯的毛利人，對於毛利人在傳統文化中接受基督教的表現，也令人驚嘆。

鄰近有一座19世紀的聚會廳，一共花了12年才將雕飾完成。這座聚會廳以當年阿拉瓦獨木舟的船長為名，叫做「**塔瑪・德・卡普亞**」（Tama Te Kapua）。根據傳說，羅托魯是由阿拉瓦船上的伊罕加（Ihanga）所發現。他的女兒希內・德・卡卡拉（Hine-teKakara）被人殺害並丟進滾燙的泥池中。伊罕加在此地設了一塊紀念碑，並將此地命名為歐西尼穆突，意思是「那位年輕女孩被殺害之地」。

在湖畔的碼頭，可搭乘船身22公尺的雷克蘭皇后號（Lakeland Queen；電話：07-348 6643；www.lakelandqueen.co.nz）汽船來一趟**羅托魯湖**之旅。行程中，將停泊在**摩柯亞島**（Mokoia Island）**ⓓ**稍做停留，泡一下**希內摩**

羅托魯博物館每天有兩次免費導覽，時間為11am和2pm，可以充分欣賞館內展覽。

下圖：羅托魯博物館。

亞（Hinemoa）一地的溫泉。

希內摩亞是毛利版「羅密歐與茱麗葉」的女主角。根據這個毛利故事，一位住在摩柯亞島上、名叫圖坦涅凱（Tutanekai）的年輕毛利酋長，愛上了一位居住在陸上村莊、名叫希內摩亞的女孩。他們的婚姻遭到雙方家族的反對，於是希內摩亞偷偷跟著圖坦涅凱的骨笛聲，涉水而過會見愛人。她的族人把全族的獨木舟都停靠水邊讓她無法成行，結果她把葫蘆繫在身上，游過冰冷的湖水，跟著希內摩亞的笛聲前進。她上岸後靠著溫泉池的池水暖身回復元氣，最後終於得以和愛人結為連理。她泡過的溫泉池便因此以她為名。

泥漿與間歇泉

沿著芬頓街往南走到底，就會兩個景點的所在之地**德・波亞**（www.nzmaori.co.nz）的**華卡列瓦列拉**（Whakarewarewa）**E**地熱區。第一個景點是**紐西蘭毛利藝術及工藝學院**（New Zealand Maori Art and Crafts Institue；每天8am-6pm；冬季至5pm；需購票；電話：07-348 9047），可在此看到熟練的毛利雕刻師傅和亞麻織布藝術家工作的情形。此處有精美雕劃的拱門，上面描寫的便是希內摩亞和圖坦涅凱的愛情故事。

另一個景點是**玻胡度**（Pohutu）間歇泉，這是紐西蘭最大的間歇泉，一次噴發高度可以超過30公尺，一天噴發20次，相當驚人。夜晚時有實景演出的毛利音樂會，還有傳統土窯餐供應。

工藝學院外圍，就是**華卡列瓦列拉地熱村**（每天8:30am-5pm；需購票；

下圖：紐西蘭毛利藝術及工藝學院的工匠。

電話：07-349 3463；www.whakarewarewa.com）。此地的人們一直使用溫泉來烹煮食物、盥洗，以及取暖，這項傳統已經相傳十數代了。在部落入口對面則有著殖民時期風格的店鋪，販賣諸如羊皮、毛皮、手工藝品等其他紀念品。您也可以在此看到綠石雕刻師是如何工作的。

從富陸德街（Froude Street）離開後，不妨到**阿里卡帕卡帕高爾夫球場**（Arikapakapa Golf Course）走走，這是全世界唯一一座具有滾燙泥池和熱水池等「路障」的高爾夫球場。

彩虹之鄉

從羅托魯走國道5號向西北走4公里，就會來到令人心曠神怡的**彩虹溫泉**❶（Rainbow Springs；每天8am-5pm；需購票；電話：07-350 3441；www.rainbownz.co.nz）。天然池內擠滿了上千條棕色或彩虹色的鱒魚，外圍則是面積達12公頃的天然厥葉林和綠地。遊客可從水底觀景窗看到碩大的鱒魚，這些鱒魚從羅托魯湖游至此地產卵；此外，還可以看到紐西蘭鹿，幾種土生的鳥類，以及庫克船長自己帶來的「庫克船長」野豬。另外在夜行動物館裡還可以看到活生生的奇異鳥。

彩虹農場的小綿羊很受小朋友歡迎。

公路的另一邊則是**彩虹農場**（Rainbow Farm；每天表演時間為10:30am和11:45am、1pm、2:30pm以及4pm），人們可在這裡看到牧羊犬的英姿和剪羊毛秀。

溫泉附近可以有Skyline-Skyride**纜車車站**（每天9am-8pm；電話：07-347 0027；www.skylineskyrides.co.nz），你可在此搭乘纜車一路爬上**紐紐塔哈山**（Mount Ngongotaha）一覽整座城市、湖泊和鄰近地區的高空景緻。從山下搭乘高速單人橇急速下降的過程更為刺激。單人橇的時速是可以調控的，有三條總長5公里的滑道，其中有一條景觀優美可見到海灣，可以停下來拍照。「天空盪鞦韆」是最受小孩喜歡的遊樂設施，最高可盪到50公尺，時速達120公里。

下圖：彩虹溫泉。

接著來到羅托魯西北邊10公里、靠近紐紐塔哈一帶的**阿葛羅多姆**❷（Agrodome；每天8:30-5pm；需購票；電話：07-357 1050；www.agrodome.co.nz），這裡有面積達142公頃的寬廣綠地。由19隻公羊組成的「綿羊秀」，一次步行一個小時，每日表演三次（9:30am、11am和2:30pm）。這項表演不但娛樂效果十足也具有教育意義，前來觀賞的遊客還可以拿到一把剛採收下來的新羊毛，孩童們則最喜歡拿奶瓶餵綿羊的時間。今天綿羊秀還是阿葛羅多姆最主要的體驗活動，但還有許多其他活動等著遊客去體驗。

遊客可以參加阿葛羅多姆舉辦的拖曳車之旅，親手餵綿羊、鹿、羊駝、和火雞。在**阿葛羅多姆冒險樂園**，有提供許多驚險的活動，也許最刺激的是極限自由落體，是將跳傘的感覺加以改造，讓冒險體驗的人在空中5公尺高享受風速。此外還有高空彈跳、競艇、彈球等（見121頁），以及高空俯衝（Swoop），這種結合高空彈跳和飛行的刺激活動，

旅遊資訊

在羅托魯遊覽時不要遠離規劃好的路徑！看似堅固的表面其實很可能碎裂，而掉入炙熱的水池中，雖然意外很少發生，但並非未曾聽聞過。

下圖：一位釣客與他抓到的鮭魚。

遊客以時速130公里飛馳在100公尺的高空。

離羅托魯西北11公里的**天堂峽谷泉**（Paradise Valley Springs；每天9am-5pm；需購票；電話：07-348 9667；www.paradisev.co.nz）有更多游滿鱒魚的泉水池。羅托魯湖北岸17公里的**哈慕拉納泉**（Hamurana Springs）Ⓗ也是如此。為了保護休閒漁釣活動，在紐西蘭販賣或購買鱒魚是違法的。但是根據釣魚導遊的說法，要享受一頓鱒魚大餐，每天的「成功率」往往高達97％。

事實上，如果來羅托魯—陶波湖一帶不釣個魚，這趟行程便不能稱作完整。導遊會提供一切必要用具，並會和遊客約在旅館外頭，然後帶著他們乘作拖有船隻的車輛出發，或者約在碼頭集合出發。**清水租船公司**（Clearwater Charters；電話：07-362 8590；www.clearwater.co.nz）和**漢米爾租船公司**（Hamill Charters；電話：07-348 4186；www.hamillcharters.co.nz）都提供多種釣鱒魚的航程。

羅托魯的湖泊和陶波湖裡的彩虹鱒魚大多重達1.4公斤，但在塔拉威拉湖（Lake Tarawera，見189頁），鱒魚往往重達3.5到5.5公斤，要補捉牠們較為困難。釣了一天魚之後，還可以要求旅館或餐廳的大廚為你烹煮捉來的魚——這是當地已成風俗的特別服務。

阿葛羅多姆往北沿著國道5號走8公里就是Off Road NZ越野賽車場（每天9am-5pm；需購票；電話：07-332 5748；www.offroadnz.co.nz），這是讓喜歡開快車和製造大量噪音的人喜愛的地方，尤其是在挑戰場上開著四輪驅動車，和魔鬼輪越野車。在鄰近的地點，則有**瑪馬庫藍釀酒廠**（Mamaku

Blue Winery；開放時間：每天10am-5pm；免費；電話：07-332 5840；www.mamakublue.co.nz），是紐西蘭唯一的藍梅釀酒廠，如果你感興趣的話，當地提供釀酒和蘭花之旅。

　　沿著中央路（Central Road）經過紐紐塔哈鎮，就會到到**農場**（Farm House；每天10am-3pm；電話：07-332 3771）所養的迷你馬和馬匹，弛騁於這一片廣達245公頃、邊緣植滿矮樹叢的農場上。

　　如果延著羅托魯湖朝順時針方向前進，沿著湖泊西岸的公路會來到**歐凱列瀑布**（Okere Falls）❶在此地的原生林地走上一段路，就會來到一處懸崖邊，觀賞**凱突納河**（Kaituna Rivert）急速穿過一處窄口急流衝入下方漩渦池的壯觀景像。

敲開地獄之門

　　穿過了歐豪水道（Ohau Channel）的外圍，來到羅托提湖，然後往東行開到國道30號上，朝威卡塔尼（Whakatane）方向前進，就會來到著名的**地獄門**（Hell's Gate）❶入口。它的毛利名提基提列（Tikitere）訴說著一位名叫胡提妮（Hurtini）的女子的故事。由於她的丈夫輕蔑她，於是她跳入滾燙的池水中。提基提列是毛利語Taku tiki i tere nei的縮寫，意思是「我的女兒在此被沖走了」。

　　這裡的火山活動帶面積達4公頃，**卡卡希**（Kakahi）溫泉瀑布是這一帶的重要景點。地獄門是**維歐拉水療**（Wai Ora Spa）的源頭，在這裡是紐西蘭唯一可以享受泥浴的特殊美容效果之處。在這之後，可以在**胡魯提尼池**（Hurutini Pool）泡個硫磺溫泉。

　　在**羅托提湖**❶岸邊，還有機會可以再感受毛利的文化和熱情，這裡有家庭經營的毛利的**羅托提旅遊世界**（Rotoiti Tours Wolrd of Maori；夏季夜晚；冬季需經安排；需購票；電話：07-348 8969；www.worldofmaori.co.nz）。他們將遊客載運到拉克奧集會館，進行傳統體驗，包括音樂會表演和用土窯烹煮的食物，並且還能在集會館裡過夜。

　　如果您還有一點時間的話，不妨上國道30號沿著**羅托艾胡湖**（Lake Rotoeu）以及**羅托瑪湖**（Lake Rotoma）往下開。如果您想要來點不一樣的旅程，不妨朝羅托艾胡湖和羅托瑪湖之間的旁支道路開去，便會來到**蘇打溫泉**（Soda Springs）❶，這裡的熱泉水不停冒出然後滲入清澈的溪河床中。往羅托提湖南岸走去，就是完全純淨未受破壞的歐塔塔納湖（Lake Okataina），這裡有個步道通往塔拉威拉湖（Lake Tarawera）。

塔拉威拉火山噴發

　　位於羅托魯東南方、往機場一帶方向的是被一片森林圍繞的**提基塔普湖**（Lake Tikitapu，又稱藍湖Blue Lake）❶，以及**羅托卡卡希湖**（Lake Rotokakahi，又稱綠湖）❶，這一帶是慢跑者的天堂，可以沿著標示清楚的步道，騎單車或步行穿越

地圖見
184頁

下圖：地獄之門的炙熱泥漿。

從掩埋村走20分鐘可
至塔拉威拉瀑布。

奇異的松樹或原生林地，也可以租馬或迷你馬來騎。天候狀況好的時候，這兩座湖的水面會映照出藍色和綠色的鮮明對比顏色。

沿著這條路線繼續走下去，會先經過德·威羅亞掩埋村 **O**（Buried Village of Te Wairoa；夏季每天9am-5pm；冬季至4:30pm；需購票；電話：07-362 8287；www.buriedvillage.co.nz），然後來到塔拉威拉湖。這座村落是在1886年6月10日被塔拉威拉山（Mount Tarawera）的噴發所掩埋的，當時噴發出來的岩塊、岩漿和火山灰飛入空中，覆蓋了廣達15,500平方公里的面積，並把德·威羅亞、德·阿利基（Te Ariki）和穆拉（Moura）等村落掩埋，一共有147名毛利人和6名歐洲人因此而喪命。

這座被掩埋的村莊如今收藏有從德·威羅亞挖掘出土的文物，包括了一位毛利祭司所居住的小屋。這位祭司曾預言災難的到來，噴發後4天他被人挖出來時仍好好地活著。走過這些毛利建築的遺跡時，讓人有種毛骨悚然的感覺，當村落被銷毀的時候，時光瞬間凝結了。

參觀完村莊，在其外圍迷人的**德·威羅亞瀑布步道**值得你花20分鐘時間，走進草叢中去看高30公尺的瀑布。

從掩埋村出發往東，不遠就可到達**塔拉威拉湖 P**和**塔拉威拉山**（Mount. Tarawera）**Q**。在火山噴發前，維多利亞時代的觀光客就已經開始從德·威羅亞出發，在塔拉威拉湖上泛舟前往著名的「粉紅與白色平台」（Pink and White Terraces）——這是兩塊巨型的矽石構造地型，它們從**羅多馬哈納湖**（Lake Rotomahana）內升起250公尺的高度，並一度被人認為是「世界八大奇景」之一。今天的遊客可以搭乘**塔拉威拉湖遊艇公司**（Lake Tarawera Launch Cruise；聯絡電話：07-362 8595；www.purerotorua.com/reremoana.htm）的古典歐洲拖曳船，回程時還會經過**熱水灘**（Hot Water Beach）的噴泉，穿越塔拉威拉湖到卡里基點（Kariki Point）。位於船中央的**登陸咖啡**（Landing Café；電話：07-362 8595）最著名的餐點是淡菜濃湯，千萬別錯過了。

如果你喜歡高空眺望，可以在德·波亞·阿葛羅多姆或Skyline-Skyride纜車車站、搭乘飛機，飛越這片佈滿坑洞和地熱景緻的地方，這項服務由黑利普羅公司（HELiPRO；電話：07-357 2512；www.helipro.co.nz）提供。飛機會驚險地降落在山坡上，

下圖：塔拉威拉山火山口。

充滿幽異徵象之地

還有一件事使得塔拉威拉更增添神秘色彩。在1886年5月31日，兩群不同批的遊客在遊覽塔拉威拉去看粉紅和白色平台時，不約而同地發現了一條載滿包著亞麻布的毛利往生者的幽靈獨木舟。他們一回到德·威羅亞，就發現當地的毛利人驚惶不已，因為這樣的獨木舟在當地已經消失50多年了。當地的毛利祭司多胡多（Tohuto）認為這種徵象代表著「這一帶將被淹沒的凶兆」。11天後，在一個月光明亮的夜晚，塔拉威拉山完全證實了這項預言，火山爆發持續了5個多小時，將德·威羅亞村淹沒在灰燼和泥漿中，「粉紅與白色平台」永遠地從地圖上抹去了。今天遊客到此地將不斷聽到這樣的說法。

讓遊客有機會仔細觀賞那深達250公尺、長6公里、由火山爆發所形成的地殼裂縫構造。

熱氣與火光

在國道5號上，羅托魯南方14公里處是**塔瑪基毛利村**（Tmamaki Maori Village；傍晚時間才開放；需購票；電話：07-346 2823；www.maoriculture.co.nz）。這是兩個兄弟道格和麥可‧塔瑪基的創意，塔瑪基村展示歐洲人未到來前的毛利村落，裡頭有個部落市集銷售傳統工藝品，並且有現場文化表演。

在羅托魯南方20公里處、位於國道5號朝陶波湖方向一帶是**威滿古火山谷地Ｓ**（Waimangu Volcanic Valley；夏季每天8:30am-4:45pm；冬季8:30am-3:45pm；需購票；電話：07-366 6137；網址：www.waimangu.com），是一片未受破壞的天然地熱區。村落裡有一個世界上最大、名為「**威滿古大蒸鍋**」（Waimangu Cauldron）的滾燙湖。如果從飲茶室一路往山下走去，就會經過冒著氣泡的火山湖、滾燙的溪水以及覆滿藻類的矽石平台地形，然後來到羅多馬哈納湖。您可以在此搭乘汽艇遊覽活動旺盛的**蒸氣山崖**（Steaming Cliffs）以及「粉紅與白色平台」過去的所在位置。

威滿古是多彩的溫泉勝地，創造出另一個世界的生動調色盤，這裡的地表活動始於1886年6月10日，創造了地球最新的生態系統，其中瀕危植物和溫泉植物一起在頻繁的地熱活動中生存，威滿古間歇泉曾經是世界上最大的間歇泉，曾一度可噴發高達至500公尺的驚人高度。如今它的噴發力

下圖：威滿古火山谷地。

威歐塔普區的矽沙地形是數十年的礦物堆積而成。

已經衰退，被玻胡度（見186頁）間歇泉追趕過去。

沿著國道5 號再往南走10公里，經過一條環狀道路便會到達**威歐塔普地熱區❷**（Wai-O-Tapu Termal Wonderland；每日8:30am-5pm；需購票；電話：07-366 6333；網址：www.geyserland.co.nz）威歐塔普的毛利語意思是「神聖之水」，是**可諾女士間歇泉**（Lady Knox Geyser）的所在地，每天早上10點15分噴發，現場有工作人員放一點肥皂使其效果更好。其他的景點還包括了充滿氣泡的香檳池（Champagne Pool）、色彩鮮明的矽石平台，以及布萊達‧維爾瀑布（Brial Veil Falls）。

大約在羅托魯南方70公里和陶波北方37公里的地方有「隱藏谷地」**歐拉凱—克拉克❸**（Orakei-Korako；每天8am-4:30pm；需購票；電話：07-378 3131；網址：www. Orakeikorako.co.nz），是個包含洞穴、噴泉區、溫泉、火山泥漿矽石平台和地底洞穴的地區。這個地質區只能乘坐船艇穿越**歐哈庫利湖**（Lake Ohakuri）到達。過去毛利酋長在此處如鏡面般的水池前彩繪他們自己，因此此地地名的意思是「值得敬仰之地」。

前往陶波之路

如果你錯過了羅托魯周邊的溫泉地質的盛況，在前往陶波的路上，還是可以彌補。陶波湖北方約7公里處，大約位於國道1號和5號的交會處，有**威拉凱**（Wairakei）❹地熱區。**威拉凱台地**（Wairakei Terraces；夏季每天9am-5pm；冬季至4:30pm；需購票；聯絡電話：07-378 0913；www.wairakeiterraces.co.nz）有巨型地熱電廠。為了建電廠，這些矽石平台被移除後人為重新排列，然後任其發展那藍色、粉紅和白色的鮮豔色彩，是否能取代消失的粉紅和白色平台，則不得而知了。

下圖：香檳池因不斷冒氣泡而得名。

這裡也有**毛利文化村**，提供音樂表演、和土窯食物，以及工藝展示。參觀電廠的行程也有提供，電廠將滾燙的熱水從地面引流而入，水經過一連串的孔道，使得蒸氣被引入來推動電廠的渦輪機。遊客中心位於威拉凱的入口處，管線區右方有一條道路可以帶人到山丘上的觀測區。威拉凱的國際高爾夫球場水準在紐西蘭堪稱是數一數二。

威拉凱和陶波湖之間有一條充滿石礫的道路，這條路通往**月世界**（Craters of the Moon；每天9am-5pm免費；電話：0274-965 131），這裡也有旺盛的地熱活動。遊客可在此看到令人驚異的深谷，裡面充滿了滾燙的泥漿；還可以沿著一條步道前進，觀賞到蒸氣從山邊的噴氣孔噴發的景像。從這裡前往陶波度假村只有大約5公里遠。

在到達陶波之前，你會遇到紐西蘭唯一的地熱**養蝦場**（Prawn Farm；每天11am-4pm；需購票；電話：07-374 8474；www.prawnfarm.com）。遊客可以在此觀賞、餵食、補抓並吃蝦子。另一個好玩之處是**火山活動中心**（Volcanic Activity Centre；週一至週五9am-5pm；週六、週日10am-4pm；需購票；電話：07-374 8375；www.volcanoes.co.nz），這裡將解

釋任何你需要知道關於此地區的地熱和火山活動。

　　沿著路往前走200公尺，就是蜂蜜窩（Honey Hive；每天9am-5pm；免費；電話：07-374 8553；www.honey.co.nz），你可以在此學到各種有關蜜蜂和蜂蜜產品的事。不要忘記帶一瓶紐西蘭著名的蜂蜜回家。

　　另一條鄰近的環狀道路則會通往壯觀的**胡卡瀑布**（Huka Falls）。新生的威卡托河在此以全力穿越一處狹窄的隘口，然後流過一處寬11公尺的岩礁。冰冷的河水在陽光的照射下，呈現偏青綠藍色，最後河水落入泡沫狀的盆地裡。觀賞瀑布景色的最佳位置則是在河對岸的天橋上。若要在水面上觀賞，則可以預約搭乘湖卡噴射船穿越瀑布底的水面。在威卡托河沿岸的環狀道路上，有重新翻修的**湖卡度假莊園**（Huka Lodge；電話：7-378 5791；www.hukalodge.com），這是讓有錢人休息的頂級旅館。

陶波湖

　　陶波（Taupo）是毛利語Taupo-nui-Tia的縮寫（意思是「提亞的偉大批肩」），這個名字是從當年乘阿拉瓦獨木舟前來之人而來的，他發現了紐西蘭最大的**陶波湖**（Lake Taupo）❺。這座湖泊面積達619平方公里，主要是由數千年前的一場火山噴發所形成的。如今這是世界上最著名的鱒魚魚釣湖泊，每一年都可釣上超過500噸以上的彩虹鱒魚。流進湖泊的諸多溪流也同樣蘊藏豐沛，所以釣客往往索性一排排站在威塔哈奴河（Waitahanui River）河口，形成一種所謂的「捕魚柵欄」。

　　除了釣魚活動，陶波也提供多樣的活動選擇，從湖上渡船或划小艇，到

地圖見
200頁

👁 旅遊資訊

在胡卡快艇上觀賞令人讚嘆的胡卡瀑布是最棒的經驗，快艇帶你沿著胡卡河接近瀑布底，一整天都有出航，行程為30分鐘（聯絡電話：07-374 8572；網址：www.hukajet.co.nz）

下圖：胡卡瀑布下的白浪快艇。

空中跳傘、高空彈跳和其他高腎上腺素的活動都有。在家庭式的度假中心，有充裕的住宿和餐廳可供選擇，如需更多資訊，可洽通加里羅街30號的陶波遊客中心（Taupo i-SITE Visitor Centre；電話：7-376 0027；www.laketauponz.com）。

三座大山

從陶波湖的南邊開始是佔地達7,600平方公里、景色壯闊的**通加里羅國家公園❻**，公園內有三座活火山，分別是**通加里羅山**（海拔1968公尺）、**恩高魯荷峰**（2290公尺），以及**魯亞佩胡山**（Mount Ruapehu，2796公尺）。

最精彩的觀景路線是從陶波出發，走國道1號，從**突蘭基**（Turangi）下公路，然後往托卡亞奴（Tokaanu）方向，這裡已離通加里羅電廠不遠。之後再開上佈滿樹叢的山路，然後來到羅多埃亞湖（Lake Rotoaira）湖畔。另一種走法是從蘭吉玻（Rangipo）下公路，然後走國道47號。

根據毛利傳說，當年一名叫涅多羅蘭奇（Ngatori-i-rangi）的祭司兼探險者，在山中瀕臨凍死邊緣，於是他虔心禱告請求神明協助。祖居地哈威基的火靈回應了他的禱告，於是將火經由白島和羅托魯一路送達山峰。為了感謝並安撫神靈，涅多羅蘭奇將他的一名女奴丟進恩高魯荷峰的火山口，當地的毛利人於是以這名女子的名字來稱呼火山口：奧魯荷（Auruhoe）。恩高魯荷峰的典型火山錐是這三座大山中最活躍的，目前仍偶爾會冒泡和噴吐灰燼。在1954至55年間，曾有一次大規模的噴發斷斷續續地持續了9個月。

魯亞佩胡山山頂長年披覆皚皚白雪，有一個寬達3公里的平坦頂峰，裡

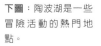
下圖：陶波湖是一些冒險活動的熱門地點。

面還有酸度高、不停冒泡的火山湖（Crater Lake）和6處小冰川。魯亞佩胡山在過去100年間曾數次噴出蒸氣和火山灰，1945年那次噴發的火山灰覆蓋範圍甚至遠及90公里。最近一次於1996年的噴發曾使得在威卡帕帕（Whakapapa）和**突羅亞**（Turoa）的滑雪場被迫關閉。1953年的聖誕夜，火山湖的水決堤洩入溫加胡河（Whangaehu River），造成一場火車事故，有151人因而喪生。

高級的滑雪地點

　　魯亞佩胡山是北島的主要滑雪場。包含兩個地點總共1800公頃的滑雪坡地。**威卡帕帕**在山的西北面，有極佳的初學者滑坡，以及高難度的區域。突羅亞則在山的西南坡，可以看到塔拉納基山的絕美景色。這個地區也有住宿地點，在**突羅亞**的滑雪者可住宿**歐哈昆**（Ohakune），而在威卡帕帕滑雪的則住**威卡帕帕村**（Whakapapa Village），此地有1929年興建的**大城堡**（Grand Chateau；電話：07-892 3809；www.chateau.co.nz），或者住宿於15公里外的國家公園。除了滑雪外，也有旅遊業者提供通加里羅河和蘭吉提凱河（Rangitikei）的激流泛舟服務。

　　在非滑雪季節，通加里羅國家公園有許多很棒的步道可走，包括有名的**通加里羅走道**（Tongariri Crossing），長達16公里，可以花7至8小時走在美麗的景色之中。**威卡帕帕旅客中心**的管理員可提供步道的細節和出租帳棚。健行可在一天之內完成，或者利用兩天則有更多樣的選擇，大城堡也有提供通加里羅走道的健行行程。

地圖見
200頁

旅遊資訊

紐西蘭有幾個有用的滑雪網站，但是前往魯亞佩胡山滑雪則一定要看www.mtru-apehu.com。裡面有威卡帕帕和突羅亞的資訊。

下圖：登山者走到通加里羅山火山口。

波佛提灣以及和克灣

和克灣以及鄰近的波佛提灣有著豐饒的農業生產、
數量眾多的葡萄園、豐富的歷史和有趣的建築
——以及紐西蘭最東部的都市。

地圖見
200頁

吉斯本（Gisborne）和鄰近區域對紐西蘭人饒富意義，這是有原因的。吉斯本位於東經178度，是世界上第一個迎向每日曙光的都市，1999年12月31日午夜，這個幸運的地點帶領全球電視畫面迎接新千禧年的到來。這座海岸也同樣饒富歷史。「尼克小子的頭」（Young Nick's Head）這座海角位於吉斯本對岸的海灣，是英國探險家庫克船長和他的船員於1769年乘坐「冒險號」時，第一個目測到的地方。庫克船長登陸的地點在凱提山（Kaiti Hill）腳下，可以俯瞰整個吉斯本市及鄰近城鎮，而更遠的前灘則有「冒險號」船員尼可拉斯小子的塑像，他是第一個看到紐西蘭土地的人。

吉斯本

可惜的是，庫克船長給了這裡一個錯誤的名字，他叫這一帶**波佛提灣**（Poverty Bay，意思是貧窮之灣），因為「這裡除了一點木材外，我們要的物資這裡一項都沒有」。直到今日波佛提灣一直不情願地保留著這個名字。如今這一帶是牧羊和各種畜牧業的重鎮，柑橘園、奇異果園、葡萄園、蔬菜園以及各種作物也都在此種植，使得這裡的食品加工業十分興盛。這裡有15家酒莊（查詢www.gisborne.co.nz/wine），不難了解這裡所出產的酒，尤其是夏多內和格維塔密（Gewurztraminer）酒，是紐西蘭全國數一數二的好酒。如果您有機會經過對外開放的酒莊，千萬別錯過。

波佛提灣有壯觀的海岸風景，白色沙灘，海水蔚藍，還有開滿鮮紅花朵的玻胡吐卡娃樹，這種樹又被稱為紐西蘭聖誕樹，因為它通常是在12月底最為綻放。這些樹點綴了**吉斯本**（都會區人口35,000人）❼這座充滿陽光、水、公園、橋樑和海灘的都市。水上運動是生活的一部分，而主要街道上的商業區和蜿蜒的白沙灘也只有幾步之遙。

吉斯本又有「橋樑都市」的別稱，它跨越在塔魯黑湖（Taruheru）、威瑪塔（Waimata）和威凱納溪（Waikenai Creek）等河流上，這些河流都在突蘭加奴河（Turangnui River）匯合。在史圖特街（Stout Street），有位於市中心的博物館和藝術中心**泰拉威提博物館**（Tairawhiti Museum；每天10am-4pm；週末1:30pm-4pm；免費；聯絡電話：06-867 3832；www.tairawhitimuseum.org.nz），收藏著這一帶的歷史。在博物館主建築旁有海洋博物館，這博物館的

左圖：威卡雷摩納湖。
下圖：帕尼亞，內皮爾市內的少女像。

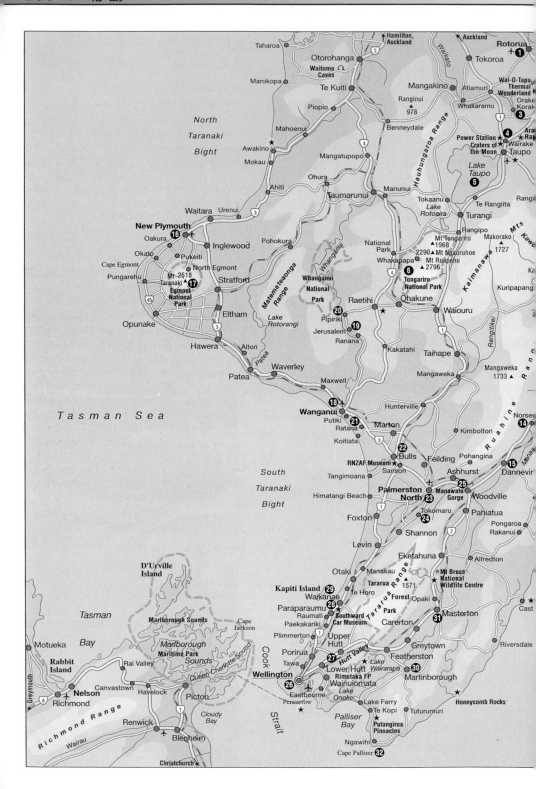

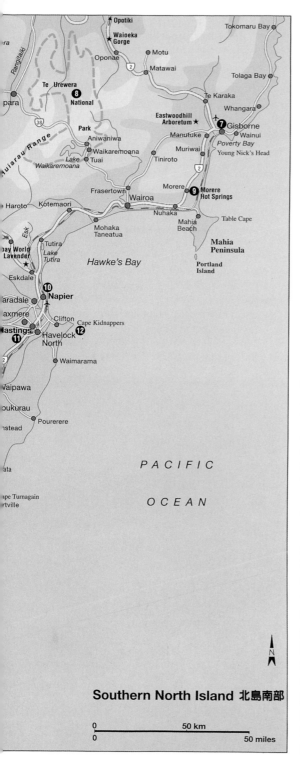

Southern North Island 北島南部

0   50 km

0   50 miles

部分是由1912年在凱提海灘沉沒的「加拿大之星」（Star of Canada）號輪船的材料所建成的。

吉斯本一直和庫克船長脫不了關係，不過這一帶的歷史早在他到來前就開始。這裡有為數眾多的毛利領地——其中許多都租給了歐洲人。沿著海岸有許多的毛利聚落，可在其中找到不少毛利聚會廳。大多數的聚會廳都有著傳統木雕的門楣、門板和橫樑，另外還有獨樹一格的葉形彩繪、鳥繪和神話人像。這一帶最大的聚會廳之一是位於凱提山山腳下的**「拉威利之花」**聚會廳（Poho-o-Rawiri；參觀需事前安排；電話：06-867 2103）。這座建築建1925年，因為體積龐大，它沒有使用傳統的屋脊結構，但它還是有令人印象深刻的蘆葦編織面板和木雕雕像。每一個沿海岸而築的毛利聚落幾乎都有一座珍貴的聚會廳建築。

吉斯本是紐西蘭重要的林業中心，是最大的林木集散地**東木丘植物園**（Eastwoodhill Arboretum；每日9am-5pm；需購票；電話：06-863 9003；www.eastwoodhill.org.nz）所在之處。距離吉斯本西方30分鐘車程，此處是退役官兵道格拉斯‧庫克（W. Douglas Cook）所創建，他一生共將此地擴展了70餘公頃。

傳說的德‧庫地

今日的波佛提灣安閒寧靜，但在過去這裡曾有過不少部落戰爭。其中最有趣的故事之一，是關於一名名叫德‧庫地（Te Kooti）的先知，他在19世紀曾對歐洲移民發動長期的抗爭。後來於1860年，連同其他毛利人被放逐到離北島東海岸幾百公里外的伽參群島（Chatham Islands）上。但故事還沒完，他後來策劃了一場大膽的逃脫行動，回到了北島並發起一場宗教運動，而這場稱做「臨加圖」（Ringatu）的運動至今仍持續進行著。政府派出軍隊捉拿他，但他在**烏列維拉地區**（Urewera Range）的野生樹叢間十分驍

內皮爾的官方「姐妹市」竟然是離基督城東邊約770公里的伽參群島。伽參群島上的比特島 (Pitt Island) 離國際換日線距離極近，因此是世界上第一個迎接千禧曙光的人居小島。

勇。他以游擊隊方式作戰，不時騷擾政府，也使他保持自由身。最後政府以他年事高為由撤銷了追緝，並允許他和他的追隨者定居在國王鎮（King Country）一地。

當年德・庫地經常在**德・烏列維拉國家公園**（Te Urewera National Park）❽一帶出沒，這座國家公園面積達21萬2000公頃，有著崎嶇的山峰、森林、湖泊，其中許多地方除了最熟練的登山客很難進入一探究竟。這座國家公園最重要的景點當然非**威卡雷磨納湖**（Lake Waikaremoana，意思是「起著漣漪的湖泊」）莫屬，湖泊內游滿著鱒魚，湖畔還有著濃密的樹叢，但湖泊的東邊則是陡峭的山崖。威卡雷摩納湖一帶有小木屋、汽車旅館和汽車營地可供人過夜，公園內也廣設登山小屋。

進入和克灣

波佛提灣一路向南延伸至**馬希亞半島**（Mahia Peninsula）一帶，從這裡便進入了**和克灣**（Hawke's Bay）的範圍。**莫列列**（Morere）❾位於半島中部，將這兩個海灣一分為二，是個值得一去的迷人小鎮。莫列列位於吉斯本60公里，遊客可在鎮上享受溫泉，或是在鄰近的原始林中漫步。穿過Wairoa小鎮大約40公里，轉個彎就來到西北方的德・烏列維拉國家公園。繼續往西走104公里，距離國道5號5公里處，就會到**薰衣草白灣世界**（Whitebay World of Lavender，每天10am-4pm；需購票；電話：06-836 6553；www.whitebay.co.nz）。很明顯的，在葡萄長得好的地方，也很適合

薰衣草生長。因此和克灣是個理想之地。你可在此沈浸享受在紫色的薰衣草花海中。此地有一些旅行社安排遊覽行程，商店也有販售薰衣草產品，還有可品嚐薰衣草冰淇淋和花茶的咖啡店。

地圖見
200頁

裝飾派藝術的內皮爾

　　和克灣位於內皮爾 ❿ 與哈斯丁兩座雙子城之中，土地分佈和吉斯本相似。這兩座城市雖然相近卻個自獨立，甚至彼此競爭。內皮爾是個濱海都市，有5萬4000人口；哈斯丁為農業交易的中心，人口 5萬9000 人。這兩座城的東邊都為太平洋環抱著，西邊平原則被卡威拉（Kawera）和魯亞辛（Ruahine）兩處草原所圍繞，這是獵人和健行者出沒的地方。此二城市一同目睹並承受了1931年紐西蘭史上最慘重的地震災害（見203頁下框）。

　　不過，1931年的地震帶給內皮爾一個重生的機會。內皮爾的另一項特色，就是市中心名聲逐漸遠播的裝飾派藝術（Art Deco）建築。內皮爾的建築師們認為這一派的風格足以反應新城市的時代精神。市中心的裝飾派藝術建築有著大膽的線條、細緻的飾面圖樣，以及漂亮的柔彩色調，在國際建築界被認為是獨具一格。雖然這樣的名聲是這幾年才開始遠播，卻一鳴驚人。政府鼓勵建築物的屋主復元或保留原有的門面；民間團體也貢獻良多，使得主要街道有著和諧的風味。

　　內皮爾市對於保存其自然資產成果豐碩，但是在保存建築遺產上卻缺乏

內皮爾的裝飾派藝術建築

下圖：1931年大地震後的內皮爾。

從灰燼中重生

1931年2月3日，一場芮氏地震7.9級的地震重襲和克灣。建築物被震得粉碎，內皮爾和哈斯丁城內沒被震垮的建築也被火災所燒毀。這場地震一共造成258人死亡，其中還有數人是被倒塌的矮牆所壓死的。內皮爾最接近震央，當時一艘名為「維若妮卡」（Veronica）號的海軍船艦正好停靠港邊，他們與救難人員一同英勇地為災民伸出援手。

　　大地震發生時正好遇到全球大蕭條，但在政府和世界各地的大力資助下，和克灣區獲得了大筆的震後重建基金和重建計劃。人們藉這次機會將街道拓寬，埋設地下電話線路，並嚴格執行防震建築法規，以當時的裝飾派藝術建立一座全新的城市。

　　內皮爾全市可說都是一座地震紀念碑。如今的內皮爾市中心範圍延伸到西南邊這塊面積達4,000公頃的土地原先是沼澤地，因為地震而隆起成為建設用地。

旅遊資訊

內皮爾裝飾派藝術信託每天有安排志工進行導覽，90分鐘的步行導覽費用是12紐幣，從2pm開始。集合地點在裝飾派藝術商店。

良善的紀錄。最後，一個視覺團體1985年成立了**裝飾派藝術信託**（Art Deco Trust；www.hb.co.nz/artdeco）。如果沒有他們，1980年代的大力開發，將把這些1930年代的建築摧毀殆盡，傷害將不比地震帶來的少。這個信託安排了數個活動，包括步行活動，讓每年二月舉辦的裝飾派藝術週，整個市區都回到1930年代的感覺。信託基金也經營裝飾派藝術商店（電話：06-835 7800），位於泰尼遜街163號的德斯可中心（Desco Center），販售許多紀念品。

內皮爾市裡有別於裝飾派藝術的唯一一棟建築是布朗寧街（Browning Street）上的**郡縣旅館**（County Hotel；電話：06-835 7800；www.county-hotel.co.nz）。它過去是郡議會的辦公室，建築為維多利亞—艾德華的古典復興風格。

內皮爾市的重要景點**海洋廣場**（Marine Parade）占地2公里長，是一處集花園、雕塑、噴泉、地震紀念碑和各種觀光景點的休閒區域。靠海的廣場上種滿了一排排的諾福克松樹，廣場上還有**帕尼亞**（Pania）塑像，訴說著當地的傳說故事。廣場旁還有「海洋世界」（Marineland；每天10am-4:30pm；需購票；電話：06-834 4027；www.marineland.co.nz），你可在此餵海豚、和牠們游泳，還可看到水獺、海獅等其他海洋生物。

位於海洋廣場65號的是**和克灣博物館**（Hawke's Bay Museum；每天10am-4:40pm；夏季9am-6pm；需購票；電話：06-835 7781；www.hawkesbaymuseum.co.nz），裡面有關於地震和重建的詳實紀錄，以及

下圖：內皮爾裝飾派藝術建築的範例——每日電報大樓。

毛利藝術展示品。同樣在海洋廣場的，還有**紐西蘭國家水族館**（National Aquarium of New Zealand；每天9am-5pm；夏季到7pm；需購票；電話：06-834 1404；www.nationalaquarium.co.nz）。2002年開幕，魟魚外型的建築非常搶眼，水下世界有電動走道帶領遊客悠遊海底世界。館內也有陸地生物，包括多種紐西蘭特有的動物。這座水族館在世界上已享有相當盛名。

內皮爾山（Napier Hill）佔據城市的上風處，是歐洲移民最早開發的區域。這裡有許多維多利亞和英王艾德華時期的房舍，以及狹窄如迷宮般的街道，這些是早在汽車發明前便已存在著的，是早期移民曾在此地開發的證據。山丘北邊的阿胡利利（Ahuriri）緊臨繁忙的港口，是另一處歷史悠久的區域，這是內皮爾的搖籃，也是歐洲移民第一個定居的地方。沿著觀景公路可一路開上布魯福山（Bluff Hill），從此處可以俯瞰整座城市、港口以及灣區的景緻。

紐西蘭的水果盤——哈斯丁

地震後重建的精美建築裝點了**哈斯丁⓫**，城內的建築同樣採裝飾派藝術和西班牙教會式的風格。雖然與內皮爾比鄰而居，哈斯丁的城市分佈較為扁平和嚴肅，周圍環繞著肥沃的沖積平原，平原上則種植各種園藝作物。哈斯丁當地人認為，這座城真正重要的地方，在於它是「紐西蘭的水果盤」。由於這裡水質清澈、地中海型氣候、含水的土層以及聰明的農人，

在海洋廣場時所豎立的著名帕尼亞（Pania）塑像，訴說著一個毛利傳說。傳說中，一位年輕的毛利酋長愛上了一位美麗的海中少女，但後來大海還是奪走了她和她的孩子。

下圖：哈斯丁的水果攤販。

塔拉那基、汪加奴和馬納瓦圖

這幾個以農業為主的行政區坐擁山光水色，
寧靜祥和的小鎮散布其間，
休火山塔拉那基的奇峰則是這一帶的最高點。

地圖見 200頁

遊客一路沿著北島西岸從德奎第（Te Kuiti）到新普利茅斯這段長169公里的道路南行，就會經過崎嶇的丘陵農業區、亞瓦奇諾河（Awakino River）的隘口，以及錯落著懸崖和寧靜沙灘的海岸。若是晴朗天氣，越過傳道者山（Mount Messenger）之後，**塔拉那基山**便可一覽無遺，這座山又稱為艾格蒙山（Mount Egmont）。經過烏列奴（Urenui）北邊，路上會看到一座醒目的紀念碑，這座碑紀念的是著名的玻里尼西亞人類學家彼德‧巴克爵士（Sir Peter Buck），烏列奴是他的出生地。新普利茅斯是塔拉那基地區的重鎮，地勢靠近這一帶開始變得和緩，肥沃適合酪農業利用的平原則圍繞著休火山塔拉那基，這座火山高海拔2518公尺，有著完美的火山錐。

新普利茅斯與周邊地區

新普利茅斯 ⑯ 背倚塔拉那基山，人口4萬8000人，範圍延伸至海。1840年代到來的歐洲移民深為此地的地理位置、土壤和氣候所吸引。早期的傳教士和移民發現，毛利人因為部落間的戰爭人口銳減；儘管如此，與毛利人間的土地爭執仍使得移民生活紛擾不安。1860年時爆發戰爭，終令新普利茅斯陷入圍城之境。

遊客應該先從**普克阿里奇文化中心**開始（Puke Ariki，週一到週二、週四到週五9am-6pm，週三9am-9pm，週六日9am-5pm；免費；電話：06-759 6060；www.pukeariki.co.nz），該中心結合博物館、公共圖書館和遊客諮詢中心三種功能為一體，坐落在市中心的阿里奇街（Ariki Street）上。中心內有趣的展示和互動性的陳列有助於了解塔拉那基地區的歷史與文化。該中心也涵蓋了富有歷史氣息的**理奇蒙別墅**（Richmond Cottage），第一批移民中的三個家族之一本來住在這裡。

往東可造訪皇后街上的**戈維特布魯斯特美術館**（平日10:30am-5pm；免費；電話：06-759 6060；www.govettb.org.nz）。該館蒐羅了紐西蘭當代最棒的藝術品，其中連恩‧萊的作品尤為知名，他是紐西蘭抽象畫的先驅、動態雕塑家，也是現代主義派的電影工作者。維維恩街（Vivian Street）的**聖瑪麗教堂**（St. Mary's Church，電話：06-758 3111；www.stmarys.org.nz）峻工於1846年，是紐西蘭最古老的石砌教堂，亦值得一遊。

從戈維特布魯斯特美術館往東南幾個街區便是**普凱庫拉公園**（Pukekura Park，平日7:30am-7:00pm；夏季開放至8pm），此處昔為荒原，經過改造，今日坐擁優美的湖泊、花園、苗圃、噴泉，與夜間有繽紛燈光襯托的瀑布造景。

左圖：塔拉那基山又名艾格蒙山。

下圖：新普利茅斯的戈維特布魯斯特美術館。

威靈頓

活力十足的威靈頓除是國家首都，
也是非官方的文化中心，形形色色的人種在此匯聚發聲，
清晰可聞。

地圖見
200頁
216頁

根據玻里尼西亞傳說，掌管風與暴風的風神（Tawhiri-ma-tea）曾在威靈頓與威拉拉帕（Wairarapa）兩地，和他在地上生存的兄弟們有過數次激烈的打鬥。難怪南北島之間的庫克海峽雖然狹窄，卻是世界上海相最險惡的地帶之一，原來其來有自。從前的毛利人把北島視為一條魚，為其玻里尼西亞家族提供富足的食物。今天這塊魚嘴之地就和世界其他首都一樣繁榮。威靈頓的蔚藍港灣偶爾因港口作業掀起波紋，綠油油的山丘點綴著白色木造屋舍，山下則是辦公大樓。

威靈頓市民並不尊敬他們的歐裔白人建城之父——艾德華·吉朋·威克菲德。威靈頓只有他的墓碑，而沒有紀念碑，這或是緣於市民對他曾因誘拐一位富家千金而坐牢的事蹟感到反感。女方雖出於自願，她的父親卻不同意，而且在法庭上讓年輕的威克菲德吃了敗訴。威克菲德在新門監獄（Newgate Prison）親眼看見英國的窮苦大眾，因此提出一個吸引富人投資的計畫，為一無所有者提供工作機會。

左圖：威靈頓的建築
新舊並存。

這個計畫結果一團糟。參與的理想主義者稀少可憐，湊熱鬧者多如淘金熱時用的鏟子。他的兄弟威廉負責為新移民取得土地，但威廉只有4個月的時間。他和毛利人快速完成交易，用100枝毛瑟槍、100張毯子、60頂紅色睡帽、一打雨傘，還有釘子和斧頭之類的貨物，買了威靈頓。威克菲德宣稱他用9000英磅買了魚頭和大部分的魚身，共約800萬公頃的土地。

下圖：寇特尼街的酒
吧招牌。

舊金山的雙胞胎

人們常拿**威靈頓㉖**和美國的舊金山做比較，這其實還滿有道理。除了地震多和起伏不平的丘陵地形之外，兩座城市同樣有許多漆上五顏六色、俗稱「上漆女郎」（painted ladies）的豔麗木造建築。威靈頓和舊金山一樣有市內電車，帶著人們從市區的蘭頓碼頭（Lambton Quay）到港口欣賞美景。港邊是紅磚建築上爬滿常春藤的維多利亞大學（Victoria University）。

強風是大自然帶給威靈頓的另一項不利條件。居民永遠都彎著腰，頂著來自南阿爾卑斯山脈的凜冽狂風勉強行進——這樣的卡通畫面與現實相去不遠。為了彌補大自然的缺憾，這座城市的居民將自己的家打造成紐西蘭最富吸引力的建築。這裡也是紐西蘭政府所在地，因此公共建設的資金從不虞匱乏。

1970年代後半期，威靈頓經歷一場大翻新。基於防震考量，人們拆除昔日典雅的兩層或三層式維多

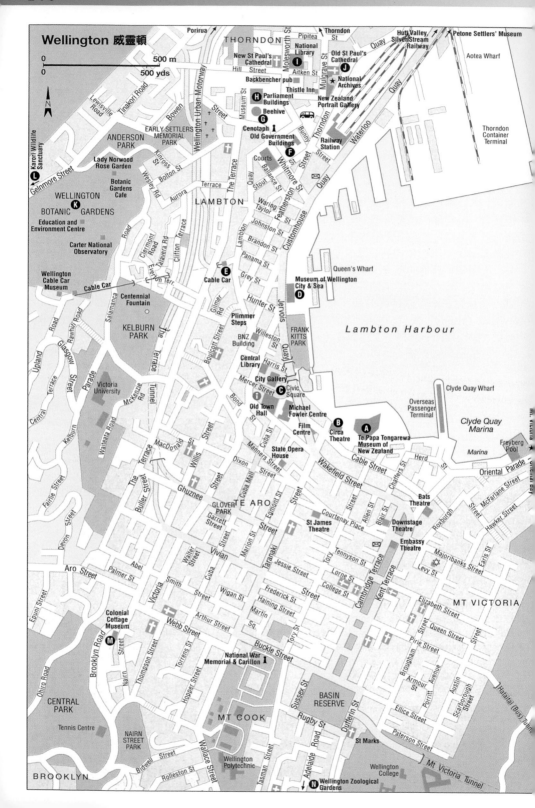

Wellington 威靈頓

0 ——————— 500 m
0 ——————— 500 yds

N

THORNDON

Porirua

Pipitea
Thorndon St
Thornton St
Hutt Valley Silver/Stream Railway
Petone Settlers' Museum

National Library **I**
New St Paul's Cathedral
Hill Street
Aitken St
Old St Paul's Cathedral **J**
National Archives

Aotea Wharf

Backbencher pub
Thistle Inn
New Zealand Portrait Gallery

Parliament Buildings **H**
Beehive

Waterloo Quay

Thorndon Container Terminal

EARLY SETTLERS MEMORIAL PARK

Cenotaph
Old Government Buildings **G**
F

Courts
Railway Station

ANDERSON PARK

Lady Norwood Rose Garden

Botanic Gardens Cafe

WELLINGTON BOTANIC **K** GARDENS

Education and Environment Centre

Carter National Observatory

Wellington Cable Car Museum

Centennial Fountain

KELBURN PARK

Cable Car
Cable Car **E**

LAMBTON

Terrace

Stout St
Balance St
Waring Taylor
Johnston St
Brandon St
Panama St

Grey St

Hunter St

Plimmer Steps

BNZ Building

Central Library

Jervois Quay

Museum of Wellington City & Sea **D**

Queen's Wharf

Lambton Harbour

Victoria University

Old Town Hall

City Gallery **C**
Civic Square

Michael Fowler Centre

Film Centre

State Opera House

Circa Theatre **B**
Te Papa Tongarewa Museum of New Zealand **A**

Clyde Quay Wharf

Overseas Passenger Terminal

Clyde Quay Marina

Freyberg Pool

Oriental Parade

Marina

GLOVER PARK

Garrett Street

TE ARO

Bats Theatre

St James Theatre

Courtenay Place

Downstage Theatre

Embassy Theatre

Herd

Cable Street

Wakefield Street

MT VICTORIA

Colonial Cottage Museum **M**

Webb Street

Buckle Street

National War Memorial & Carillon

CENTRAL PARK

Tennis Centre

NAIRN STREET PARK

MT COOK

BASIN RESERVE

BROOKLYN

Wellington Polytechnic

Wellington College

Wellington Zoological Gardens **N**

Mt Victoria Tunnel

Karori Wildlife Sanctuary **L**

利亞建築。取而代之的是鋼骨結構玻璃帷幕大樓，外觀看來一樣弱不禁風。

在經歷10年拆除重建之後，威靈頓終於開始好好整修所剩不多的舊建築，除了維多利亞大學外，還有市中心的建築如：寇特尼街（Courtenay Place）的巴洛克式聖詹姆斯劇院（St. James Theatre）、泰瑞街（The Terrace）的政府大廈（Government Buildings）。政府大廈是以當地木材建成，採用歐洲磚石結構式建築。

儘管威靈頓將貨櫃碼頭作業北移一哩至更設施完善的地點，威靈頓仍是紐西蘭13座重要港口中最繁忙的。這主要是因為庫克海峽的渡輪航班全天候無休，還有許多外國漁船來此註冊和補給。

紐西蘭最好的博物館

碼頭作業北移之後，剩下的建築，在1980年代停止公務之後，成為威靈頓城市再造的重點。這座首都在地理上一面受制於海，一面受制於利穆塔加山脈（Rimutaka），因此唯有追求藝術風雅，並表現在紐西蘭國內最有個性的博物館建築上。探索威靈頓這座城市一定得始於電車街（Cable Street）上的**紐西蘭國家博物館暨國立美術館** （Te Papa Tongarewa-Musem of New Zealand，平日10am-6pm；週四至9pm；免費；電話：04-381 7000；www.tepapa.gov.nz）。這座博物館是紐西蘭一等一的博物館，蒐藏了紐西蘭大部分的重要taonga（寶藏）。

如果想在一個屋簷下認識紐西蘭，非此地莫屬。博物館帶有侵略後現代

地圖見 216頁

 旅遊資訊

在決定要在威靈頓從事什麼活動之前，不妨先到市民廣場上的 i-SITE 遊客中心看看，該中心就在威克菲德街和維多利亞街的街角。電話：04-802 4860，www.wellingtonnz.com。

下圖：國家博物館是紐西蘭境內最好的博

威靈頓市民廣場上的
金屬棕櫚樹。紐西蘭
一流建築師伊恩‧艾
茲 菲 爾 德 （ I a n
Athfield）所設計的
市民廣場與威靈頓中
央圖書館毗鄰而立。

下圖：市民廣場是威
靈頓的活動中心。

風格的入口，所帶給遊客的感官刺激，更非其他博物館能及。這座博物館
以豐富的展示和紐西蘭獨有的體驗為號召，從毛利人現代聚會所瑪雷
（Marae）到自然力量館（Awesome Forces），後者可體驗刻畫出紐西蘭今日
面貌的地質力量。別錯過地震屋。館內還有發現中心、藝術時間之旅與虛
擬實境中心。

離開博物館後向右轉到舊碼頭區，外觀如長方形結婚蛋糕的建築就是**希
卡劇場 B**（Circa Theatre；電話：04-801 7992；www.circa.co.nz）。其門面
是改造自已拆除的西港議政廳（Westport Chambers）。希卡劇場是既活躍又
富新意的劇場，也是是舊港口區重生的最佳寫照。

離開博物館後向左轉，可以找到另外兩家大劇院。從電車街向右轉進肯
特街（Kent Terrace），是巴茲劇院（Bats Theatre；電話：04-802 4715；
www.bats.co.nz）；這是個前衛劇團的老地盤，其劇場演出變化多端且富挑
戰性。再往右轉向馬丘利班克斯街（Marjoribanks Street），是前台劇場
（Downstage Theatre；電話：04-801 6946；www.downstage.co.nz）這座有點
歪斜，以水泥、鋼骨與木材打造的金字塔形建築。劇場內娛樂設施一應俱
全，包括精彩表演、酒館與住宿。前台劇場是紐西蘭首座專業劇院，建於
1964年，它位於寇特尼街南端，這條街是市內流行音樂酒吧和餐廳聚集
地。

若要到威靈頓的商業、購物與歷史中心，順著希卡劇場北邊的碼頭走可
到一座人工潟湖，湖畔有兩間傳統的划船俱樂部。由此順著有繁複雕刻的
拱門穿越主要道路可到**市民廣場**（Civic Square） **C**。迄今留存的維多利亞

地圖見
216頁

式建築、用色、建築風格鮮明的大樓與購物中心，還有販售拿鐵與濃縮咖啡的咖啡館所營造出來的風尚氛圍，都為威靈頓增添明亮色彩。以粉紅色和淡棕為主要色調的市民廣場，大概是最明顯的例子。廣場一側是麥可‧福勒中心（Michael Fowler Centre）和舊市政廳（Old Town Hall）。

　　舊市政廳在許多外國指揮家力促之下而保留下來；其中一位是已故的李奧納德‧伯恩斯坦（Leonard Bernstein），他說舊市政廳是世界上數一數二的交響樂演奏場地。威靈頓是紐西蘭國家交響樂團的家，保留舊市政廳將使得這個家實至名歸。麥可‧福勒中心和舊市政廳是紐西蘭藝術節的重要地點，在時間上同樣久遠，兩者皆使威靈頓在紐西蘭的表演藝術地位益形重要。

　　市民廣場另一側是威靈頓中央圖書館（Wellington Central Library；週一至週四9:30am-8:30pm，週五9:30am-9pm；週六9am-5pm；週日1pm-4pm；電話：04-801 4040；www.wcl.govt.nz）。館內像是工廠廠房，金屬外露，並使用自然光線。介於兩側之間的市立美術館（平日10am-5pm；免費；電話：04-8013592；www.city-galler.org.nz）為1930年裝飾派藝術風格的建築，館內蒐藏國內外當代藝術作品。

面對著大使電影院（Embassy Theatre）的威爾斯龍酒館（ Welsh Dragon Bar），其所在地是威靈頓一幢備受喜愛的傳統建築，本地人稱之為Taj，建於1928年，當時為公共盥洗室，現在成了生意興隆的賣酒處。威爾斯龍酒館（電話：04-385 6566；e-mail：scorpios@xtra.co.nz）

威靈頓的碼頭

　　威靈頓高樓林立，夾在其中的街道狹窄風大，公園甚少；不過此地的上班族只要走一段路就可到碼頭區欣賞廣闊的天空，享受令人心神為之一振的海風。從市民廣場向右走向海邊，再往北邊的碼頭去，是少數世界上開

下圖：威靈頓港口風景。

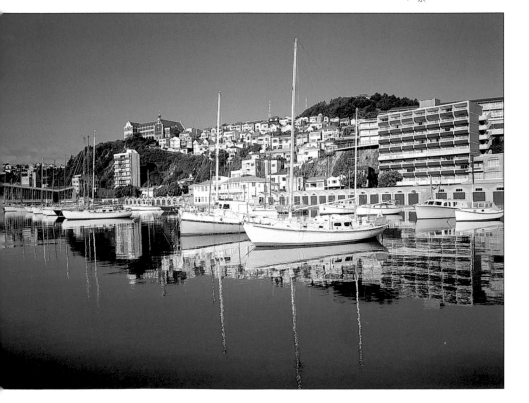

威靈頓城市與海洋博物館所在的傳統建築，建於1892年，當時為保稅倉庫（Bond Store），這座倉庫存放從咖啡到束腹等尚未報關的貨物。可以說從1892年到一次世界大戰以後，威靈頓吃的、喝的、穿的，都曾經放在這裡。

放給公眾使用的碼頭；午餐時間的慢跑者裡有政治家和公務員，他們精神抖擻地與表情困惑的俄國與韓國漁船船員擦身而過。舊房舍改建的餐廳供應高級鮮魚料理，即使不餓，也可以到皇后碼頭（Queens Wharf）看看**威靈頓城市及海洋博物館 **（Museum of Wellington City and Sea；平日10am-5pm；免費；電話：04-872 8904；www.museumofwellington.co.nz）。

館內的普利摩方舟藝廊（Plimmer's Ark Gallery）保存著150年前的航海船隻「無常號」（Inconstant）的遺骸，無常號即後來人稱的普利摩方舟（Plimmer's Ark）。看看威克菲德在早期移民史的爭議性，或許就可以說明為什麼「威靈頓之父」頭銜會屬於較踏實的商人約翰‧普利摩（John Plimmer）。普利摩抱怨宣傳中「如假包換的樂園」原來是「荒涼貧瘠不堪的惡地」。其實他沒什麼好抱怨的，他利用殘骸打造海灘上生意興隆的商行。他和其他生意上的朋友一樣，建造自己的碼頭，成為威靈頓舉足輕重的人物之一。船骸最後將他送入紐西蘭銀行的董事會。

蘭頓碼頭和議會區

沿著博物館對面的格瑞街（Grey Street）而行，可到**威靈頓電車站**（Wellington Cable Car，週一至週五7am-10pm，週日和公定假日9am-10pm；電話：04-472 2199）****。電車終點在植物園，一路可見陡峭的商業區市景；這條介於購物區與山上辦公大樓區的路線十分受歡迎。

蘭頓碼頭從前是普利摩和其他生意人開店的海濱地帶，從那時起便因面積狹小而重建改造，現在成為購物商圈。因為土地後退，商區從港灣向後

下圖：乘坐威靈頓電車一覽城市風光吧。

移到狹窄的威靈頓前灘。今日的蘭頓碼頭已從港灣後移了好幾個街區。

如果回程搭電車，從蘭頓碼頭向北600公尺便是世界第二大木造建築，建於1876年、面積9300平方公尺的**舊政府大樓**（Old Government Buildings）**❶**。1840年之前，此地還是潮水拍岸。正對面是這座首都獨一無二的圓形內閣建築，**蜂巢大廈**（The Beehive）**❷**，政治人物、高級官員和生意人經常在此出入。紐西蘭絕大多數的政治和金融中樞，都位於這一帶。

蜂巢大廈建於1970年代後期，有著銅製圓頂；鄰近建於1922年的的**國會大廈**（Parliament Buildings）**❸**，採方正大理石設計；建於1897年的**殖民議會圖書館**（General Assembly Library），則有著歌德式尖塔。蜂巢大廈與後兩者的造型有種對照之趣。蜂巢大廈的一側是歷史悠久、紅磚建築的**登博爾大宅**（Turnbull House）；它挨著泰瑞斯街1號的摩天樓，即財政部辦公處，對街則是紐西蘭儲備銀行。蜂巢大廈和國會大廈以北則是外觀為粉紅色水泥的**新聖保羅主教教堂**（St. Paul's Cathedral）和**國家圖書館 ❹**（National Library，週一至週五9am-5pm，週六9am-4:30pm，週日1pm-4:30pm；電話：04-474 3000；www.natlib.govt.nz），館內的**登博爾圖書館室**蒐藏豐富的紐西蘭及太平洋地區歷史文獻。

離開國家圖書館，走艾肯街（Aitken Street）再左轉穆葛拉夫街（Mulgrave Street），就可看到**老聖保羅主教教堂**（Old St. Paul's）**❺**，以及周圍的玻胡吐卡娃樹，這座小巧但令人印象深刻的哥德式主教教堂，包括釘子在內，全以當地木材建成。威靈頓有30座教堂，於1866年落成的老聖保羅主教教堂是其中的珍寶。大多數的教堂都融合木建築與強烈的哥德式

實用指南

想要與紐西蘭的政治人物打交道，不妨來他們愛去的小酌處，後排議員酒館（Backbencher Pub）位於墨爾斯沃斯街（Molesworth Street）34號（電話：04-472 3065）。

左圖：蜂巢大廈是政治掮客出沒的地方。

下圖：老聖保羅主教教堂。

旅遊資訊

植物園裡的卡特天文台（Carter National Osbservatory，電話：04-472 8167；），週一至週五10am-5pm，週六、日12pm-5pm；對外開放，天文台有精彩的演講，南半球夜空展示和行星之旅體驗。

下圖：繁茂的卡洛里野生動物保護區。

石建築風格，形成殖民建築獨一無二的特色。

　　往北再走10分鐘是**梭頓區**（Thorndon）。凱薩琳‧曼斯費爾德之家（Katherine Mansfield's Birthplace，週二至週日10am-4pm；免費；電話：04-473 7268）位於提納科里路（Tinakori Road）25號。1888年這位作家在此出生。這幢二樓高的住宅保存完美，而且以正統的維多利亞式花園而聞名。

威靈頓郊區

　　市中心的外緣有幾處威靈頓最引人入勝之地。老聖保羅主教教堂再往西南1公里是**植物園**ⓚ（Botanic Gardens，平日日出到日落；免費；電話：04-499 1400；www.wbg.co.nz）的肥沃土地，園區內的**羅絲女士花園**（Lady Norwood Rose Garden）因得過獎而聞名。在園區散步再為愜意不過，夏日裡花海繽紛美極。園內還有一座不錯的兒童遊樂場。

　　從植物園再往西南1公里，懷阿普路（Waiapu Road）上是知名的**卡洛里野生動物保護區**ⓛ（Karori Wildlife Sanctuary；週一至週五10am-4pm，冬季10am-5pm；週六、週日10am-5pm；免費；電話：04-920 2222；www.sanctuary.org.nz）。這片綠洲的步道總長35公里，涵蓋252公畝的再生林。在此有好機會看到或聽見處在自然環境裡的鷸鴕、秧雞和莫勒波克蛙嘴夜鷹。保護區亦提供夜間導覽行程（須預約，電話：04-920 9213）。

　　投入市區環境保護戰爭的威靈頓人日益繁多。1960年代末期，梭頓高級住宅區的居民從反對高速公路的興建開始學習投入環保課題，並挽救一部分瀕臨威脅的市郊建築。市郊另一邊，維多利亞大學以南的亞羅谷（Aro

Valley）舊社區居民就更厲害。市政府打算拆除木造房舍改建水泥房舍，但在大學生和老居民的反對之下，硬是撤銷計畫。

從卡洛里野生動物保護區向西往市中心走，有一處觀賞環保戰爭結果的好景點。地點就在城南威利斯街（Willis Street）街角附近，南寧街（Narin Street）68號的**殖民屋博物館** （Colonial Cottage Museum；夏季平日10am-4pm；週六日、公定假日與冬季平日12pm-4pm；免費；電話：04-384 9122；www.colonialcottagemuseum.co.nz）。這間博物館坐落在威靈頓最老的建築內，一座於1858年落成的四房大宅。1970年代，大宅本要被拆除，但當時的住戶（也是建屋者的孫女）不屈不撓，發起當地居民支持，挽救了大宅。從亞羅谷向西南穿過庫克峰（Cook Mount）博物館旁邊的**盆地板球場**，這裡原來是座湖，因為地震使得湖水流乾。

威靈頓市郊的住宅。

新城（Newtown）的市郊住宅區位於盆地西南方，狹窄街道湧進從太平洋、亞洲和歐洲地區來的移民。在當地學校可以聽到20來種語言。這裡的店鋪外觀彷彿移植自好萊塢西部片，店內販賣來自世界各國的食物。**威靈頓動物園** （Wellington Zoological Gardens；平日9:30am-5pm；免費；電話：04-381 6755；www.wellingtonzoo.co.nz）就位於新城。這是紐西蘭最古老的動物園，建於1906年，採行世界各動物園偏好的自然棲地模式經營。

哈特谷

想去威靈頓附近好玩的地方，首先必須再轉向北邊，經哈特路（Hutt Road）出城，駛向地勢和緩的**哈特谷**（Hutt Valley）㉗（見200頁地圖），造訪**下哈特**、**上哈特**和這兩座城市的衛星住宅區。首批移民對威克菲德可沒好氣，因為他們到達時，被扔在下哈特谷的海灘溼地上沒人理睬。因為營帳被沖走，於是他們遷移到較狹窄乾燥地區，也就是市區現址。棄守的下哈特地區即是今日的**佩托尼**（Petone），意思是「沙地尾端」，後來開發為擁有各種輕重工業的勞工城鎮。平坦的海岸地帶目前是熱門的休閒去處，工人住宅也改頭換面。**佩托尼移民博物館**（Petone Settlers' Museum；週二至週五12pm-4pm；週六、日1pm-5pm；電話：04-568 8373）記錄早期移民的奮鬥史。這間博物館從以前到現在一直和當地社區互動頻繁。

順谷而上來到銀溪（Silver Stream）。當地有著紅磚外表的天主教男子中學附屬於聖派屈克大學（St. Patrick's College）。在此想享受一趟蒸氣火車丘陵之旅，可洽詢**銀溪蒸氣火車基金會**（Silver Stream Railway；僅有週日11am-4pm；免費；電話：04-971 5747；www.silverstreamrailway.org.nz）。基金會由一群熱心志工經營，他們擁有許多紐西蘭境內尚在行駛的古董蒸氣火車，。

在下哈特谷的古茲利街（Guthrie Street）上有一處威靈頓必遊景點——**毛利藝術工坊**（Maori Treasures，週一至週五10am-10:30pm；免費；電話：04-939 9630；www.maoritreasures.co）。這裡是

下圖：自行車騎士正在欣賞哈特谷美景。

赫特家族的私人工坊，傑出的毛利藝術家在此從事傳統工藝。毛利藝術工坊亦蒐藏展示毛利藝術品，遊客可趁機在此親手練習傳統工藝技巧。工坊的守則之一便是，分享知識在毛利人傳統社會中是重要美德。

往威靈頓折向南邊，再轉向探訪坐落東邊陡峭海灣的幾處小聚落。以橄欖球聯盟俱樂部聞名的**威奴歐瑪塔**（Wainuiomata），是進入**利穆塔加森林公園**（Rimutaka Forest Park）的門戶。哈特谷山腳下則聚集著許多政府科學研究機構，另外還有碼頭儲油設施，從這裡可以一路來到長滿原生灌木的海灣。

往向外的山路走，可到谷內另一村落，**伊斯特本**（Eastbourne）。從市中心搭乘渡輪，或沿著海灣公路開車皆可到達，來此不妨逛逛藝品店，或體驗其恬靜步調。沿著海岸，悠遊步行8公里可到**潘加羅燈塔**（Pencarrow Lighthouse）。這是紐西蘭的第一座燈塔。1859年這座鑄鐵結構的建築由瑪麗‧珍‧班奈特（Mary Jane Bennet）守望，她是紐西蘭僅有的女性燈塔守望員。

卡匹提海岸

威靈頓人週末會前往西北邊的**卡匹提海岸**（Kapiti Coast）。其中一處海灘勝地是**帕拉帕拉烏穆**（Paraparaumu）㉘，在此可從事滑水或其他水上運動，也有許多過夜的地方可供選擇。在這裡可規劃行程，前往未受破壞的鳥類棲息聖地**卡匹提島**（Kapiti Island）㉙。當年白人抵達時，德‧勞帕拉赫酋長以此島做為首都統治威靈頓。島內的動物生態原本被貓、山羊與狗破壞殆盡，後來保育部著手驅除這些動物，使這座島變成紐西蘭鸚鵡、短翅水雞、啄羊鸚鵡和與鷸鴕等本土鳥兒的天堂。要探訪此島，可洽詢在帕拉帕拉烏穆開業的**卡匹提旅行社**（Kapiti Tours Ltd.，電話：04-237 7965；www.kapititours.co.nz）。

沿著這「黃金海岸」（Gold Coast）再往前走幾公里，便可品嚐當地的美味乳酪。在此可到**林達爾牧場**（Lindale Farm Complex；平日9am-5pm；免費；電話：04-297 0916；）參觀剪羊毛、擠牛奶的過程。也可到**南方汽車博物館**（Southward Car Museum；平日9am-4:30pm；免費；電話：04-297 1221；www.southward.org.nz）參觀古董車收藏；這裡的蒐藏無論數量或款式都是南半球最多的。

威拉拉帕地區

威靈頓西北方又是另一個世界。威靈頓地處中央位置，因**威拉拉帕**鄰近農地的生產都要透過威靈頓的港口運輸，因此重要性不曾稍減。往西北越過海拔300公尺的利穆塔加山脈需要一小時車程；冬季時，車子有時要視路況加防滑鍊。過去，費氏柴油火車頭載運乘客和貨物行駛於幾呈垂直的山路上。威拉拉帕湖北邊的廣大平原上分布著許多小鎮，這裡的生活與繁忙的首都成鮮明對比。**葛雷鎮**（Greytown）與前任總督有深厚淵源。**菲德斯頓**

下圖：潘加羅燈塔。

地圖見200頁

（Featherston）則因為歷史上曾經是日本戰俘營而顯得陰森。如果想買毛利人用扁斧雕刻的古董傢俱，就可造訪這一帶。鎮中心的**費氏柴油火車頭博物館**（Fell Locomotive Museum；平日10am-4pm；電話：06-3089379），蒐藏世上唯一現存的費氏柴油火車頭。距菲德斯頓西南18公里的**馬丁布羅**（Martinborough）㉚生產高級美酒，其中黑皮諾種紅葡萄酒尤為知名。體驗本地風情的最佳方法之一，是參加從威靈頓出發的賞酒旅行團。位於基欽納街（Kitchener Street）6號的**馬丁布羅美酒中心**，是瞭解這一帶酒類的好地方。

馬丁布羅以北50公里的**馬斯頓鎮**（Masterton）㉛，仍然保有傳統風貌，每年三月鎮上都會舉辦「金剪刀」**剪羊毛大賽**（Golden Shears；www.goldenshears.co.nz）。儘管紐西蘭早已擺脫「大農田」的形象，「金剪刀」仍是少數幾個全國都會關注的定期農業活動。到了獵鴨季節，大雨後湖水水位高漲，這裡也會湧入人潮。利穆塔加山脈的另一側擁擠又忙碌，對想逃離那裡的人來說，這一帶的山光水色頗受觀迎。

馬丁布羅西南60公里處，多風的崎嶇海岸從**帕利瑟角**（Cape Palliser）㉜向北延伸至卡斯爾角（Castle Point）。從費瑞湖（Lake Ferry）驅車開上曲折的帕利瑟角公路（Cape Palliser Road），一路景致怡人。接著下車走一段泥土山路便可到達地貌奇特的**普坦吉拉石林**（Putangira Pinnacles）。此地因雨水與洪水將泥沙沖刷殆盡，露出好幾排高達50公尺的石塔。

馬斯特頓一年一度的「金剪刀」剪羊毛大賽是難以錯過的盛事。

下圖：威拉拉帕的農田。

納爾遜和馬波羅

南島的北端是野生動物的棲息地，
大多遊客舟船勞頓地渡過了庫克海峽後，
都會愛上這裡的閒適輕鬆和緩慢步調。

Auckland 奧克蘭
North Island 北島
Wellington 威靈頓
Christchurch 基督城
South Island 南島

南島的納爾遜省與馬波羅省位於威靈頓西部，可從北島搭機納爾遜或布倫安（Blenheim）；或是搭乘島際渡輪經馬波羅峽灣到皮克頓。不管取道哪條路線，遊客都會來到一處對比極大的地區，西部多是乾旱之地，東部則有濕淋淋的雨林。大體上，這兩個省份是紐西蘭境內日照時數最多的地區（一年日照時數約2000～2400小時）。

一到假日，紐西蘭人便湧進此處。納爾遜平時有5萬人，據說聖誕節與新年會增加一倍。塔胡納努伊露營渡假村（Tahunanui Motor Camp），一年裡大多時候都空著，一到假日便有如一座小城。至於像凱提利提利（Kaiteriteri）這樣的海灘勝地，更從數百人暴增至數千人。遊客開車滿載著小孩，車後拖著活動房屋或小艇，車頂還繫著營帳，湧進旅館、汽車旅館和露營渡假村。

穿越庫克海峽到皮克頓

庫克海峽正好位於西北風吹流吹襲的「40度嘯風帶」（Roaring Forties），海峽等於風吹流的自然通道。天氣惡劣時，這裡儼然地球上最險惡的海域。然而一旦通過狹長的水域進入進入**馬波羅峽灣❶**的托利水道（Tory Channel）之後，就會豁然開朗，大大小小、安全無虞的海灣，碧綠色彩動人心弦。這處谷地，地貌既複雜又簡潔，海岸線長達1000公里。**托利水道**入口的廢棄建築是紐西蘭最後一座捕鯨站。捕鯨站於1964年關閉，為帕拉諾（Perano）家族50餘年的獵捕座頭鯨事業畫上句點。即便在今日，也只有少數馬波羅峽灣的居民可以經此豪華水道回家，水運仍是這一帶地區的主要交通與聯絡方式；郵件與醫生出診都是經由船隻。搭乘渡輪經由托利水道和夏綠蒂皇后峽灣（Queen Charlotte Sound），對於美景只能驚鴻一瞥。海邊尚有不少值得探險之地，點綴其間的房舍，許多都提供遊客假日住宿服務。

太平洋探險者當中最有名的庫克船長，探險之時曾在船灣（Ship Cove）一帶停逗留留百來餘天。庫克在夏綠蒂皇后峽灣的穆塔拉島（Moutara Island）最高點，宣布紐西蘭為英王領土，並將海灣獻給王后。夏綠蒂皇后峽灣入口處矗立著一座石碑紀念庫克到此。

灣區的商業中心是美麗如畫的**皮克頓❷**，此地靠近夏綠蒂皇后峽灣的灣頭。皮克頓是南島國道1號和主要鐵道的起站（也是終站）。此處也是庫克海

左圖：凱庫拉海岸的賞鯨活動。
下圖：田園詩般的夏綠蒂皇后峽灣。

Northern South Island 南島北部

0   50 km
0   50 miles

N

Tasman Sea

Karamea Bight

Oparara Basin

Karamea **35**

Mokihinui
Hector
Ngakawau   Seddon

Westport **34**
Cape Foulwind   Denniston
Bull Inangahua
Charleston

Punakaiki **Paparoa NP**
Pancake Rocks **33**
Barrytown
Runanga   Blackball   Ikamatua
Springs Junction
Grey   Ahaura
Greymouth **32**   Stillwater
Kumara Junction   Shantytown   Moana
Lake Brunner
Hokitika **31**   Kumara
Lake Sumner
Ross   Kowhitirangi   Inchbonnie
Lake Kaniere   Otira 924   Mt Longfell ▲ 1898
Hokitiku River Gorge   Mt Rolleston ▲ 2271
Arthur's Pass National Park
Arthur's Pass **16**
Puketeraki Range

Paparoa Range
Reefton **36**

Abut Head   Harihari
Lake Ianthe
Broken River **★**
Okarito Lagoon **30**
Lake Wahapo
Okarito
Lake Mapourika   Whataroa
2644 ▲ Mt Whitecombe
Lake Coleridge
Porter's Pass **17** 945 ▲
Oxfo
Franz Josef Glacier **29**
Lake Matheson
Gillespies Beach
2795 ▲ Mt Arrowsmith
Springfield
Sheffield
Fox Glacier **28**
Aoraki Mt Cook National Park
3498 ▲ Mt Tasman **24**
Mount Hutt **18**
Darfield

Westland National Park **27**
3754 ▲ Mt Cook
Hooker Glacier
Mt Cook Village **23**
Rangitata
Methven   Dunsandel
Mount Somers
Lake Moeraki
Knights Point
Lake Paringa
1951 ▲ Ben McLeod
Mayfield
Rakaia
Chertsey

Haast Beach   Haast
Jackson Bay **26**
Haast
Mt John Observatory **21**
Lake Tekapo
Church of Good Shepherd
Lake Tekapo
Tinwald
Ashburton

Mount Aspiring National Park
Mt Huxley ▲ 2499
Lake Pukaki **22**
Burke's Pass **20**
Geraldine **19**   Orari
Fairlie **79**
Temuka

25 Haast Pass
Makaroa
Lake Ohau
Twizel
Albury
Pleasant Point
Canterbury Bight

Southern Alps
3030 ▲ Mt Aspiring
Lake Wanaka
Lake Hawea
Lake Benmore
Omarama
971   Lindis Pass
Queenstown
Timaru
Pareora
Dunedin

Southern Alps

Two Thumb Range
Ben Ohau Range
Glentanner Park
Kirkliston Range
Hunters Hills
Canterbury Plains
Waimakariri
Rakaia

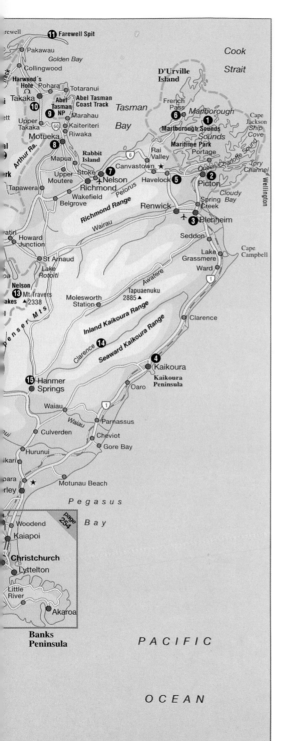

峽往返威靈頓的渡輪總站，當地人和遊客所仰賴的交通工具，如各種遊艇、水上計程車與包船都以此為基地。

皮克頓灣的海灘上停靠著一艘舊商務平底船，名叫「回聲號」（Echo）；「回聲號」是紐西蘭少數還在作業的商務平底船，現在是間咖啡館（電話：03-5737498）。雖然灣區大多處地方都為深水地區，但這些平底、吃水淺的船隻在孤立的海灘間裝卸貨物卻十分敏捷方便。

更古老久遠的航海遺物現在都蒐藏在登巴路（Dunbar Walk）的**艾德溫·福克斯航海中心**（Edwin Fox Marine Centre，平日8:45am-5pm，夏季至6pm；電話：03-575 6868）。有著柚木艙板的艾德溫·福克斯號（Edwin Fox）建於1853年，是世上僅存的兩艘英屬東印度公司船隻之一。
皮克頓一帶有多間博物館，多數都是蒐藏著這座城市的航海遺產。在此地錯綜複雜的水路之間，可搭船兜風，可乘坐小艇，也可賞海豚。

布倫安

布倫安 ❸ 位於皮克頓南方30公里處，是人口稀疏的馬波羅省行政中心。這座地處威勞平原（Wairau Plain）、景色怡人的農鎮，自1973年蒙大拿葡萄園區（Montana vineyards）建立以來便大為繁榮。代理蒙大拿酒的是**聯合多美**（Allied Domecq Wines，www.adwnz.co.nz），該公司為紐西蘭最大酒廠，生產醉人美酒。聯合多美旗下的**布蘭可酒莊**（Brancott Winery，電話：03-578 2099），就位於布倫安南部。

馬波羅為紐西蘭數一數二的重要產酒區，境內酒莊遍布，例如知名的**雲灣**（Cloudy Bay；www.coludybay.co.nz）；亦不乏高級餐廳、咖啡館和歇腳之處。每年2月舉行的的「**BMW馬波羅美酒佳餚節**」（BMW Wine Marlborough Wine and Food Festival），旨在慶祝美酒與美食如膠似漆的關係，這活動現已成為此地重要特產。其他特產還包括葡萄、蘋果、櫻桃、綿羊，託馬波羅和煦日照之福，生長肥美。從馬波羅省的乾熱夏季獲益最大的是**葛拉斯美爾湖**（Lake Grassmere）的鹽田；葛拉

斯美爾湖距布倫安30公里，人們把在此海水灌進淺潟湖中讓海水蒸發到滴水不剩，取得閃亮銀白的鹽晶。

凱庫拉的鯨魚與海豚

馬波羅省南部延伸至坎特伯利西部的海岸線，地勢裸露岩礁遍布。**凱庫拉（Kaikoura）❹** 人口3200人，位於布倫安以南130公里，坐落於小半島基部，從馬波羅到這一帶海域的當地漁船以這小半島為避風港。當地人在岩岸抓來的螯蝦或龍蝦，常常是直接拿到路旁攤子現煮現賣。

凱庫拉現在更重要的經濟來源是賞鯨遊客。抹香鯨群聚於近海幾公里處。用來追逐大烏賊的高感度水下測音計可測得水深一公里以下潛水動物之「回聲定位」，船隻便可先駛到鯨魚浮出的近處海面；鯨魚在潛水之前會先悠閒地待在水面10分鐘做深呼吸。這鴨式潛水最精彩的就是巨大鯨魚揚起尾鰭曳然消失的一刻。兩個半小時的賞鯨之旅，全年無休，請洽**凱庫拉賞鯨公司**（Whale Watch Kaikoura，電話：03-319 6767；www.whale-watch.co.nz）。

說來諷刺，這奇特的濱海小鎮在一世紀前是因捕殺鯨魚而建造，今日卻要靠展示鯨魚來維持繁榮。遊客亦可以搭乘輕型機或直升機賞鯨（電話：03-319 6609；www.worldofwhales.co.nz）；運氣好的話，在岸上就看到牠們的蹤影。由毛利人所經營的賞鯨業已成為此鎮的一大宣傳重點；對路過的旅人來說，中途在此停留賞鯨是頗值得的。

凱庫拉的另一賣點也是在水裡。**邂逅海豚公司**（Dolphin Encounter，電

當鯨魚高舉尾鰭拍打海面時，就可以認出牠們。這美妙的姿態在凱庫拉經常可見。

下圖：布倫安的葡萄園。

話：03-319 6777；www.dolphin.co.nz）的海豚之旅讓遊客下水游泳與友善的海豚共舞。由於這些行程大受歡迎，夏季時務必先預約。

從凱庫拉往內陸走，兩座平行的山脈高聳入雲，其中的高峰是**塔普亞恩奴庫山**（Tapuaenuku），山高2885公尺。過了山頭則會來到**亞瓦提列谷**（Awatere Valley）和**摩爾沃斯**（Molesworth Station），後者是紐西蘭最大的牧羊和放牧山區，面積廣達18萬2000公頃。

淡菜與黃金

駛上布倫安西北向通往納爾遜的國道6號，在39公里處會經過美麗的凱圖納谷（Kaituna Valley）到達**哈夫洛克**（Havelock）❺。這裡位於貝羅魯斯峽灣（Perolus Sound）的灣頭，是釣魚和渡假的去處。哈夫洛克有如皮克頓，雖然沒有島際渡輪，但所有經濟活動都要透過水運。貝羅魯斯和肯尼普魯（Kenepuru Sound）兩處峽灣對紐西蘭正在擴張的海產養殖業來說是關鍵地區，有所屏障的開闊水域，利用箱網養殖鮭魚，利用延繩來養殖綠唇淡菜。這裡也養殖扇貝和巨牡蠣（Pacific oyster）。

哈夫洛克再過去則是**帆布鎮**（Canvastown）；此地的**瓦卡馬利納河**（Wakamarina River）在1860年代發現金礦，淘金者搭建的帆布帳蓬如雨後春筍般出現，因而得名。這場淘金熱十分短暫，大多數的淘金者後來都前往南部的奧塔哥。帆布鎮將從前的採礦工具嵌在水泥塊中紀念舊日的榮景。觀光客仍然可租用工具體驗瓦卡馬利納河的淘金樂趣。

雷伊谷（Rai Valley）是遊覽車往返布倫安和納爾遜這段長115公里路程的休息站。這裡有一條旁支公路通往灣區的最西端——**法蘭斯水道**（French Pass）❻。這條狹窄遍布且暗礁的水道，位置介於南島和**得威勒島**（D' Urville Island）間，因海軍灣（Admiralty）與塔斯曼灣的海水在此交會而水勢湍急。紐西蘭的第五大島，以19世紀法國探險家得威勒（Dumont d' Urville）為名，他在1827年通過這個水道，當時他的輕武裝快艦「星盤號」（The Astrolabe）卡在暗礁間險些發生船難。

納爾遜與周遭環境

馬波羅和**納爾遜**❼原為一省，但是馬波羅保守的綿羊業者排擠掉納爾遜，他們認為納爾遜主要居民的先進歐洲藝術家與工匠專門找麻煩。納爾遜是滋生創意力的溫床，氛圍迥異於紐西蘭其他城市。1858年，納爾遜自其他新興大城市獨立出來。地理上，它沒有聯結紐西蘭的鐵路網，異發顯得孤立，雖然航空交通或多或少改善了此狀態。

蘇德主教（Andrew Suter）1867到1891年間在此主持教務。他對此城貢獻良多，除賦予納爾遜行政區地位，還留下藏畫；他的收藏被視為紐西蘭早期殖民時期最好的水彩畫。這批畫作收藏於布瑞吉街（Bridge Street）的**蘇德美術館**（Suter Gallery，平日10:30am-4:30pm；免費；電話：03-548 4699；

地圖見234頁

暗色斑紋海豚（Dusky dolphin，學名 *Lagenorhynchus obscurus*）出沒於凱庫拉海域，屬於我們所知的鯨目動物。鯨魚、海豚與江豚同屬鯨目動物。

下圖：在凱庫拉可與海豚歡躍共游。

旅遊資訊

從特拉法加街向北走幾百公尺到蒙哥馬利廣場（Montgomery Square），就是納爾遜市集（Nelson Market，週六8am-1pm；電話：03-546 6454）。趁機逛逛買買這地區最好的產品，順便看看當地最具代表性的工藝品。

下圖：奇裝異服是「穿著藝術節」的正字標記。

www.thesuter.org.nz）。這座美術館和**音樂學校**（School of Music，電話：03-548 9477）、**皇家劇院**（Theatre Royal，電話：03-548 3480；）為城市的文化生活重心。從美術館往南兩個街區可到音樂學校，往西邊路瑟福街（Rutherford Street）到紐西蘭最古老的劇場建築皇家劇院。由路瑟福再向西可到特拉法加街（Trafalgar Street）的**基督大教堂**（Christ Church Cathedral），從教堂南端爬上長長的階梯就可到達高高在上的教堂。

　　創立者歷史公園（Founders Historic Park，平日10:am-4pm；免費）位於城北的阿塔懷路（Atawai Drive）上，此地是歷史建築村，園內有一座風車、木造迷宮和航海器具的展示。再往北是宮津花園（Miyazu Gardens，平日8am到太陽下山；免費），相信這座日本回遊式庭園設計的公園，對愛好公園踏青的遊客來說，會比城西密爾頓街（Milton Street）的**植物丘**（Bontanica Hill）更討人喜歡。

藝術上身

　　納爾遜為人所知的還有沙灘和廣大的蘋果園，其蓬勃的藝術與文化社團更不能不提。自2004年9月起，納爾遜便開始主辦一年一度的「**穿著藝術節**」（The World of Wearable Art Awards，簡稱WOW）。這比賽在1987年初次舉行的時候，原是當地一家藝廊的宣傳活動，後來卻意外地逐步演變成大受歡迎的前衛藝術秀，吸引紐西蘭國內外的競賽者與觀眾參加。時尚、雕塑或藝術？當參加角逐的設計師競相創造出最怪異的裝束時，他們的作品已將三項元素囊括其中。

　　從2005年開始，WOW將在威靈頓皇后碼頭（Queens Wharf）的活動中心舉行，但之前參加比賽的服裝與藝術作品將永久收藏在納爾遜的**穿著藝術與名車博物館**（World of Wearable Art and Collectable Cars Museum，平日10am-5pm；夏季10am-6pm；電話：03-547 4573）。這座博物館就位於市中心西南約5公里的夸倫丁路（Quarantine Road）。

　　威米亞平原（Waimea Plain）上的村鎮建有許多美麗的教堂，如納爾遜西南12公里的**里奇蒙**（Richmond）、和里奇蒙西南15公里的**威克菲德**（Wakefield）等。威克菲德於1847年建成的**聖約翰教區教堂**（St. John's）是紐西蘭第二古老的教堂，也是南島最古老的教堂。從納爾遜到里奇蒙的半路上，不妨到司托克（Stoke）造訪拓荒先鋒的家園「**綠意古宅**」（Broadgreen Historic House，平日10:30am-4:30pm；電話：03- 546 0283；www.geocities.com/broadgreen_house），地址是聶蘭路（Nayland Rd）276號。這座約莫建於1855年，擁有11個房間的英式傳統建築，讓遊客瞥見早些時候的風雅年代。

納爾遜地區果園星羅棋布。

亞伯·塔斯曼國家公園

　　納爾遜是紐西蘭境內西洋梨、奇異果、漿果的主要產地，同時也是蛇麻草的唯一產地。近來葡萄園也在增加中，尤以威米亞和莫德列山（Moutere Hills）兩地更多。里奇蒙經國道60號向北35公里可到**莫土伊卡**（Motueka）❽，這附近產蛇麻草，以前這一帶種的都是菸草。林牧業、漁業和船隻補給，是當地其他的重要產業。1960年代手工藝品重新流行，納

下圖：從綠意古宅可以想見19世紀中葉生活的吉光片羽。

爾遜地區因優質陶土而成為陶藝重鎮;其中最繁榮的藝術社區非莫土伊卡莫屬,莫土伊卡河更是釣鱒魚的好去處。除陶藝品外,此地的紡織品、銀製品、玻璃吹製品及其他工藝品也相當興盛。

亞伯・塔斯曼國家公園(Abel Tasman National Park)❾位於莫土伊卡以北約20公里處,有著碧綠海灣與花崗石地質的海岸線。**海岸步道**(Coastal Track,參見243頁)南至馬拉豪(Marahau),北到**托塔拉奴**(Totaranui),在其中健行別有滋味。走完全程要花上3、4天,比較不費力的玩法是在凱提利提利或塔拉可希(Tarakohe)找好落腳處,途中在此歇息遊賞幾處海灣。近年來,海灣的獨木舟行程,不管是搭乘或是自行操舟,皆人氣爆增。塔拉可希前往國家公園的路上,有一座紀念亞伯・塔斯曼的紀念碑。這位17世紀的荷蘭航海家為歐洲發現了紐西蘭。

哥登灣

國道60號上的**塔卡卡丘路**(Takaka Hill Road),高海拔791公尺,此路段在**哥登灣**公園的西邊;雖然它不是紐西蘭最高的山路,但25公里的距離與365個轉彎,可是紐西蘭在開車時所要應付的最長山路。雨水在大理石地質的山丘上蝕刻出裂痕、溪流、小河及與凹槽,形成特殊地貌。從塔卡卡丘路的盡頭朝里瓦卡谷(Riwaka Valley)靠納爾遜方向走400公尺,就會來到里卡瓦河冒出頭的河段,河水從山谷一處看不到的源頭流到此地,在此傾瀉而出。

從岔路往迦南(Canaan)走可到**哈伍茲岩洞**(Harwoods Hole)開始,

地圖見234頁

深達183公尺，垂降運動者視降入此坑為終極挑戰。第一次垂降運動於1957年發生，當時有一位團員在被吊拉上來之際，遭落石擊中身亡。越過山丘之後有一處U形轉彎關卡，在此就可以看見哥登灣。

塔卡卡（Takaka）❿為哥登灣的門戶。普普泉（Pupu Springs）又名懷科魯普普泉（Waikoropupu Springs），位於塔卡卡以西5公里處；1993年時科學家發現這座紐西蘭最大淡水泉的水質是世界最清澈的，因此聲名大噪——普普泉的地下泉可見度深達近62公尺。泉水澤被四方。水生植物生長繁茂，波光閃耀的水面下是數量可觀的珊瑚礁。再往上是薄霧飄渺的山谷，看到谷口處的停車場就是**普普步道**（Pupu Walkway）的起點了。兩公里長的步道，一路上盡是曲曲折折、挨著山崖的水道和水管。1901年有8個男人拿著鎬鏟建造這條路，好為山下淘金者供水。

原本塔卡卡一帶只有全麥小店（Wholemeal Trading Company）這家餐館，不過現在哥登灣附近已有十餘家咖啡館和餐廳在競爭生意。**科林伍德**（Collingwood）是接近高速公路終點的最後一個城鎮。由塔卡卡往北向科林伍德開30公里，可到**淡菜小棧**（Mussel Inn；電話：0-3-525 9241；www.musselinn.co.nz），這間剛滿10年的老店已經變成了公共建築。說到釀啤酒，老闆狄克森夫婦相信小即是美（淡菜小棧是紐西蘭國內最小的微量型啤酒廠）。

哥登灣（意為黃金之灣）因1857年引發奧雷雷淘金熱（Aorere Goldrush）的珍貴黃金而有此名。今日一提到哥登灣就讓人聯想到，往西北折向**送別角**（Farewell Spit）⓫那一段令人慵懶的斜長沙灘。這處獨一無二、長35

旅遊資訊

塔卡卡附近的淡菜小棧微量型啤酒廠，不走傳統路線，自行研發一系列新口味啤酒。開始先喝鵝（goose），最後喝蠻牛（strong ox）。中間小酌黑羊（black sheep）、黑馬（dark horse）、灰鯨（pale whale）等口味。

下圖：普泉的清澈泉水。

地圖見
234頁

送別角讓哥登灣成為地球上最危險的鯨魚陷阱。夏季遷移等巨頭鯨經過時會在淺水處擱淺，而且經常一次便有上百隻。還好有駐軍和打工度假者會把這些鯨魚推回海上。

公里的沙嘴，滿布沙丘與矮樹叢，在1938年成為自然保留區；這處世界最長的沙嘴，像一把短彎刀刺入哥登灣，刀刃的一面受大浪撲打，另一面則是廣大的潮間帶。沙嘴由西岸一帶向北沖來的片岩砂沖積而成，由於在強風與洋流的作用，帶來這動態環境中的飛沙走石，沙嘴正緩慢持續地朝四面八方擴張當中。送別角現由紐西蘭保育部管理，嚴格限制進入。從**普彭加**（Puponga）到科林伍德間長26公里的路段是允許步行的。四輪傳動車觀光行程通常限於到科林伍德看燈塔與到沙嘴盡頭看塘鵝棲息地。

哥登灣西側荒涼，面對洶湧的塔斯曼海，這一帶海岸線雖然險阻，風景卻令人心曠神怡。從普彭加走到**華拉里基海灘**（Wharariki Beach）的30分鐘路程，一路上可見岩崖、海蝕門、岩洞與綿延不絕的大沙丘，景致無與倫比。越過**帕卡沃**（Pakawau）鞍山，可到**西港海口**（Westhaven Inlet）。1994年官方宣布此地成為海洋生態保留區，當地不滿的居民立了告示：「西港海口人類保留區。鳥類、保育部與蠢蛋禁止進入。」

海口附近狹長、塵土飛揚的道路景致絕佳。海水高潮時如果無風，海天一色的風光最美。到**回聲角**（Echo Point）時值得稍事逗留，在此大聲尖叫，體驗八聲道的混音音效。**曼加拉考**（Mangarakau）曾經繁榮過，但從現在的遺跡已看不出它過去因煤、木、亞麻和黃金而興盛的工業榮景。開車經過關閉的老校舍時，不妨思古幽情一番。車子往右開可見雜草叢生的煤礦坑入口，1958年1月17日礦坑發生煤氣爆炸，死了4名礦工；當天是他們暑休後回來上班第一天。第五名趕來搶救的礦工則吸入過多煤氣重傷。

鱒魚與健行者

哥登灣再往南走，即便四輪驅動車也無用武之地。這一帶屬於**卡胡蘭吉國家公園**（Kahurangi National Park）⑫的範圍，廣達45萬2000公頃，是紐西蘭第二大的國家公園；紐西蘭境內有2400種植物，此地可見到1200種，其中還有67種是它處絕無僅有的。總長超過550公里的步道，吸引許多人來此健行，其中以85公里長的**希菲步道**（Heaphy Track，見243頁）最受歡迎。有一種郊山行程需時四、五天，先從科林伍德南邊出發，然後往上穿越山區，再往下走至西岸來到卡拉米亞（Karamea）。沿途均有地方過夜，如想節省旅費，不妨投宿保育部所管理的山屋。

腳力不足，或不想太費體力，也有景點可去。位於**納爾遜湖國家公園**（Nelson Lake National Park）⑬內，納爾遜以南90公里的**羅托魯湖**，湖畔有間重新修葺的1920年代釣魚小屋，喚做羅托魯湖畔小屋（Lake Rotorua Lodge）。納爾遜湖國家公園誇口出門走一小段路就可到達「積優股」級的漁場，園內26條最頂級的釣河，車程都不到一小時。位置鄰近**羅托提湖**的聖阿勞村（St. Arnaud）則提供了住宿，冬天時這附近還有兩座滑雪場可去。

如果不想穿越山區回基督城或西岸，也還有一條公路可以穿過威勞谷（Wairau Valley）抵達布倫安。

下圖：從空中看送別角。

南島步道

要體驗紐西蘭的戶外生活樂趣就像在公園散步一樣容易。紐西蘭保育部負責管理國內的步道，其中包括十大最佳步道，這些步道分布於紐西蘭全境的國家公園內。好好看看紐西蘭絕佳美景吧。

步道中最有名的或許是峽灣區的**密爾福步道**。4天行程的路線始於內地湖泊，途經深峻河谷，最後到達峽灣。步道從蒂阿瑙湖（Lake Te Anau）向上沿著克林頓河（Clinton River）到達米塔羅山屋（Mintaro Hut），從此地穿越景色美麗的麥金農隘口（MacKinnon Pass），然後往下到達昆丁山屋（Quintin Hut）。遊客可以將背包先擱在此處，花點時間折回紐西蘭最高的南島瀑布（Southland Falls）。步道最後從昆丁山屋向外穿過雨林到達密爾福峽灣。

密爾福步道人氣之高，如要探訪務必事先預約。入山證可以在蒂阿瑙的國家公園總部取得。無論有導遊指路或想做自由登山者，都能完成旅程。此步道老少咸宜，然而挑戰者身體可不能太差，各種天候的衣著都要準備。

3天行程的**路特本步道**（Routeburn Track）名氣略小於密爾福步道，景色卻不分軒輊；此步道連接峽灣區國家公園與艾斯派林山國家公園（Mount Aspiring National Park）。早期毛利人經此路去採綠石。此步道從蒂阿瑙—密爾福高速公路的主要支線開始，越過基山頂（Key Summit）到霍登湖（Lake Howden），接著向下到達麥肯齊盆地（Mackenzie Basin）。由此穿過哈里斯鞍山（Harris Saddle）進入路特本谷地（Routeburn Valley）。此步道的重點是基山頂的景致。

塔斯曼國家公園國的**海岸步道**則提供迥然不同的體驗。3、4天的步道行程，悠閒地穿過灌木叢區，然後邁入金色沙灘。此步道因風光獨特，近年大受歡迎，要找到住宿小屋可不容易，所以帶著帳蓬一遊吧。遇到漲潮時，偶爾必須改道；看當地報紙或小屋牆上釘的資料可找到潮汐時刻。記得帶防蟲液驅蚊。

從科林伍德到卡拉米亞的**希菲步道**，行程為4到6大。步道的範圍大多在卡胡蘭吉國家公園境內。從布朗山屋（Brown Hut），步道一路穿過山毛櫸森林到達派瑞鞍山（Perry Saddle）。步道重點之一是派瑞山頂的風光，從派瑞山屋往回攻頂要走兩小時。接著步道從古蘭草丘（Gouland Downs）的空地蜿蜒而過，然後到達麥凱山屋（Mackay Hut）。希菲山屋（Heaphy Hut）位於風景不錯的海岸區，一部分步道在此向下延伸至海岸，此地的尼考棕櫚樹是一大特色。這一段的景致是行程中最美的，不過，再次叮嚀，要帶防蟲液驅蚊。

關於上述步道與其他步道的資訊，都可向保育部洽詢。步道為免費使用，住宿則收取合理費用。

右圖：健行者站在希菲步道上的一處欣賞卡胡蘭吉國家公園的美景。

旅遊資訊

基督城的電車（行駛時間：11月至3月9am-9pm，4月至10月9am5pm，電話：03-366 7830，www.tram.co.nz）在停駛43年之後，重新開動，自1995年來一直行駛在2.5公里的環城軌道上。因為電車周而復始繞著市中心走，所以可以在9個站牌處隨意上下車。

下圖：基督城的電車。

走，便會經過**卡倫美爾廣場**（Cranmer Square）。廣場遠方是**舊基督城師範學校**（Christchurch Normal School），建於1878年，是一所專門培訓督學的學校。後來被荒廢了許久，現在這座建築成為**卡倫美爾**（Cranmer Court），裡面有豪華公寓和全城最好的餐廳。

亞瑪格街再往下走，就會來到1858-1865年舊的**省議會建築**（Canterbury Provincial Council Buildings）**Ⓗ**（週一至週六10am-3pm，免費），這裡曾是地方政府的所在，現在仍有些辦公室，這些建築是班傑明‧莫佛的維多利亞哥德復興風格代表作品。

市內建築的驕傲

沿著亞瑪格街往東走便是**維多利亞廣場**（Victoria Square），過去曾是基督城的市場。現在這裡則有著綠地和**市政廳**（Town Hall）**Ⓘ**。市政廳啟用於 1972 年，在此之前基督城為了尋找一處市政中心而猶豫了122年之久，這裡至今一直是現代基督城的驕傲。這是由基督城出身的建築師華倫與馬洪（Warren and Mahoney）設計的，風格簡約優雅，裡面設有演講廳、演奏廳、會議廳、宴會廳，以及可以看到亞芬河與廣場的餐廳。

市政廳和基督城新建的**皇冠廣場旅館**（Crowned Plaza Hotel）相鄰，人們也可以從空橋走進新的會議中心。紐西蘭的第一座賭場**基督城賭場**（Christchurch Casino）開在距離維多利亞廣場一條街外的地方，門面則是風格獨具的輪盤裝飾。

離亞瑪格街較遠的右方是**新攝政街**（New Regent Street），其建築物的正面有迷人的西班牙傳教會風格的淡彩繪畫。這條街交通便利（但沒有電

車），街上有許多咖啡廳、餐廳和精品店。

巴貝多斯街的主佑聖
心大教堂。

其他教堂景點

如果你對教會建築有興趣，基督城還有一座大教堂值得一看。位於大教堂南方2公里巴貝多斯街（Barbadoes Street）、隸屬羅馬天主教的**主佑聖心大教堂**（Cathedral of the Blessed Sacrament）**J**（每天9am-4pm，電話：03-377 5610）。這座文藝復興浪漫極盛期的教堂，於1905年啟用，取代搬至渡頭街（Ferry Street）的木造教堂。蕭伯納曾在大教堂啟用不久造訪基督城，他稱讚基督城有座「亮麗的大教堂」。英國國教派的教士們很快就發現，原來他說的不是基督城大教堂，而是這座天主教本堂，轉而惱羞成怒。教堂的建築師法蘭西斯‧佩卓（Francis W. Petre）雖是在紐西蘭出生，卻是來自英國最早的天主教家庭。

巴貝多斯街右轉就是摩爾豪斯大道（Moorehouse Avenue），這裡有一座由舊火車站改成的實用科學中心**科學活力館**（Science Alive，每天10am-5pm，需購票，電話：03-365 5199，www.wciencealive.co.nz），是一座工藝科學的互動殿堂。訪客可以體驗一下紐西蘭最高的垂直降落裝置、參觀迴轉器上的太空人訓練，並探索黑洞的內部等所有最先進的科學主題。

波特山和班克斯半島

出了市中心，街上都是精緻的房舍。基督城的房地產有著明顯的階級差異，有些分界線甚至令人費解。西北邊的**芬達頓**（Fendalton）或**梅麗瓦爾**（Merivale）的高格調很容易辨認，這裡有整齊的樹木和隱蔽的花園。但往

下圖：維多利亞廣場的噴泉，後方是亞芬河。

往跨過一條街，地價就直線滑落。

梅麗瓦爾的購物中心是基督城一帶最棒的一家，裡面的店鋪和餐館可以和市中心分庭抗禮。

南方的**波特山**（Port Hills）是基督城區唯一的高地。山丘的高度超過了冬季的霧層。沿著**山峰路**（Summit Road）❶可以來到山頂，山頂上可以看到基督城、平原和南阿爾卑斯山。另一側則可以看到利特爾頓的港口和班克斯半島的山丘。波特山和鄰近的半島上有許多蜿蜒的步道，有的可在一兩個小時內走完，有的則需在山上過夜才能完成。你可以在遊客中心詢問細節。你也可以搭乘**基督城高空纜車**（Christchurch Gondola，每天10am-10pm，電話：03-384 0700，www.gondola.co.nz）到達山上，這纜車是基督城的特色之一。搭完纜車你還可以到附近的餐館、酒館或禮品店一遊。喜歡運動的人則可以租越野腳踏車一路上山，之後繼續馳騁山路或從另一條路下山。

這一帶有許多花園。最著名的要算是位於天啟路（Revelation Drive）的**葛什希曼尼花園**（Gethsemane Gardens，每天9am-5pm，需購票，電話：03-326 5848，www.gethsemanegardens.co.nz）了。這座私人花園內有各種奇珍花朵。花園內的步道和爬滿藤蔓的小禮拜堂也很值得一遊，新添的非常突出的諾亞方舟是必看的景點。

開車或坐公車到東南方的**利特爾頓**❷有12公里遠，這座沉睡的港市位於基督城另一邊的山上。港內有迷人沿著山坡而築的小房舍。你可以從一條公路隧道開回基督城，或是開過山區，來到海濱的費利米德（Ferrymead）、紅山崖（Redcliffs）或索姆納（Sumner）等郊區城鎮。**費利**

搭乘熱氣球飛行，欣賞基督城的鄉村景致。洽詢Up Up and Away，電話：06-381 4600；www.ballooning.co.nz。

下圖：波特山。

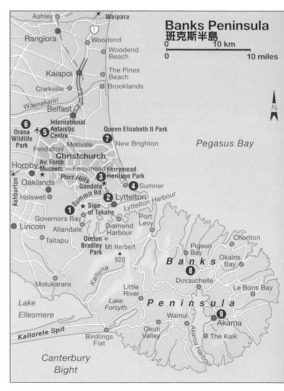

Banks Peninsula
班克斯半島

米德傳統公園❸（Ferrymead Heritage Park，每天10am-4:30pm，需購票，電話：03-384 1970，www.ferrymead.org.nz）是一座重現早期移民生活的村落，至少18名志願者社團在維持村裡的生活，可搭電車或火車到達。**索姆納❹**則是藝術家的棲居地，波希米亞味十足，假日時則異常繁忙，許多人會在假日攜家帶眷來金色的沙灘戲水。

　　機場位於基督城的另一側，機場附近的**國際南極中心**（International Antarctic Centre）❺（每天9am-5:30pm，夏季延長至7pm，需購票，電話：03-353 7798，www.iceberg.co.nz）是個值得去的地方，這是為了慶祝基督城作為南極探險出發地而設立的（見258頁）。其中的「雪與冰的體驗」讓遊客經驗南極各種季節的溫度，還可以進到冰窟裡玩。除了親身至南極之外，這裡是體驗南極生活的最佳選擇，非常值得一遊。

　　鄰近的**歐蘭納野生公園**（Orana Wildlife Park）❻（每天10am-5pm，需購票，電話：03-359 7109，www.oranawildlifepark.co.nz）是有非洲風格的動物園，裡面的「非洲平原」區和人造島嶼上的動物種類也不時增加。訪客可在圈圍的農場裡與本地動物有實質的互動，最值得留意的是犀牛、印度豹等其他外來品種。公園裡也有非常特出的紐西蘭野生動物，包括罕見的紐西蘭大蜥蜴，以及瀕臨絕種的鳥類，如鷸鴕、木鴿、卡卡鸚鵡等。

　　如果不喜歡南極探險和野生動物，也可以參加一些比較文靜的活動，基督城郊區有許多星羅棋佈的釀酒廠，因為坎特伯利已成為紐西蘭最頂極的產酒區。

伊莉莎白二世女王公園（Queen Elizabeth II Park）❼（週一至週五6am-9pm，週末7am-8pm，需購票，電話：03-941 8999，www.qeiipark.org.nz）

旅遊資訊

多花12紐幣，就可以坐上國際南極中心的雪車。乘坐16人座的全地形越野車，展開15分鐘車程的顛簸冒險，包括一段開入池塘中令人屏息的路程。

下圖：歐蘭納野生動物公園的水獺。

基督城不乏有趣的故事。1950年代的醜聞震撼了這座城市——在帕克-霍爾梅謀殺案中，兩位感情要好的少女，謀殺了其中一名少女的母親。這樁案件先被搬上舞台，後來又在1994年被導演彼得‧傑克森拍成電影《夢幻天堂》（*Heavenly Creatures*）。

位於城市東北邊。公園裡的體育館和游泳池是為了1974年的大英國協運動會而建的。基督城居民並不希望城內有座龐然巨物，所以這棟建築就變為全功能的家庭休憩場所，除了設有造波機，還有噴泉、海盜船等設施。

受法國影響的阿卡羅亞

如果繼續往南邊的山區或湖泊前進之前還有時間，不妨遠離都市出外走一趟。越過波特山往東便會來到**班克斯半島 ⑧**，此地非常適合小型出遊。庫克船長在18世紀繞行紐西蘭時曾犯過兩個錯誤，班克斯半島便是其中一個。他將半島誤繪成一座島嶼。如果他是在幾千年前來到此地，那他就會是對的了。這座半島是由一座死火山構成的，火山曾一度和南島本島分離。（庫克的另一項錯誤是把南島南端的司徒華島當成是和本島連接在一起。）

班克斯半島的山丘上曾一度長滿樹叢，不過很久以前木材即被伐盡了。儘管如此還是有一些樹叢留了下來，這裡也有著許多賞心悅目的山谷和海灣。由於這裡有地勢庇蔭，使得氣候不受外界影響，讓許多無法在南方種植的園藝作物得以在此生長，包括了奇異果。這一帶也有以種植外來核果和藥草為職志的農人。

要感受坎特伯利的迷人風情，不妨前往鑽石港（Diamond Harbour）、歐凱因斯灣（Okains Bay）、歐庫提谷（Okuti Valley）和李維港（Port Levy）等地。這幾個地方都有肥沃的土地，風景迷人而未受破壞。如果是在其他國家，這些地方很可能早就蓋滿高級別墅了。

不過班克斯半島的真正塊寶要屬**阿卡羅亞 ⑨**，此地離基督城有80公里的距離。這個地方是由一位法國捕鯨人於1838年上岸開始得到歐洲氣息的。這裡曾經一度是熱門的法國移民區，63名移民從法國乘坐「巴黎孔德號」（Comte de Paris）來到此地，想要在南海地區建立殖民地。可惜，他們在1840年來到此地時，英國米字旗已經四處飄揚了。雖然心生不滿，這批法國移民還是留了下來。他們在此種下法國諾曼第地區的白楊木，並以家鄉的名字為街道命名，也種植葡萄。不過他們的人數遠遠不及英國移民。

法國移民的夢想仍在，晚近則成為觀光賣點。沿著港邊的小街道可以一路走上山，街道則有著像拉佛街（Rue Lavud）或茱麗街（Rue Jolie）等有法國風的名字。這裡的建築多半是迷人的殖民時期風格，還被都市規劃所保護著。其中最著名的要算是**朗格拉－依德凡納展示館**（Langlois-Eteveneaux House）了，目前為展示館，也是**阿卡羅亞博物館**（Akaroa Museum，每天10:30am-4:30pm，需購票，電話：03-304 7914）的一部分，阿卡羅亞博物館位於拉佛街和巴谷利街（Rue Balguerie）的交叉處。

阿卡羅亞的特色之一是它的教堂。位於拉佛街屬於天主教的**聖派屈克教堂**（St. Patrick Church）是這類建築中最古老的。教堂建於1864年，事實上是阿卡羅亞第三座建來供當地法國和愛爾蘭移民禮拜用的教堂——因此而有聖派屈克之名（聖派屈克是愛爾蘭民間故事中的人物）。這座教堂小巧迷人，東邊牆

下圖：阿卡羅亞朗格拉-依德凡納大宅。

面上還有一座巴伐利亞式的窗戶。

附近巴谷利街的英國國教派**聖彼德教堂**（St. Peter's Church）建於1863年，15年後還曾擴建過。和派屈克教堂比起來，它的風格幾乎是屬於肅穆的新教風格。最特別的教堂則非小巧的凱伊克（Kaik）莫屬，這座毛利教堂位於離城中心6公里的南方海濱。這座教堂的存在為當年曾一度在阿卡羅亞港勢力強大的毛利聚落提供了有力的見證，其建築風格是強烈而令人難以忘懷的。

爬過阿卡羅亞城區來到一座名為**達內花園**（Garden of Tane）的地方。這座花園本身自成一格，並會帶領您進入一座精美的葡萄園。花園裡的墓地有著這一帶最佳的景觀，也記錄了這一代的豐富歷史。位於城內另一邊的**舊法國公墓**（Old French Cemetery）則令人失望。那裡原來是阿卡羅亞早期歐洲移民的墓地，如果你願意花時間爬到山頂，該處也有著不錯的港口景緻。可惜的是好心的政府在1925年把這裡做過整修，移走了大多數的石碑，改立以一塊外貌平庸的紀念碑。

阿卡羅亞港位於班克斯半島的南邊海岸，也位於一種稀有的赫克特海豚（Hector's dolphin）棲息地的入海處。這一帶有定期出航的賞海豚船隻，同時也帶人遊歷這一帶的其他景點。

基督城許多居民在阿卡羅亞或其他地方擁有渡假別墅。阿卡羅亞在1月和2月時往往十分擁擠。這一帶也有不少酒館、餐館和咖啡館。由於地處孤立，這裡的餐館價格頗高。在碼頭邊可以買到剛抓上岸的魚。

 旅遊資訊

若從基督城開車到阿卡羅亞，在貝瑞灣（Barry's Bay）下國道75號走南邊的叉路，到法國農莊（French Farm Winery and Restaurant，電話：03-304 5784）。這處農莊不但自定釀酒等級（其中夏多內白酒風味絕佳），且其經營的餐廳頗負盛名。

下圖：阿卡羅亞的聖派屈克教堂保存良好。

南極：一塊屬於英雄的土地

許多在世界各地留下足跡的探險者，都屈服在南極的魅力之下，這塊大陸美麗無比，卻也無比危險。南極是地球上最寒冷、最原始、也是最遙遠的大陸。它幾世紀以來便一直挑逗著人們的好奇心，而它不長的歷史卻是由諸多英雄人物寫成的。曾經到過南極的人，無不訴說那裡的天氣有多惡劣，但那裡也有著神聖光潔的平靜與壯闊。

基督城一直以來都是南極探險的基地。極地英雄羅伯・福肯・史考特（Robert Falcon Scott）1901年出發前，在這裡待了3個星期準備行程。如今，那兒有許多商業經營者專營基督城到南極與紐西蘭次南極島嶼的航路。這些荒遠的島嶼充滿了野生的生物，被視為是南方的加拉巴哥群島（Galapagos）。

最後的荒野之地

南極是最後一塊的寬廣曠野，地球上90%以上的冰聚集在此，面積比美國還要大。如果所有的冰都融化掉，南極大陸的面積會縮小四分之一，山脈也會變得平坦，全球海面便會高漲。

南極探險長久以來一直和紐西蘭有關。當年亞伯・塔斯曼於1642抵達紐西蘭西海岸時，以為來到了某個延伸到南美大陸陸塊的西邊。他於是將之稱為「南方大陸」（Staten Landt），這是當時稱呼南美洲的名字。一年後，人們發現南太平洋上並沒有巨型大陸的存在，這塊地於是改名作Zeelandia Nova，即拉丁文的「紐西蘭」。

庫克船長是下一個來到紐西蘭的歐洲人，他也對南方是否有大陸存在十分感興趣。在他最大的一次航海歷險中，他曾沿著南緯60度線航行，然後長驅直入一直行到南緯71度的地方，但並沒有看到傳說中的大陸。他在南邊航行過久，他的船員幾乎發生叛變。一直到50年後才有人第一次看到南極。俄國的海洋探險家法比昂・白令豪森（Fabian gottlieb von Bellinghausen）沿著南緯60度到65間的區域環繞地球一週，他曾兩度切進69度線，於是成為世上第一個看見南極圈內陸地的人。

紐西蘭人亞歷山大・湯佐曼（Alexander von Tunzelmann）是一位中奧塔哥移民的外甥，他當時年僅17歲，被認為是第一個踏上南極大陸的人。他於1895年1月於南極阿達列角（Cape Adare）登陸。探險隊隨之而來，紐西蘭人參與了幾次探險任務，包括了1900年到1917年英國人史考特和恩尼斯特・夏克里敦（Ernest Shackleton）的探險隊、一次大戰前澳洲人道格拉斯・毛森爵士（Sir Douglas Mawson）的探險隊等。史考特和他所有的隊員一路跋涉到了南極點，抵達時才發現挪威人羅亞得・阿蒙森（Roald Amundsen）已搶先一步，他們在歸途上因風勢過大而喪命。

1923年，英國政府宣佈南緯60度以南、東經160度以東、西經150度以西的領域主權為其所有。英國政府將其管轄權交付紐西蘭總督。1933年，紐西蘭南極學會成立，但要再過15年，紐西蘭才在南極大陸設立地面觀測站。

左圖：南極探者臉上的積雪

右圖：冰蝕地形。

1957年曾登上聖母峰的希樂瑞爵士，帶領5名紐蘭隊員乘著拖拉機直闖南極點區域。原來希樂瑞是前往協助英國的福赫斯爵士（Sir Vivian Fuchs）行橫越南極大陸探險的，他原本要在靠紐西蘭這一邊的南極區設立補給站，好供福赫斯越過南極點使用。結果希樂瑞和他的伙伴推進速度非常得，他們超前進度，決定索性自行進入南極點，於成為繼史考特之後、45年內第一批橫越南極大陸探險隊。

自從1958年以來，紐西蘭人已探測過南極的許多區域，並致力於研究該區的地質資料。1964年，西蘭自行在麥克莫多（McMurdo）海峽設立新的地，並以史考特船長之名命名為「史考特基地」（Scott Base）。

對南極資源的關注

1959年，12個國家簽訂《南極協議》（Antarctic eaty），承諾「在和平用途以及維繫國際和諧的前下開發南極」。1988年在威靈頓召開的南極採礦為規範會議（CRAMRA）集所有關注於高點。991年CRAMRA簽約國簽署一份協議，在2041年前禁止在南極大陸採礦。但許多人認為澳洲和南有的礦藏在南極也會存在。目前已知南極有大量煙煤和低品質的鐵礦。CRAMRA的協議則嚴格限了在南極上的各種採礦活動。南極協議的簽約國

目前正考慮採行全面的保護措施。

但隨後法國和澳洲這兩個宣稱對南極有部分主權的國家又不願批准這項協議，使得這次會議的功效令人存疑。這兩國都希望將南極變成某種野生公園。

南極的經濟開發，早自18世紀末，在太平洋南部和次南極圈島嶼間所進行的捕鯨和獵海豹業即已開始。由於過度捕捉，要使原有資源恢復的希望渺茫。俄羅斯和日本的科學家目前則開始研究南極水域裡所富藏的南極蝦。

觀光客對南極的興趣一直都很強烈，但要前往南極卻困難重重，而在短期之內可能仍是如此。如果未來前往南極變容易了，那麼對這塊特殊土地的保護措施，就會開始加上一條對觀光活動的管制了。目前旅客可經由一些機構安排南極之旅：基督城的國際南極中心（International Antarctic Centre）、奧克蘭的凱利塔頓（Kelly Tarlton）的南極邂逅（Antarctic Encounter）及水底世界（Underwater World）。

坎特伯利

這個省份有壯麗的山巒環繞，還有平坦的海岸及內陸平原，
當風勢良好的時候，這裡的美景無處可比。

地圖見 234頁

這個省份有壯麗的山巒環繞，還有平坦的海岸及內陸平原，當風勢良好的時候，這裡的美景無處可比

　　坎特伯利是高山與大海的結合，省內有融雪生成的河流，流蘇般地穿越平原地帶。這個南島東邊的省份邊界是由南阿爾卑斯山、太平洋以及兩條河流（北邊的康威〔Conway〕和南邊的威塔基河〔Waitaki〕）所劃定出來的，圍繞著基督城。坎特伯利的平原長180公里、寬40公里，是紐西蘭最大面積的平地。坎特伯利的羊隻，不論是肉食用或羊毛用，都被認為是紐西蘭的首選。坎特伯利的西北焚風以風勢強大著名，溫暖、乾燥、焚烈，並帶著河床和剛犁過土地的煙塵，也使得坎特伯利人有較沉悶的個性。

　　這個省份也含括了紐西蘭最高的山和最急的河流，除此之外還有田園綠地和林木茂密的山區、美麗的海灘、死火山，以及庇蔭良好的班克斯半島。人們定居於各地，從都市到高山牧羊場，醇厚的英國傳統在此代代延續著。要探訪坎特伯利的精華，首選是基督城的北方，然後才是南方。

左圖：庫克峰國家公園，阿歐羅基山的攀岩活動。

下圖：坎特伯利的綿羊在紐西蘭是數一數二的。

北坎特伯利

　　偏遠的**克拉侖斯谷**（Clarence Valley）⓮崎嶇而佈滿綠意，非常值得一遊，尤其是河谷的上游地帶。不過要注意：這條路原來是用來安裝通往奧塔哥、布倫安以及納爾遜等地的水力輸電線用的，電線本身沒有絕緣，道路又十分陡峭，因此最好只在氣候條件良好時上路。這條路本身是條死路，最後會來到艾奇隆河（Acheron River）橋樑的閘門口（這裡是傑克過道〔Jack's pass〕的下游地帶），另一個終點則是大分水嶺（Main Divide）的彩虹發電站（Rainbow Station）。因此，漢美爾溫泉（Hanmer Springs，見262頁）可說是個遺世獨立的城鎮。要離開這裡，唯一的選擇便是開原路倒回13公里，回到威帕拉—里佛頓（Waipara-Reefton）公路上（7號公路）。

　　這條公路往西行會一路爬上威蘇山谷（Waisu Velley），然後來到**列維斯通道**（Lewis Pass）。道路於1939年開通，可供人全天候通行，沿路有著柔和如畫的景緻，然後穿越高865公尺覆有柏樹的山丘後，最後來到西海岸。公路會下降至馬魯亞溫泉（Maruia Springs），然後再到拉湖鞍帶（Rahu Saddle）、里佛頓（Reefton），以及格雷茅斯（Greymouth）。

　　從當地人所稱的「漢美爾折返點」（Hanmer turn-off）往南走，國道7號則穿過北坎特伯利的起伏山勢，最後在**威帕拉**（Waipara）和國道1號會合。這裡以美酒著稱，在這裡可以找一間酒莊嘗嘗新酒，

距離漢美爾只有短短車程的冒險迷峽谷（Thrillseeker's Canyon），是一所提供套裝冒險之旅的冒險中心（電話：03-315 7046）。不管是激流泛舟、噴射快艇，或是高空彈跳——保證上癮的行程，任君挑選。

下圖：漢美爾伊索貝爾山道的秋光風華。

如**帕格薩斯灣**（Pegasus Bay, www.Pegasusbay.com）和**坎特伯利屋**（Canterbury House, www.canterburyhouse.com）。接下來公路會穿過庫維登（Culverden）、胡魯奴（Hurunui）和威卡利（Waikari）一帶的小村落。公路之後會通過威卡利的石灰岩景觀，眼力好的人說不定可在此發現天然雕出的動物石雕像，其中最有名的是青蛙石和海豹石。

由於不是位於主要觀光路線上，使得**漢美爾溫泉**⓯（每天10am-9pm，需購票，電話：03-315 7511，www.hotfun.co.nz）一直是紐西蘭最僻靜的休憩地之一。這座小村落離基督城北邊136公里，開車即可到達，村落中有著森林庇蔭的山谷。這裡的溫泉座落於亞牧里路（Amuri Road）一處巨大針葉松花園中。找個冬夜在這裡的露天池泡溫泉，看著雪花靜靜地融入泉水中，是無比的享受。

這個溫泉是在1859年被一位歐洲移民碰巧發現的。1883年政府開始管理這個地方，自此之後，泉水便成為治療傷兵、撫平精神創傷及治療酗酒問題的良藥。這座岩石造景花園溫泉有幾個深水池，以及各種溫度的大眾池（溫度都有標示），另外還有清水游泳池、兒童池，以及一條溫泉溪。這裡還有幾條步道，可以帶你發現各種奇珍異樹，這些樹種和紐西蘭其他地方比起來絕對出奇。這是紐西蘭政府在南島所設立的第一個珍奇品種森林。

爬**圓錐丘**（Conical Hill）和**伊索貝爾山**（Mount Isobel）的山路就比較費力，但沿路有壯觀的山區全景。**伊索貝爾登山道**（Mount Isobel Track）上有200多種亞高山帶開花植物和羊齒植物，這絕對會是熱愛自然人士的最愛。

漢美爾的18洞高爾夫球場是紐西蘭海拔最高的球場之一。這一帶也可以

供人釣魚、打獵、快艇泛舟、划河筏、高空彈跳、滑雪及騎馬。雖然漢美爾有許多旅舍、民宿，但主要街道並不算太熱鬧。

南坎特伯利：比美瑞士

坎特伯利最美的景點在內陸，沿著南阿爾卑斯山山腳和谷地這一帶。坎特伯利有3條主要公路，供人輕易抵達山區。越過山去就是威斯蘭省（Westland）了。最北邊的公路是列維斯通道，沿途的分支公路帶人們來到像漢美爾溫泉這樣的美麗地方；中部則是壯觀的亞瑟過道（Arthur's Pass），道路兩旁便是同樣名字的國家公園了。最南邊的伯基山道（Burke's Pass）則可進入馬肯吉鄉（Mackenzie Country），以及庫克峰地區的壯闊高山與冰河景色。

從基督城要到威斯蘭，最快的方法是走西海岸公路（73號公路），途中會經過亞瑟通道。這條通道是南島最中心的道路，沿途號稱是紐西蘭最有瑞士山區風情的地方。**亞瑟通道** 城鎮本身位於南阿爾卑斯山中心，離基督城西邊有154公里的距離，雖然城鎮本身沒有如茵綠草，也沒有輕脆作響的牛鈴，但鎮上的確有瑞士風格的木造房舍餐廳，並且和瑞士山城一樣有火車站。阿爾卑斯山區的快車（TransAlpine）從基督城站開往格雷茅斯再折返，一天發車兩次（見277頁）。此地的遊客中心可提供各種當地郊山和爬山行程及天候的資訊（電話：03-318 9211，www.apinfo.co.nz）。

亞瑟通道一地也是**歐提拉隧道**（Otira Tunnel）的東邊起點，這是聯結山區的唯一一條火車隧道。隧道長8公里，花費15年時間開通，最後於1923年完成，這是當時大英帝國的第一條電氣鐵路——不得不然，否則火車乘客可能在隧道裡就被蒸氣火車排出的含硫煤煙給嗆死了。直至今日，這條連接西海岸與坎特伯利的鐵路地位依舊重要。除此之外，這也是紐西蘭景色最美的鐵路。

亞瑟通道也同時是**亞瑟通道國家公園**（Arthur's Pass National Park）的總管理處所在。由於鄰近基督城，又有諸多宜人的步道，可登山、滑雪，使得這座面積達11萬4500公頃的公園成為紐西蘭遊客最多的國家公園。其中有16座山超過2000公尺，最高的**莫奇森山**（Mount Murchison）高2400公尺，而最易攀爬的**羅勒斯頓山**（Mount Rolleston）高2271公尺。

這條海拔924公尺的通道是以亞瑟·杜布森（Arthur Dudley Dobson）的名字命名，他在1864年發現這條毛利人曾經走過的棧道。它也是坎特伯利與威斯蘭地區的邊界，這條邊界由於氣候的關係顯得更加明顯。在吹西北風的時候，坎特伯利的這邊又乾又熱，過了通道往下走，就來到西海岸歐提拉隘口的多雨區。相反的，在吹南風或東風的時候，坎特伯利又冷又下雨，到了西海岸便陽光普照。

這一帶常常突然就有雨量極大的暴雨，一天之內可降下250公釐的雨量。這裡的年降雨量達3000公釐。冬天氣候不佳時常常造成公路關閉。在歐提拉隘口這一帶的公路極為陡峭，中間還有一連串的U

旅遊資訊

紐西蘭最美麗的火車之旅是搭乘南阿爾卑斯山線的高山火車，從基督城到格雷茅斯一段，一路穿過農莊、山巒與村落。233公里行程要花上4個半小時。洽詢景觀交通鐵路公司（Tranz Scenic，聯絡電話：04-498 3303；www.tranzscenic.co.nz）

下圖：白雪覆蓋的羅勒斯頓山。

字形道路，在冬天或潮溼的天氣中開經這段路要特別留心。

這條路並不適合休旅車行走，天氣轉壞時，露營車和小貨車最好改走列維斯通道抵達威斯蘭，雖然路途較遠，但較好開也較安全。

波特通道和哈特山

亞瑟通道並不是前往西海岸的公路中地勢最高的。地勢最高的道路是**波特通道**（Porter's Pass）**⑰**，距離基督城西邊88公里，並穿過高達945公尺的山丘。波特山是基督城在冬季頗受歡迎的一日遊據點，人們來此滑雪橇，或是在林登湖（Lake Lyndon）上溜冰，或者在鄰近的滑雪場滑雪，例如私營的波特滑雪場（Porter Heights）、在克雷吉本（Craigieburn）、布洛根河（Broken River）和奇斯曼山（Mount Cheesman）等地的俱樂部等。

坎特伯利最受歡迎且開發最完整的滑雪場位於**哈特山**（Mount Hutt）**⑱**，這裡離基督城100公里，11公里外則有小城梅德文（Methven）接壤，在此地可以找到各種價位的住宿旅館。滑雪迷認為哈特山是紐西蘭最好的滑雪場之一。其垂直落差達650公尺，最長的滑雪道長達2公里。可滑雪的季節也是全紐西蘭最長的，從6月至10月，這段期間最適宜滑雪屐和滑雪板。

經伯基通道到阿歐羅基庫克峰

雖然紐西蘭最高峰阿歐羅基庫克峰（Aoraki Mount Cook）和基督城幾乎位在西向同一條直線上，但公路卻蜿蜒繞道長達330公里，一開始先往南，然後往西，然後再往北，光是走這趟路就值回一半票價。

旅遊資訊

觀賞坎特伯利美景的方法之一，是搭乘熱氣球，一邊啜著香檳，一邊凝視南阿爾卑斯山。阿歐羅基熱氣球旅行社（Aoraki Balloon Safaris）的熱氣球從梅德文出發。（電話：03-302 8172；www.nzballooning.co.nz）

下圖：哈特山滑雪板與滑雪屐的人。

地圖見
234頁

主要公路從基督城沿著國道1號往南行121公里，途中穿越平原和河流支系。這條路在過去對毛利人和拓荒者是一大挑戰，如今可輕易穿越。由於河流寬廣，在1850年代時要過河是極為困難的，也為坎特伯利帶來不少溺水事件。1840年到 1870年間，1115人被河流奪去性命，以至於甚至有人向國會提議，將溺水改列為自然死亡事件！如今人們可直接開車跨過拉卡雅河（Rakaia）、艾許伯頓（Ashburton）和蘭吉塔塔（Rangitata）等河流，完全不會想到在過去跨過這條河有多危險了。

一過了蘭吉塔塔河，就會來到通往馬肯吉鄉的國道79號，這條公路從主幹道分支出去向西行，經過山區來到蜷伏其中的**哲拉丹**（Geraldine）**⓳**小鎮，位於基督城西南方138公里，這裡有歐拉提隘口一帶早期探險者的住所展示，臨近的威希（Waihi）和德・莫亞納（Te Moana）隘口也是極佳的野餐或釣魚去處。

公路之後會來到哲拉丹以西42公里的**費爾利**（Fairlie），城內有歷史博物館；途中還會經過克萊德戴爾（Clydesdale）馬場和巴克斯（Barkers），這是紐西蘭唯一一處有木漿果酒窖的地方。費爾利之後便來到國道8號，柔美的鄉村景致自此置於身後。公路看似輕鬆地爬上了**伯基山道** （Burke Pass）**⓴**。在山谷間另一個世界於焉開展──綠草如茵的馬肯吉鄉，這是以一位蘇格蘭牧羊人的名字命名的。他在1855年曾試圖把偷來的羊藏在這個孤立的高山地區。

又長又直的公路會先帶您來到西南方100公里外的**德威札爾**（Twizel），這是為了提供鄰近水壩建設工人居住而建的城鎮。人們先前以為一旦工程

坎特伯利山區常可見到紐西蘭土生土長的鸚鵡──啄羊鸚鵡。

下圖：坎特伯利的「綿羊陣」。

結束這裡就會變成空城，結果這座城市不但沒有如此，反而繁榮了起來，成為探訪這個地區的基地。

　　沿著金黃色的景色走下去，先會來到距德威札爾56公里的**提卡波湖**（Lake Tekapo）㉑，這個綠油油的冰川湖映照著鄰近山丘的景色。湖邊有一座石頭砌成的**好牧羊人教堂**（Church of the Good Shepherd），形式簡單並與周圍景緻渾成一色。附近則有馬肯吉鄉的牧人們為勞苦功高的高山牧羊犬所立的紀念碑。他們是紐西蘭經濟榮景的得力功臣。

　　從提卡波湖往南走，公路會經過同樣是綠油油的馬肯吉盆地。這裡是冬季運動的熱門去處，在朗德山（Round Hill）有滑雪活動，湖上則可以溜冰。這裡到了夏季則以釣魚和划船活動為主。公路隨後經過**愛爾蘭人溪**（Irishmen Creek），漢米頓爵士（Sir William Hamilton）曾在這個牧羊區發展出無推進器的噴射快艇，用以朔溪而上和探索鄉間支流。公路有一大半是沿著人造的運河而築的，這條運河是為了將提卡波湖的綠水引流到威塔基位於**普卡基湖**（Lake Pukaki）㉒北岸的頭一座水力電廠而建的。

　　普卡基湖目前的面積比1979年時大了一倍，因為之前它的湖水可以不受攔阻流入班摩爾湖（Lake Benmore）中。如今湖畔建起了大壩，使得水位提高以供水力發電使用。水壩淹沒了先前存在於此的螺旋狀支流，支流的河水都是由鄰近的塔斯曼和虎克（Hooker）冰川上流下來的。北方約2公里往阿歐羅基庫克峰的過道是這個地區觀景的好所在。

阿歐羅基庫克山國家公園

美麗的提卡波湖位於海拔710公尺高的山上，名字是取自毛利語的「床墊」和「夜晚」。這座湖泊的青綠色是石粉（rock flour）造成的，即懸浮在冰河融冰水中的細小地表岩石顆粒。

下圖：提卡波湖畔的好牧人教堂。

普卡基山谷南坡有一條公路繞行，道路止於提卡波西方99公里的**阿歐羅基庫克山村**（Aoraki Mount Cook Village）**㉓**。行走該路的旅客可能會見到舊路忽而浮出、忽而下潛至遠方湖泊水平面。但是，新路坡道平緩而縮減了一半的駕駛時間，可投宿到擁有百萬美景的**隱士蘆旅館**（The Hermitage，電話：03-435 1809；www.mount-cook.com），但房間也幾乎可稱上昂貴。

這個村落通往紐西蘭國家公園之最：**阿歐羅基庫克山國家公園**（Aoraki Mount Cook National Park）**㉔**，園區最高的山峰聳立在南阿爾卑斯山脊上。阿歐羅基庫克山本身就是至高無上的地方，1991年前海拔曾達3764公尺。然而，這座聞名的高山在該年卻因龐大土石流，山峰流失了約10公尺。如今重新勘查的官方高度是3754公尺，仍保有紐西蘭最高山的地位。

阿歐羅基庫克山的高山區域就是希樂瑞爵士的訓練地，他是登上聖母峰的第一人。這座狹長的公園大約只沿著高山背脊延伸80公里，卻包括140座海拔超過2134公尺的山峰與72處冰河，而且當中有5處是紐西蘭最大的冰河：嘉德利（Godley）、莫奇森、塔斯曼、虎克與穆勒（Mueller）。塔斯曼冰河全長29公里，有些區段更寬達3公里，冰層深度有些超過600公尺，是南半球最大也最長的冰河。

因為位居國家公園的神聖地位，村莊住宿地受到限制。然而，除了隱士蘆旅館，還有獨立的A字造型小木屋、一處營地、一家設備良好的青年旅館，以及一家新的旅舍。輪廓清晰的步道從村莊攀上周遭的山谷，最後會變成「攀爬」，所以絕對不適合新手，而且一定要有適當的裝備，並且行前必須先向國家公園管理員討教。具備滑雪裝置的景觀飛機降落在高地雪地，提供人們較為容易的登山方式。

7月到9月間可以滑雪，最刺激的路段是滑下塔斯曼冰河。由於景色絕美的冰河上方斜坡，只能搭乘固定翼雪上飛機前往，所以在塔斯曼滑雪所費不貲。以阿歐羅基庫克山為據點的**阿爾卑斯直升機滑雪嚮導公司**（Alpine Guides Heliskiing，電話：03-435 1834；www.heliskiing.co.nz），在滑雪季節有安排前往塔斯曼的滑雪行程；該公司也提供夏季前往阿歐羅基庫克山的嚮導與登山行程，可上網（www.alpineguides.co.nz）。

在接近奧拉基庫克山村的國道80號上有一個小飛機場，**阿歐羅基庫克山滑雪飛機公司**（Aoraki Mount Cook Skiplanes，電話：03-435 1026；www.mtcookskiplanes.com）在此提供壯觀的景觀飛行，從上方近距離觀賞冰河；而且有些地點還可以降落在它上面。「大繞行」行程接近1小時，首先飛向切割地面的高山西翼，它的一面是陸地，一面是法蘭茲‧約瑟夫（Franz Josef）或福克斯冰河（Fox Glacier，見274頁），接著再經由塔斯曼冰河折返。

阿歐羅基庫克山的美景連綿，尤其仲夏時落日餘暉染紅山峰，成了探索坎特柏利旅人的最愛。這座山被毛利人稱為Aorangi（破雲者），經常羞怯地躲在雲霧裡，讓觀景人士無法一窺它的真貌。

地圖見
234頁

阿歐羅基山庫克山國家公園涵蓋範圍約有700平方公里，1953年正式成為國家公園，與威斯蘭國家公園一樣是世界遺產公園。

下圖：壯麗的塔斯曼冰川。

西海岸

由於西海岸荒涼崎嶇，地域險阻，
使得多處美景鮮能為人所及；但凡能堅持到底者，
就能享受最原始的自然絕景。

地圖見
234頁

大部分的紐西蘭人都喜歡將南島西側簡稱為「海岸」，這個崎嶇而原始的區域橫亙於南島大分水嶺的西方，驚人的海岸線緊鄰茂密的雨林。要探索這個區域得花上好幾天，吉卜林（Rudyard Kipling）稱它為「最後的荒僻秀美精緻之地」。紐西蘭沒有比它更有個性的地方。好萊塢使讓北美洲的西部荒野成為銀幕上的不朽題材，紐西蘭南島野味十足的西海岸也有著相同的魅力。1860年代淘金熱時期，這裡的居民可以焚燒5英磅的紙幣來點煙，許多上千人口的城鎮沿著可能含有金礦的地方，如雨後春筍般一一冒出。

這一帶的男女們曾經辛勤工作、大口喝酒、打鬥不斷，他們為這一帶留下的可不只是傳奇故事而已。這個長500公里海岸的人口已經比1867年時少多了，當時人口最多時曾達到4萬人——那是當時紐西蘭13%的人口。今天的西海岸只有3萬8000人——在紐西蘭超過400萬人口中佔不到1%；舊建築星佈於多霧的景點，雨林也開始討回過去城鎮所佔有的土地，查爾斯頓（Charleston，曾有過1萬2000居民和80家酒店）便是其中一例。

前數頁：在福克斯冰川爬上陡峭斜坡。

左圖與下圖：威斯蘭國家公園的不同風貌。

住在此地的西海岸人吃苦耐勞，比起都市和城鎮的人有著濃烈的土地認同。早期移民的精神仍縈繞於雲霧和山巒之中。這裡的人以生活態度實際、不畏風雨、獨立自主和好客著稱。在過去曾有好長一段時間，烈酒管制的法令無法在此執行，尤其是6點後禁售酒類的禁令，它被視為是來自城市的笑話。但西海岸今日的「宿敵」反而是希望保護原始林地和鳥類生態的保育人士。許多當地人希望以採煤和伐木業維生，因此對非當地人的保育人士行為感到不滿。

早期探險者

西海岸從來不是以生活便利吸引人去居住的。毛利人很晚才在此定居，大約從西元1400年才開始，但人數也不多。毛利人感興趣的是阿拉胡拉（Arahura）一地的稀有綠石，毛利人用這些尖硬的半透明綠石製作優質的工具和武器。由於岸邊的海相難測，將綠石運出本地相當困難，毛利人得往北走來到納爾遜，然後再穿越大分水嶺的山區道路來到坎特伯利。亞伯·塔斯曼和詹姆斯·庫克這兩位傑出的歐洲探險家，分別於1642年和1769年航經西海岸地區，他們對此地並沒有什麼太好的印象。庫克說這一帶「根本是難以居住的海岸」。50年後，一位法國探險隊的要員認為這裡「海岸又長又寂寞，天候惡劣，森林難以穿越」。

由於西海岸地勢惡劣，歐洲人一直到1846年才來

西海岸雨量豐富，年雨量有時可達5公尺，難怪此地綠意盎然、多姿多彩。事實上，有些奇異果品種就是先在此繁殖的。

此地拓荒。湯瑪斯・布倫內（Thomas Brunner）是首批探險家的其中一員，他曾說「這是我所看過紐西蘭最糟的地方了」，他的話也使別人望而卻步。他在此地停留了惡夢般的550天，遭遇許多困難，甚至到了必須把狗殺來吃的地步，這可說明當時的環境有多惡劣。

一直到1860年，紐西蘭政府在聽到這一地的南方有冰川，並有通道可從南阿爾卑斯山通到坎特伯利後，才做出了明白的決定：中央政府以300金元（gold sovereigns）向毛利人買下了整片西海岸。1864年，塔拉馬考河（Taramakau River）的支流綠石溪（Greenstone Creek）發現金礦，改變了整個地區。世界各地的淘金狂大量湧入，新的衝擊接踵而來，河道阻塞，充滿礫石，甚至有人在海灘的黑砂中發現貴重金屬。這些淘金者帶來友愛與忠誠，讓這個新省份有了獨特的性格。榮景雖未能持續，但留下來的城鎮遺址、礦區，生鏽的殘片仍彰顯其輝蝗的過去。

今天的西海岸地區仍是相當蠻荒的。生活艱困貧苦的痕跡無言地寫在農莊的外牆和生滿青苔的圍籬上。這裡常有種衰敗的氣息，並不是破舊，而是一種隨時可以感觸到的悲傷。紐西蘭的過去彷彿在此地凝結。這裡有著原始的自然氣息和懷舊的情感遺跡，對旅行者來說相信獨具意外的吸引力。

下圖：潮水拍擊著西海岸海邊的嶙峋岩石。

沿著海岸旅行

開車至西海岸有3條過山景的通道可行，或是經由風景秀麗的布勒隘口（Buller Gorge），它在北方迂迴過納爾遜的背面。從南部湖群（Southern

Lakes）和中奧塔哥乾硬的灌木叢蜿蜒而過，國道6號越過高563公尺的**哈斯特通道**（Haast Pass）㉕，這是紐西蘭最新的主要道路，開通於1965年，使得旅行者得以穿越大多數的海岸地帶，並構成南島的環島旅行路線。**哈斯特遊客中心**（Haast Visitor Center，11月至3月9am-6pm，4月至10月9am-4:30pm，電話：03-750 0809，www.haastnz.com）靠近哈斯特隘口，提供許多實用的資訊，也有有趣的影片《荒漠邊緣》（*Edge of Wilderness*）介紹這個地區特殊的景觀。

哈斯特城南方遠處有一段孤立的地形，中間有一條旁支公路經過，36公里處有一座小漁村**傑克遜灣**（Jackson Bay）㉖。這座小漁村在春季十分熱鬧，小魚群會在此時大批游至河口，這種現象在海岸的諸多急流是年年都會發生的。釣魚是威斯蘭南部的主要活動。哈斯特尤其提供了絕佳的滑水和釣魚場所，城北45公里則是休閒聖地帕基納湖（Lake Pargina），來此的釣客無不想釣到棕色的鱒魚和碩大的鮭魚。傑克遜灣附近有許多有趣步道：**華萊凱塔考步道**（Wharekai Te Kau Walk，40分鐘）、**靜水步道**（Smoothwater Track，3小時）和**史塔佛灣步道**（Stafford Bay Walk，8-18小時）。

對生態有興趣的旅客可在過去資源被嚴重開採的農村體驗不一樣的生活。在哈斯特北方25公里處的**莫拉基湖荒野小屋**（Lake Moeraki Wilderness Lodge，電話：03-750 0881，www.wildernesslodge.co.nz）位於南威斯蘭，旅客可於自然環境中恣意享受生活。在南十字星的凝視下就著螢火蟲的光亮閱讀，聆聽鷸鴕的叫聲是最棒的享受。白天則可到**奈特點**（Knights

漁夫秀出在帕基納湖釣到的魚。

下圖：傑克遜灣以棕鱒聞名。

當大雨停歇、烏雲也
自山頂散去之際，空
氣中會充滿鳥鳴聲，
以及——這伊甸園的
最大致命傷——嗜吸
人血的白蛉。在身上
塗抹厚厚一層防蚊液
是必要之舉。

下圖：福克斯冰川。
右圖：來法蘭茲·約
瑟夫冰川一遊的冰雪
美人。

Point）附近峽灣區，冠羽企鵝群居地觀賞企鵝，或至**船灣**（Ship Creek）
觀賞海豚跳躍衝浪。

福克斯冰川和法蘭茲·約瑟夫冰川

　　紐西蘭大部分優美秀麗的山都座落於西海岸地區，包括綿延不斷、雲霧
繚繞的**南阿爾卑斯山**。阿歐羅基庫克山是最高峰，可讓登山者盡情挑戰。
有許多超過3000公尺的高山都以早期的探險者命名，如塔斯曼、馬格蘭
（Magellan）、佩魯斯（La Perouse）、丹皮爾（Dampier）和馬拉斯皮納
（Malaspina）。

　　哈斯特北方120公里高海拔處，每年有驚人的15公尺雪崩落下來，讓140
條冰川越來越高。其中的福克斯冰川（Fox Glacier）位於較低處，**法蘭
茲·約瑟夫冰川**（Franz Josef Glacier）則穿越較低的森林。這些壯觀的冰
川分布的範圍從溫帶雨林一直到海拔300公尺，很難被人發現。1865年探
險家暨地理學家朱利斯·哈斯特（Julius von Haast）首度來到這裡，他那
狂放的熱情隨即使這個地方聞名全歐洲。20年內，冰川旅行成為熱門的行
程，有張老照片顯示那個時代有90個野營的人高居於一堆冰上。不過，不
建議貿然到冰川探險，有許多高山嚮導以分享他們冰川經驗工作維生。

　　山上多年累積下來的冰崩使兩條冰川都曾在 1982年時有過驚人的漂移。
法蘭茲·約瑟夫鎮上有一座聖詹姆士（St. James）英國國教派教堂，座落
在一座灌木叢林中，位置極佳。那一年法蘭茲·約瑟夫冰川移動的時候，
人們可以從教堂講壇的窗戶望見冰川裡閃閃發亮的白色冰晶，這還是40年

地圖見234頁

來的頭一次。過去10年它往山谷移動了1公里。福克斯冰川的移動速度較沒那麼激烈，但和1982年以前的位置比起來，仍往下方山谷移動了600公尺之遠。

兩條冰川相隔約25公里，座落在**威斯蘭國家公園**（Westland National Park）㉗中。這座國家公園佔地8萬8000公頃，涵蓋了南阿爾卑斯山群的高峰、滑雪場、森林、湖泊和河川等等。國家公園西邊的主要道路也通往冰川的邊緣地帶。如果您想要找個地方觀賞福克斯冰川的最南端，或是更靠近觀賞壯麗的法蘭茲·約瑟夫冰川，有一條狹窄兩旁長滿灌木叢的道路，可以帶你看這些地方。但是請注意冰川末端非常脆弱，冰川頂部很容易崩落，最好保持在邊繩內以策安全。如果乘直升機或飛機觀賞這兩條冰川，下方的景觀則是充滿著藍綠色調，還可以看得到一處又一處的冰河裂縫。

這一帶有兩個小城鎮，**福克斯冰川**㉘和**法蘭茲·約瑟夫**㉙，除了提供各種價位的住宿和餐飲外，也提供了各種冰川遊客所需要的服務。紐西蘭保育部在福克斯冰川設有遊客中心（夏季每天8:30am-6pm，冬季至4:30pm，電話：03-751 0807），法蘭茲·約瑟夫也有（夏季每天8:30am-6pm，冬季至5pm，電話：03-752 0796），提供各種觀景路線的詳細資料。這兒有總長110公里的各式步道，其中不少穿越了珍貴的原始林和鳥類生態區。庫克峰、塔斯曼山和拉貝羅斯山（La Perouse）佔據了國家公園的大部份面積。**馬迪遜湖**（Lake Matheson）湖面上映照著這三座山峰的美麗倒影。這座湖也是國家公園3座沁靜的冰蝕湖之一，它們是由1萬年前的冰河活動所形成的。沿著國道6號往法蘭茲·約瑟夫北方走10分鐘，就是**馬波里卡湖**

首位到達法蘭茲·約瑟夫冰川的歐洲人是奧地利人哈斯特，1865年他以奧匈帝國國王的名字為此冰川命名。

下圖：法蘭茲·約瑟夫冰川上的冰上健行者。

冰上行走

可不能大老遠跑來這裡，卻不試試走在冰河上的感覺。嚮導冰上行從半天到整天行程都有，還有一個較為昂貴的選擇：直升機健行（heli-hike）。先搭乘直升機來到3個冰瀑，再降落在偏遠的冰河高點，進行嚮導冰上行。更有冒險精神的旅客可能會嘗試用手在冰上攀爬、攀上尖峰或垂直的冰河裂縫。行程會配備頭盔、護具、雪鞋（鞋底有釘的靴子）、斧頭與繩子等裝備。不用說，良好體能也是必備的。

體能較差的人最好參加半天的冰上行，對於從未在冰上行走的人來說，光是走在冰上就是一項艱辛的過程。雖然有提供靴子、襪子、手套、雪鞋、Gore-Tex雨衣與登山杖，但還是要穿著可以層層脫下的保暖衣物。

要行走福克斯冰川，請洽阿爾卑斯嚮導公司（Alpine Guides，聯絡電話：03-751 0825；www.foxguides.co.nz）。如果是法蘭茲·約瑟夫冰川，請洽法蘭茲·約瑟夫冰川嚮導公司（Franz Josef Glacier Guides，電話：03-752 0763；www.explorefranzjosef.com）。

如果行走冰上——即使不是薄冰，仍無法吸引你，就跳上直升機或輕型飛機。有各式各樣的選擇，較昂貴的行程還提供在冰河上，短暫雪地降落的活動。

（Lake Mapourika），它是南威斯蘭冰湖群中最大也最漂亮的湖。

海岸勝地

從福克斯冰川鎮往西邊走19公里，就會來到**吉利斯碧海灘**（Gillespie's Beach），這裡以其礦工墓地和海豹保育區聞名。沿著主要公路往北再走60公里，則會來到**歐卡里多潟湖**（Okarito Lagoon）**❸⓪**，這是紐西蘭最大的天然溼地，面積有3240公頃，稀有鳥類白色蒼鷺的唯一棲息地。這種鳥類於1865年被發現，但經過幾年的濫捕，12年後只剩下6對，於是才下令禁獵。如今，搭乘20分鐘的噴射快挺可至保護區的河邊公路觀賞250個群落。毛利人稱牠們為kotuku（單飛的鳥）。歐卡里多極盛時曾有過31間旅館，如今只剩少數幾家假日旅館在營業。**歐卡里多自然旅遊公司**（Okarito Nature Tours，電話：03-573 4014，www.okarito.co.nz）提供了一些以小艇為交通工具的行程，可帶你探索潟湖和白色蒼鷺的棲息地。

再往北走，沿公路主線走95公里前往**洛斯**（Ross），途中會經過充滿田園風味的**因斯湖**（Lake Ianthe）。洛斯曾是熱門的淘金地，曾經創下紐西蘭的金礦出產紀錄（一次產出重達2970克的金塊）。位於艾爾米街（Alymer Street）4號的**洛斯金礦資料與遺跡中心**（Ross goldfields Information and Heritage Centre，冬季每天9am-3pm，夏季至5pm，電話：03-755 4077，www.ross.org.nz），展示了這裡舊日輝煌歲月的器物。

洛斯北方約30公里處為**荷基提卡**（Hokitika）**❸①**，先前曾是「南半球的奇蹟之城」，鎮上還曾有過「黃金街道」、熱鬧的海港。荷基提卡如今已是個寧靜的小鎮，但它仍是西海岸主要的機場。鎮上的著名景點有歷史博物館、綠石加工廠、一座金礦礦坑、淘金廠以及螢火蟲山谷等，吸引了許多遊客到此一遊。你可在**賈克葛蘭生態世界**（Jacquie Grant's Eco World，每天9am-5pm，需購票，電話：03-755 5251）體驗最好的「環境保護」經驗，它位於坦克利街（Tancred Street）64號，屬於**國立鷸鴕中心**（National Kiwi Centre），你可在此找到西海岸生態的資料，也可參觀已重建的這個地區各種生物的棲息地。

每年3月中旬會舉行**荷基提卡野味節**（Hokitika Wild Foods Festival），一天的節慶活動讓遊客有機會品嚐野豬、鹿肉、烤甲蟲幼蟲及蝸牛，更別提白飯魚餡餅了。坦克利街上的**巴黎咖啡屋**（Café de Paris，電話：03-755 8933）提供道地的美食，它還得過紐西蘭最佳餐廳獎。

距荷基提卡18公里處的**卡尼爾湖**（Lake Kaniere）和35公里處的荷基提卡隘口，也值得一遊。要不，位於城北23公里處的**庫瑪拉交會口**（Kumara Junction），**亞瑟通道公路**是通往海岸的3條山路之外的選擇，可直通坎坻特伯利。公路在交會點東邊幾公里處就進入曾是淘金城的庫瑪拉鎮。從這裡可以來到西海岸最大的布倫內湖（Lake Brunner），沿途還

下圖：荷基提卡野味節的招牌料理甲蟲幼蟲，不適合容易嘔吐的人。

會穿過濃密的原始森林。

從仙提城到格雷茅斯

　　從庫瑪拉交會口往格雷茅斯前進，途中會經過位於交會口北邊10公里的仙提城（Shantytown，每天8:30am-5pm，需購票，電話：03-762 6434，www.shantytown.co.nz），這是一座仿19世紀末淘金城而建的模型城，裡面有人工渠道，還可搭火車一睹當年礦工的工作景況。30座建築包括酒吧、商店、銀行、監獄、教堂、醫院及學校。你也可以親身體驗如何淘金，或到金塊旅館（Gold Nugget Hotel）品嚐莫提斯啤酒（Monteith's beer）。

　　臨近的**伍茲溪**（Wood's Creek）有1公里的步道環繞新河（New River），此步道年代可追溯至1865年。挖掘者用腐爛的羊肉脂肪塗污身體，以避開蚊蚋，他們冒著生命危險，舉著火把在河裡工作，如今你才能探訪這些隧道。

　　格雷茅斯㉜位於荷基提卡北邊41公里處，可走國道6號，若是從基督城往海岸走，格雷茅斯是阿爾卑斯山線高山火車終點站（見263頁）。格雷茅斯是海岸上最大的城鎮（人口1萬2900人）。由於有著良好的海港位置，離伐木廠和煤礦場都近，使得它成為西海岸的重要城市。早期移民的精神仍驅使遊客冒險，引誘觀光客體驗淘金、搭乘四輪車旅行、賞海豚，以及乘木筏探岩洞。格雷茅斯是個值得短暫停留的中繼點。遊客中心位於麥凱街（Mackay Street）112號（電話：03-768 5101，www.west-coast.co.nz）。

地圖見
234頁

實用指南

山堤鎮門票包括蒸汽火車，有1877年的L-Class和1913年的高山蒸汽火車。火車沿著1800年代的伐木車道穿過雨林。

下圖：1913年，山堤鎮的高山蒸汽火車。

手工雕刻的綠石墜飾。是一種翡翠或軟玉，毛利人稱之為pounamu。

玉石展覽館（Jade Boulder Gallery，夏季每天8:30am-9pm，冬季至5pm，需購票，電話：03-768 0700）位於庫尼斯街（Guinness Street），展示綠石。**歷史館**（History House，每天10am-4pm，冬季週末休息，需購票，電話：03-768 4149，www.history-house.co.nz）藏有1850年代至今重要的照片和物品。

格雷茅斯還有一些吸引人的行程，例如參觀位於圖魯馬哈街（Turumaha Street）和赫伯街（Herbert Street）口的**莫提斯啤酒廠**（Monteith Brewery Company，須事先預約，需購票，電話：03-768 4149，www.monteith.co.nz），可以看到用煤做燃料製作啤酒的過程，並學習如何辨別啤酒的品質，品嚐當地特產的啤酒。

從格雷茅斯開車往內陸走20分鐘就是**黑球鎮**（Blackball，人口400人），過去曾是個礦區，是值得停留的懷舊小鎮。在**舊黑球鎮希爾頓飯店**（Formerly Blackball Hilton Hotel，電話：03-732 4705，www.blackball-hilton.co.nz）有個房間還留有棉線床罩和熱水瓶。白天可在舊礦區溜溜，或探探通往貝里鎮（Barrytown）的**克羅瑟斯步道**（Croesus Track）的起點，晚上則圍著營火啜飲莫提斯啤酒。

普納凱基的煎餅

下圖：普納凱基層層疊疊的千層岩海岸。

離開格雷茅斯，通往西港（Westport）的海岸公路沿著海岸線而築。海岸線距普納凱基（Punakaiki）北邊43公里處有一群石化的「煎餅」。煎餅岩石群（Pancake Rocks）❸❸上面有噴水孔，是由被侵蝕的石灰石構成的。

從主要公路旁一條短距離的觀景路線可以來到此地。岩石群在漲潮時分景觀最佳，海水會在強勁的西風吹襲下，猛力向上拍打並切穿岩石的細縫。

海岸邊的步道讓你得以親近當地的木鴿（kereru）和紐西蘭特產的蜜雀，當地茂密的科槐花是牠們的主食。**帕帕羅亞自然旅行社**（Paparoa Nature Tours，電話：03-322 7898）規劃的行程，可觀賞在嶙峋的西海岸海岸線築巢的海燕。普納凱基位於**帕帕羅亞國家公園**（Paparoa National Park）的邊緣，那兒奇特的石灰岩景觀一直?延至內陸。此地因雨水造成深谷、蝕刻的岩石，以及眾多縱橫的洞穴，有許多仍未被發現。

再往北走32公里則會來到**查爾斯頓**（Charleston），這裡曾是布勒區（Buller）繁榮時的中心，附近還有一處舊金礦廠。再往北走21公里來到一處交會點，海岸公路改編為國道67號，從這裡可以開往鄰近的**西港❸**，沿途都是一些迷人的風景。

西港往南是**逆風角**（Cape Foulwind），有一段很熱門的海岸步道，長4公里，途中可看到紐西蘭海狗的棲息地。西港北邊約4公里，沿著卡拉米亞公路（Karamea Highway），是一座荒廢的採礦小鎮**丹尼斯頓**（Denniston），這裡曾是紐西蘭最大的礦產地。從丹尼斯頓步道爬上高原到達舊礦城，有令人驚嘆的景觀、陡峭的礦車軌道，被稱為**丹尼斯頓斜坡**（Dennistone Incline）。

再過去便是西海岸最北邊的**卡拉米亞鎮❺**，距西港97公里，是佔地45萬2000公頃的**卡胡蘭吉國家公園**（見242頁）的門戶，有著名的希菲山道（Heaphy Track），而沒有拜訪**歐帕拉拉盆地**（Oparara Basin）就不算玩遍卡拉米亞，盆地位於城鄉北邊，遍佈石灰岩拱石和岩洞。西港的商人菲爾·伍德（Phil Wood）和3個探洞的伙伴於1980年發現**蜂巢洞**（Honeycomb Cave），距**歐帕拉拉拱石**（Oparara Arch）只有1公里。而在這通道的17公里處發現27種鮮為人知的鳥類骨骼，包括巨型恐鳥、老鷹，還有一種過去未被發現的雁鴨。蜂巢洞有脆弱的鐘乳石、如象腿般的岩柱，以及粗糙的岩流小瀑布，有嚮導員帶領遊客參觀。

國道6號在西港南邊5公里處轉向內陸（改為布勒峽谷公路），然後沿著南島最美河流之一的布勒河前進，並穿越河流的下游及上游隘口，最後走84公里來到莫奇森（Murchison）。到這裡西海岸便已經是身後的景色，之後公路便會一路開到納爾遜和布倫安了。西海岸的這一段公路有兩個南向的分支，分別是國道69號和65號，然後與列維斯通道公路相接，最後主線會跨過南島。

國道69號會在途中的印安加華交會口（Inangahua Junction）轉向，然後經過紐西蘭礦藏極豐富的地區。往南走34公里後會來到**里佛頓**（Reefton）❻，這座城以其著名的石英礦得名。這個區域有豐富的金礦和煤礦礦藏。從莫奇森至列維斯通道的另一條路（國道65號）在南邊72公里處的溫泉交會口，與主要的列維斯通道公路相連。

地圖見
234頁

實用指南

海鮮饕客若正好在春天光臨西海岸，一定得試試炸銀魚（whitebait fritters）這項絕佳的紐西蘭特產。由細小營養的小魚，裹上麵糊或蛋糕油炸而成，其美味令人無法擋。

下圖：逆風角岩石上的海狗。

早期中奧塔哥是重要分水嶺，毛利人須從西海岸山區越過此地方能取得綠石。綠石通常用來製作玻里尼西亞人形護身符tiki，據信護身符內蘊藏著力量，毛利人稱之為mana。

回到東海岸。綠石經過「加工處理」然後運給北方部落，今日這種礦石仍是紐西蘭最主要的寶石和紀念品業產品。

雖然貿易通路廣大，中奧塔哥的毛利人口始終不多。由於溫差大（這裡氣溫條件是紐西蘭最嚴苛的），對於從太平洋熱帶來的玻里尼西亞人顯得太難適應。1836年，一群從北島來的入侵者向南攻擊，最後一批留在此地的毛利人便從此完全消失了。

成堆的金礦

之後10年間沒有人涉足過中奧塔哥，這裡也完全回歸自然。但很快的人們便帶著成群的美麗諾（merino）綿羊來到這裡，破壞了這裡的寧靜。1847年，一位測量員為新移民帶來消息，這批移民希望尋找大型的牧羊場，中奧塔哥的歐洲人時代於焉到來。1861年的時候，新移民已佔據了大多數可能作為牧場的草地，但他們也要和嚴寒的冬雪、春天的洪水、夏天的乾旱、火災、野狗、野鼠、兔子、啄羊鸚鵡等奮鬥。

這批移民多半來自蘇格蘭。1861年，大約在他們剛剛定居下來的同時，蓋伯瑞·里德（Gabriel Read）在突亞佩加河（Tuapeka River）附近的一個峽谷發現了金礦，他說「金光閃閃就像冬夜中的獵戶座星光一樣」。他曾在1849年時，參與了美國加州的淘金熱。中奧塔哥的淘金潮於焉展開。在短短4個月內，長5公里的山谷內湧進了3000人，他們翻遍每一寸土，想要找到沉積其中的金礦。一年後，突亞佩加礦場的人口暴增到1萬1500人，比這一區首府丹尼丁的人口還多一倍，並使得該城人口大量移出。奧塔哥

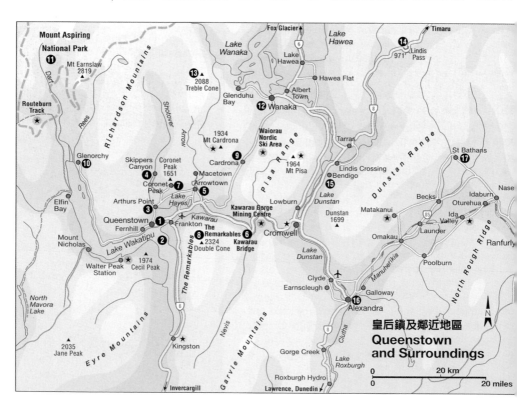

的收入在一年內增加了2倍，到港的船隻數量增加了3倍，這200艘船中許多是從澳洲的礦場載來的淘金客。

隨著探勘員開始往中奧塔哥的荒涼內地移動，人們在其他峽谷間一一發現了新礦場——例如頓斯丹山脈（Dunstan Range）底的克魯沙、卡多納（Cardona）、休德歐瓦（Shotover）、亞羅（Arrow）、卡瓦羅（Kawarau）等等。1862年，人們在休德歐瓦河淘出一塊重155克的金塊，因此被認為是世界上最金光閃閃的河流。一天下午，兩位毛利人前來搶救他們快被淹死的狗，那上面可是帶著11公斤以上的金子。

冒險者的世外桃源

皇后鎮最值得推介的就是搭乘滑車從**鮑伯峰**（Bob's Peak）俯瞰城鎮，及其周圍的壯觀景色。**天空線滑車**（Skyline Gondolas，每天9am-晚間，需購票，電話：03-441 0101，www.skyline.co.nz）位於**布萊肯街**（Brecon Street）。搭乘升降機往上爬790公尺，然後再往下坡急降。

布萊肯街的頂端是**鷸鴕暨鳥類生態公園**（Kiwi and Birdlife Park，每天9am-6pm，需購票，電話：03-442 8059，www.kiwibird.co.nz）。輕鬆地漫步於原生灌木叢中走到鳥舍，你可見到蜜雀、鈴鳥、扇尾鴿和羞怯的鷸鴕，還有一些罕見且瀕臨絕種的鳥類，如黑色長腳鷸、條紋秧雞。

皇后鎮有非常多樣的旅社、餐廳、滑雪後的娛樂，以及販賣紐西蘭手工藝品的商店，如絨面革、皮毛製品、羊皮、木製品、陶器，木刻及綠石飾品。但對大部分人來說，這個城鎮壯觀的風景才是最吸引他們的地方。遊

在鮑伯峰乘坐滑車順著山道而下，好不愜意。但最好先從新手的「觀景」路線開始，再挑戰更曲折的高手路線。

下圖：瓦卡提浦湖的鮑伯峰。

旅遊資訊

電影《魔戒》有許多場景都在皇后鎮取材，許多地點除非搭乘直升機，否則就要透過經營《魔戒》之旅的旅行社，才能到達一遊。

客中心位於修特瓦街（Shotover Street）和坎普街（Camp Street）交叉口（每天7am-6pm，夏季至7pm，電話：03-442 4100，www.queenstown-vacation.com），有詳盡的資料供遊客參考。

皇后鎮的湖泊和河流有許多水上探險活動，如獨木舟、快艇、風帆、帆傘，滑水、溪降、橡皮艇、雙軌帆船。皇后鎮也有高空彈跳，你甚至可以不用離城就能玩這種活動。天空線滑車站（電話：03-442 4007，www.ajhackett.com）提供一種岩架彈跳，跳一次時間不長，但景色壯觀。皇后鎮讓你參加某些探險活動，並獨具匠心地規劃更多精心設計的活動，讓志願的被虐待狂享受。

世界上風景最好的飛行活動就是皇后鎮那些飛越湖泊、高山、峽灣的直升機和輕型飛機，許多行程都能讓你欣賞平時以其他方式無法接近的壯觀美景與名勝。還有許多不用機械輔助的大膽冒險活動，如滑翔傘、滑翔翼、高空跳傘，各種行程任君挑選（遊客中心有許多詳盡的資料）。另一個罕見的空中活動是飛行線公司（Fly By Wire）提供的（電話：03-422 2116，www.flybywire.co.nz），以搭乘高速的小型飛機沿著兩山間的隙縫飛行。

較靜態的活動

這裡當然也有較為傳統而安靜的活動——在河谷中釣鱒魚，或是搭蒸汽船「恩斯洛號」（Earnslaw，每天中午-4pm，電話：03-249 7416，www.realjourneys.co.nz）遊覽**瓦卡提浦湖**（Lake Wakatipu）❷。這艘以煤為燃料的老船自1912年起就開始服務至今，當時是用來運送貨物和接送居

下圖：玩飛行傘徜徉卓越山脈間。

民的。它的內部非常值得一看，乘客可以參觀引擎室，船上有陳列許多具歷史性的物品。此外還可探訪**華特峰高地農莊**（Walter Peak High Country Farm），這是營運中的農場，佔地廣闊，可用餐、喝茶，還可親眼見識到紐西蘭的主要經濟活動。

在卡提浦湖用餐的旅客還可以體驗釣鱒魚的樂趣。在釣魚季節（10月1日至7月31日）可乘快挺、直升機、四輪驅動車來到偏遠原始的水邊。中奧塔哥最迷人的湖泊要算是瓦卡提浦湖了，它有著奇異的蜿蜒造型、規律的「週期呼吸」水相，以及始終冰冷的水溫，使人益發遐想。根據毛利傳說，這座湖是「巨人的迴身處」（Whakatipua）：一位勇敢的年輕人放火燒睡夢中的邪惡巨人，因而融化了臨近山區的冰雪，而融水便灌進這塊長80公里、呈雙彎曲狀的空洞中。

事實上，瓦卡提浦、瓦納卡（Wanaka）、哈威亞（Hawea）等湖都是由冰河蝕刻而成的。瓦卡提浦湖每5分鐘便升降一次的水位也不是傳說中的巨人呼吸，而是由於大氣壓力變化而產生的自然現象。但不管三座湖的成因為何，它們的外表對人來說就是如此美麗。「我不知道原來湖泊可以如此美麗」，小說家德洛皮（Trollope）在1872年時如是說。

同樣美麗的還有**皇后鎮花園**（Queenstown Gardens），就位於湖的蒸汽船碼頭正對面，這是一

座靜宓的花園，連?草地冷杉環繞，種滿玫瑰，此處是遠眺華特峰、班羅夢德（Ben Lomond）與卓越山脈（The Remarkables）的最佳地點。如果你想體驗園藝方面的活動，皇后鎮遊客中心的**皇后鎮花園旅遊公司**（Queenstown Gardens Tour，電話：03-422 3799，www.queenstowngarden-tours.co.nz）在春夏期間，可安排你入住當地3座花園中的房舍，還提供達佛夏爾茶（Devonshire tea）。

皇后鎮外

不過大部分著名的冒險活動都必須離城一小段距離。往皇后鎮東北約21公里的亞羅鎮（Arrowtown）走，可以結合冒險活動和歷史之旅。出城以後沿著峽灣路（Gorge Road）往北走，會來到位於舊的莊士頓長途客運大樓（Johnston Coach Line Building，電話：03-409 2508，www.rungway.co.nz）的橫木道（The Rungway），這是南半球第一個以一串鐵樁、梯子及纜繩繫在山腰，讓沒有登山經驗的人體驗攀爬岩石的狀況。

驚心動魄的河流

皇后鎮附近的湍急河流是激流泛舟和快艇泛舟的好去處。後者尤其成為紐西蘭風行的溯溪方式，上下游皆然。另外也有噴射快艇在水深僅僅及膝的水上高速行進。這種快艇以噴射水流行進，首先從艙底引水進入，然後再從船身後方以高壓噴出。通常這種快艇可以在不到10公分深的淺水行進，並且可以在一個船身的距離內做180度迴轉。這一帶有十幾個公司經

旅遊資訊

如果想看釀酒廠，不妨報名皇后鎮酒鄉之旅，造訪中奧塔哥一流的酒莊，好比吉普斯頓谷（Gibbston Valley）、隼鳥酒莊（Peregrine）、懷堤利（Waitiri Creek）、查德農莊（Chard Farm）。電話：03-442 3799；www.queenstownwine-trail.co.nz。

下圖：瓦卡提浦湖上的「恩斯洛號」蒸汽船（左）。

旅遊資訊

來到皇后鎮的遊客沒人不玩休德歐瓦噴射快艇的。穿著務必保暖；駕駛大叫要疾轉360度的時候，要緊抓住面前的握杆。

營此類服務，其中最有名的是**修特瓦汽艇公司**（Shotover Jet， 營運時間：每天黎明至黃昏，電話：03-422 8570，www.shotoverjet.com），在皇后鎮北方5公里處的**亞瑟點**（Arthur's Point）❸搭載遊客，提供刺激的激流行程，在休德歐瓦河上沿著不遠處的斷崖上上下下。這無疑是皇后鎮最刺激的冒險活動了。在皇后鎮有免費的車輛來回接駁。

至於那些想要更深入參與的人，?延14公里的休德歐瓦河在一年之中有3至5個階段的流速，比東部延伸7公里的卡瓦羅河還刺激，卡瓦羅河較更適合沒有經驗的泛舟者。有許多旅行社的行程提供巴士轉乘到用餐地點，還提供潛水衣和短期課稅，如皇后鎮泛舟公司（Queenstown Rafting，電話：03-422 9792，www.rafting.co.nz）。

亞瑟點北邊以及開往**史基伯斯峽谷**（Skippers Canyon）❹的四輪驅動車的終點，是**史基伯斯峽谷橋**（Skippers Canyon Bridge），那兒有海克特（A.J. Hackett）經營的**管線高空彈跳公司**（Pipeline Bungy，電話：03-442 4007，www.ajhackett.com），可讓神勇異常的人享受102公尺急速墜落急流的快感。

淘金鎮

過了亞瑟點不久，就有個岔路西行前往科羅內峰（Coronet Peak），並來到小鎮**亞羅鎮**❺。這是中奧塔哥景色最美、保存最良好的金礦移民地，可能也堪稱是紐西蘭最美麗的小鎮，尤以秋天為最。中奧塔哥原本散落約有80個採金地，在經過忙亂的10年後，現在遺留下來的痕跡卻相對稀少；但

下圖：搭乘休德歐瓦噴射快艇與河共舞。

亞羅鎮縈繞未歇的魅力與氣氛，似乎彌補了這一點遺憾。

亞羅鎮擁有紐西蘭面貌最多變的電影院——**布朗酒吧書店電影院**（Dorothy Brown's Cinema, Bar and Bookshop）。它位於白金漢街（Buckingham Street），上映藝術電影，並誇耀擁有獨特的舒適座位、火爐與酒吧。

在白金漢街盡頭，往河邊的方向，可以找到唐人街的舊址，是過去中國採金人居住的聚集建築。它的鼎盛時期是在1880年代，約有60人以此地為家。儘管金子許諾一個富貴的未來，但這些小小的石造建築卻顯示，當時的生活相當刻苦。

亞羅鎮的**湖區博物館**（Lakes District Museum，每天9am-3pm；需購票）也在白金漢街上，它是淘金熱的資料寶礦，有著金子、礦砂的樣本，還有礦工的工具、中國礦工的遺物，以及殖民地時期的紀錄，並收藏各種馬車。

幽靈鎮散落在這個區域，印花布、草皮與波狀鐵片交織的陰影，對1872年來訪的英國小說家安東尼·特洛普（Anthony Trollope）來說，似乎是很「醜陋」。**梅斯鎮**（Macetown）就是這樣的一個地方，它座落在亞羅鎮西北15公里的山丘上，值得繞道一遊。這個城鎮有一些保存狀況不同的遺跡，不過，大多都有著如同公園般的狀態，部分歸功於過去殘餘的庭園自成一格發展下來。梅斯鎮在上個世紀開始發展，許多礦工的帳篷聚集此地，他們先是追求金子，之後為石英而來。礦源枯竭後，城鎮沒落。最後一個礦坑在1914年關閉，二次世界大戰後，鎮上僅有的兩位居民。

離開亞羅鎮，走亞羅鎮／海斯湖公路回到皇后鎮。這段行程大多循著湖

管線高空彈跳，面向休德歐瓦河，一躍而下。

左圖：亞羅鎮的秋色景致。

下圖：亞羅鎮的舊世界郵局（old world post office）。

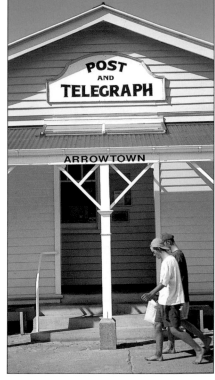

哈克特也經營世界最高的彈跳活動，驚心動魄的內維斯鋼索彈跳（Nevis Highwire Bungy）高134公尺，地點在距皇后鎮32公里的內維斯河（Nevis River）。此處一定要搭四輪驅動車才可到達。

面如鏡、經常被攝入鏡頭的**海斯湖**（Lake Hayes）沿岸而行，而且會經過豪華的**米爾布魯克渡假村**（Millbrook Resort），它擁有鮑伯・查理斯（Bob Charles）設計的高球場。紐西蘭本身獨特的建築風格在這個如同小農場的會館上表露無遺，工匠、藝術家與退休人士在此享受優雅的生活。

在6號公路的交接處往左轉，很快就會來到位於亞羅鎮南方6公里的歷史景點**卡瓦羅橋** ❻。這是世界第一個商業高空彈跳的地點，由海克特公司在1988年開辦（電話：03-442 1177；www.ajhackett.com）。不管是親自享受彈跳，還是觀賞更具冒險性的活動──它的表達方式從冷靜無語到刺耳的歇斯底里都有──之後再經由國道6號回到皇后鎮。

滑雪與健行

南島最大的幾個滑雪場在科羅內峰、卓越山脈、三山錐（Treble Cone）與卡得羅納（Cardrona）。**科羅內峰** ❼是皇后鎮的後院滑雪場，從柏油路往北，大約只要18公里。科羅內峰的滑雪季從7月到9月（有時還到10月），以地勢多變與手法創新而聞名，例如，開放由泛光燈照明的夜間滑雪。夏季時，遊客可以搭乘空中纜椅到峰頂（1645公尺）觀賞壯麗的景色，而追求刺激的人士可以在巔峰滑道（Cresta Run）進行下降速滑。

第二大滑雪場是**卓越山脈** ❽，在東方20公里處，這個崎嶇的山脈成了皇后鎮聞名的壯觀背景。它的滑雪道受到初學者與中等程度人士的喜愛，但也有較具挑戰性的滑雪道適合進階人士。第三個滑雪場是在**卡得羅納** ❾，距離皇后鎮57公里，就在皇冠山脈路（Crown Range Road）往瓦納卡

下圖：皇后鎮科羅內峰上的滑雪運動。

（Wanaka）的路途上。這是紐西蘭最高的公路，景觀令人驚艷。

格倫諾基（Glenorchy）在皇后鎮西北方約42公里處，這是一個有著絕色美景的地方，位居在一個絕色美景也是稀鬆平常的地帶。離開皇后鎮後，公路大多沿著瓦卡提浦湖西岸。離開鎮上約25公里後，就會來到一處山丘的頂點，可以眺望瓦卡提浦湖的美景，以及上面三座島嶼——樹島（Tree Island）、豬島（Pig Island）與鴿島（Pigeon Island）。

儘管景觀原始，格倫諾基卻是各種戶外活動的搖籃。划皮筏、噴射汽艇、騎馬、釣魚、划獨木舟與峽谷探險在此地全都極受歡迎。位於格倫諾基海角街（Mull Street）的**達特河探險公司**（Dart River Safaris，電話：03-442 9992；www.dartriver.co.nz）帶領許多上述活動的團體，包括刺激的80公里噴射汽艇探險，行程沿著位居高山與冰河間的**達特河**（Dart River），經過托爾金筆下「中土」世界的景觀，最後在**亞斯派林峰國家公園**（Mount Aspiring National Park）⓫邊界的沙地崖（Sandy Bluff）折返。這個國家公園是聯合國世界遺產，是一個160公里長的高山保留地，3030公尺的亞斯派林峰是界內最高峰，堪稱紐西蘭的馬特杭峰（Matterhorn／瑞士）。園區與遺世獨立的山谷往瓦納卡湖（見下頁）延伸，提供在未受破壞的荒野中健行、登山與釣魚的難得機會。

瓦卡提浦盆地所有眾多步道之中，最值得一遊的當然是**路特本步道**（Routeburn Track），登山口在格倫諾基。這條從瓦卡提浦湖頂端前往上哈里福德谷（Upper Hollyford Valley）的4天行程，景色優美，是紐西蘭最佳的步道之一，但比起鄰近峽灣區的密爾福步道，需要較好的經驗與體能。

地圖見
284頁

旅遊資訊

皇后鎮的滑雪高峰在7月第三週長達一星期的皇后鎮冬季嘉年華活動。此地區最有名的滑雪網站是www.nzski.com。www.cardrona.com與www.treblecone.co.nz這兩個網站也值得一遊。

丹尼丁

這座城市由蘇格蘭人所建成，因淘金熱而盛極一時，
在它樸實暗沉的外表下的是一座活潑的大學城；優秀的地理位置，
使這座城市得以善用鄰近豐富的自然資源。

丹尼丁優雅地倚在海灣口。這座綠意盎然的城市有著石板和白鐵屋頂的房舍，有尖塔、煙囪和教堂，有維多利亞與愛德華時期的建築，當然，也有濃厚的學術氣息。這座城裡的12萬名友善居民中有2萬名學生，大家一致認為這裡的平和恬靜是其他城市能相比的。

您可以從奧塔哥港一覽這裡最佳的景色。這條長 20公里的深長峽灣海岸，曾是毛利人戰爭獨木舟、捕鯨船和三桅船的出沒地，如今這裡則是貨櫃船和海岸商船的進出港。

港口公路圍繞著綠油油的山坡而築；高300公尺的港口山（Harbour Cone）位於陡峭狹窄的奧塔哥半島山群中，另外還有雲霧繚繞山頂、高680公尺的卡吉爾山（Mount Cargill）。港口邊還有著木造和磚造的渡假小屋（北方人稱為baches，本地人則稱為cribs），其中有的還飾以綠樹。除此之外也有著漁人、碼頭工人和上班族較為簡樸的住宅。

左圖：莫拉奇巨礫群位於丹尼丁北方。
下圖：丹尼丁的蘇格蘭傳統顯而易見。

自豪的歷史

丹尼丁的自豪至今不減——它曾經是紐西蘭人口最多也最富有的城市。1860年代在奧塔哥內地發現了金礦，造就了比美國加州更盛大的淘金熱。丹尼丁也迅速成為全國的金融中心。移民從世界各地湧入，國內大公司在此設立總部，工業和服務業大為興盛。丹尼丁因而有了紐西蘭第一所大學、第一間醫學院、最好的教育機構、第一條市內電車、美國以外的世界第一條市內纜車、紐西蘭第一家毛料工廠，以及紐西蘭的第一份日報。

即使是好幾個世紀前，奧塔哥沿岸的人口數就一直比北島任何一地來得多。恐鳥獵人居住於此；遊牧的毛利人也靠漁獵、水禽和恐鳥肉維生。庫克船長於1770年航經奧塔哥的時候，錯過了這裡的入海口，卻注意到了今天稱為聖基爾達（St. Kilda）和聖克萊爾（St. Clair）的兩座長白海灘。他記載著，「這是一片青翠多木的土地，卻沒看到什麼人跡」。其實這裡住著毛利人，但他們都是人數不多。

不到30年的時間裡，獵海豹人和捕鯨人便來到了這裡。歐洲人也很快摸熟了這條海岸線，雖然當地人不見得那麼喜歡他們。1813年時，4名水手遭到毛利人殺害並被吃掉。1817年時，在位於港口北邊入口、今日仍名為「謀殺灘」（Murdering Beach）的地方，3名獵海豹人冒犯了毛利人，因而遭到殺害。

當時在世界另一端發生了許多宗教衝突，使得丹尼丁成為了歐洲人的殖民地。蘇格蘭的長老教會發生爭鬥，因此有人想要來紐西蘭開發新殖民地，如此一來「虔誠、清廉和勤奮的生活態度才得以生根」。這群人組成了自由教會（Free Kirk），主要成員包括有半島戰爭的老將卡吉爾船長（William

旅遊資訊

如果專為看海鷗造訪泰阿羅角,千萬要確定海鷗在不在家。9月成鳥到此;10月求愛與交配;11月產卵;2月幼鳥孵化;9月幼鳥離巢。

大約再往北4公里就來到**奧塔庫**(Otakou),這裡有一間毛利教堂與聚會所,看起來像是離刻而成,實則由水泥建造。墓園埋葬了19世紀3位偉大的毛利酋長——英勇的泰阿羅(Taiaroa)、奈加塔塔(Ngatata)(據說是曾歡迎歐洲白人來到庫克海峽的一位北方領袖),以及卡雷泰(Karetai)(受傳教士感化,放棄蠻行,信仰聖經)。聚會所對當地毛利人是神聖的地方,也仍舊是奧塔哥最具歷史性的毛利景點。(事實上,「奧塔哥」是歐洲人對「奧塔庫」的訛誤)。這裡有一家毛利博物館,但要先打電話確定是否開放(電話:03-478-0352)。

往北,可以見到1831年奧塔哥港的捕鯨業舊跡,它早於歐人移居地17年。舊廠明顯可見,清楚由銘板標示出來。路上也有一個銘板紀念奧塔哥港第一次基督教儀式,那是在1840年由龐帕利爾主教主持。

野生動物與城堡

爬過山丘,越過奧塔庫,朝半島頂端高大的**泰阿羅角**(Taiaroa Head)前進時,請睜大眼睛。這些乘風慵懶歇息的巨大海鳥是世界上最大的飛鳥——稀有的皇家信天翁。牠們輕拍3公尺長的雙翅,無比優雅地飛撲、旋轉與翱翔。牠們終其一生都是固定配偶,從這個小小棲地有30對以上,以110公里時速,繞行地球,再回到此地交配,每隔兩年產下一隻雛鳥。

西太平洋皇家信天翁中心(Westpac Royal Albatross Centre)(每天9am-4pm開放;需購票;電話:03-478 0499;www.albatross.org.nz)有賞景露台與展示區域。受到護行的團體觀察多數在春夏繁殖、剛離巢的雛鳥盤旋,以及飛行前踱步的情景。在這裡,還可以免費前往**水手海灘**(Pilot Beach)附近南方海狗棲地,觀看牠們各種逗趣的行為。

下圖:水手海灘上的海狗。

奧塔哥
300頁
市區圖
308頁

泰阿羅角還有個**泰阿羅碉堡**（Fort Taiaroa），可以見到不凡的「**阿姆斯壯隱藏大砲**」（Armstrong Disappearing Gun），這件武器是在1886年因察覺到沙皇俄國的威脅，而運至此地。這個口徑15公分的加農砲藏在地面深處，開火時升起，然後下沈填裝彈藥。

沿著農業道路往東行2公里，就來到**企護保護區**（Penguin Place）（夏季每天10:15am至日落前90分鐘，冬季3:15pm-4:30pm；需購票；電話：03-478 0286；www.penguin-place.co.nz）。在這裡可以看到姿態如卓別林的稀有黃眼企鵝在浪裡昂首闊步，經由獨特的躲藏與隧道系統，可以近距離觀察牠們。

君主號（MV Monarch）提供從丹尼丁下奧塔哥港，至泰阿羅角的定時遊船服務。但是，想要一窺半島的獨特景觀與野生動物，請洽**野地冒險公司**（Wild Earth Adventures）（電話：03-473 6535；www.wildearth.co.nz），參加他們的獨木舟行程，造訪皇家信天翁與海狗棲地，一路上還可以看到各式各樣的野生動物。

要循「高路」回到丹尼丁，必須先沿著泰阿羅角順著前往波托貝洛的道路。在此可見到高大的**拉納奇城堡**（Larnach Castle）（每天9am-5pm；需購票；電話：03-476 1616；www.larnachcastle.co.nz），這是一座具有百年歷史的富麗莊園，也是紐西蘭唯一一座城堡。共耗費14年建造（從1871年），作為威廉·拉納奇（Hon. William J.M. Larnach）的宅邸。他是一位資本家，後來也成為內閣閣員。有一名英國工人與兩位義大利工匠花了12年時間雕刻天花板。城堡一度年久失修，但現在已修復完成，城堡43間房間大多對外開放，也提供住宿。返回郊區的「高路」，擁有令人印象深刻的港口景色。

企鵝生態保護區的黃眼企鵝。

下圖：拉納奇城堡。

丹尼丁周邊景點

遊客們可不要只在市區活動。市郊有著另人神往的自然和歷史景觀。往北走8公里會來到怪異的**莫拉奇巨礫群**（Moeraki Boulders）**1**，這些巨礫像「惡魔的大理石彈珠」[14]般躺在海邊。根據毛利傳說，巨礫群是由一艘擱淺獨木舟上面裝有食物的籃子所變成。事實上它們是在6000萬年前由石灰砂一點一點圍著一個中心點堆積而成的。巨礫有的重達數噸，圓周可達4公尺長，在柔軟的泥岩遭風化後，它們逐漸變成海灘後方堤岸的一部分。

泰雅麗河峽谷 2位於丹尼丁西方，河上有噴射快艇和激流泛舟活動，帶領愛好冒險的遊客馳騁於覆有原始灌木叢的山崖邊。如果不想太耗體力，也可以來這裡釣釣鱒魚，河裡鱒魚數量相當豐富。

從丹尼丁火車站（見298頁）有特別的觀光火車前往北方和南方，在泰雅麗峽谷鐵道（Taieri George Railway）（電話：03-477 4449，www.taieri.co.nz），有古色古香的1920年代火車廂，經由奧塔哥觀光火車信託翻新後，仍具復古風情，另外也有現代化的空調鋼製車廂，帶領遊客穿越崎嶇壯觀的泰雅麗河谷大橋，探索奧塔哥內陸。回程可前往58公里遠的普克蘭基（Pukerangi），或是續走19公里前往奧塔哥中部的米德瑪奇（Middlemarch），那兒還有巴士可將遊客載往皇后鎮。

備輸往世界各地。

過了港口區後，尋找三棟長各600公尺的建築物，週邊圍繞著其他大型建築，還有一座高137公尺的煙囪盤踞其中。這就是**提外角**（Tiwai Point）煉鋁廠，一年可以產出24萬4000噸的鋁。這座位在孤寂的提外島上的煉鋁廠，終年都有風將工廠的排煙吹散，也是南島南方最主要的工廠雇主。可免費安排到此一遊；欲知詳情請撥03-218 5494。

布拉夫肥美的生蠔也相當有名，是從福沃海峽撈上來的。**福沃海峽**長35公里，分隔本島和司徒華島。過去數年間這裡的海床曾受疾病的侵襲，目前已採取措施復原當中。這裡的資源受到謹慎的管理，希望有一天生蠔出產量能回到以往的水準。

另外，值得造訪濱水道（Foreshore Road）上小型的**海事博物館**（Maritime Museum）（週一至週五10am-4:30pm，週六、日1-5pm；需購票；電話：03-212 7534）和海濱廣場（Marine Parade）上的**鮑魚殼屋**（Paua Shell House）（每日9am-5pm；需購票；電話：03-212 8262），有來自世界各地的各式貝殼，還有一面牆沾滿自附近海灘蒐集來的藍綠色鮑魚殼，閃閃發亮。

卡特林斯海岸以東

朝印威喀吉東南方而去，約80公里可抵達**威卡瓦**（Waikawa）小漁港。可由一條穿越鄉間的舒適公路到這裡，這條公路不久前還是雜草叢生之地。威卡瓦位在南方景觀公路（Southern Scenic Route）上，是一條從南奧

布拉夫的鮑魚殼之家到處閃著青光——光芒來自從附近海灘拾來的貝殼。

下圖：從福沃海峽的海水中拖撈而起的一大網牡蠣。

塔哥的巴爾克魯沙（Balclutha）沿著南部海岸、經過威卡瓦而抵達蒂阿瑙的熱門路線。朝威卡瓦的東北方前進，大部分的路線都能到達**卡特林斯**，此一區域有多種樣貌的自然美景，有足夠的機會見到野生物，像是海狗、海獅，偶有令人驚嘆的海象和罕見的黃眼企鵝。

印威喀吉道路的盡頭，威卡瓦5公里外，仍保有數百萬年的化石森林，名為**庫立歐灣**（Curio Bay）**⑤**。被凍結在每一根石化的枝幹中，岩群被一些不知名的力量劈開，露出了枝葉的痕跡。相鄰的是**海豚灣**（Porpoise Bay）不但舒適，且是適合遊泳的海濱，只要你願意和這裡時常出沒的稀有賀氏矮海豚（Hector's dolpins）共享這片海域。

海豚灣北方約34公里是遼闊的**萬巴地海灘**（Waipati Beach），這裡有一條路可通到30公尺高、壯觀的**大教堂洞穴**（Cathedral Caves）**⑥**。當局聲明進入洞內要攜帶手電筒，以免踩到正在休息的海豹或海獅。再朝北方10公里來到帕帕土萬（Papatowai），是一些基本店家的集中地，但也是許多美麗的海灘和森林步道的起點。

順著南方景觀公路再往北走24公里的**歐瓦卡**（Owaka），是紐西蘭最偏僻的小鎮之一，卻很繁榮，可停車前往絕美的普拉考努伊瀑布（Purakaunui Falls）。這處三層的瀑布雖不在主幹道上，但絕對值得你走上一段路。歐瓦卡有不少的餐廳和住宿的地方，你可以選擇以這裡為中心點，四下探訪灌木林步道和瀑布，或者盡情賞鳥。**卡特林斯遊客中心**（電話：03-415 8371）能提供詳盡的資料。歐瓦卡東北方約6公里為**大山坑**（Jack's Blowhole）**⑦**，這處噴水孔離海岸約200公尺，深55公尺。

地圖見
308頁

旅遊資訊

馬陶拉河、歐列提河與阿帕里瑪河的魚場長達500公里；這三大釣河將南地省畫分為三部分。這處棕鱒魚場是全世界最棒的。

下圖：庫利歐灣海濱的石化樹椿。

秧雞（takahe），紐西蘭最稀有的鳥類之一，在蒂阿瑙野生生態中心可以看到其蹤影。一度認為已絕種，但1948年在莫奇森山脈又發現其蹤跡。

下圖：壯麗的密爾福峽灣。

很多旅館、汽車旅館和民宿。位於蒂阿瑙湖西岸、莫奇森山脈（Murchison Mountains）山腳的**蒂阿瑙岩洞**（Te Anau Caves）**⑰**，是一帶的重要景點。據信毛利人的探險者早就知道這個地方，但一直到1948年才被人再度發現。前去一遊需時2個半小時，可以向實境旅遊公司預約（見313頁）。走一趟路，再搭兩趟平底船，就會來到岩洞群的中心，這裡有漩渦、奇異的瀑布以及土螢洞穴。紐西蘭保育部在鎮外通往馬納普利的路上設有**蒂阿瑙野生生態中心**（Te Anau Wildlife Centre），要看稀有的秧雞和其他稀有鳥類，這是少數幾個地方之一。

壯闊的密爾福峽灣

另一個欣賞峽灣區海景的方式更為壯觀，就是從蒂阿瑙湖出發，走12公里的公路來到**密爾福峽灣 ⑱**，這段路的景致舉世聞名，被作家吉普林（Rudyard Kiping）形容為「世界第八奇景」，許多作家和藝術家絞盡腦汁要將沿路的美景付諸文字。從蒂阿瑙湖出發，前30公里進入濃密的森林，穿越一處處寧靜的美景，例如離蒂阿瑙湖58公里的**鏡湖**（Mirror Lakes），以及讓你懷疑自己眼睛的「**消失山大道**」（Avenue of the Disappearing Mountain），當你越開越近，山脈卻開始消褪。森林、河岸淺灘、小湖泊一一從窗外飛過，最後在馬利安營地（Marian Camp）開始下降，朝森林覆蓋的上荷利佛德山谷（Hollyford Valley）前進。

公路在這裡岔開成兩路。一線深入荷利佛德山谷的**更氏山莊**（Gunn's Resr），這是一處汽車露營地，由峽灣區最有趣的人士之一經營。公路的盡頭，就是**荷利佛德登山步道**（Hollyford Track）的起點。這條路沒有出口，

要離開只能原路折回。另一線向西行，陡升到**荷馬隧道**（Homer Tunnel）的東側入口。隧道長1240公尺，鑿穿堅硬的岩石而成。1935年動工，當初僅僅雇了5名工人，用鏟子、十字鎬、獨輪車去開鑿，晚上則睡在帳棚裡。1954年竣工，但來不及挽救3條被雪崩奪走的人命。荷馬隧道可說是峽灣區最蠻荒的地方。

公路經過密爾福之後，在陡峭的山壁之間穿梭，10公里的距離內驟降690公尺，迎面而來的是**卡列多山谷**（Cleddau Valley），及其引人讚嘆的**峽谷步道**（Chasm Walk），旅人可以在此信步遊賞卡列多河（Cleddau River）奔流而下的幾處瀑布。重新回到公路上，再走個10公里，便來到密爾福峽灣的灣口，有許多旅館等著迎接客人。

密爾福峽灣最南角有固定的船班，可以帶旅客來一趟海上遊程。由於頗受歡迎，務必事前預約訂位。**紅船遊艇**（Red Boat Cruises，電話：03-411 1137；www.redboats.co.nz）經營短程航線，帶旅客一覽此區的精華景點。實境旅遊（見313頁）則是短程航線和在海上過夜的行程兼而有之，旅客可以在密爾福漫遊者號（Milford Wanderer）和密爾福水手號（Milford Mariner）上住一晚。壯觀的**法冠峰**（Mitre Peak）是整座海灣的視覺焦點──這座巨岩高1692公尺，除此之外還有許多著名地標，高162公尺的**鮑恩夫人瀑布**（Lady Bowen Falls）便是其中一項。

如果時間和體力允許，不妨嘗試來趟海上泛舟之旅。密爾福一帶有許多一日遊的遊客，清晨或傍晚時分則顯得十分冷清。這裡也有許多白蛉，得隨時噴上防蚊液。

用步行方式也可以抵達密爾福峽灣。蒂阿瑙湖畔有遊艇帶步行遊客來到湖泊前端的葛拉德小屋（Glade House）。從這裡開始，沿著密爾福步道（見243頁），步行3天來到海灣，可以一路欣賞大自然的鬼斧神工。**密爾福步道**赫赫有名，被譽為世界最佳步道之一。峽灣區還有其他世界知名的步道，包括了**路特本步道**以及景色壯麗的**克普勒步道**（Kepler Track），後者在蒂阿瑙湖去的諸多山頂與峽谷間迂迴穿梭。

離開南地可以取道**京斯頓** ⑲，搭乘「京斯頓飛行者號」（Kingston Flyer；www.kingstonflyer.co.nz），往北前往皇后鎮。京斯頓飛行者號是古董蒸氣火車，往返費爾萊與京斯頓之間。或者也可以經過馬陶拉谷（Mataura Valley），往東北方開車前往丹尼丁。

地圖見
308頁

旅遊資訊

從皇后鎮到密爾福峽灣，怎麼走都要花上4、5個小時，預約導遊和船位可洽詢「豪景公司」（Great Sights）（電話：03-442 5252；www.thestation.co.nz）。回程最好搭飛機回皇后鎮。

下圖：鏡湖。

地圖見 308頁

司徒華島

這座即便紐西蘭人也少有人知的「第三島」，
是野生動植物的天堂，讓生態旅遊者的夢想成真。

奧克蘭
Auckland
North Island
北島
威靈頓 Wellington

Christchurch
基督城
South Island
南島

毛伊人稱司徒華島為「Te Punga o te Waka a Maui」（毛伊神獨木舟的錨），其重要性與紐西蘭的其他島嶼並列。一名商船大副威廉・司徒華（William Stewart）在1809年獵捕海豹時，畫下此島的海岸線，並為它命名。今日，**司徒華島 ⑳** 形同紐西蘭環境的重要礎石，成為庇護許多野生生物的天堂，讓牠們免於掙扎求生。島上僅有20公里的碎石路和360位居民。

從印威喀吉機場（Invercargill Airport）搭機20分鐘可到司徒華島，或是從布拉夫渡頭搭渡輪也行，航程約一小時。如果從布拉夫搭渡輪經福沃海峽至奧班，最好做好心裡準備；因為若要論及紐西蘭最凶險的水域，福沃海峽必定入榜。「40度嘯風帶」可非浪得虛名。但樂觀地想，海鷗與信天翁等巨型鳥正需乘風翱翔；風勢愈強，愈容易看到牠們蹤影。

從空中看，司徒華島看似十分渺小；天氣好時，一眼便可看盡全島。島的形狀近似三角形，西岸北至黑岩角（Black Rock Point），南至西北角（Southwest Point），長約60公里。司徒華島有步兵（Doughboy）和梅森（Mason）兩處海灣，但從塔斯曼到此處的渡輪和船隻沒有全天候皆宜的避

下圖：司徒華島上的
帕特森海口。

風港。南端海岸更無遮蔽之處。然而，在飛馬港（Port Pegasus）、冒險港（Port Adventure）、主之河（Lord's River）與帕特森海口（Paterson Inlet）仍有幾處不錯的下錨處，這幾處港口將南地畫分為二區。

奧班與烏班島

島上多處景點都由**奧班**（Oban）**❷①** 出發。奧班圍繞著半月灣（Half Moon bay）與馬蹄灣（Horseshoe Bay）一帶，可愛的屋舍點綴林間，若隱若現，是紐西蘭最怡人的殖民地。有些屋舍十分古老，其歷史可溯自挪威人在**帕特森海口**附近建立捕鯨基地的時代，有些屋舍是捕鯨人與海豹獵人的子孫所建。**艾克小屋**位於奧班以西不遠的**艾克角**（Acker's Point），是紐西蘭最古老的住家。幾年前雖大幅整修過，但仍有可觀之處。屋舍是由美國捕鯨人路易・艾克（Lewis Acker）和妻子瑪麗・皮（Mary Pi）在1835年所建。

奧班從背包旅行者留宿的青年旅舍到較昂貴的民宿，一應俱全。司徒華島的各項花費都比較高，包括餐飲和仰賴輸入的必需品。本地也有小酌兩杯之處，**南海旅店**（South Seas Hotel；電話：03-219 1282）就在主街靠海一頭，據說它是地球最南端的旅館——其實不是，除非智利的巴塔哥尼亞（Patagonia）沒有旅館。

雷奇歐拉博物館（Rakiura Museum，週一至週六10am-12am，週日12am-2pm；免費）位於艾兒街（Ayr Street），館藏記載著這座島嶼的航海史與歐洲人移民來此之前的歷史；在進入荒野探訪當地的動物之前，這裡是好去處。

奧班一帶有多處怡人的海邊步道，景色各殊。有好幾處林間小徑，長滿了吊鐘花。當地的鳥兒也很常見，牠們不怕生人，遊客可以走近觀賞。此地常見的鳥兒有鸚鵡、鐘雀、扇尾鴿、蜜雀與山雀，還有本土鴿種凱雷魯（kereru）。在奧班一帶，經常可以聽到自空中飛過的卡卡鸚鵡刺耳的叫聲；這在紐西蘭的其他聚落可是難得一見。

距帕特森海口約3公里的**烏瓦島**（Ulva Island）**❷②** 亦值得一探。可以搭水上計程車前往，或是大膽些搭獨木舟去。近年來烏瓦島的掠食動物都已被驅除，又引進了多種鳥類。其中以南島黑背鷗最搶眼，但司徒華島知更鳥、刺鷯、紐西蘭金絲雀亦十分可愛。烏瓦島上的司徒華島秧雞亦繁殖旺盛。鳥數之眾多令人立即打消餵食的念頭；不過別擔心，生性樂觀的秧雞絕不乞食午餐。

烏瓦島因未經開發，所以有好幾處樹林可以觀賞，如紐西蘭里穆（rimu）、圖塔拉（totara）、密羅（miro）和卡馬希（kamahi）等多種原生松蒼翠成林，也可見到小型植物如蕨類、蘭花。島上亦有鷸鴕，烏瓦島仲夏時分畫日較短，所以白天偶爾可見到牠們出來覓食，這裡比紐西蘭其他地方更容易看到鷸鴕。西岸**梅森灣**（Masson Bay）**❷③** 是鷸鴕大本營，牠們接近傍晚時會出來尋找亞麻和野草，有時

地圖見 308頁

旅遊資訊

想與當地居民交流，南海旅店是個好去處，此地客人多是漁夫或鮭魚工廠的工人。若是心血來潮，不妨安排鮭魚工廠之旅（電話：03-219 1282），也可參觀鮑魚工廠。

下圖：吃苦耐勞的司徒華島民。

也會在海灘間尋找沙蚤。

賞鳥者天堂

另一個賞鳥好去處是奧班以西約3公里處的**艾克角**，此處地貌裸露。海鷗與信天翁之類的大鳥在風勢較小不利飛行時，會留在較遠有遮蔽處的海灣。傍晚走到艾克角，可以聽到藍企鵝（Blue Penguin）成群浮在近海、呼叫彼此的聲音，等到天黑牠們才會戰戰兢兢地上岸回巢。在夏季孵卵時分，則可以聽到灰水薙歸巢時的鳴叫，牠們多在燈塔下方或附近築巢。

在司徒華島可以看到除了紐西蘭之外其他地方難得一見的卡卡啄羊鸚鵡。

灰水薙有個不好聽的俗名「羊肉鳥」（mutton-bird），如果看鳥看膩了，奧班的南方旅店有時會把牠們加入菜單。牠們嚐起來若不像帶有魚味的羊，就像帶有羊味的魚。這樣的味道組合無論如何都不美味，所以最好還是讓「羊肉鳥」保有羽毛，展翅高飛吧。

如果想看灰水薙飛行，司徒華島週遭的海域是世界上最好的賞海鳥地點之一。世界上已知的海鷗與信天翁有半數都會出入司徒華島，在此也可觀賞海燕、水薙、賊鷗、鋸?和企鵝等多種海鳥。常見的還有好望角鴿（Cape Pigeons），因為這種鳥會在海面上輕跳漫步，有些本地人稱之為「基督鳥」。狂熱的賞鳥人絕不會錯過欣賞**斯奈爾斯群島**（The Snares Group）的海鳥，該群島離司徒華島最南端約125公里遠。（見下框文）

雷奇歐拉國家公園

下圖：烏瓦島的綠色蕨類。

如果想當旱鴨子，島上總長245公里的步道，多的是可以消磨時光的地

觀賞大海鳥

司徒華島南端面向斯奈爾斯群島之處，也許是世界上最佳的觀賞海鳥景點之一。一般人雖然禁止踏足斯奈爾斯群島，但可將船駛到近海，傍晚時絕不會錯過嘎嘎作聲的歸巢水薙與企鵝。

據估計，每年夏天至少有800萬隻灰水薙在司徒華島築巢。賞鳥行家若想要把海鷗與信天翁加入「觀鳥記錄」，除了此地別無分號，務必把握良機。由於紐西蘭政府對南方海域的繩釣規定執行不力，因此海鳥數目正在銳減當中。每年都有數千隻海鳥因為誤食亞洲和蘇俄船隻的釣線而溺斃。

基於安全考量，透過梭芬（Thorfinn Charters，www.thorfinn.co.nz）或塔里斯克（Talisker Charters，電話：03-219 1151；www.taliskercharter.co.nz）兩家公司造訪斯奈爾斯群島。兩家公司都有經驗老到並且熟知鳥兒的船長──有些本地人會裝懂瞎指，以為暈船的遊人不會發現。

方。29公里長的**雷奇歐拉步道**（Rakiura Track），始於奧班終於奧班，3天才能走完，是絕佳的健行路線。路上的小屋讓遊人晚上可以安眠。北邊的步道一路經過圖塔拉、里穆和雷塔（Rata）生長的樹林，南邊步道則一路經過有著美麗翁鬱綠林的海灣、灌木帶與山麓地帶的植被區。錫帶（Tin Range）附近的南部地區不久前還是紐西蘭數稀有鳥類鴞鸚鵡（kakapo）的棲息地。基於安全考量，牠們在1970年代被遷移到近海的島嶼，如離司徒華島西岸不遠的**鱈魚島**（Codfish Island）。

島上85%都屬於**雷奇歐拉國家公園**（Rakiura National Park），有許多景點可以造訪，有許多事可做。不愛健行的遊客，也可找到好幾處怡人地點靜靜坐下來飽覽大自然最美的姿態。由於從前引進的白尾鹿已經受到控制，因此蕨類生長蓬勃，在**炸藥角**（Dynamite Point）尤為茂盛；在往馬蹄灣的路上會經過**莫塔羅莫阿納保留區**（Motarau Moana Reserve），裡面的植物園可見許多珍奇植物。

地圖見
308頁

司徒華島的毛利地名是Rakiura，意為「閃亮的天空」，靈感來自這南地天空的絢麗夕陽。

下圖：司徒華島的大海鷗頗值得一看。

INSIGHT GUIDES

旅遊指南

目 錄

認識紐西蘭

這個地方

位置：紐西蘭位於南半球太平洋中央，與澳洲大陸距離最遠處為2,250公里
面積：268,680平方公里
首都：威靈頓（人口451,600）是紐西蘭的政治、文化、財政中心
人口：400萬
語言：英語／毛利語
宗教信仰：基督教為大宗（81%）
幣制：紐西蘭幣
長度與重量單位：公制
電話國際碼：64
電壓：紐西蘭交流電為230/240伏特，50赫茲，與澳洲相同。多數旅館提供110伏特，20瓦的電源插座，僅供電動刮鬍刀使用。最好攜帶轉接頭，插頭的形式為3平頭或2平頭。
時區：整個紐西蘭只有一個時區，比格林威治時間早12小時。從10月初到3月底，因夏季日光時間，提早一個小時。在基督城東邊800公尺的Chatham島，比其他地方早45分鐘。

最早迎接一天開始的國度

紐西蘭是最早迎接一天開始的國家之一，僅在斐濟、吉理巴斯和一些太平洋的小島之後，從西半球來到此地的旅客因跨過國際換日線，會整整少掉一天，回去時則有重拾一天的光陰。

地理

紐西蘭有三個主島——北島、南島和司徒華島——由北而南總長1,600公里，介於南緯34度與47度間，北島和南島相隔22公里，分隔兩島的水域為庫克海峽。

紐西蘭絕美的景色包括廣大的山脈、火山、綿延的海岸線、鋸齒狀的峽灣、和茂密的雨林。在南島，南阿爾卑司山由北而南，在西南深邃的峽灣處入海。南島最高點在庫克山，高3,754公尺，1991年的大崩塌造成山的高度下降10公尺。坎特柏里平原就在山脈的東邊。

北島的山各自孤立，其中有幾個火山仍舊活躍。北島的低地多限制於海岸地區和威卡托河谷。主要的河流有威卡托河、Clutha、Waihou、Rangitikei、Mokau、Whanganui和Manawatu。

氣候

紐西蘭的氣候與北半球相反，這表示紐西蘭的聖誕節是充滿陽光的，而6、7月則是最冷的月份。紐西蘭北部的氣候屬於次熱帶，而南島則多變、整年雨量平均。從12月到5月的夏季和秋季是最適合旅遊的。通常在聖誕節至1月為家庭假期，因此建議這段期間的住宿和交通都要提前預約。

在庫克海峽風勢很強，不過夏天時大部分地區都很溫暖宜人。中部和南部島嶼冬季非常寒冷，尤其是南島中部。可以在紐西蘭氣象局網站查知當地的天氣情況：www.metservice.co.nz。

經濟

紐西蘭主要的輸出收入來自觀光業和農業，尤其是肉品、羊毛和乳製品、林木產品和食品加工業，以及鋼鐵製品。

林木業目前正在成長，供應重要的紙漿和製紙業。除了媒、褐媒、天然氣和黃金，紐西蘭擁有相當稀少的天然資源，不過其水力發電已經加以開發並供應大量電力——是紐西蘭製造業的重要基礎。從北島的卡普尼到塔拉那基海岸的毛伊天然氣，轉換成液態燃料供給給國內外的市場。

紐西蘭在食物處理、科技、電訊、塑膠、紡織、人造林產品、電子、登山設備和衣物等製造業，皆有相當大的競爭優勢。近幾年，在特殊生活型態的產品也有很大的興趣，例如遊艇業。主要的交易對象為日本、澳洲和美國。

儘管紐西蘭國內市場小、地理位置遠離全球主要的產業重心，紐西蘭人仍能享受著高品質的生活。

面積

紐西蘭總面積為268,680平方公里，比美國小36倍，介於日本和英國之間。

政府

紐西蘭採中央集權的民主政府組織，實施與西方國家一般的經濟型態。眾議院有120席，議員由公民普選產生（採用的是「混合比例代制」），任期3年。有些毛利人選擇以不同的選舉制度選出代表，眾議院內為此另保留4席。眾議院有半數席次由政黨比例投票選出，這項投票於選舉日

國際性符號

紐西蘭的國花是銀厥葉；國鳥是不會飛的鷸鴕。

氣溫

冬季（6-8月）和夏季（12-2/3月）氣溫範圍如下：

- 奧克蘭：冬季8-15℃；夏季14-23℃
- 威靈頓：冬季6-13℃；夏季12-20℃
- 基督城：冬季2-11℃；夏季10-22℃
- 昆市鎮：冬季 1-10℃；夏季19-22℃
- 丹尼丁：冬季4-12℃；夏季9-19℃

同時舉行。其他席次則代表各個選區。

紐西蘭總督代表英國女王行使主權，負責任命總理，總理人選則由國會的多數黨推出。總理再自行組閣，內閣閣員對國會負責。

紐西蘭的地方政府分為「市」（city）和「區」（district）兩制。伽參群島屬於獨立一區，不屬於任何一個「區域」。托克勞群島（Tokelau）為一自治島，法律主權則屬於紐西蘭自治領區。

紐西蘭的主要政黨有勞工黨、（立場保守的）國家黨、聯合黨以及紐西蘭領先黨等。

計劃旅行

要帶什麼

盡量少帶東西旅行，因為紐西蘭有許多便宜商品等著你去發掘，你可以買到幾乎任何你想買的東西，從眼鏡、成藥、衣服到鞋子。記住在夏季要帶防曬用品和防蚊蟲液。

衣物

紐西蘭人穿著十分簡單，不過如果你計畫去觀賞藝術表演或高級餐廳，記得帶件正式的服裝。去夜總會也需要比較時髦的衣著，有些酒吧或夜總會不讓穿著短褲和運動褲的人進入。

在夏天旅遊，你需要帶毛衣或風衣，以防夜晚天氣變冷，尤其是到南島。全年在全區都需要帶中厚度的衣服、雨衣或雨傘，不過在冬季當中，在羅托魯、陶波和皇后鎮等旅遊地區，保暖的冬季衣物和鞋子是必需的。南島比北島要冷得多。

注意：紐西蘭的紫外線是有名的高，因此你很可能嚴重曬傷，即使戶外的氣溫不高。一定要記得擦防曬用品、戴帽子和太陽眼鏡，以及防曬的衣物。

簽證和護照

所有的旅客進入紐西蘭都需要有護照，有效期限至少需在離開紐西蘭三個月後。簽證視國籍、入境目的和停留時間而有不一定的要求，旅客必須準備回程機票、以及足夠支應旅遊期間的經費，

起洽詢紐西蘭駐各地外交辦事處，或上網www.immigration.gov.nz查詢。

海關

紐西蘭在每個進入國境的地點都有三階段的管制：移民、海關和農業。在入境時，你必須填寫在飛機上發放的入境卡，將入境卡與護照、簽證一同交給海關人員。下列這些人依法不得進入紐西蘭，不管是遊客、移民或是當地民眾皆是：

- 罹患結核病、梅毒、痲瘋病或精神疾病者。
- 曾經犯罪並被判刑一年以上者。
- 曾經被紐西蘭驅逐出境者。

每位超過17歲的旅客，可攜帶200支香菸或200公克菸草、50支雪茄，或三種混合不超過250公克，4.5公升葡萄酒或啤酒，以及1,125毫升的氣泡酒。超過此量者需收取海關費。

嚴格的法令防止毒品、武器、非法材料、野生動物製品、軍火以及檢疫項目進入紐西蘭。

農場規定

由於紐西蘭十分仰賴與其他國家的農業和園藝貿易，因此在動物進口管制上有相當謹慎的規定，在蔬菜和動物疾病管制上也是。旅客在準備攜入這些物品時，需先徵詢紐西蘭海外辦事處，活體動物在合法入境前，必須經過嚴格的檢疫期。

健康和安全

對於旅客，紐西蘭僅提供有限的免費醫療，因此建議需有醫療保險。旅客如發生意外，由政府營運的意外補償計畫（ACC）負責，如果你想要享有與紐西蘭人同樣的醫療保險，不需在紐西蘭居住超過兩年以上，因此，如果

你在紐西蘭就學，時間不超過兩年，就必須自負所有的醫療費用。紐西蘭的醫院有兩種：公立和私人的。兩種醫院都需要付費。

紐西蘭的自來水可以生飲，絕對不要喝河中或湖裡未經處理的水。從2004年12月起，法律規定在公共場所禁止吸菸，不過這項法律卻不適用於監獄。

紐西蘭沒有蛇或危險的野生動物，不過有些有毒的蜘蛛，如果被咬必須就醫治療。當地有不少蚊蠅，因此務必要攜帶防蚊蟲液。

貨幣

1紐西蘭幣可分為100分。兌換貨幣的機構在奧克蘭、威靈頓和

國定假日

1月　新年（1日）和第二天；省慶：威靈頓（22日）、北地島和奧克蘭（29日）

2月　威坦奇日（6日）；省慶：納爾遜（1日）

3月　省慶：奧塔哥（23日）、塔拉那基（31日）美好週五與週一復活節

4月　紐澳聯軍（ANZAC）紀念日（25日）

6月　皇后生日（通常在第一個週一）

10月　勞工節（通常在最後一個週一）

11月　省慶：馬波羅與和克灣（1日）

12月　省慶：西地（1日）、坎特伯里（16日）、南坎特伯里（16日，但在9月底即慶祝）、聖誕節（25、26日和下一個工作日）

注意：省慶通常在最接近當日的週一慶祝。

基督城的國際機場都有，還有大城鎮及度假中心的銀行和兌匯亭。旅客可兌換的金額並未限制，在國際金融市場，紐西蘭幣通稱為「kiwi」，紐西蘭的銅板上有kiwi鳥的標誌。1美元大約可兌得1.43紐幣，而1歐元大約等於1.77紐幣。

信用卡

信用卡在紐西蘭被廣泛接受，如果你的信用卡有密碼，即可在當地的ATM提領現金。

商品及服務稅

所有的商品及服務都附加12.5%的稅，已包含在價格裡面。免稅商品則不收取商品及服務稅，旅客所購的商品是直接由店家寄出到國外也是如此。在紐西蘭購買國際機票也不需加稅。

海外旅遊

www.purenz.com是官方及得獎的紐西蘭觀光網站，有多種語言，資訊和圖片皆很豐富。此外，你也可以跟駐各國紐西蘭觀光局（www.tourisminfo.govt.nz）洽詢。

駐外大使館

www.nzembassy.com有紐西蘭駐外大使館搜尋器，可查詢到全球各地的紐西蘭辦事處。

前進紐西蘭

航空

每年超過190萬旅客前往紐西蘭，其中99%搭乘飛機。

國際航線

紐西蘭主要的出入大門為位於奧克蘭市西南方24公里曼吉爾的**奧**

出境稅

旅客離開紐西蘭時，必須繳納25紐幣的出境稅，請注意，這筆費用未包含在機票內。

克蘭國際機場（www.auckland-airport.co.nz）。可搭乘公車、接駁客運，以及計程車進入市區。

漢米頓（www.hamilton-airport.co.nz）也有國際機場，不過只有往返澳洲的航線。首都**威靈頓的機場**（www.wellington-airport.co.nz）由於跑道長度不足，限制所有的大體型飛機。靠近南島基督城有個很棒的國際機場（www.christchurch-airport.co.nz），在哈爾伍（Harewood），許多國際航線飛抵這裡。直飛澳洲的航班則在皇后鎮起降。

紐西蘭有直接飛往太平洋群

留意靜脈栓塞

長途飛行時避免靜脈拴塞，可試試下面的說明：

• 找個舒適的方式坐著。
• 飛行中每半個小時做一次伸展和彎曲腿部和腳的動作。
• 腳底用力壓在地板或腳踏板上促進血液流動。
• 做一些上半身和呼吸的動作促進血液循環。
• 偶爾在走道上來回走一走。
• 飛機中途停下加油時，如果可以的話，下飛機走一走。
• 多喝水。
• 別喝太多酒精性飲料。
• 不要吃安眠藥，會造成血液靜止。

島、澳洲主要城市、許多東南亞國家和北美及歐洲的城市。長途飛行的旅客抵達後需要休息幾天消除勞累。

海運

有些遊輪有到紐西蘭,不過並沒有定期的旅客航班。南太平洋的遊輪大多從紐西蘭和澳洲出發,遊輪公司會先把遊客用飛機送抵紐西蘭。P&O Line、Sitmar、皇家維京和一些遊輪公司,在11月至4月期間常開往紐西蘭。有些貨輪也會讓一小群旅客隨行。

實用資訊

營業時間

商店營業時間為週一至週五8:30am-5:30pm,每週有一天會到9pm。週六從10am-下午。大城市和大型觀光地區通常會延長營業時間,許多店家一週營業7天。銀行營業時間為週一至週五9:30am-4:30pm,有許多ATM可使用。酒吧和酒館等營業時間為週一至週六11am-深夜,俱樂部則從7:30-8pm開門到3am。銀行、郵局、政府部門和私人企業和大部分商店在國定假日都不上班,酒吧和俱樂部在國定假日前一天也只營業到午夜。

小費

在紐西蘭給小費逐漸被廣為接受,不過卻仍被認為是國外的習慣。如果覺得餐廳服務很好,可以給予5%-10%的小費。飯店和餐廳的帳單不會額外加收服務費。

廣電媒體

平面媒體

紐西蘭的主要語言是英語,其次為原住民語言,毛利語。紐西蘭的識字率高,大多數城鎮都設有圖書館,國民每人一年購買書籍、雜誌和報紙的消費金額為世界冠群之一,大奧克蘭區每四個人就有一人購買閱讀《紐西蘭先鋒報》,幾乎每一座大城市都有自家的報紙,另外還有各種地區

性的報紙。國際性的報紙可以在大型書店或各大國際機場的書報攤買到。

《美食》(Cuisine)雜誌是紐西蘭食物和葡萄酒的最佳指南,有各地新餐廳的評論。

電視和廣播

紐西蘭有6個公共電視台。兩個電視頻道Television One和TV2由名義上獨立的政府機構經營。另外兩個頻道TV3和Prime是由加拿大人經營的。全國和國際新聞和時事節目通常在Television One和Prime播出。除此之外還有7家地區電視台。多數紐西蘭家庭、旅館和汽車旅館都有Sky衛星頻道,播出國際體育、新聞和電影、音樂頻道,和其他各種的節目。紐西蘭全國各地都遍設AM及FM電台,滿足各種聽眾的喜好。

郵政服務

郵局通常營業時間為週一至週五9am-5pm,有些在週六上午也有營業。許多地區的商店也有提供郵票或郵件服務。郵局銷售郵票、雜誌和一些文具等,也有提供紐西蘭境內的快遞服務。

電話、電信服務

從國外打電話至紐西蘭,要先撥國碼(64),然後把各區域碼前面的0移除即可,只有在紐西蘭境內才需要撥區域的前碼0。從紐西蘭打到國外,先撥00,然後撥你要打的地區國碼。

注意:有些0800的免費電話只能在紐西蘭境內撥通,0900的電話以分計費,是最昂貴的費率。

紐西蘭的電話簿有兩種,白色為個人電話,黃色為商業分類電話。

公用電話:大部分公用電話要

使用電話卡，電話卡在書報攤可買到，最小面額為5紐幣。有些公用電話可接受信用卡或銅板。室內電話一通的費用為50分。

電子郵件和網路：紐西蘭各地有無數網咖提供網際網路和電子郵件服務，許多旅館和也都有數據機連線服務。

行動電話：出門前記得與你的電話公司確認國際漫遊服務，你也可以在紐西蘭租用行動電話，購買預付卡可以省下不少電話費，請到紐西蘭各大城市裡的NZ Telecom（www.telecom.co.nz）和Vodafone（www.vodafone.com）的商店詢問。

當地旅行社

紐西蘭的旅遊資訊服務非常好。在奧克蘭市，有一隊「大使」漫步在街頭，等待為你回答任何問題。除此之外，你會在多數機場和超過60個主要的地點，都可以找到提供旅遊資訊，或是預約各種服務的櫃臺。最好的起點在紐西蘭觀光局網站：www.purenz.com。

電話區碼

北地島：09
奧克蘭：09
威卡托：07
普連提灣：07
吉斯本：06
和克灣：06
塔拉那基：06
威拉拉帕：06
威靈頓：04
納爾遜：03
西岸和布勒：03
基督城：03
提馬魯/奧馬魯：03
奧塔哥：03
南地島：03

國外大使館

多數國家的大使館位於威靈頓，下面是一些較大的：

澳洲大使館：72-78 Hobson Street, Thorndon, Wellington, 電話：04-473 6411。

法國大使館：32-42 Manners Street, Wellington, 電話：04-384 2555。

英國大使館：44 Hill Street, Thorndon, Wellington, 電話：04-472 6049。

美國大使館：29 Fitzherbert Terrace, Thorndon, Wellington, 電話：04-472 2068。

殘障旅客

紐西蘭的新的和重建的建築依法必須要有提供殘障人士出入的「合理與充足」設施。多數場所有輪椅出入口，不過預約時應先詢問。

給殘障旅行者的導覽手冊《友善方便的紐西蘭》（*Accessible New Zealand*）可以在網路上訂購：http://www.travelaxess.co.nz/，或撥電話04-499 0725。

Accessible Kiwi Tours等旅遊業者為個人及團體提供套裝度假行程。大多數交通運輸業者可提供特別的服務，但建議您事先聯絡業者詢問是否有提供。大多數城市公車未設有殘障者的設施。

只要出示在旅遊期間內有效的證明卡，即可停用殘障專用車位。申請殘障卡及更多相關訊息，請聯絡 **Accessible Kiwi Tours**：P.O. Box 550, Opotiki, New Zealand，電話：07-315 6988；網址：www.tours-nz.com，電子郵件：info@tours-nz.com。

各區遊客中心

紐西蘭各區的遊客中心聯絡資料，在344頁-388頁的各區說明下。

同性戀旅客

紐西蘭有許多為同性戀、雙性戀提供的場所，在奧克蘭、威靈頓、基督城和皇后鎮等大城也有許多不同的活動給這一類的旅客。可洽詢的最佳機構為**Gay Tourism New Zealand**：P.O. Box 11-462, Wellington 6015, 電話：04-917 9176；網址：www.gaytourismnewzealand.com。

New Zealand Gay & Lesbian Tourism Association：Private Bag MBE P255, Auckland, 電話：09-374 2161；網址：www.nzgita.org.nz。其他有用的同性戀相關網站有：www.gaytravel.co.nz；www.gaynz.net.nz。

帶小孩旅行

紐西蘭是帶小孩旅行的絕佳地點，有許多活動可以全家一起享受。多數旅館有可信賴的托嬰服務、小孩俱樂部和活動。規劃家庭旅遊可洽Familystophere.com：P.O. Box 12087, Wellington 6038, 電話：04-971 0646；網址：www.familystophere.com；電子郵件：info@familystophere.com。

個人安全

紐西蘭的嚴重犯罪事件不多，但小型的犯罪事件仍是有的。請隨時留心並收好貴重物品，千萬別將它們留在車內。如果要報警，請聯絡最近的警察局，紐西蘭警察通常不配戴槍枝，他們會很樂

意為你提供服務。緊急時可打111找警察或消防隊，公用電話可免費撥打緊急電話。

醫療保健

如果屬於非緊急狀況，電話簿上有詳列各種醫療資訊。旅館及汽車旅館通常有特約醫師負責照顧有需要的旅客，他們也可以為你預約牙醫。紐西蘭的醫療不論公民營，均有極高的水準。另外要特別注意，除了意外傷害的處理外，醫療費用仍需由遊客自行負擔。

健康與美容

藥房

藥房通常在週間9am-5:30pm營業，有些週六上午也有開門，且每週有一天營業到晚上。多數大城市晚間也有緊急藥房，夜間和週末也都有營業。

美容院

紐西蘭大城市和城鎮都有美容院和理髮院，許多晚間和週六皆有營業，能夠預約最好，不過小型的髮廊也都接受臨時進門的客人。

健康水療

水療業與紐西蘭乾淨、充滿綠意的印象非常契合。自1800年起，紐西蘭人就沈浸在此地的天然礦泉水中，毛利人享受的時間更長。但是一直要到19世紀末，水療業才真正在紐西蘭發展起來。奧克蘭北部的懷威拉（Waiwera）是紐西蘭第一個天然水療地。今天，紐西蘭各地有無數天然水療和溫泉度假村。

美容療法和水療

紐西蘭各地的美容診療院提供日光浴床、日間水療、修指甲、按摩、皮膚保養、化妝等服務。價格從40分鐘按摩50紐幣到整天500紐幣，可體驗完整的美容水療療程。

健身中心

許多城市和城鎮有健身中心，給遊客的費率也很合理。最受歡迎的是Les Mills，內有各樣的設備；YMCA雖沒有Les Mills那麼先進，但基本必須的設備都有，也有健身教練。這兩家在紐西蘭各地都有分店。

拍照

多數紐西蘭人不介意被拍照，不過在按快門前，還是先詢問較好。你可以把相機底片拿至藥房沖印，他們有最先進的相片沖印設備，也有器材出租。若相機故障出問題，也有許多店家提供修理服務。在紐西蘭一卷36張的柯達軟片價格為12紐幣。

語言

英語是紐西蘭最常用的語言，不過，由於紐西蘭為多元化社會，你會聽到各種不同的語言，包括另一法定語言毛利語。大多數紐西蘭地點的名字源自毛利語，也有的電視台和廣播電台完全與毛利語播出。

有用的網站

www.purenz.com-所有你需要知道有關紐西蘭的資訊都在此。由紐西蘭觀光局所設立。

www.holiday.co.nz-包羅多種紐西蘭假日旅遊的行程規劃，包括摩托車之旅，以及住宿資訊。

www.aotearoa.co.nz-為推廣紐西蘭和太平洋藝術工藝而設的網站，你可以線上訂購骨雕、玻璃藝品、木雕和珠寶飾品等。

www.nzedge.com-以電子地圖的方式呈現海外紐西蘭人的生活和成就，讓他們全球串聯在一起。本網站有獨特的線上購物導覽、新聞，有一個區塊是為紐西蘭的「英雄們」所設，包括他們的圖片、演說和網頁連結。

www.stuff.co.nz-包括紐西蘭和國際新聞，有很多地區的消息，以及從各大報蒐集來的新聞。

www.nzmusic.com-在這炫麗的網站裡可以聽到多元的太平洋音樂，裡頭有各類紐西蘭藝術家的自傳、音樂新聞和討論區。

www.allblacks.com-紐西蘭橄欖球聯盟和「黑衫軍」（All Blaks）球隊的官方網站，你一定要到這裡看看紐西蘭最受歡迎的運動。

www.nzaa.co.nz-紐西蘭最大的汽車組織，你可以找到任何有關開車的資訊、住宿和旅遊指南。

www.museums.co.nz-本站列出了紐西蘭所有的博物館，大的小的都有。

有用的毛利語詞彙

Kia ora-你好；祝你健康
Kia ora tatou-大家好
Tena koe-你好（對一個人說）
Haere mai-歡迎
Haere ra-再見
Ka kite ano-下次見
Moana-海
Puke-山
Roto-湖
Tomo-山洞
Wai-水
Whanga-海灣
Waitomo-水洞

國內交通資訊

空中交通

紐西蘭航空（Air New Zealand）和**澳航**（Qantas）是主要的國內航空公司。此外還有幾家地區性的航空公司，包括**自由航空**（Freedom Air），其子公司**自由國際航空**運送往返澳洲和紐西蘭間的旅客；還有位於南島納爾遜的**Origin Pacific Airways**，也有固定的國內航班。大城市和觀光區也有直升機服務，國內航空所費不眥，你可以選擇在淡季飛行，或從海外預先訂購，會有較多優待。機票可以透過網路預訂，或跟旅行社預約。

紐西蘭航空：預約電話：0800-737 000或0800-737 767，僅能在紐西蘭撥通。網址：www.airnz.co.nz。

澳航紐西蘭分公司：191 Queen Street, Auckland，電話：09-357 8700；預約電話：09-357 8900；網址：www.qantas.co.nz。

自由航空：電話：0800-600 500（只能在紐西蘭撥通）；網址：www.freedomair.com。

Origin Pacific Airways：電話：0800-302 302（只能在紐西蘭撥通）；網址：www.originpacific.co.nz。

海上交通

北島和南島兩地由**Interislander**和**Bluebridge**兩家公司提供的渡輪服務來連結。渡輪往返於威靈頓和皮克頓之間，載送乘客、汽車及貨物。渡輪每日往返班次密集，但是如果你要在夏季開車渡海，請務必提早預定渡輪上的車位。航程時間為3小時。

Interislander渡輪上有多樣的設施和娛樂，包括酒吧和咖啡廳。你可以在紐西蘭的郵局窗口、旅行社、遊客中心或代辦處購買船票。

Interislander：電話：04-498 3302或0800-802 802；網址：www.interislandline.co.nz。

Bluebridge：電話：0800-844 844；網址：www.bluebridge.co.nz。

鐵路

Tranz Rail鐵路公司在南島和北島有6條長程路線，火車上有舒適的空間和餐車，車上提供輕食、三明治和飲料。下列的觀光火車路線由**Tranz Scenic鐵路公司**營運，沿途經過許多全世界上絕美的景點。部分車上並有景點解說。

跨海線（Overlander）：從奧克蘭至威靈頓，與渡輪銜接穿過庫克海峽到南島的皮克頓。

夜車（Northerner）：從奧克蘭至威靈頓的夜車。

間歇泉線（Geyserland Connection）：跨海線上從奧克蘭到漢米頓，接著搭Tranz Scenic巴士到羅托魯。

首都線（Capital Connection）：連接北帕麥斯頓到威靈頓，只有週間開車。

海岸線（Tranz Coastal）：從南島皮克頓到基督城間，中間搭乘渡輪經過庫克海峽到北島的威靈頓。

南阿爾卑斯線（Tranz Alpines）：從東岸的基督城駛至西岸的格雷茅斯，橫越南島東西岸。

車票可在任何Tranz Rail授權的旅行社和遊客中心購買。

旅遊通行證

如果你計畫在紐西蘭以大眾運輸為交通工具，可以考慮購買旅遊通行證，這張證明結合了火車、渡輪和飛機的選擇。Tranz Rail鐵路公司的「紐西蘭最佳通行證」是其中一種，另一種是「紐西蘭旅遊通行證」，這兩種都有相當的折扣，比起單獨購買個別旅程票價要便宜許多。

最佳通行證（Best Pass）：Tranz Rail鐵路公司，電話：04-498 2939、0800-692 378；網址：www.best-pass.co.nz；電子郵件：bestpass@tranzcenic.co.nz。

旅遊通行證（Travel Pass）：紐西蘭旅遊通行證公司，電話：03-961 5245、0800-339966；網址：www.travelpass.co.nz；網址：res@travelpass.co.nz。

通行證可直接向這兩家公司購買，或在當地的遊客中心或旅行社購買。

Tranz Scenic：電話：04-495 0775或0800-872 467；網址：www.tranzscenic.co.nz；電子郵件：bookings@tranzscenic.co.nz。

奧克蘭和威靈頓都有到市郊的通勤火車系統，可洽詢**Tranzmetro**，電話：04-498 3000；網址：www.tranzmetro.co.nz。

公車

城市交通：主要的大城市裡都有完備的公車服務，非常省錢地載送遊客出城或在城內遊歷。各地遊客中心有詳細的公車時刻表，要準備零錢，因為是在車上購

票，也可購買公車通行卡，在遊客中心或便利商店皆有售。

城市間客運：紐西蘭有完善的跨城市客運網，客運巴士皆很舒適且新穎（有些有廁所），預先訂位是明智的選擇，尤其在夏季。

主要的客運公司有InterCity Coachlines和Newmans兩家。紐西蘭的旅遊資訊中心皆可訂客運車票以及多日的通行證。主要的公車路線班次很多，但比較慢。此外，有些小型的載客巴士提供地區和城市間的客運服務，可以洽詢各地區的遊客中心。

InterCity Coachlines：網址：www.intercitycoach.co.nz；奧克蘭電話：09-913 6100；威靈頓電話：04-472 5111；基督城電話：03-379 9020。

Newmans Coach Lines：網址：www.newsmanscoach.co.nz；奧克蘭電話：09-913 6200；羅托魯電話：07-348 0999；威靈頓電話：04-499 3261；基督城電話：03-374 6149。

計程車

所有的城市和大多數小鎮都有24小時的計程車服務。備有駕駛的出租汽車也隨時提供服務，並且有多樣的車款選擇。

開車

開車是最能享受紐西蘭自然風光的旅遊方式。

路況：多線道公路並不多，通常只通往主要的大城市。一線道公路則為常態，紐西蘭的交通流量以歐洲的標準來看相當少，因此那些蜿蜒自然的小路，僅能像最慢速卡車一樣通行，所以別低估了行車時間。主要的道路還是狀況良好、開起來舒服，比較可

能遇到的問題是大雨過後路面很潮濕。而路邊的道路標示也很清楚。

汽油：多數加油站販售91和96無鉛汽油，和機油，也有提供天然氣和液態石油氣的燃料選擇。

汽機車協會：汽車協會有一連串提供駕駛人所需的服務，如果你是國外汽車相關團體的會員，他們也樂意為你提供規劃服務。

汽車協會：總部：99 Albert Street, Auckland City, 電話：0800-500 444；網址：www.nzaa.co.nz。

證件：如果你有本國駕照或國際駕照，最多可以在紐西蘭開車12個月。

租車

你必須年滿21歲，並持有紐西蘭或國際駕照，才能租車。請在出發前向監理單位詢問相關事宜，法令規定應投保強制第三責任險，但租車公司通常會要你保全險，才願意租車給你。租車最好事前預約，Avis、Hertz、Budget等國際租車公司都提供完善的預約服務，如果你沒有事前預約，旅遊資訊中心也可以替你尋找預算範圍內合適的租車公司。

租用一部中型的汽車費用每日最多約80-100紐幣。如果租用長期通常是可以殺價的。你也可以租到休旅車或露營拖車，這是探索紐西蘭既經濟又有彈性的方式。

租車公司

Avis：
奧克蘭：電話：09-379 2650；
威靈頓：電話：04-801 8108；
基督城：電話：03-379 6133；
皇后鎮：電話：03-442 7280；
丹尼丁：電話：03-486 2780；
網址：www.avis.com。

Ace Rental Cars：
奧克蘭：電話：0800-502

277；威靈頓：電話：0800-535 500；基督城：電話：0800-202029；皇后鎮：電話：0800-002 203；
網址：www.acerentalcars.com。

Bedget：
全國：電話：0800-652 227；
奧克蘭：電話：09-375 2220；
威靈頓：電話：04-802 4548；
基督城：電話：03-366 0072；
網址：www.budget.co.nz。

Hertz：
奧克蘭：電話：09-367 6350；
威靈頓：電話：04-384 3809；
基督城：電話：03-366 0549；
皇后鎮：電話：03-442 4106；
丹尼丁：電話：03-477 7385；
網址：www.hertz.com。

Kiwi Car Rentals：
基督城：電話：03-377 0201；
0800-549 4227；網址：www.carrentals.co.nz。

National Car Rentals：
全國：電話：03-366 5574；
0800-800 115；網址：www.nationalcar.co.nz。

道路規則

- 在紐西蘭，駕駛座是在右側，而道路是靠左走的。
- 右側的車先行。
- 如果你要左轉，需讓對面要又轉的車先行。
- 駕駛與所有的乘客都需繫安全帶。
- 法定速限是公路100公里/小時，周邊道路50公里/小時，但仍須視各地的標示牌而定。
- 紐西蘭的道路標誌與國際標示相同。

住宿資訊

旅館和汽車旅館

大多數的都市、城鎮和觀光區都設有國際級的旅館，小鎮上則通常有小型旅館。小型汽車旅館遍佈紐西蘭全國，設施乾淨舒適，適合全家度假使用，許多汽車旅館還提供廚房、廚具和餐桌，讓旅客可在旅館內做菜，有些汽車旅館還備有早餐，每日均有客房服務。

紐西蘭觀光業使用Qualmark作為分級和評鑑系統，這個分級制度可以幫助你尋找最佳的住宿和購物地點。分級從1星（最差）到5星（最好），參與Qualmark分級的旅館皆為自願的，因此如果有某家旅館或汽車旅館沒有等級，從住宿地點位置和價錢還衡量其住宿品質是最可靠的。本書提供的旅館價格為雙人房價格；如果人數增加，價格也會增加，旺季時價格也會上升。

旅行社會提供最完整的資訊，也會告訴你兒童的優惠（通常2歲以下的兒童免費，2歲到4歲收四分之一，5歲到9歲收半價，而10歲以上是與大人同價）。多數帳單會加收12.5%的商品及服務稅。

區域住宿列表

各區的推薦住宿地點在342頁-386頁。

農莊、家庭接待式住宿和民宿

越來越多紐西蘭人將其住家改為民宿接待觀光客，有的是農莊、接待家庭或民宿等，紐西蘭市區和城鎮以及鄉村地區都有許多民宿，從最古老歷史建築到精品式的民宿都有。

而在接待式家庭，房客可以和農人及其家人住在同一屋簷下，有的可以住在獨立的農舍裡，這是紐西蘭近10年來成長最快的度假事業，遊客可以一睹紐西蘭自殖民時代以來便以農立國的真實面貌。農業家庭通常是很棒的主人，住在農莊是最能與當地人接觸，聽到最真實紐西蘭故事的方式，在農莊裡，你可以跟住宿主人分享你做的餐點，幫忙農場裡的工作——擠牛奶、剪羊毛、砍木材或採收奇異果等。

如果你的預算有限，免費的農場打工假期也是一種了解鄉村和人們的方式，紐西蘭有超過180個農場提供免費住宿、餐點和待客熱情，來交換四小時打工的方案，工作內容包括：整理庭園、砍木材、餵動物等較輕鬆的工作。這種方式也可以讓你彈性工作幾小時，以便有時間到各地遊覽。可以洽詢地區遊客中心，或是上網查閱：

青年旅館

青年旅館協會（Youth Hostel Association）在紐西蘭各地都有青年旅館供會員使用，你可以向該機構索取旅館地點和入會資料：P.O. Box 436, Christchurch, New Zealand；電話：03-379 9970或0800-278 299；網址：www.yha.org.nz。

休旅車營地

大多數休旅車營地（以及附有露營地的休旅車停車場）都提供公

住宿家庭聯絡方式

New Zealand Farmstays and Homestays：88 Wairiarapa Terrace, Merivale, Christchurch，電話：03-355 6737；網址：www.nzhomestay.co.nz。

Rural Holidays New Zealand：P.O. Box 2155, Christchurch，電話：03-355 6218；傳真：03-355 6271；網址：www.ruralholidays.co.nz。

Rural Tours NZ：P.O. Box 228, Cambridge, North Island；電話：07-827 8055；傳真：07-827 7154；網址：www.ruraltourism.co.nz；電子郵件：info@ruraltourism.co.nz。

Bed & Breakfast Collection：P.O. Box 31-250, Auckland, New Zealand；電話：09-478 7149；網址：www.bedandbreakfast.collection.co.nz。

共浴室、廚房、洗手間等設施。遊客必須自備拖車屋或是帳篷，不過在主要的大城市或城鎮的營地，往往有客室內臥室可住。

休旅車營地也是根據紐西蘭1936年修訂的營地管理法所設立，汽車協會（Automobile Association）還製有營地的分級列表。你可以向該協會查詢各營地的風評，夏季時，請先預約營地，紐西蘭人可都非常熱愛露營。

如需更多露營地的資訊，請洽**Automobile Association**：總公司：99 Albert Street, Auckland City；電話：0800-500 444；網址：www.nzaa.co.nz。

Top 10 Holiday Parks：294 Montreal Street, P.O. Box 959, Christchurch 8015, New Zealand；電話：03-377 9900或0800-TOP TEN；網址：www.topparks.co.nz。

餐飲指南

有什麼好吃的

紐西蘭有高品質的肉類和果菜出產，因此發展出道地的美食。紐西蘭的果菜市場大概只有美國加州可與之相比，這裡盛產蘆筍、朝鮮薊、瑞士牛皮菜（這在某些國家可是昂貴的食物）。kumara甜薯是世界甜薯中最光滑多汁的，這裡的南瓜也很不錯，紐西蘭的奇異果、蘋果、酸果、草莓、百香果、梨子、波森莓等，更是暢銷全球，除此之外，還有王子西瓜、pepino以及babaco等當地特產的水果。

紐西蘭鄰近海域出產50種以上可供商業捕撈的魚類和貝類，包括小蝦、殼菜、鮑魚、白魚等。羊肉則是上選中的上選，羊排和羊肋排值得一試。牛肉也很不錯。

這一類的食材深深影響了紐西蘭的餐飲，融合了各種獨特又有趣的風味。如果你想品嚐一種全國的美食，搭配奶油蛋白甜餅絕對不會錯。這是一種混和了蛋白、上面配有新鮮水果鮮奶油的甜點。

有什麼好喝的

葡萄酒：紐西蘭的葡萄酒在全世界皆獲獎、非常值得一試。紐西蘭有涼爽的海洋型氣候，夏季雨量豐沛，因此能夠產出質優味甜的白酒，這幾年也出產優質的紅酒。

啤酒：紐西蘭和澳洲人是世界啤酒消耗力最大的族群之一，紐西蘭的啤酒可以和丹麥與德國的著名啤酒相提並論。紐西蘭多數酒吧和餐廳都有提供酒精類飲料，你也可以在超市或小店買到。

區域餐飲列表

各區的推薦用餐地點在342頁-386頁。

去哪吃好吃的

奧克蘭、威靈頓、基督城和丹尼丁等地有上百家優秀的餐館，主要的度假城鎮也有高水準的餐飲業，其中許多餐館專以地方菜為號召，其中最有名的有日本菜、越南菜、印尼菜、中國菜、印度菜、義大利菜和泰國菜。

當然有許多正式的餐廳，不過紐西蘭人喜歡輕鬆的用餐環境，在夏季時也喜歡戶外用餐。BYO的意思是「Bring Your Own」自行帶酒進餐廳，表示餐廳內可以飲用但不販售酒類。標有BYO的餐廳可能想向你收取開瓶費，作為提供你杯子和開瓶服務的費用。

文化活動

概述

紐西蘭的夜生活有相當多的選擇，端看你所到的地點。在小城鎮中，你會發現那不止是一間小小的酒吧。酒吧是紐西蘭人社交的重要場所，你幾乎無時不刻在與人交談，或發表意見。近幾年，有些大城市的酒吧變得更為精緻複雜了。有些在店裡釀造的啤酒、小酒館的美食，以及精雕的裝潢等等。大城市裡有各種各樣的舞廳、夜總會等，在奧克蘭和威靈頓，還有一些基督城夜店，通常不過午夜是不夠熱鬧。紐西蘭的文化受到多方影響，包括毛利、太平洋島國、歐洲、美國和亞洲，紐西蘭的表演藝人、電影影片、作家、設計師和音樂家，都以其獨特的才藝展現其特色。

博物館和美術館：紐西蘭有多變的當代藝術表演，且許多城鎮都有博物館和美術館，仔細注意紐西蘭知名藝術家的展覽作品。丹尼丁的公共美術館是最古老的展覽空間。

古典音樂和芭蕾舞：紐西蘭官方有3個專業的交響樂團，包括紐西蘭交響樂團及其專業芭蕾舞團、皇家紐西蘭芭蕾舞團。全國各地也有一些現代舞團。

現代音樂：音樂表演者種類各

區域娛樂列表

各區的推薦夜生活和娛樂地點在344頁-388頁。

異，包括饒舌、DJ、爵士歌手和歌劇歌手。紐西蘭曾經誕生一些世界級的表演者，有一些是毛利音樂家。

劇院：戲劇是個令人驚嘆的產業，紐西蘭有許多戲劇公司，在各地的劇院的現場演出都有相當的票房收入。

藝術節：紐西蘭各地有相當多的藝術節，從南部的丹尼丁到北部的島灣都有。

電影：紐西蘭的電影最著名的便是彼德·傑克森的《魔戒》，此外還有一些電視影集，在世界上皆享有盛名。

節目表：要尋找當地的藝術表演，可以查詢地區報紙上的娛樂版，或上www.artscalendar.co.nz. 其他有用的資訊可在*Theatre News*、*NZ Musician*（現代）、*Music in New Zealand*（古典）、*Rip it Up*、*Real Groove*（流行搖滾）、和*Pulp*等雜誌上查詢。這些雜誌在各大書店或圖書館都有。主要的大型活動在全國訂票機構Ticketek購買，在紐西蘭各地有超過200個售票口。聯絡電話：**奧克蘭**：09-307 5000；**威靈頓**：04-384 3840；**基督城**：03-377 8899；網址：www.ticketek.co.nz。

毛利文化

毛利人是第一個到達紐西蘭的民族，也是原住民。毛利人占紐西蘭總人口14%，且多數居住在北島。紐西蘭全國皆可聽見毛利語，且多數地名是源自毛利語。因毛利是一個波里尼西亞人的部族，他們有個重要的儀式在馬雷集會廳進行。紐西蘭有許多旅遊業者可以帶遊客參觀馬雷儀式，尤其在羅托魯和陶藍加。記住，在進入馬雷之前要脫鞋，並且以傳統毛利的打招呼方式互碰鼻子致意。紐西蘭有許多地方對毛利人來說都具有歷史意義和神聖的價值。遊客應對這些價值有所了解，並且給予尊重。如果你想知道更多的毛利文化，請到下列網站：www.maori.org.nz。

各地慶典活動

一月

奧克蘭

帆船大賽—慶祝奧克蘭生日的帆船比賽（1天）。

奧克蘭盃—元旦盛大舉行的紐西蘭純種賽馬比賽（1天）。

海尼根網球公開賽—在澳洲網球公開賽前舉辦的國際男網賽事（1週）。

紐西蘭高爾夫球公開賽—官方舉辦的高爾夫球錦標賽，聚集了澳洲和亞洲的好手（3天）。

基督城

世界街頭藝人節——些全球最好的街頭表演在此表演（10天）

威靈頓

夏季城市—由地方議會主辦的一系列小型的節慶藝術活動（2個月）。

二月

奧克蘭

戴文波特美食節—奧克蘭夏季的重點活動，美食與佳釀的慶祝活動（2天）。

布倫安

BMW萬寶路美食節—由美食、好酒、工作坊與音樂所構成的熱鬧節日（1天），網址：www.bmw-winemarlborough-festival.co.nz。

坎特柏利

海岸鐵人路跑—全世界最長的鐵

人路跑比賽，參賽者需長跑、划單人艇和騎單車，總長238公里，從西海岸到夏季灣（2天）。

基督城

花園城市節—在基督城教堂展示豐富多樣的花朵，讓基督城成為紐西蘭的花園城市。

漢米頓

漢米頓夏日花園節—在花園背景中舉辦的歌劇、戲劇、音樂會等表演藝術活動。

內皮爾

裝飾藝術週—這種裝飾藝術讓整個城鎮回到過去，許多著名的裝飾藝術建築在這個週末對外開放。

威坦奇

威坦奇日—在威坦奇條約展示館裡進行的國家成立的合約簽定紀念日，有展示許多獨木舟。

汪加奴

大師賽—紐西蘭最盛大的綜合體育賽事（1週）。

各地

「歐提羅奧」毛利傳統表演藝術節—在偶數年來自各地的毛利表演團隊以傳統毛利表演進行比賽，要知道表演地點，可上網：www.maoriperformingarts.co.nz。

三月

奧克蘭

太平洋文化節（Pasifika Festival）—規則最大的太平洋島節慶，集結太平洋島的文化，如美食、工藝、音樂、戲劇、喜劇、藝術等。

環灣路跑—8.6公里海岸的輕鬆路跑，參與者非常踴躍。

霍奇提卡野味節—提供諸如負鼠派、huhu幼蟲壽司、蠍子，以及

一直很受歡迎的生蠔等野味。

基督城

蒙塔納基督城國際爵士節—紐西蘭最大的爵士節，一年一次邀請當地及世界上的傑出音樂家與會。網站：www.jazzfestchristchurch.com.

涅格魯瓦西亞

涅格魯瓦西亞帆船大賽—涅格魯瓦西亞位於兩條河流的交會處，因而成為毛利獨木舟賽的最佳地點。活動非常刺激，也是吐蘭加威威·馬雷唯一向公眾開放的時間。

陶波

紐西蘭鐵人賽—紐西蘭最長的鐵人三項耐力賽。是世界上6個鐵人三項比賽之一（1天）。

威帕拉

威帕拉美食節—被喻為「最大的小吃節慶」，有頂尖的釀酒師和美食業者共襄盛舉。

威拉拉帕

金剪節—世界上最早的剪羊毛大賽（4天），以慶祝紐西蘭最早的農牧業。

威靈頓

紐西蘭藝術節—紐西蘭最早的藝術節，有許多本地和世界各地的藝術活動。

四月

亞羅鎮

亞羅鎮秋季慶典—有許多當地的表演、遊行和市集。

奧克蘭

奧克蘭美食節—整年都有活動，奧克蘭人有機會可品嚐紐西蘭早期盛宴中的乳酪、前菜、歐陸主食、美酒及優質的啤酒。

皇家復活節展覽

皇家復活節展覽—家畜比賽、工藝品比賽、美酒比賽，以及南半球規模最大的馬術表演（1週）。

威赫基島美酒節—愛好美酒的人的節日，可參觀酒莊。地點在威赫基島的霍拉奇灣（2天）。

威赫基島爵士節—規模盛大，表演一流，有來自紐西蘭和世界各地的音樂家。

布拉夫

布拉夫牡蠣及海鮮節—一年一度由南地美食家舉辦的盛會，有許多以牡蠣為主題的活動。

漢米頓

橫越威卡托的熱汽球活動—一連5天、40座熱汽球越過懷卡托上空，還有於日出和日落的大量熱汽球升空活動，夜晚的活動也不容錯過。

泰哈皮

橡膠靴節—泰哈普是全世界橡膠靴的首府，極具紐西蘭田園風味。

瓦納卡

繽紛的南湖節—瓦納卡邀請紐西蘭在藝術、音樂、戲劇、舞蹈等方面最傑出的藝術家與會。網站：www.festivalofcolour.co.nz.

五月

奧克蘭

國際喜劇節—紐西蘭國際喜劇節，邀請當地及全世界最優秀的喜劇演員表演（2週）。

基督城

紐西蘭美食節—兩年舉辦一次，在一個週末於美酒工作坊舉行美酒、美食、烹飪等活動。

馬那瓦吐

馬那瓦吐爵士節—北帕默斯頓各地舉辦的現場爵士演出（1週）。

羅托魯

羅托魯捕鱒魚競賽—羅托魯最早的釣魚大賽，有5萬紐幣的鱒魚可釣（2天）。

羅托魯

羅托魯國際賽車—FIA太平洋賽車大賽，於羅托魯的森林中舉行（2天）。

威卡托

紐西蘭戲劇節—兩年一次於漢米頓舉行的紐西蘭鴕鳥戲劇節（3週）。
紐西蘭農業節—世界上最大的農產品展覽，位於神秘灣（Mystery Creek）（3天）。

奧克蘭和威靈頓

國際電影節—3週的電影嘉年華，放映一年來最好的電影。

基督城

國際爵士節—頂尖的紐西蘭及世界各地樂手齊聚參與這個音樂與美酒的盛宴（1週）。

皇后鎮

皇后鎮冬季節慶—於皇后鎮市中心舉行的南半球最盛大最精彩的冬季盛典，包括有小丑表演等熱鬧活動和冬季運動比賽（2週）。

火山台地（Volcanic Plateau）

滑雪節—北島的羅亞佩胡和圖安吉（Turangi）的滑雪勝地舉辦的較不那麼劇烈的滑雪活動。

瓦納卡

國際直升機滑雪賽—一年一度全世界最頂尖的雪板、滑雪選手齊聚一堂，主要以搭乘直升機的方式比賽滑雪。活動為期2週，最後的競賽為瓦納卡大賽（自由式

滑雪及滑雪板大賽）。

基督城

基督城冬季嘉年華—為期1週的冬季嘉年華有基督城和坎特伯利的滑雪和滑雪板比賽、「激烈」的冬季競賽，還有慈善舞會和餐會。

亞歷山卓

亞歷山卓花季—中奧塔哥慶祝春天即將來臨的活動，有遊行、剪羊毛比賽、娛樂活動，以及花園遊覽。

哈斯丁

哈斯丁花季—和克灣市紐西蘭最頂尖的蘋果產地，而哈斯丁則是紐西蘭的水果之鄉，這是一年中花開得最美的時候。這個春天的慶典包括大遊行、頂尖藝術家的表演，以及煙火盛會。

納爾遜

納爾遜藝術節—來自紐西蘭各地的藝術家齊聚一堂，有音樂、戲劇、雕刻、喜劇等等。一年一度於這個南島城市舉行2週。

羅托魯

羅托魯鱒魚節—一年一度於羅托魯湖舉行。垂釣者可於6月起在湖區垂釣（1天）。

德·普基

奇異果節—奇異果是紐西蘭的特產，這裡有各個種類的奇異果，有奇異果之鄉的稱號。

威靈頓

世界衣飾藝術節—紐西蘭及世界各地傑出的時尚專家及設計師的盛會（3天）。
威靈頓時尚節—第一流的時尚達

人舉行的時尚發表會及倉庫促銷會（1週）。

奧克蘭

紐西蘭時尚週—紐西蘭最頂尖的設計師的發表會，包括許多時裝秀以及交易展覽（1週）。

吉斯本

吉斯本美食節—有吉斯本美酒及紐西蘭頂尖的烹飪專家用吉斯本特產烹煮的美食（1天）。

和克灣

和克灣節—和克灣最盛大的節慶之一，每年吸引6萬觀眾，包含許多競賽與娛樂活動，比較偏向農業方面的活動（2天）。

塔拉那基

塔拉那基杜鵑花節—這個花園節慶在杜鵑花季時有40座私人花園向大眾開放10天（1週）。

陶蘭加

陶蘭加藝術節—街頭劇場、舞蹈、文學及其他表演藝術都包含在這個兩年一度的盛會中（10天）。

威靈頓

威靈頓國際爵士節—紐西蘭規模最大的爵士節之一，音樂種類繁多，有紐奧爾良爵士、搖擺爵士，以及融合各派的實驗爵士（3週）。

其他各地

斐濟日—慶祝斐濟獨立，斐濟各地都有活動，請電洽斐濟高等委員會，電話：04-473 5401。

奧克蘭

艾勒斯萊花卉展—南半球最大的

花卉展覽（5天），還有許多美食、美酒、現場表演等等。

基督城

紐西蘭皇家展覽—紐西蘭最大的農牧業展，還有許多適合闔家觀賞的節目（2天）。

舞蹈嘉年華—紐西蘭重量級狐步舞競賽，是基督城農牧展的一部分。

馬丁布羅

馬丁布羅乾杯—充滿美酒、美食、音樂的節慶，目的在推介馬丁布羅頂尖的酒鄉。這是個非常熱門的慶典，最好盡早訂票（1天）。

十二月

奧克蘭

ASB銀行女子網球精英賽—許多精彩的女子網球隊都出現在這個一年一度的錦標賽中，網羅了全紐西蘭及世界各地的好手（1週）。

納爾遜

納爾遜爵士節—當地及全國各地的樂團齊聚納爾遜舉行為期1週的音樂節。

塔拉那基

光影節—每年12月新普利茅斯的普凱庫拉公園（Pukekura Park）都裝飾了美輪美奐的燈光。慶典只舉行1天，但燈飾會保留數星期。

威靈頓

夏日城市—不是短期的大型活動，而是一連串由當地議會在城中各地舉辦的小型慶典活動（2個月）。

購物

買什麼

羊皮

紐西蘭有超過4500萬隻羊，因此紐西蘭最吸引人的特產就是羊皮和毛製品。你可在此買到全世界最便宜的羊皮衣，以及顏色和款式都非常合意的禮物和紀念品。許多商店都有各種等級的外套及夾克，材質有羊皮、負鼠皮、鹿皮、皮革、仿麂皮等。

地區列表

各個地區的特產介紹請見342-386頁。

毛織品

紐西蘭是世界上主要的毛織品生產國，並且能將大量的原料加工成為高品質的產品，如負鼠毛製的衣服，又輕，又軟，又保暖；以天然染料染的手織厚毛衣，如果你想前往北方寒冷地帶，這都是最佳選擇。手紡且樣式創新的壁掛是另一樣值得購買的產品。

木刻

毛利人的木刻向來享有盛名，且歷代相傳。刻的通常都是神話故事，大都表現與土地精靈的特殊關係。毛利人的木刻和骨製品價錢通常都很高。

綠石

紐西蘭的玉石絕大部分是綠石，這是一種非常特殊的產品，只生產於南島的西岸，可用來製作首飾、小雕像、裝飾品及毛利護身符。西岸的格雷茅斯和胡基提卡有許多工廠，訪客可參觀製作過程。

首飾

毛利人數百年來皆視綠石、有彩虹螢光的鮑魚殼和骨製的首飾為珍寶。你可在紐西蘭各地商店買到這些飾品，還有非常獨特的現代首飾。

手工藝品

最近幾年手工藝品突然熱門起來。各地手工藝人和商家皆相繼販售他們的作品。陶器是最容易接觸到的產品，此外，在主要的遊客中心也可看到手縫填塞物、藤編、松木製品、木製玩具、玻璃製品、皮件等各式各樣的手工藝品。

運動服飾和戶外活動設備

紐西蘭人非常喜歡戶外活動，因此他們研發許多非常耐穿的運動服飾及裝備，以適應嚴峻的天然環境。

保暖及堅固耐用的農家服飾，如Swanndri襯衫與夾克很受歡迎。還有登山設備、露營工具、背包等，品質都具世界水準。有些甚至成為非常流行的熱銷產品，如坎特伯利的英式橄欖球和帆船比賽的緊身衣。

營業時間

大部分商店的營業時間為：週一至週五9am-5:30pm；週六、日9am-4pm。夜間營業的商店大都在大城市，時間多為週四或五晚間9pm。

現代藝術

無論是傳統的還是前衛創新的高

品質現代藝術作品都可在紐西蘭
看到。藝術家的作品價格不錯且
容易運送。較大的城市都有私人
藝廊，藏有大量的藝術作品。

設計師服飾

紐西蘭的設計師如World、Karen
walker、 Trelise Cooper和
Zambesi都已在國際時尚圈佔有
一席之地。主要城市的精品店有
許多紐西蘭享譽全世界的設計師
的獲獎品牌。

美食與美酒

加工過的當地果醬、調味料、麵
條、煙燻牛肉、蜂蜜不用再介紹
了，這些產品包裝很精美，很適
合當禮品。

　酒類是紐西蘭的特產。紐西蘭
新開發的酒，口味清新且刺激，
在國際市場上頗受好評。白酒類
的白蘇維濃和夏多內在紐西蘭一
直都是佼佼者，獲得許多國際獎
項。

戶外活動

概述

紐西蘭人喜愛戶外活動，紐西蘭
有許多地方供他們騎自行車、健
行、游泳、滑雪、高空彈跳、釣
魚、打高爾夫或泛舟。由於紐西
蘭人口密度低，風景壯麗，無論
你想從事的是有組織的探險活
動，或只是在樹林裡散步，戶外
活動在紐西蘭到處垂手可得。能
在全世界最美麗的一些景點以低
廉的價格享受這麼多的活動，是
紐西蘭主要的觀光賣點，當地觀
光業者則以高水準的專業技能以
及同等重要的安全措施，來滿足
這一要求。

陸上運動

繩降

紐西蘭提供許多自懸崖、瀑布、
峽谷和一些險峻地洞繩降的機
會。在某些城市，你也可以利用
摩天大樓來進行繩降。

高空彈跳

高空彈跳是紐西蘭冒險家海克特
（A.J.Hackett）和范艾許（Henry
Van Asch）於1980年代開發出
來的活動。用大型橡皮圈綁住自
己腳踝，然後從高台上縱身一
躍，這種令人興奮的經驗已經風
靡全世界。

　今天，皇后鎮有4個正式的海
克特高空彈跳場所（參見
www.ajhackett.com網站），包括
位在卡瓦拉烏橋（Kawarau
bridge）高43公尺的世界第一個

各地業者名單

我們對戶外活動作了些特別
推荐，請參閱342-386頁的
各地業者名單

高空彈跳場。

　紐西蘭全國各地的其他觀光業
者也提供高空彈跳服務。

攀岩

在紐西蘭，攀岩活動的發展速度
相當驚人。各地城鎮目前已有許
多室內攀岩牆，攀岩俱樂部如雨
後春筍般成立，許多優良的攀岩
地形也紛紛被發現。紐西蘭已採
用澳洲的「尤班克」（Ewbank）
數字分級系統，就是用單一數值
來標示攀岩路線的難易程度。在
一些最好的攀岩地區，如威卡托
南部的**威拉帕帕**（Wharepapa），
擁有超過700條攀岩路線，**坎特
柏利**則有超過800條。

　如欲取得更多資訊，請洽：
Climb New Zealand；網址為
www.climb.co.nz

自行車運動

紐西蘭多風多雨的氣候，陡峭的
地形以及狹窄蜿蜒、不時有休旅
車橫衝直撞的道路，有時會剝奪
騎自行車的樂趣。不過騎自行車
旅遊仍好處多多，若干有組織的
旅遊行程，提供遊客用巴士搭載
自行車的服務。各地也租得到越
野自行車。有些最好的自行車旅
遊地點位在南島，如瓦納卡、格
倫諾基、皇后鎮以及峽彎區等。
最吸引人的地點包括：廢棄淘金
客的村落，如梅斯鎮；內維斯谷
地令人驚嘆的峽谷地形；以及一
些通往滑雪場的道路，這些道路
擁有宏偉的湖泊景觀。一本提供
詳盡自行車路線的書《紐西蘭經
典越野自行車騎行》（*Classic
New Zealand Mountain-Bike
Rides*），對蘭峽角到史考特基地

超過400條路線進行了探索。你可以上網購買這本書：www.kennett.co.nz

高爾夫球

紐西蘭約有400個高爾夫球場，果嶺費平均約15紐幣，且能以低廉價格租用設施。最好的球場位在島灣（威坦奇高球場），陶波附近（懷拉凱國際高球），奧克蘭（提提朗基球場），以及亞羅鎮（磨坊小溪高爾夫鄉村俱樂部）。

健行

紐西蘭有14個國家公園，且在各地公園和保護區內有超過500萬公頃，相當於紐西蘭國土三分之一，自然保留地。紐西蘭各地保護區和其他風景區提供提供數以百計健行步道，以及探索紐國文化和自然歷史的古蹟步道。

有九條名叫「**大步道**」（Great Walks）的路線需要通行證。你可以在紐西蘭保育部設於各地的辦公室取得這類通行證，在旺季

健行小提示

不要驚擾大地：隨著造訪紐西蘭的遊客增加，紐西蘭自然環境所受到的衝擊也跟著增加。為了保護優美的環境，有幾件事你可以做：
- 不要破壞或採摘森林裡的植物。
- 將垃圾帶走，不要予以焚燒或掩埋。
- 維護湖泊和溪流的清潔。
- 生火時，要留意。
- 循正確路線行走。
- 尊重紐西蘭的文化古蹟。

要知道更多保護紐西蘭環境的資訊，可以就近造訪紐西蘭保育部在各地的辦公室，或前往該部網站：www.doc.govt.nz

（10月至4月）你若要在步道上的休息站過夜，每晚價格在7紐幣至35紐幣之間，而在有設施供應（提供沖水馬桶、自來水、廚房、洗衣、熱水淋浴、垃圾處理、野餐桌椅和某些電器設備）的露營營地，每晚價格則在5紐幣至10紐幣之間。

如果你喜歡熱水淋浴和其他居家舒適，最好是預訂有嚮導陪伴的行程。但如果你不介意「因陋就簡」，可以試試獨立步行行程，住基本的休息站和帳篷。你可以從保育部保育資訊中心獲得有關健行和健行通行證的地圖和詳細資料，聯絡單位和地址為：Department of Conservation (DOC) Conservation Information Centre Ferry Building, Quay Street, Auckland. 電話：09-379 6476各大城市都有保育部的辦公室，或前往該部網站：www.doc.govt.nz或寄電子郵件到：greatwalksbooking@doc.govt.nz

紐西蘭最知名的一些景點提供嚮導陪伴步行行程。請與**Active Earth**連繫（電話：25-360 268或0800-201 040；www.activeearthnewzealand.com），他們會組織小團體按北島一些人們常走的路線從事健行和跋山涉水活動。**Hiking New Zealand**（電話：274-360 268或0800-697 232；網址：www.nzkike.com）則是另一家組織小團體在紐西蘭全國從事健行活動的公司，他們會安排知識豐富的嚮導隨行。

騎馬

騎在馬背上觀賞紐西蘭，是一項令人難忘的經驗，且無疑是近距離體驗這個國家及其百姓最好的方式之一。紐西蘭全國各地皆這方面業者，安排半日遊，一日遊乃至過夜的行程。

登山

艾德蒙·希樂瑞爵士（紐西蘭人）征服埃佛勒斯峰（即世界第一高峰聖母峰，又稱珠穆朗瑪峰）之前，是在南阿爾卑斯山從事練習活動。但就算你沒有那麼大的雄心壯志，你仍可以在紐西蘭找到許多登山機會。修·羅根（Hugh Logan）所著《紐西蘭偉大山峰》（Great Peaks of New Zealand），是一部重要著作，書中滿載有用的資訊。該書是由威靈頓的John Mcindoe公司出版。紐西蘭有許多登山俱樂部，包括在全國擁有眾多會員的「紐西蘭阿爾卑斯山俱樂部」。聯繫地址如下：

New Zealand Alpine Club, P. O. Box 786, Christchurch, New Zealand，電話：03-377 7595；傳真：03-377 7594；網址：www.alpineclub.org.nz；電郵：website@alpineclub.org.nz

徒步越野

這屬於一項專業人士的活動，但是對那些只想靠一張地圖和一具指南針就想要跨越一個未知領域的人來說，紐西蘭是個絕佳的去處。紐西蘭多樣而崎嶇的地形提供了許多挑戰，尤其沿途還有一些壯麗的景色，可作為額外的收穫。紐西蘭有各式各樣路線，供能力高低不同的好手選擇。

飛行傘／滑翔翼

使用飛行傘，你可以省略掉搭飛機上天的整個過程，卻仍能享受跳傘的一些刺激。從事這項活動，當你從一座山丘上躍下時，

眾山之頂

綿延超過700公里的南阿爾卑斯山，其面積超過法國、奧地利和瑞士阿爾卑斯山面積的總和。

一具張開的傘會把你從地面拉起。進入空中並取得高度之後，你緩緩從天空飄下。有經驗的業者可以用車輛把玩家送上天。

玩滑翔翼時，你會被吊在一隻巨型的風箏上（當然得要有一位駕駛員），並且從一座山上起飛。

高空跳傘

假如從山上躍入空中不過癮，你可以試試從飛機上跳下。雙人跳傘讓每個人都能享有這種樂趣。用一套特製繩索將你自己綁在一名經驗豐富的跳傘者身上，你所要做的只剩下聽從指示並控制住你的恐懼。高空跳傘的附帶好處是你搭乘飛機在跳傘區上空盤旋時，能欣賞到美麗的風景。紐西蘭全國都有提供高空跳傘活動的業者，尤其是在**皇后鎮**和**瓦納卡**。

水上運動

潛水

在紐西蘭清澈的水域潛水是件令人非常開心的事，這就難怪紐西蘭從事潛水運動的人口比例居世界之冠。在**馬波羅峽灣**和**島灣**有許多沉船可供探險，你可以在島灣找到綠色和平組織的反核船「彩虹戰士號」，這艘船是在1985年遭法國特工人員炸沉。

釣魚

從10月到隔年4月，紐西蘭平靜的水域總能吸引全球各地許多垂釣者前去。紐西蘭每四人便有一人從事釣魚活動，不過魚多得釣不完。最好的釣鱒魚地點是在**羅托魯湖**和**塔拉威拉湖**。而在南島北部的**納爾遜湖區**，嚮導會協助你尋找重達20公斤的鰻魚和長達50公分的棕鱒。

獨木舟

紐西蘭水域遍佈全國，獨木舟運

動在沿海和各地湖區正快速興起，特別是在**馬波羅峽灣**和**島灣**一帶。你可以租用獨木舟，從事為期一天或多天有嚮導陪伴或獨立的旅遊活動。

泛舟和噴射快艇

狂野和桀傲不馴的河川以及壯麗的風景，成了紐西蘭許多泛舟探險路線的絕佳背景。

速度飛快、機動靈活、從水面上輕擦而過的噴射快艇，是紐西蘭一位農民發明的。從事這項活動的最佳地點之一是在皇后鎮的**修特歐瓦河**。另外，紐西蘭有許多河川很適合從事激流泛舟，你可以和另外多達7人同坐一艘橡皮艇，享受這種活動所帶來的水花四濺和膽顫心驚；最刺激的河流有修特歐瓦河、卡瓦拉烏河（皆在皇后鎮）以及卡吐那河（羅托魯）。

較膽小的人可前往威卡托的**威多莫洞窟**從事黑水漂流。你將發

重要數據

最高點：庫克山—3754公尺（12313英尺）

最深的湖：郝羅口湖（Lake Hauroko）—462公尺（1515英尺）

最大的湖：陶波湖（Lake Taupo）—606平方公里（234平方英里）

最長的河：威卡托河（Waikato River）—425公里（264英里）

最大的冰河：塔斯曼冰河（Tasman Glacier）—29公里（18英里）

最深的洞穴：亞瑟山（Mount Arthur）的內托貝（Nettlebed）山洞—889公尺（2916英尺）

海岸線總長：15811公里（9824英里）

稀有動物

賀氏海豚（Hector's dolphin，全世界體型最小的海豚）以及全世界最稀少的虎克海獅（Hooker's sea lion），這兩種動物只能在紐西蘭水域找到。

現一個由許多漆黑洞穴形成的迷宮，裡面有瀑布、螢火蟲以及許多好玩的事。

航海

最適合航海的時間是在10月到隔年4月。你可以在**島灣、奧克蘭和馬波羅峽灣**找到各式各樣船隻，供一日或更長時間的航程，你可以雇用船長，也可以自己駕駛。

租用一艘配備齊全的12公尺長遊艇，每周花費約2000至3000紐幣，視季節而定。風景最棒的行程之一，是沿著奧克蘭海岸航行到島灣；租金以最少10天計算。參加團體一日航行，花費每人約60紐幣。

北島

奧克蘭

前往方式

通往紐西蘭的大門是位於曼吉爾（Mangere）的**奧克蘭國際機場**，它在市中心西南24公里（15哩）處。在主航站外，可以看見成列排班的公車、機場巴士與計程車，供旅客轉乘進入市區。機場巴士與巴士的費用大約13-18紐幣（Airbus），車程約1小時。計程車大概只要一半的時間，但車資約為45-50紐幣。

奧克蘭是紐西蘭最大的城市，擁有發達的國內航空網絡與市區公車、鐵路運輸，亦可參考330-331頁的交通資訊。

遊客資訊

i-SITE Auckland，Atrium, Skycity, Victoria and Federal Street轉角。每天8:30am-6:00pm開放；www.aucklandnz.com；電子信箱：reservations@aucklandnz.com。

紐西蘭遊客中心，AMEX Princes Wharf，Quay and Hobson Street路口，週一至週五8：30am-6pm，週六至週日9am-5pm開放；電話：09-979 2333；www.aucklandnz.com；電子信箱：reservations@aucklandnz.com。

市區交通

眾多市區公車與計程車可供選擇，市中心到處都可以看到計程車。洽 Auckland Co-operative Taxis，電話：09-300 3000。起跳通常是2.5紐幣，每公里加1.5紐幣。

奧克蘭周遊券（Auckland Pass）（電話：09-366 6400）只要9紐幣，就可以全天搭乘所有Stagecoach公車，以及乘坐港口Fullers的渡輪前往北岸；12紐幣可以搭乘Link巴士與火車。這種周遊券可在Link或Stagecoach公車，或渡輪營業處購買。搭乘Link巴士是遊覽市區的好方法，它沿著龐森貝、K路與市中心順時針及逆時針環狀繞行。車票只需1.3紐幣。

奧克蘭也有火車運輸系統**Connex**，連接市區與郊區。

想瞭解詳細的大眾運輸，可電洽MAXX，電話：09-3666 4000。

旅館價格指南

兩人住宿雙人房的大約價格（非旺季，含稅）：

$	=	100紐幣以下
$$	=	100-150紐幣
$$$	=	150-200紐幣
$$$$	=	200-250紐幣
$$$$$	=	250紐幣以上

住宿資訊

Barrycourt Suites，10-2-Gladstone Road, Parnell, 電話：09-303 3789；傳真：09-377 3309；www.barrycourt.co.nz；e-mail：barrycourt@xtra.co.nz。離市中心兩公里（1哩），離海灘1公里（1/2哩）。這家旅館提供客房、附廚房的汽車旅館單位，以及提供住房服務的公寓，大多擁有遼闊的港口與海岸景色。特許餐廳、酒吧與Spa。107單位與套房。$-$$$$

Carlton Hotel，Vincent Street與Mayoral Drive路口，電話：09-366 3000；傳真：09-366 0121；www.carlton-auckland.co.nz。水岸附近，步行可到奧克蘭主要商業區與娛樂區域，這家飯店提供24小時的客房服務、商店、外幣兌換，以及一些行政商務套房（executive room）。286間客房。$$$$

Heritage Auckland, 35 Hobson Street, 電話：09-379 8553；www.heritagehotels.co.nz。位於市中心，近美國盃村（America's Cup Village），它是由奧克蘭最具意義與歷史性的百貨公司改建而成，現在成了紐西蘭的象徵與地標。兩翼極具特色的住宿空間擁有全套服務，以及包括美髮沙龍、健身房、花店、全天候的網球場等設施，同時還有兩間餐廳與一間酒吧。467間客房與套房。$$-$$$$$

Hilton Auckland, 147 Quay Street, Princes Wharf；電話：09-978 2000；www.hilton.com。奧克蘭最新開張的五星級飯店之一，這家精品旅館位居黃金地段，距離可出海的王子碼頭（Princes Wharf）僅300公尺（328碼），擁有難以言喻的海灣美景。166間客房與套房。$$$$

Hyatt Regency Auckland，Waterloo Quadrant與Princes Street轉角，電話：09-355 1234；傳真：09-303 2932；www.auckland.regency.hyatt.com。這家飯店在2003年整體翻新，除原有274間客房，新增120間客房、套房與公寓，大多擁有宜人的港口、城市與公園景觀。房客還可以享受新建的豪華健康體能spa。$$$$

Langham Hotel Auckland，83 Symonds Street，電話：09-379 5132；傳真：09-377 9367；www.langhamhotels.com。Langham位居市中心，擁有410間五星級的豪華客房。提供24小時服務、管家服務、一座室外的溫水游泳池、健身房，以及備有高速寬頻網路的商用中心。

$$$$-$$$$$

New President Hotel，27-35 Victoria Street West，電話：09-303 1333；www.newpresidenthotel.co.nz。設有小廚房的舒適客房與套房。位置理想，就在天空之城和皇后街之間。$$-$$$$

Parnell Village Motor Lodeg，2 St Stephens Avenue, Parnell，電話：09-377 1463；www.parnellmotorlodge.co.nz。近帕奈爾商店區，離奧克蘭市中心僅5分鐘，可選擇愛德華式客房或現代公寓房型。$-$$$

Ranfurly Evergreen Lodge Motel，285 Manukau Road, Epsom，電話：09-638 9059；傳真：09-630 8374；www.ranfurlymotel.co.nz。寬敞、設備完善的獨立單元房，最多可以容納5人，離餐廳500公尺（547碼），離賽馬場與表演場1公里（1/2哩）。位居機場巴士的行經路線。$$

Sky City Hotel，Victoria Street，電話：09-363 6000或0800-759 2489；傳真：09-363 6010；www.skycity.co.nz。位於天空之城複合中心，擁有豪華與卓越套房、屋頂溫水游泳池、健身房、餐廳與酒吧。夜生活多彩多姿，包括同一地點兩座賭場。免費停車。344間客房。$$$-$$$$$

The Ascott Metropolis，1 Courthouse Lane，電話：09-300 8800；www.the-ascott.com。位於市中心，結合曼哈頓與芝加哥等大都市的風格。精緻的單房與雙房套房有著當之無愧的奢華，提供獨立的起居與用餐空間，以及名師設計的廚房，景觀令人摒息，可眺望港口與亞伯特公園週遭。$$$$-$$$$$

用餐資訊

Antoine's，333 Parnell Road，電話：09-379 8756。精緻、積

極創新的美食餐廳，位於繁忙的商業購物街道，附近有許多其他的美食用餐地點。提供法國風的紐西蘭菜色。$$$

De Post Belgian Beer Café，466 Mount Eden Road, Mount Eden，電話：09 630 9330。非常受歡迎的酒吧，提供各式各樣的比利時啤酒，以及稱得上比任何地方都棒的河蚌料理。$$

Euro，22 Princes Wharf，電話：09-309 9866。美國杯期間，人們必到的時尚餐廳。食物、服務始終維持高品質，著重在新鮮的紐西蘭酪農產品。$$$

Harbourside，渡輪樓（2樓），電話：09-307 0556。就像一樓的CinCin，這家餐廳提供極富創造力的海鮮料理。視野絕佳。$$$

Iguacu，269 Parnell Road，電話：09-358 4804。寬敞、繁忙的酒吧，供應太平洋風味美食。$$

Kermadec，Viaduct Quay（海洋博物館對面），電話：09-309 0412。鮮魚料理非常美味。$$

Point 5 Nine，5-9 Point Chevalier Road, Point Chevalier，電話：09-815 9595。裝潢宜人，酒類菜單種類眾多，餐點可口──洗手間甚至還有電視。$$-$$$

Prego，226 Ponsonby Road, Ponsonby，電話：09-376 3095。餐點美味，帶有義大利古典風，許多誇耀的烹調方式。頂尖餐廳。$$$

Rice，10-12 Federal Street,

CBD，電話：09-359 9113；www.rice.co.nz。國際美食，源自20種穀物而來的菜色，令人食指大動。試試主菜，特別是豬肉燒烤，以及脆扁麵。現代且別致，還有一個極具風格的酒吧。$$

Rocco，23 Ponsonby Road, Ponsonby，電話：09-360 6262。在舒適、私密的氣氛，提供現代而健康美食，種類眾多的酒品可供選擇。$$$

Soul，Viaduct Harbour，電話：09-356 7249。一邊欣賞港口美景，一邊享受紐西蘭最受歡迎的靈魂食糧。$$$

SPQR，150 Ponsonby Road, Ponsonby，電話：09-360 1710。奧克蘭最知名也最受喜愛的餐廳之一，餐點美味，鮮蛤細扁麵是招牌菜。餐點撤下後，這裡便成了人氣旺盛的夜總會。內部幽暗，餐桌在人行道。$$$

Wildfire，Princes Wharf, Quay Street，電話：09-353 7595。手舞足蹈送上炙熱、厚實的巴西烤肉美食，套餐計費。$$$

購物資訊

奧克蘭的**皇后街**是個理想的起點，K路（**卡蘭加夏普路**）在上街區與其交會。「卡蘭加夏普」意指「人類活動的蜿蜒山脊」，對奧克蘭最繁忙、歷史最悠久的商業街道之一來說，是很貼切的描述，而這裡也是風化區中心。小型的二手衣與家具店，與寬敞的百貨公司爭搶生意。

要找尋主流的國際品牌，請跟著當地人前往購物中心，從亞特山（Mount Albert）的聖盧斯開始，郊區的帕奈爾、龐森貝與新市集也提供眾多選擇。探索新市集的後街地帶，可以找到許多有趣的商店。

在奧克蘭高街的商店，像是Pauanesia，擁有來自太平洋各地的設計師珠寶與飾品。皇后街

也有許多販賣紐西蘭紀念品的商店。時髦的Vulcan Lane與流行的高街可以找到所有紐西蘭別致的時尚，包括World、Stella Gregg、Ricochet與Zambesi。

市中心渡輪樓附近、關稅樓與亞伯街交會的舊關稅局可以找到昂貴的品牌、購買免稅商店的物品。

務必前往維多利亞公園市場，它在維多利亞街矗立著醒目的煙囪招牌。裡面滿是攤販、商店與咖啡座。週五與週六時，皇后街奧提中心外的奧提廣場市集，攤販販賣各式各樣的手工藝品、紀念品與衣服——有些值得收藏，有些就算了吧。

娛樂表演

紐西蘭最大的城市開始發展出文化認同，它也是幾家舞蹈與戲劇工作坊、當地藝術季、三家劇院的根據地。三家劇院分別是市民

音樂會表演會場

主要的音樂會與歌劇表演會場是現代的**奧提中心與大會堂**（Aotea Square, Queen Street，電話：09-309 2677；www.the-edge.co.nz）。北岸的**布魯斯梅森戲院**（Bruce Mason Theatre）大多用來作為國際表演團體的大型音樂會場。票務請電洽：09-488 2940。一些較小、兼用的會場，像是市中心的舊複合型劇院，則舉辦國際DJ與音樂家的音樂會或表演。

奧克蘭戰爭紀念館每天11am、正午與1:30pm都會表演真實的毛利儀式與舞蹈（Domain，電話：09-309 0443）。表演時間達45分鐘，票價約15紐幣。

劇院、奧提中心與天空之城。紐西蘭先鋒報的表演版面是取得表演資訊的最好來源。請經由**Ticketek**預購大型表演的門票（Aotea Centre, Aotea Square, Queen Street，電話：09-307 5000；www.ticketek.co.nz）。

劇院／舞蹈

天空之城戲院在1997年於賭場複合中心開幕，擁有700個座位（Victoria與Albert Street路口，電話：09-912 6000）；**梅德門劇院**（Princes與Alfred Street路口的大學裡，電話：09-308 2383）與**Herald and ASB Theatres**（奧提中心，電話：09-309 2677）是觀賞戲院最受歡迎的三家劇院。多采多姿富的**市民戲院**（電話：09-309 2677）通常是巡迴音樂劇與表演的演出地點。

奧克蘭主要表演團體奧克蘭劇團在各場所的表演詳情，可以電洽09-309 3395；www.atc.co.nz。**Auckland Music Theatre Company**的資訊，請洽：09-846 7693。

較小的表演場所則呈現較創新的作品，像是**Silo**，它位於中奧克蘭Lower Greys Avenue，電話：09-366 0339。以及**Depot Arts Space**，它在行經奧克蘭港橋（Harbour Bridge）的北岸，28 Clarence Street, Devenport，電話：09-963 2331。

奧克蘭也是全男性舞蹈團體**黑色優雅**（Black Grace）的根據地，它擁有紐西蘭最佳與最受尊敬的當代舞者，電話：09-358 0552；www.blackgrace.co.nz。

夜生活

很難置身奧克蘭熱鬧的夜生活之外。沿著龐森貝路，左轉進入K路，再順著皇后街，穿過高架橋，可以聽見每扇門內都傳出令人悸動的音樂聲。大部分的俱樂

遨遊奧克蘭

奧克蘭被稱為航海城市不是沒有道理，4月到10月間是其最適合航行的季節。可以找到各式各樣的帆船，以進行單日或時間更長的航程。承租裝備齊全的12公尺遊艇，按季節不同，一星期大約2000-3000紐幣。或可搭乘紐西蘭前美國盃參賽帆船NZL 40，這項行程每天進行，兩小時約85紐幣。請洽：**Viking Cruises**，電話：0800-724-569；www.sailnz.co.nz；電子信箱：nzl40@sailnz.co.nz。或者，可以參加15米（49呎）帆船繞行奧克蘭港的兩個半小時晚餐航遊。價格：98紐幣。

Pride of Auckland，電話：09-373 4557；www.prideofauckland.com。

部都有服裝規定，短褲與運動鞋很難入內。有些俱樂部小心地隱身樓上或小巷，只有當地人才知道它們的存在，但跟著音樂走，一定能找到它們。最受歡迎的酒吧有：

Club Havana，8 Beresford Street，電話：09-302 3354。週三至週五著重在拉丁音樂，週六有現場樂團表演。

Fu Bar，166 Queen Street，電話：09-309 3079。這裡有親切的工作人員，吸引鼓和貝斯（drum and bass）音樂風格的愛好者。裡頭並設有額外的酒吧空間。

Hush Lounge Bar，位於North Harbour的Paul Matthews Road與Omega Street轉角，電話：09-414 5679。在Albany中心的時髦水酒賣店。雞尾酒種類繁多，還有簡單的晚餐菜單，以及

陽光充沛的室外庭院。

Khuja Lounge，536 Queen Street，電話：09-377 3711。隱身三樓的小酒吧，有優秀的DJ、充滿感情的爵士樂，以及絕佳的巧克力馬丁尼。

戶外活動

奧克蘭是進行戶外活動的好地方，不管是要找刺激的彈跳，還是只想保持良好體能。這裡有各式各樣的活動，有天空之城的高空彈跳、攀爬港橋，也可以航行、打高爾夫。

攀橋活動

想要鳥瞰奧克蘭，可以試試攀爬奧克蘭港橋的兩小時解說行程。有如迷宮的狹小通道，加上一些令人驚奇的扭轉與轉彎，增添了這項戶外活動的刺激程度。請洽：**Auckland Bridge Experience**，Curran Street，Westhaven Reserve，電話：09-361 2000；www.ajhackett.com。

高空彈跳

A.J. Hackett Bungy，位於奧克蘭的Curran Street，電話：09-361-2000；www.ajhackett.com。這是全球第一個的港橋高空彈跳地點，由首創這項活動的公司經營。使用最新的冒險裝備——配置特別設計的彈跳筴、與回復系統，讓彈跳人士得到最佳的安全保障與舒適。

Skyjump，位於奧克蘭Victoria與Federal Street轉角的天空之塔，電話：0800-759 586或09-368 1835；傳真：09-368 1839；www.skyjump.co.nz。這項躍自192公尺高度的天空彈跳，以世界第一冒險經歷為訴求，它以纜線操控，彈跳人可以享受絕佳的景觀。躍下的速度高達時速75公里。

高爾夫

Akarana Golf Club，1388 Dominion Road, Mount Roskill；電話：09-620 5461。這個球場有著樹木林列的球道，沙坑屏蔽的果嶺，以及可觀賞全景的球場會館。

風浪板

奧克蘭有許多玩風浪板的好地點，從近市中心、受歡迎的**Point Chevalier**，到**Orewa Beach**（奧克蘭北方）、**Piha Beach**。這裡的風力平穩，但很少非常強勁。租借風浪板器材請洽：**Point Chev Sailboards**，5 Raymond Street, Point Chevalier，電話：09-815 0683。

酒莊

Fine Wine Tours，33 Truro Road, Sandringham, Auckland，電話：09-849 4519、021-626 529；www.insidertouring.co.nz；電子信箱：phil.parker@xtra.co.nz，舉辦為1-6人量身設計的品酒行程。

奧克蘭周圍

懷塔克雷市與西岸海灘

遊客資訊

Destination Waitakere，電話：09-837 1855；www.waitakerenz.co.nz。

Arataki Visitors Centre，夏季每天9am-5pm；冬季10am-4pm；免費；電話：09-817 4941。這是一個詳細計畫探索懷塔克雷山脈與西岸海灘的地方，包括各種難度的步道、露營與過夜探險。

住宿資訊

Hobson Motor Inn，327 Hobsonville Road, Upper Harbour，電話：09-416 9068；www.hobson.co.nz。這家旅館有獨立自給的住宿單位，

還有游泳池、spa、三溫暖與迷你高爾夫球場。37單位。$$-$$$

Karekare Beach Lodge，7 Karekare Road, Karekare Beach，電話：09-817 9987；www.karekarebeachlodge.co.nz。一個遠離塵囂的隱居所，面對西岸最令人驚艷的海灘之一，即電影《鋼琴師與她的情人》的拍攝地點。$$$-$$$$$

Lincoln Court Motel，58 Lincoln Road, Henderson，電話：09-836 0326。位於一個探索懷塔克雷山脈與西岸海灘的理想地點。$-$$

Piha Lodge，117 Piha Road, Piha，電話：09-812 8595；www.pihalodge.co.nz。這間得獎的小旅館擁有海洋與灌木林的壯麗美景，還有游泳池、spa與娛樂室。$$-$$$

Vineyard Cottages，Old North Road, Waimauku，電話：0800-846 800。獨立自給的小屋，位於充滿魅力的葡萄園，配上如畫的庭園景色。$$$

Waitakere Park Lodge，573 Scenic Drive, Waiatarua，電話：09-814 9622；www.waitakereparklodge.co.nz。棲身海拔244公尺、四周雨林圍繞的樂園，但仍在容易往返市區的地帶。

餐廳價格指南

一人晚餐的平均價位（含服務稅）：

$	=	10-15紐幣
$$	=	15-25紐幣
$$$	=	25紐幣以上

用餐資訊

Bees Online，791 SH16, Waimauku，電話：09-411

7953。不是只為了養蜂人家，這家餐館提供一流的飲食，像是本身的西岸餐點，令人垂涎的海鮮套餐。$$

Devines，1012 Scenic Drive, Swanson，電話：09-832 4178。極受當地人歡迎的地點，夏季有戶外用餐區。$

The Hunting Lodge，Waikoukou Valley Road, Waimauku，電話：09-411 8259；www.thehuntinglodge.co.nz。宜人的用餐地點；野味相當特別。$$$

戶外活動
步道

Arataki Park Visitor Centre，Scenic Drive, Titirangi，電話：09-303 1530。提供步道嚮導行程，穿越西奧克蘭令人印象深刻的森林。另一選擇請電洽：09-827 3803，**Friends of Arataki**。

高爾夫

Muriwai Golf Club，Muriwai Beach, Muriwai，電話：09-411 8454，擁有數座球道的球場，搭配西岸的壯觀美景，球道跟隨自然景觀起伏。

Titirangi Golf Club，Links Road, New Lynn, Auckland，電話：09-827 5749；傳真：09-827 8125；www.titirangigolf.co.nz。紐西蘭最頂尖的球場之一，在充滿異國情調的樹木、天然灌木林與河流之間，呈現緊密的球道、深溝與巧妙的沙坑。

衝浪

奧克蘭最好的衝浪海灘是在西岸，包括Phia、Moaori Bay、Muriwai與Bethells。而沿著東岸往北則有Mangawhai與Whangapaoroa。留意海浪與潮汐的變化，特別是西岸，其危險地點相當有名。**Dial-a-forecast**：0900-99 990（適用付費費率）。

酒莊

Collard Brothers，303 Lincoln Road, Henderson，電話：09-838 8341；電子信箱：collardsnzwines@xtra.co.nz；週一至週六，9am-5pm；週日，11am-5pm。這是一家由家族經營的酒莊，釀造得獎的葡萄酒，提供預約行程（6-11月）。

Matua Valley Wines，Waikoukou Road, Waimauku，電話：09-411 8301；www.matua.co.nz；週一至週五，9am-5pm；週六10am-4:30pm；週日，11am-4:30pm。庭園佈置宜人，提供酒窖賣酒（cellar-door sale）。

Soljans Estate Winery，366 SH16, Kumeu，電話：09-412 5858；www.soljans.co.nz；每日行程11:20am與2:30pm。設有品酒處與一家餐館。

海倫斯維
住宿資訊

Kaipara House，SH16與Parkhurst Road轉角，電話：09-420 7462。親切的舊農舍，轉變成為提供住宿與早餐的地點，另有獨立附有設施的露營地點。$$

用餐資訊

Macnuts Farm Café and Shop，914 South Head Road, Parakai，電話：09-420 2501。遊覽堅果林，並在農場餐館享受多半以堅果為主題的午餐。$

Regent Cinema Café，14 Garfield Road，電話：09-420 9148。戲院改建的餐廳，餐點豐富，標準收費的有趣用餐環境。$$

戶外活動
健行

Beach Walks，從 SH16轉 向 Rimmers Road的岔路，可以找到一些令人振奮的步道，它們沿著西岸較不為人知的海灘而行。

游泳

Aquatic Park Parakai Springs，Parkhurst Road, Parakai，電話：09-420 8998；www.aquaticpark.co.nz。原始熱泉的有趣景點。可浸泡在礦泉水池，放鬆身心，或租借私人池，也有巨大的滑水道可以遊玩。

南奧克蘭
遊客資訊

Franklin Information Centre，SH1, Mill Road, Bombay，電話：09-236 0670；www.franklindistrict.co.nz/tourism。

Auckland International Airport Information Centre，International Terminal, Mangere，電話：09-275 6467；電子信箱：intlavc@aucklandnz.com

旅館價格指南

兩人住宿雙人房的大約價格（非旺季，含稅）：

$	=	100紐幣以下
$$	=	100-150紐幣
$$$	=	150-200紐幣
$$$$	=	200-250紐幣
$$$$$	=	250紐幣以上

住宿資訊

Airport Goldstar Motel，255 Kirkbride Road, Mangere，電話：09-275 8199；www.airport-goldstar.co.nz。機場附近的住宿地點，環境寧靜。$-$$

Cedar Park Motor Lodge，250 Great South Road, Manurewa，電話：09-266 3266；www.cedarparkmotorlodge.co.nz。方便前往機場與其他南奧克蘭景點的住宿地點。$-$$

Centra Auckland Airport，Ascot 與Kirbride路的轉角，電話：09-275 1059；www.centra.co.nz。

位於4公頃（10英畝）的安靜庭園，讓人舒暢身心的旅館，距離機場約4公里（2哩），市中心14公里（8.5哩）。設有三溫暖、健身房、室外游泳池與遊戲區。242間客房。$$$

Clevedon Maritime Resort，261 North Road, Clevedon，電話：09-292 8572；電子信箱：m.e.balemi@xtra.co.nz。這家旅館擁有自己的碼頭、高球場、湖泊，以及一間設備獨立自給的招待所與雙人客房。$$$

用餐資訊

Broncos Steak House，712 Great South Road, Manukau，電話：09-262 2850。就像世界各地晚上「牛排館」的同業一樣，它也是一家值得信賴的餐廳。$-$$

Volare，91 Charles Prevost Drive, Manurewa，電話：09-267 6688。南奧克蘭最受歡迎的餐廳之一，以其嘉年華會式的氣氛知名，提供國際性的美食。$$

戶外活動
高爾夫

Aviation Country Club of NZ，Tom Pearce Drive, Auckland International Airport，電話：09-265 6265。在機場的18洞高球場，部分球道沿著馬奴高港（Manukau Harbour）而行。

歐塔拉市場

千萬不要錯過位於南奧克蘭 Newbury Street的歐塔拉市集（週六6am至中午）。這裡是感覺敏銳的遊客找尋紀念品的好地方——不只是因為它的價格比充滿陷阱的觀光客商店便宜，也因為它的確可靠許多。

酒莊
Villa Maria Estate，118 Montgomerie Road, Mangere，電話：09-255 0660；www.villa-maria.co.nz。紐西蘭歷史最悠久的頂尖釀酒廠之一。有酒窖品酒、販賣與釀酒行程。

得文港
遊客資訊
Davenport i-SITE Visitor Centre，3 Victoria Street, Devonport，電話：09-446 0677；週一到週五8am-5pm，週六、週日與國定假日8:30am-5pm。

住宿資訊
Devonport Motel，11 Buchanan Street, Devonport，電話：09-445 1010。鄰近所有景點的一個歷史建築，隱密、舒適、物超所值。2個住宿單位。$$

Hyland House，4 Flagstaff Terrace, Devonport，電話：09-445 9917；www.hyland.co.nz。11-4月開放。鄰近海灘與餐廳的豪華住宿環境。其創造的雪利波特酒（sherry and port）令人讚許，值得推薦。$$$$$

The Esplanade Hotel，1 Victoria Road, Devonport，電話：09-445 1291；www.esplanadehotel.co.nz。親密、豪華、擁有港口景色、酒吧與兩間餐廳。$$$$-$$$$$

Villa Cambria，71 Vauxhall Road, Devonport，電話：09-445 7899；www.villacambria.co.nz。具歷史性的精緻別墅，獲選為紐西蘭最佳的早餐住宿（B&B）地點。4間客房。$$$-$$$$

用餐資訊
Buona Sera，99 Victoria Road, Devonport，電話：09-445 8133。可在此品嘗到味美的國際美食；披薩不負盛名。$$

Manuka Restaurant，49 Victoria

得文港特商店
Art of this World，Shop 1, 1 Queens Parade, Devonport，電話：09-446 0926；www.artofthisworld.co.nz。展出的藝術品與雕塑品出自以紐西蘭為據點的藝術家。

Flagstaff Gallery，25 Victoria road, Devonport，電話：09-445 1142；www.flagstaff.co.nz。專注在當代紐西蘭藝術。

Green Planet Enterprises Ltd，87 Victoria Road, Devonport，電話：09-445 7404；www.greenplanet.co.nz。庫存紐西蘭製造、對環境無害的高品質商品。

Road, Davenport，電話：09-445 7732。令人放鬆的親切氣氛中，提供卓越的用餐品質。$$$

Monsoon Café Restaurant，71 Victoria Road, Davenport，電話：09-445 4263；www.monsoon.co.nz。提供泰國與馬來西亞食物，可以在店內用餐也可外帶。$-$$

歐雷瓦
遊客資訊
The Hibiscus Coast Visitor Information Centre，214a Hibiscus Coast Highway, Orewa，電話：09-426 0076，週一至週六9am-5pm，週日10am-4pm。

住宿資訊
Anchor Lodge Motel，436 Hibiscus Coast Highway, Orewa，電話：09-427 0690；www.anchorlodge.co.nz。鄰近海邊與一處安全的游泳海灘，離商店與餐廳不遠。$-$$$

Edgewater Motel，387 Main Road, Orewa Beach，電話：09-426 5260；www.edgewaterorewa.co.nz。一房或兩房的家庭住宿單位，另外還有一個面對海灘、配備按摩浴缸的蜜月套房。$-$$$

用餐資訊

Kippers Café，292 Hibiscus Coast Highway, Orewa，電話：09-426 3969。享用炸魚與洋芋片的好地方。

Sahara Café and Restaurant，336 Hibiscus Coast Highway, Orewa，電話：09-426 8828。地中海式美食。$$

沃克沃斯地區

遊客資訊

Warkworth Information Centre，1 Baxter Street, Warkworth，電話：09-425 9081；www.warkworth-information.co.nz。

住宿資訊

Bridge House Lodge，16 Elizabeth Street, Warkworth，電話：09-425 8351。擁有舒適的客房、遊戲室與酒吧。$$

Sanctuary Lodge，262 Smyth Road, Warkworth，電話：09-425 9022；www.sanctuary-lodge.co.nz。棲身在一個擁有天然灌木林的山谷，提供寧靜的住宿環境。$-$$

Walton Park Motor Lodge，2 Walton Avenue, Warkworth，電話：09-425 8149；www.walton-park.co.nz。工作室（studio）與家庭單位住宿，前往市中心與卡瓦烏島（Kawau Island）渡口都很方便。$-$$

用餐資訊

Fallowfield Historic Homestead Café，11 Paihia Road, Taumarere, Kawakawa，電話：

餐廳價格指南

一人晚餐的平均價位（含服務稅）：

$ = 10-15紐幣
$$ = 15-25紐幣
$$$ = 25紐幣以上

09-404 1555；電子信箱：ffield@xtra.co.nz。位於維多利亞式的別墅，四周是有如公園的廣大環境，紐西蘭農產品是其特色。$$

Leigh Sawmill Café and Accommodation，142 Pakiri Road, Leigh，電話：09-422 6019；www.sawmillcafe.co.nz。這個地區最隱密的餐館之一，提供當地新鮮的魚貨。另有農莊式的住宿。

Millstream Bar and Grill Theatre，15-17 Elizabeth Street, Warkworth，電話：09-422 2292。受歡迎的酒吧與餐廳，提供風味絕佳的餐點，但價格不斐。$$$

Seafood 'n' Eat It Takeaways and Café，7 Neville Street, Warkworth，電話：09-425 7005。炸魚與洋芋片是紐西蘭人最愛的食物，這裡料理出來的更是美味無比，有些人還從奧克蘭開車一個多小時來此品嘗。$

戶外活動

潛水

Dive Tutukaka，Marina Road, Tutukaka，電話：09-434 3867。普爾奈茨群島（Poor Knights Islands）的軸心，這裡被部分潛水愛好者選為全球前十大優秀潛水地點。

Goat Island Dive，142A Pakiri Road, Leigh，電話：09-422 6925；www.goatislanddive.co.nz。以山羊島海洋保護區（Goat Island Marine Reserve）

為據點的潛水活動。

騎馬

Pakiri Beach Horse Riding，Rahuikiri Road, Pakiri Beach, Wellsford，電話：09-422 6275；傳真：09-422 6277；www.horseride-nz.co.nz；電子信箱：pakirihorse@xtra.co.nz。在威爾斯福（Wellsford）附近，離奧克蘭90分鐘車程，由Shirley與Laly Haddon經營沿著海灘而行的騎馬行程，另有敞篷馬車出租。

酒莊

Ascension Vineyards and Café，480 Matakana Road, Matakana，電話：09-422 9601；www.ascensionvineyard.co.nz。每天都有品酒與販賣的行程，餐館並提供美味的餐點。

Heron's Flight Vineyards and Café，49 Sharp Road,

沃克沃斯商店

Craft Co-Op @ Sheepworld，324 SH1, Warkworth，電話：09-425 0525。這是紐西蘭最大的工藝品公司，有著各式各樣、令人眼花繚亂的商品，由當地傳統手工或創新手法製造。還設有不錯的咖啡館。

Honey Centre，SH1與Perry Road轉角，電話：09-425 8003；www.honeycentre.co.nz。販賣紐西蘭各種上等蜂蜜。

Morris and James Pottery and Café，48 Tongue Farm Road, Matakana，電話：09-442 7484；www.morrisandjames.co.nz。明亮且色彩豐富的陶藝品，得到當地與觀光客忠誠的喜愛。

Matakana，電話：09-422 7915；www.heronsflight. co.nz。獲紐西蘭航空選為全國最值得造訪的五大酒莊之一，位於鄉間的餐館有宜人的景色，還有蒼鷺可以欣賞。

Hyperion Wines，188 Tongue Farm Road, Matakana，電話：09-422 9375；www.hyperion-wines.co.nz。這家酒廠大多釀造卡本內蘇維翁紅酒（cabernet sauvignon）、梅洛（merlot），以及灰皮諾(pinot gris)與夏多內（chardonnay）。

威赫基島

遊客資訊

Waiheke Island Visitor Information Centre，2 Korora Road, Artworks, Oneroa，電話：09-372 1234；www.waiheke.co.nz；電子信箱：jill@waiheke.co.nz。

住宿資訊

Beachside Lodge，48 Kiwi Street, Oneroa, Whiheke，電話：09-372 9884；www.beachsidelodge.co.nz。獨立自給的公寓房型，或是附早餐的客房，近海灘。$$

Crescent Valley Ecolodge，50 Crescent Road East, Waiheke，電話：09-372 3227；www.waiheke.co.nz/ecolodge.htm；電子信箱：ecolodge@ihug.co.nz。隱身在天然的灌木林間，這裡也是悅耳鳴禽的棲所，另一方面，只要5分鐘就可到達受歡迎的棕櫚海灘（Palm Beach）。可以選擇有機餐。$$

Le Chalet Waiheke Apartments，14 Tawas Street, Little Oneroa, Waiheke，電話／傳真：09-372 7510；www.waiheke.co.nz/lechalet。鄰近海灘的獨立豪華公寓，擁有私人甲板與海景。$$

用餐資訊

Nourish Café，3 Belgium Street, Oneroa, Waiheke，電話：09-372 3557。提供新鮮時令美食的小餐館，餐點也可以外帶。$

Vino Vino Restaurant，3/153 Ocean View Road, Oneroa, Waiheke，電話：09-372 9888；www.vinovino.co.nz。提供地中海風味的便餐，或是照單點餐，設在甲板上，與美麗海灣景色相映。需預約。$

戶外活動

酒莊

Mudbrick Vineyard and Restaurant，Church Bay Road, Waiheke，電話：09-372 9050；www.mudbrick.co.nz。受歡迎的品酒用餐地點，提供國際性美食。

Te Whau Vineyard Café，218 Te Whau Drive, Oneroa, Waiheke Island，電話：09-372 7191；www.tewhau.com。以提供紐西蘭種類最多的酒品選擇為傲，其中當然包括其自身釀造的美酒，這間小餐館擁有360度的全景美景，並供應紐西蘭太平洋的餐點。

卡瓦烏島

住宿資訊

Beach House，Vivienne Bay，電話：09-422 8850；www.beachhouse.co.nz；電子信箱：beachhouse@paradise.co.nz。舒適的住宿環境，位居在一處適合游泳、划舟與放鬆身心的海灘。客房擁有海景。$$$

Pah Farm Restaurant & Lodge，Bon Accord Harbour，電話：09-422 8765。預算簡約的住宿，另有備有基本設施的露營地。$-$$

用餐資訊

Mansion House Café，Mansion House，電話：09-422 8903。提供輕食與咖啡。$

大堡島

遊客資訊

Great Barrier Island Visitor information Centre，Claris Postal Centre, Great Barrier Island，電話：09-429 0033；www.greatbarrier.co.nz；電子信箱：info@greatbarrier.co.nz。

旅館價格指南

兩人住宿雙人房的大約價格（非旺季，含稅）：

$	=	100紐幣以下
$$	=	100-150紐幣
$$$	=	150-200紐幣
$$$$	=	200-250紐幣
$$$$$	=	250紐幣以上

住宿資訊

Great Barrier Lodge，Whangaparapara, RD1, Great Barrier Island，電話：09-429 0488；www.greatbarrierlodge.com。鄰近水邊的現代工作室房型與小屋。$-$$

Medlands Beach Backpackers，Masons Road, Great Barrier Island，電話：09-429 0320；www.medlandsbeach.com。擁有美麗景緻的舒適家庭住宿。$

用餐資訊

Claris Texas Café，Hector Sanderson Road，電話：09-429 0811。午餐提供標準套餐，晚餐較為豐盛，供應不錯的海鮮選擇。$$

Currach Irish Pub，Stonewall, Tryphena，電話：09-429 0211。道地的愛爾蘭氣氛，美味的酒吧餐點，以及健力士與Kilkenny生啤酒。$$

戶外活動

潛水與划舟

Bonaventure Blue Water Safaris，Whangaparapara, Great Barrier Island，電話：027-479 9647；www.bonaventure.co.nz。在群島四周常有海豚出沒的水域，提供有嚮導解說的划舟或潛水行程。

釣魚

Vitamin C Fishing Charters，

探索島嶼

霍拉奇灣（Hauraki Gulf）的主要島嶼——蘭吉多多（Rangitoto）、威赫基、Tiritiri Matangi與大堡，可以藉由Fullers Cruise Centre經營的的快艇前往（Ferry Building, 99 Quay Street, Auckland，電話：09-367 9111；www.fullers.co.nz）。不要錯過回程的船班，因為有些島嶼沒有住宿地方，而且其他回到本土的替代交通十分昂貴。

如果希望在大堡島開著自己的車子，請向Subritzky Sea Link預訂，45 Jellicoe Street, Freemans Bay, Auckland，電話：09-373 4036；www.subritzky.co.nz。

大堡島也有每天排程的航班，請洽位於奧克蘭國際機場的Great Barrier Xpress Air Service，電話：09-256 7025；www.mountainair.co.nz。

要前往卡瓦烏島，請向Kawau Kat Cruises預約，Sandspit Wharf, Warkworth，電話：09-425 8006或Pier 3 Ticket Office, Quay Street, Auckland，電話：09-307 8005；www.kawaukat.co.nz。

Tryphena, Great Barrier Island，電話：09-424 0949。在這個釣魚樂園提供全天或半天的行程。

北地

前往方式

島灣大約在奧克蘭北方250公里。**紐西蘭航空**每天有從奧克蘭飛往凱利凱利（Kerikeri）機場的航班，這裡是北地的主要城市。航班飛行時間大約45分鐘，並且提供機場巴士的服務。

北方客運（Northliner）則每天都有豪華客運，從奧克蘭開往島灣，以及前往更遙遠北方的開泰亞（Kaitaia）。單程票價約在44-67紐幣。請洽：**Northliner Travel Centre**，172 Quay Street, Auckland，電話：09-307 5873；傳真：09-307 5882。

經由東岸高速公路由奧克蘭開往島灣，車程約3.5小時；如果穿越驚人的威波亞森林（Waipoua Forest）——紐西蘭最大片的貝殼杉林（kauri），則大約要5小時。請參見329-30頁的交通資訊。

城市交通

北地提供進出這個地區良好的公車交通，多數城鎮也都有市內公車與計程車。

百希亞

遊客資訊

Bay of Islands i-SITE Vistior Centre，The Wharf, Marsden Road, Paihia，電話：09-402 7345；www.paihia.co.nz；電子信箱：visitorinfo@fndc.govt.nz。

住宿資訊

Abel Tasman Lodge，百希亞的Marsden與Bayview Road轉角，電話：09-402 7521；傳真：09-402 7576；www.abeltas-

manlodge.co.nz。提供鄰近海灘的標準與豪華住房單位，並有兩個私人的spa泳池。附近有餐廳、郵局與購物中心。25個單位。$-$$$

Beachcomer Resort，1 Seaview Road, Paihia，電話：09-402 7434或0800-732-786（只能在紐西蘭使用）；傳真：09-402 8202；www.beachcomber-resort.co.nz。一處美麗的渡假村，擁有私人海灘作為安全的海水浴場，另外還有游泳池、網球場與三溫暖。

獲頒2000年紐西蘭觀光獎，另外，它還擁有得獎的餐廳與酒吧，而且離市中心所有舒適設施與餐廳都很近。45間客房。$$-$$$

Blue Pacific Quality Apartments，166 Marsden Road, Paihia，電話：09-402 7394；傳真：09-402 7369；www.bluepacific.co.nz。離百希亞鎮區只有幾分鐘路程，這些高品質的1-3房公寓單位，擁有令人摒息的島灣美景。每一個單位都備有義大利式全套廚房與洗衣機、烘乾機，另外還有私人的陽台與庭院。12個單位。$$$-$$$$

Paihia Beach Resort and Spa，116 Marsden Road, Paihia，電話：09-402 6140；傳真：09-402 6026；www.paihiabeach.co.nz。每間套房與工作室都有海岸全景，也有私人的露台。另外還有按摩浴缸、廚房與用餐設施，季節性的溫水游泳池與Spa。$$-$$$$

餐廳價格指南

一人晚餐的平均價位（含服務稅）：

$ = 10-15紐幣
$$ = 15-25紐幣
$$$ = 25紐幣以上

用餐資訊

Bistro 40 and Only Seafood，40 Marsden Road，電話：09-402 7444；傳真 09-402 7908。Bistro 40在百希亞水岸，提供紐西蘭頂尖的美食與醇酒。而樓上的Only Seafood則是一個較為輕鬆的餐廳，可以眺望島灣，提供當地的新鮮海產。$-$$

Tides Restaurant，Williams Road，電話：09-402 7002；傳真：09-402 7061。供應特別的紐西蘭美食，近百希亞碼頭。$

Twin Pines Restaurant and Bar，Puketona Road，電話：09-420 7322；傳真：09-402 7391。這家歷史悠久的餐廳鄰近哈露露瀑布（Haruru Falls），提供絕佳的用餐經驗，餐點以當地農產品為主。座落在一個美麗的貝殼杉建築，這裡原本是一個家族宅邸，採用北地森林運來的林木建造。$$-$$$

Waikokopu Café，Treaty Grounds, Waitangi，電話：09-402 6275；傳真：09-402 6276。得獎的餐館，位於前往威坦奇條約園區（Waitangi Treaty Grounds）的入口處一個林木成蔭的庭園內，餐點豐富，從早餐、輕食，到羊肉、牛肉、海鮮等主餐都有。請先預約。$

戶外活動

航行

Fullers Bay of Islands Cruises，Maritime Building, Pahia waterfront，電話：09-402 7241；傳真：09-402 7831；www.fboi.co.nz。島灣以絕佳的航行環境知名，Fullers提供豪華巡航、大帆船航行與賞豚活動。

Kings Dolphin Cruises and Tours，Paihia，電話：09-402 8288；傳真：09-402 7915；www.dolphincruises.co.nz。就跟上述的Fullers，Kings也經營各種船隻的巡航活動，行程前往島

灣，包括石中洞（Hole in the Rock）與教堂洞（Cathedral Cove）。600馬力的Mack Attack搭載30名乘客，行駛速度可達50海哩（時速90公里）。Kings也辦理賞鯨行程，以及前往蘭峽角（Cape Reinga）與90哩海灘（Ninety Mile Beach）的活動。

潛水

Dive North，Main Wharf, Paihia，電話：09-402 7079。帶領潛水客前往島灣許多潛水地點，包括彩虹戰士號沈船地點與著名的布列特角（Cape Brett）。

Phihia Dive，P.O. Box 210, Paihia，電話：09-402 7551或09-402 7110；www.divenz.com；電子信箱：divepahihia@xtra.co.nz。也會前往彩虹戰士號，以及三王島（Three Kings）潛水地點。

賞鯨豚

Dolphin Discoveries，位於百希亞的Marsden與Williams轉角紐西蘭郵政大樓（New Zealand Post Building），電話：09-402 8234；傳真：09-402 6058；www.dolphinz.co.nz。這家公司定期舉辦從百希亞與羅素（Russell）出發的瓶鼻海豚、殺人鯨與抹香鯨觀賞活動。

高爾夫

Waitangi Golf Club，Paihia, Bay of Islands，電話：09-402 8207；www.waitangigolf.co.nz。這是紐西蘭最好的高球場之一，擁有極令人驚嘆的景色。

划舟

Coastal Kayakers，Te Karuwha Parade, Ti Bay, Waitangi，電話：09-402 8105；傳真：09-403 8550；www.coastalkayakers.co.nz。這裡有逾150個可以藉由海洋獨木舟探索的海島與景

觀島嶼，Coastal Kayakers推出海灣的嚮導行程，從半天到3天行程都有，費用每人45-420紐幣之間。

景觀飛行

Salt Air，Paihia，電話：09-402 8302；www.saltair.co.nz。經營飛往島灣與蘭峽角等景點的輕型飛機與直升機，在蘭峽角還結合四輪傳動車的行程，前往90哩海灘的沙丘。

羅素

遊客資訊

Russell Information Centre and Wahoo Fishing Charters，end of the Wharf, Russell，電話：09-403 8020；www.russell-information.co.nz；www.sportsfishing.co.nz；電子信箱：russell.information@xtra.co.nz。

旅館價格指南

兩人住宿雙人房的大約價格（非旺季，含稅）：

$	=	100紐幣以下
$$	=	100-150紐幣
$$$	=	150-200紐幣
$$$$	=	200-250紐幣
$$$$$	=	250紐幣以上

住宿資訊

Commodore's Lodge Motel，Russell，電話：09-403 7899；傳真：09-403 7289；www.commodoreslodgemotel.co.nz。這些豪華、寬敞、獨立自給的工作室房型，建造在一個濱水的亞熱帶庭園上。

另外還有太陽能加熱的游泳池、兒童游泳池、spa與烤肉區。21單位。$-$$$

Duke of Marlborough Hotel，The Strand, Russell，電話：09-403

7829；www.theduke.co.nz。這家旅館被暱稱為「公爵」，擁有紐西蘭最早的賣酒執照，150年多來，一直是個親切的避居所。這家精緻的旅館最近才剛翻新，提供絕佳的用餐環境與設備完善、不同類型的套房。濱臨水岸，緊鄰渡船口。25間客房。$$$-$$$$$

Tapeka on the Tide，Tapeka Point, Russell，電話：09-407 8706；www.tapeka.co.nz。香柏建造而成的大型家族假日房舍，位於海灘邊，擁有美麗的景色。這個房舍可以住宿10-12人。$-$$$

用餐資訊

Duke of Marlborough Hotel，The Strand, Russell，電話：09-403 7829。這家旅館（參見住宿資訊）擁有一間出色的餐廳，供應令人印象深刻的海鮮，均是當地捕捉。$$

Gannets Brasserie，Town Square, Russell，電話：09-403 7990。海鮮是這裡的特餐，並提供素食者的餐點。曾得獎。$$

The Gables，The Strand，電話：09-403 7618。The Gables在一棟建於1847年的建築物內，這是紐西蘭歷史最悠久的建築之一，餐廳保留許多原版物品，包括貝殼杉嵌板、火爐、原版地圖與老照片。但相反地，菜單卻是當代的地中海風，像是鴕鳥肉排、野菇焗飯與奶油白蘭地煎雞肝。$$$

戶外活動
航遊

Fullers Russell，The Strand, Russell，電話：09-403 7866；www.fboi.co.nz。布列特角石中洞航遊包括著名的溝縫、布列特角燈塔與大教堂洞，同時在Urupukapuka Island靠岸停留。

斯特蘭購物

斯特蘭（Strand）是羅素優秀的全天候購物治療中心，從美味的食物到尖端時尚、禮品都有。

釣魚

Mako Charters，Te Wahapu Road, Te Wahapu, Russell，電話：0800-625 669；www.makocharters.co.nz。視季節（1-4月）開辦海釣，而全年都有釣豚隆頭魚、王魚、鯛魚與海水魚的行程。

酒莊

Omata Estate，Aucks Road, Russell，電話：09-403 8007。地點優美的高級釀酒廠，附屬Omata豪華渡假村，另有Omata地中海風味餐廳。需要預約。

凱利凱利
遊客資訊

Information Far North，Jaycee Park, South Road, Kaitaia，電話：09-408 0879；傳真：09-408 2546；www.northland.org.nz；電子信箱：kaitaiainfo@xtra.co.nz。

住宿資訊

Kerikeri Homestead Motel，17 Homestead Road, Kerikeri，電話：09-407 7063；傳真：09-407 7656；www.kerikerihomesteadmotel.co.nz。位於可以欣賞凱利凱利高球場景緻的寧靜地區，每個單位都有烹飪設備，4間有按摩浴缸。另有大型游泳池與室外Spa，並鄰近餐廳與酒吧。12個單位。$-$$

Oraora Resort，28 Landing Road, Kerikeri，電話：09-407 3598；www.oraoraesort.co.nz。這家鎖定高消費群的渡假

中心，提供各式各樣縱容顧客的選擇，Makai Restaurant供應優質的有機餐點、葡萄酒與啤酒。$$$$$

Sommerfileds Lodge，405A Inlet Road, Kerikeri，電話：09-407 9889；傳真：09-407 1648；www.sommerfields.co.nz。精緻、令人放鬆的休憩地點，四周松林與田野環繞，可以毫無阻礙地眺望凱利凱利海灣的景色。配置特大號床，或是雙人床套房，並有衛浴以及私人陽台。3間套房。$$$$

用餐資訊

Fishbone Restaurant Café，88 Kerikeri Road, Kerikeri，電話：09-407 6065。不錯的咖啡簡餐，氣氛親切。$-$$

Redwoods Café，Kerikeri, at fork of SH1，位於城北，電話：09-407 6681。在一個小農場的蔬菜園中，享用健康可口的食物。$

Rocket Café and Deli，Kerikeri Road，電話：09-407 3100；www.rocketcafe.net。出色的室內與戶外用餐環境，適合家族前往，設有兒童菜單與遊戲場。還有販賣自製產品的熟食店。晚餐不開放。$

戶外活動
航海

Woodwind Yacht Charters，Wharau Road, RD3, Kerikei，電話：09-407 5532；www.woodwindyachtcharters.co.nz。以貝殼杉打造的小艇，提供快樂、安全與舒適的航行。

酒莊

Marsden Estate Winery and Restaurant，Wiroa Road, Kerikeri，電話：09-407 9398；www.marsdenestate.co.nz。風味獨具的美食，配上該地釀酒的

醇酒。在可以眺望湖泊與葡萄園的地方，享受愜意的庭院氣氛。也提供葡萄酒販賣、品嘗與遊覽行程。$

杜特勒斯灣

遊客資訊

Doubtless Bay Information Centre，The Waterfront Beach Road，電話／傳真：09-406 2046；www.doubtlessbay.co.nz。

住宿資訊

Acacia Lodge，Mill Bar Road, Mangonui，電話：09-406 0417；www.acacia.co.nz。岸邊舒適的汽車旅館，所有的房間都面對海洋。$$

Taipa Bay Resort，22 Taipa Point Road，電話：09-406 0656；www.taipabay.co.nz。頂尖的複合中心，擁有自己的沙灘咖啡館、游泳池與網球場。$$-$$$$$

用餐資訊

Mangonui Fish Shop，Beach Road，電話：09-406 0478。這家商店的傳統炸魚洋芋片餐曾得獎，海邊地點無懈可擊。

Waterfront Café and Bar，Waterfront Road，電話：09-406 0850。不管是早餐、午餐或晚餐，餐點都相當實在。而且，同樣是位於海邊。$$

晃加雷

遊客資訊

Whangarei i-SITE Visitor Centre，Tarewa Park，電話：09-438 1079；傳真：09-438 2943；www.whangareinz.org.nz。

住宿資訊

Central Court Motel，54 Otaika Road, Whangarei，電話／傳真：09-438 4574；www.central-

旅館價格指南

兩人住宿雙人房的大約價格（非旺季，含稅）：

$	=	100紐幣以下
$$	=	100-150紐幣
$$$	=	150-200紐幣
$$$$	=	200-250紐幣
$$$$$	=	250紐幣以上

courtmotel.co.nz。離晃加雷不遠，隔壁就有一家餐廳。提供芬蘭浴與spa。21單位。$

Pacific Rendezvous，Tutukaka，電話：09-434 3847；傳真：09-434 3919；www.pacificrendezvous.co.nz。世界知名的假日渡假村，可以眺望吐吐卡卡港（Tutukaka Harbour），公寓單位從1房的小屋，到3房的套房。還有兩處私人海灘、推桿果嶺、法式滾球與游泳池。30單位。$$-$$$$

Settlers Hotel，61-69 Hatea Drive, Whangarei，電話：09-438 2699；傳真：09-438 0794；www.settlershotel.co.nz。位居市中心，俯看Hatea River與帕拉哈基（Parahaki）；這間雅緻的旅館有休息大廳、庭園，還有套房、餐館、按摩泳池與游泳池。53間客房。$-$$

用餐資訊

Caffeine Espresso Café，4 Water Street，電話：09-438 6925；www.caffeinecafe.co.nz。這裡供應被認為是全國最香醇的咖啡之一，同時也在愜意的氣氛中，提供令人垂涎的餐點。早餐與午餐營業。$

Killer Prawn，26-28 Bank Street，電話：0800-661 555；傳真：09-430 3131；www.killerprawn.co.nz。供應美味的紐西蘭與太平洋風味餐。試試這家餐廳招牌菜Killer Prawn，或是其

他美味的新鮮海產組合。可在主吧台享用雞尾酒或干邑酒，或在庭園吧台沉浸陽光下。$$$

Reva's on the Waterfront，31 Quay Side, Town Basin Marina，電話：09-438 8969；www.revas.co.nz。菜色種類眾多，有傳統與當代美食、披薩與海鮮，還有「著名原創」的墨西哥餐。$$-$$$

戶外活動

潛水

Poor Knights Dive Centre，Marina Road, Tutukaka RD3, Whangarei，電話：09-434 3867；傳真：09-434 3884；www.diving.co.nz。普爾奈茨群島在晃加雷東岸外22公里（14哩）處，是紐西蘭最佳的潛水地點之一，有眾多的茅茅魚（mau mau fish）與險峻的珊瑚壁。

酒莊

Longview Estate Vineyard and Winery，SH1，Otaika，電話：09-438 7227；www.longviewwines.co.nz。運用傳統的釀酒技術，配合現代科技，釀造出濃郁果香的獨特手工葡萄酒。

北地夜生活

北地的夜生活相當放鬆，但仍有許多的酒吧與餐廳可以選擇。百希亞鎮或是晃加雷盆鎮的時髦地區，是最有可能可以找到現場音樂演奏與酒吧的地方。

其他地區

住宿資訊

Harbourside Bed & Breakfast，Omapere，SH12，電話：09-405 8246。這家在海灘前面的住宿房舍，鄰近威波亞森林與西

岸海灘，擁有眺望沙丘的美麗景色，可步行到餐廳。所有客房都有現代設施與私人甲板。$

Kingfish Lodge，Whangaroa Harbour，電話：09-405 0164；www.kingfishlodge.co.nz。最早的釣魚渡假村，擁有出色的海鮮餐廳。位於王魚洞（Kingfish Cove）晃加羅亞港（Whangaroa Harbour）的海角上，一個由家族經營的遺世獨立所在。只能搭乘前往該港的觀景船隻抵達。濱水的豪華客房擁有「夢幻床」。12間客房。$$$$$

Orongo Bay Homestead，Aucks Road, Orongo Bay，電話：09-403 7527；傳真：09-403 7675；www.thehomestead.co.nz。歷史悠久的Orongo Bay地產，建於1860年代，以紐西蘭第一個美國領事館聞名，座落7公頃（17英畝）的海岸私人土地。這裡擁有來自地下酒窖的有機葡萄酒、古典的奧地利大鋼琴、廣闊的土地與壯麗的海景。客房備有特大號床鋪，私人衛浴與CD收藏。精心安排的美食餐點。$$$$$

Waipoua Lodge，SH12, Katui，電話／傳真：09-439 0422；www.waipoualodge.co.nz。這家旅館在一世紀前建造，原本是私人住家，現在重新翻修，包括3間拓荒風格的獨立小屋，備有特大號與大號床鋪、衛浴、休閒室與小廚房。旅館並設有餐廳與酒吧。$$$$

威卡托

漢米頓

交通資訊

漢米頓位於奧克蘭南方大約兩小時車程的地方，擁有前往多數城鎮的對外公車路線。**漢米頓國際機場**在該市南方約15公里（9哩）處，

每天都有通往紐西蘭各大城市的交通聯結。**Freedom Air International**直飛澳洲的黃金海岸。這家只提供最起碼必需品的航空公司也有飛往奧克蘭、北帕麥斯頓（Palmerston North）、威靈頓、基督城與丹尼丁的定期航班。

漢米頓也是鐵路的主要幹線，**大陸鐵路公司**和**北方鐵路公司**有火車往返於奧克蘭和威靈頓；旅程只須花費約兩小時的車程。請參考330-331頁的「熟悉環境」。

遊客資訊

漢米頓旅客諮詢中心

在安葛西街（Anglesea Street）的運輸中心。電話：07-839-3580；傳真：07-839-3127；電子信箱：hamiltoninfo@wave.co.nz

市區運輸

漢米頓的市公車和計程車服務相當優秀。在市區內也可以找到許多租車公司。

漢米頓市公車—電話：07-846-1975

漢米頓計程車—電話：07-847-8699；傳真：07-847-8698；網址：www.hamiltontaxis.co.nz

住宿資訊

Anglesea Motel，36 Liverpool Street，Hamilton，電話：07-834-0010；傳真：07-834-0010；網址：www.angleseamotel.co.nz。這間五星級的飯店離市中心和運動場很近。套房和單人房的設施非常現代化，附有游泳池、健身房、回力球場和網球場。$$-$$$

Kingsgate Hotel Hamilton，100 Garnett Avnue，Hamilton，電話：07-849-0860；傳真：07-849-0660；網址：www.kingsgatehotels.co.nz。這是間位於市中心的飯店，所有房間有冷氣、浴室以及24小時的客房服務；共有147間房間。$$

Novotel Tainui Hamilton，7 Alma Street，Hamilton，電話：07-838-1366；傳真：07-838-1367；網址：www.novotel.co.nz。這間四星級的國際旅館座落於蔚開多河的河岸、商業區的中心。飯店內有舒適的房間、餐廳和酒吧，另有健身房、溫泉和三溫暖。共有177間房間。$$$

Ventura Inn and Suites Hamilton，23 Clarence Street，Hamilton，電話：07-838-0110；傳真：07-838-0120；網址：www.venturainns.co.nz。旅館有現代化的設備；一些房間中有特大號的床和溫泉浴。座落於市中心、共50間房間。$-$$

餐廳價格指南

以下符號代表每個人的晚餐平均消費額，包括服務費和稅金。

$	=	10-15紐幣
$$	=	15-25紐幣
$$$	=	25紐幣以上

用餐資訊

Montana Restraurant，131 Victoria Street，電話：07-839-3459。這是漢米頓最具歷史的餐廳之一，菜色豐富，另有外送服務。$$

Sahara Tent Café and Bar，254 Victoria Street，電話：07-834-0409；傳真：07-834-2504。餐廳供應中東美食。$

Thai Village Café，Hood Street的市場中，電話：07-834-9960。餐廳供應泰式美食-咖哩、米飯和麵食，餐廳氣氛非常泰國。份量很多、價格便宜。$

The Narrows Landing，431 Airport Road，電話：07-858-

4001；網址：www.thenar-rowslanding.co.nz。供應的紐西蘭和歐洲料理相當美味；餐廳裝潢極具中世紀特色—厚重的實木大門、許多鑄鐵裝飾、金屬網狀的樓梯和在燭光中用餐。$$$

娛樂

漢米頓提供遊客許多娛樂選擇：從藝術節和電影節，到生動劇院表演、音樂演奏和舞蹈節目應有盡有。國家表演團和國際性的表演團每年造訪漢米頓並參加三大重要劇院—奠基者劇院（Founders Theatre）、西大西洋社區劇院（Westpac Community Theatre）以及流星劇院（the Meteor）的活動。諮詢電話：07-838-6603。

　　同樣也不要錯過每年6月在漢米頓舉行的Flaming Fringe節或是紐西蘭劇院節（Festival of New Zealand Theatre）。漢米頓市也有許多夜店和酒吧，來自奧克蘭的DJ們常在這些夜店和酒吧播放最新音樂。

劍橋

遊客資訊

劍橋遊客中心
位在維多利亞街（Victoria Street）和皇后街（Queen Street）的街角，電話：07-823-3456；網址：www.cambridge.net.nz；電子信箱：info@cambridge.net.nz

住宿資訊

Huntington Stables，106 Maungakawa Road，電話：07-823-4120；網址：www.hunting-ton.co.nz。這是間將老舊馬棚改建為豪華套房的旅館，四周盡是此區最青翠的農田。$$$$$
Souter House Country Lodge，19 Victoria Street，電話：07-827-3610；網址：www.souter-house.co.nz。這間具歷史性的房子被改建為7間豪華套房，另有

榮獲銀牌獎章的餐廳。$$-$$$

用餐資訊

Alpaz，72 Alpha Street，電話：07-827-6699。紐西蘭老饕常來這間餐廳享用道地美食，冬天時紅熱的壁爐給人一種溫馨又熱情的感受。$-$$
Country Lane Café：Pukerimu Lane，電話：07-827-7256。遊客可以在這間餐廳的美麗花園中享用輕食。$

馬術表演

New Zealand Horse Magic，SH1，在劍橋市的南方，電話：07-827-8118；網址：www.cambridgethorough-bredlodge.co.nz；每天10am-3pm開放參觀，需購票。每天由紐西蘭特有的立匹薩納種馬（Lippizaner stal-lion）、紐西蘭野馬-凱曼妮瓦（Kaimaniwa）、阿拉伯馬、健壯駄馬（Clydesdale）和乘用馬等不同品種的馬來表演馬術。

德·阿羅哈

遊客資訊

遊客中心：102 Whitaker Street，電話：07-884-8052；網址：www.tearoha-info.co.nz；電子信箱：infotearoha@xtra.co.nz

旅館價格指南

所列價格為非旺季的每晚雙人房價格，購物稅已包括。

$	= 100紐幣以下
$$	= 100-150紐幣
$$$	= 150-200紐幣
$$$$	= 200-250紐幣
$$$$$	= 250紐幣以上

住宿資訊

Aroha Mountain Lodge，5 Boundary Street，電話：07-884-8134；網址：www.aro-hamountainlodge.co.nz。這是間風景如畫又舒適的別墅旅館。$$$
Hunter Lodge，88 Seddon Road；電話：07-884-4042。這間民宿是少數提供住宿的紐西蘭山羊畜牧場。$$

用餐資訊

Banco，174 Whitaker Street，電話：07-884-7574。這間由銀行大樓改建的餐廳價格相當合理。$$
Mokena Restaurant，6 Church Street，電話：07-884-8038。這間領有執照的餐廳所提供的是家鄉口味的菜餚。

戶外活動

自行車
德·阿羅哈山野自行車小道
這趟穿越本地天然灌木叢和山丘地形的旅程可以說是紐西蘭全國中最棒的自行車之旅。

健行
外歐隆哥眉山谷健行（Waiorongomai Valley Walk）：這趟健行旅程將帶領你到古老的金礦廢城。可以去遊客中心索取地圖。

游泳
德·阿羅哈礦泉水池：電話：07-884-8717；網址：www.tearohapools.co.nz；每天10am到10pm開放；需購票。有公共游泳池和私人游泳池，有些泳池在19世紀的澡堂中。

威多莫

遊客資訊
威多莫遊客中心，21 Caves Road；電話：07-878-7640；電

子信箱：waitomomuseum@xtra.
co.nz

住宿資訊

Abseil Inn，709 Waitomo Caves
Road，電話：07-878-7815。這
間供應早餐的旅館相當舒適，窗
外盡是田野風光。$$

Waitomo Caves Hotel，Lemon
Point Road，電話：07-878-
8204，傳真： 7-878-8205；網
址：www.waitomocaveshotel.
co.nz；這是間維多利亞風格的飯
店，距離德奎第（Te Kuiti） 19
公里，鄰近石灰山洞。共有37間
房間。$$

用餐資訊

Roselands，579 Fullerton Road，
Waitomo Caves，電話：07-878-
7611；傳真：07-878-7610。這
間榮獲獎項的餐廳座落於具有田
園景色的天然灌木叢中，他們讓
人垂涎三尺的菜餚是採用紐西蘭
最新鮮食材。只供應午餐。$$

戶外活動
山洞/黑水泛舟

Blackwater Rafting Company，
585 Waitomo Caves Road，電
話：07-878-6219；網址：
www.blackwaterrafting.co.nz。這
家著名的公司組成不同難度的地
底探險隊伍，有些行程包括降下
山岩（abseiling）和滑鋼索（fly-
ing fox rides）。

Waitomo Adventures，Waitomo
Caves Road，電話：07-878-
7788或0800-924-866；網址：
www.waitomo.co.nz。他們提供
二個小時的黑水旅程，也有不同
的地底洞穴探險及瀑布探險。

其他地區
住宿資訊

Bleskie Farmstay，Storey Road,
Te Awamutu；電話：07-871-
3301。在這裡住宿的遊客可以

深入農村生活並觀賞不同的農場
動物。精力充沛的遊客可以善加
利用他們的游泳池和網球場。$$
Brooklands Country Estate，
RD1, Ngaruawahia, Waikato；電
話：07-825-4756，傳真：07-
825-4873；網址：www.brook-
lands.net.nz。這間鄉村住宿在
紐西蘭頗負盛名，是由拓荒者經
營農場家族的雅緻家園改建而
成，仍然保存原有的美麗室內裝
潢、油畫和大型壁爐。遊客可以
在戶外享用他們所供應的美味菜
餚。華麗的房間內有法式落地
窗，可俯瞰優雅的花園景緻；並
設有戶外游泳池和網球場。共有
十間房間。$$$$

餐廳價格指南

以下符號代表每個人的晚餐
平均消費額，包括服務費和
稅金。

$　　=　10-15紐幣
$$　　=　15-25紐幣
$$$　=　25紐幣以上

用餐資訊

Out in the Styx：2117 Arapuni
Road, Te Awamutu，電話：
0800-461-559；網址：
www.styx.co.nz。主要供應紐西
蘭美食，也是間提供早餐的住宿
旅館；他們只有提供三道菜的菜
單，另加咖啡。$$-$$$
Zest Café， 201 Alexandra
Street, Te Awamutu，電話：07-
870-4055。這間咖啡廳所供應
的食物相當普通，但是菜餚顏色
豐富；可來這用餐補充體力。$

戶外活動
攀岩

懷勒帕巴（Wharepapa）：這是
紐西蘭最棒的攀岩處之一，總共
有800個攀岩路線，只需要走很
短的路程就可以到達攀岩起始

處，附近也有間提供攀岩設備的
商店。南懷勒帕巴介於德‧阿瓦
木吐（Te Awamutu）和曼嘉其諾
（Mangakino）間。若想要在此住
宿、租用設備並詢問，可連絡懷
勒帕巴戶外中心（Wharepapa
Outdoor Centre），電話：07-
872-2533；電子信箱：whare-
rock@xtra.co.nz

衝浪

瑞格蘭海灘是個受歡迎的度假勝
地，位於威卡托高低起伏的西部
海岸。 尖端指標處和瑪孥
（Manu）是瑞格蘭海灘最大又最
棒的衝浪地點；鯨魚海灣的海浪
則比較小。

科羅曼德和普連提灣

如何抵達

距離奧克蘭和羅托魯約90分鐘的
車程，科羅曼德在太平洋海岸公
路（the Pacific Coast Highway）
上。從奧克蘭可搭乘**科羅曼德航
空**（Air Coromandel）到威第安
加。威第安加、泰盧亞、泰晤士
和奧克蘭間也有頻繁的遠程巴士
往返於其間，車費約55紐幣，可
連絡 **Go Kiwi Shuttles and
Adventures**，電話：07-866-
0366；傳真：07-866-0337；網
址：www.gokiwi.co.nz。也可以
自己從奧克蘭開車出發，沿著彎
曲的太平洋海岸公路，約需兩個
半小時的車程。請參考330-331
頁的「熟悉環境」。

泰晤士
遊客

遊客中心：516 Pollen Street，
電話：07-868-5985或0800-
888-222（只能於紐西蘭撥
打）；網址：www.thecoroman-
del.com；電子信箱：info@coro-
mandel.tourism.co.nz

住宿資訊

Rapaura Watergardens，56 Tapu-Coroglen Road，電話：07-868-4821；網址：www.rapaurawatergardens.co.nz。這間飯店坐落於觀光區，可以漫步於水上花園，觀賞當地特有花卉、百合花池塘、小橋流水、瀑布以及當地特有蕨類-ponga的刻蝕。$$-$$$

Tuscany on Thames，SH25，Jellicoe Crescent，電話：07-868-5099；傳真：07-868-5080；網址：www.tuscanyonthames.co.nz。這間具有義大利風格的旅館緊依著美麗的海岸和灌木叢覆蓋的山丘。旅館設備現代化，每間房間有寬敞的浴室。共有14間房間。$$-$$$

用餐資訊

Punters，719 Pollen Street，電話：07-868-9178。這間親切的餐廳供應不同種類的菜餚和點心。每週有DJ播放音樂或週五和周六晚上有現場演奏。$$

Sealey Café，109 Sealey Street，電話：07-868-8641。這間餐廳是在一棟1907年的迷人別墅建築內，可在庭院及露天陽台用餐。餐廳每天會在黑板上寫上不同國家的菜餚—墨西哥、義大利、紐西蘭或是黎巴嫩美食。$$

淘金熱

淘金體驗：Main Road，SH25，電話：07-868-8514；網址：www.gold-mine-experience.co.nz；每天10am-4pm開放。坐落在金礦地帶，遊客可來此體驗獨特的淘金，也可參加地底金礦導覽、經過碎礦機到達如畫般的博物館。

戶外活動

灌木叢步行

庫耶蘭佳峽谷保育部遊客中心（Kauaeranga Valley DOC Visitor Centre）：Kauaeranga Valley Road，電話：07-867-9080，他們至少可以提供這一個地區20個以上的灌木叢健行路線。

威第安加

遊客資訊

威第安加遊客中心在Albert Street和Blacksmith Lane的街角。電話：07-866-5555，電子信箱：whitvin@ihug.co.nz

住宿資訊

Kuaotunu Bay Lodge，SH25，Kuaotunu，Whitianga，電話：07-866-4396；網址：www.kuaotunubay.co.nz。這間典雅的海邊小木屋坐落於懷堤安迦北方的18公里處，可直通海灘，小木屋也有私人露天平臺遠眺半島全景。冬天來此度假最適宜不過，有壁爐、加熱的地板和私人浴室。只有三間房間。$$$

Mercury Beachfront Resort，111-113 Buffalo Beach Road，Whitianga，電話：07-866-5637；網址：www.beachfrontresort.co.nz。度假村坐落於海灘上，有一到三間房間的小木屋，也有全套的設備-像是溫泉游泳池和烤肉區。共有8間小木屋。$$$

Waterfront Motel，2 Buffalo Beach Road，Whitianga，電話：07-866-4498；傳真：07-866-4494；網址：www.waterfront-motel.co.nz。從旅館可俯瞰水牛海灘（Buffalo Beach），海景相當壯觀。旅館中的房間、套房和閣樓套房都個自有獨立的私人陽台和溫泉浴。$$-$$$$$

用餐資訊

Captain Cook Restaurant，Mercury Bay Club，69 Cook Drive，Whitianga，電話：07-866-4750。主要菜餚是以最新鮮的食材製作。$$

Eggsentric Café and Restaurant，1049 Purangi Road，Flaxmill Bay，電話：07-866-0307。食物不僅美味，每晚還有現場音樂演奏、每星期三晚上放映電影、藝術展覽和藝術課程、午後演奏會和陶瓷繪畫。

On The Rocks，20 The Esplanade，Whitianga，電話：07-866-4833；傳真：07-866-4888；網址：www.ontherocks.co.nz。這家榮獲獎項的餐廳擁有濱水美景，主要菜色以新鮮海產、鹿肉和牛肉為主。海尼根公司將這家餐廳列為世界最棒的海尼根酒吧之一。$$

戶外活動

遊艇

Cave Cruzer Adventures，Whitianga Wharf，Whitianga，電話：07-866-2275；網址：www.cavecruzer.co.nz。遊客可以坐在前海軍充氣救生艇中，探索科羅曼德的景色秀麗的海岸線，並且前往海中洞穴來聆聽海豚和鯨魚所發出的聲音，另外還有毛利樂器展示。

釣魚

Water Edge Charters，Whitianga，電話：07-866-5760；網址：www.whitianga.co.nz/fishing.html。經驗豐富的船長Craig Donovan會帶領遊客前往垂釣深海魚的地點、做釣魚競賽、潛水或是純粹觀賞風景。

高爾夫

Mercury Bay Golf & Country Club，Golf Road，Whitianga，電話：07-866-5479。這間十八洞的高爾夫俱樂部位於泰晤士的北方，擁有田園詩般的環境及平坦的漫步區。歡迎參觀。

哈黑

住宿

Cathedralcove Lodge Villas，Harsant Avenue, Hahei Beach, 電話：07-866-3889；傳真：07-866-3098；www.cathedral-cove.co.nz。這間濱海的飯店距離大教堂灣很近。一半以上的房間可觀賞海景，其餘的房間則可欣賞美麗花園。飯店內有溫泉浴、洗碗機和洗衣設備。共有16間房間。$$$

Hot Water Beach B&B，48 Pye Place，電話：07-866-3991；www.hotwaterbedandbreakfast.co.nz。這間民宿非常舒適又現代，位於著名的熱水海灘，在哈黑南方6公里處。走幾步路就可以到達海灘。$$

餐廳價格指南

以下符號代表每個人的晚餐平均消費額，包括服務費和稅金。

$ = 10-15紐幣
$$ = 15-25紐幣
$$$ = 25紐幣以上

用餐資訊

The Grange Road Café，7 Grange Road, Hahei, 電話：07-866-3502。以地中海式大淺盤供應菜餚 - 有新鮮蔬菜和香草，覆蓋帕瑪斯起士的茄子，搭配皮塔麵包，價格便宜又美味，餐廳氣氛非常悠閒。可以在庭園和露台用餐。$-$$

戶外活動

遊艇

Hahei Explorer，Hahei Beach Road, Hahei, 電話：07-866-3910；www.haheiexplorer.co.nz。每天有探險船前往哈黑海洋保護區，可以觀賞大教堂灣、小島、礁脈和海中洞穴。遊客可以租用浮潛用具。

獨木舟

Cathedral Cove Sea Kayaking，Hahei，電話：07-866-3877；www.seakayaktours.co.nz。公司可以安排熱水海灘和大教堂灣半日遊或是一日遊的行程。

汪加馬塔

遊客資訊

汪加馬塔遊客中心位於城中主要街道，地址：616 Port Road，電話：07-865-8340；www.whangamatainfo.co.nz；電子信箱：info-whangamata@xtra.co.nz。

住宿資訊

Breakers Motel，324 Hetherington Road, Whangamata, 電話：07-865-8464；www.breakersmotel.co.nz。這間旅館位於保護區，鄰近峽灣灣，旅館外觀和海浪形狀相仿。從房間可俯瞰游泳池、小瀑布和大型的烤肉區，也有個人的露台溫泉水池。共有21間房間。

Cabana Lodge Motel，101-103 Beach Road, Whangamata, 電話：07-865-8772。這是汪加馬塔唯一濱水的旅館，每一間房間有全套設施；可以前往釣魚、游泳或是從事其他戶外活動。共有9間房間。$-$$

Palm Pacific Resort，413 Port Road, Whangamata, 電話：07-865-9211；傳真：07-865-9237；www.palmpacificresort.co.nz。此度假村很適合全家或旅行團住宿，距離商店、咖啡廳很近，走幾步路就可以到達海灘。每間房間有廚房設施和小陽台。共有27間房間。$

用餐資訊

Coast Restaurant and Bar，501 Port Road, Whangamata, 電話：07-865-6899；www.coastrestaurant.co.nz。供應細心準備的太平洋菜餚。$$

Nero's，Port Road, Whangamata, 電話：07-865-6300。供應美味異國風味的比薩。$$

戶外活動

灌木叢健行

Kiwi Dundee Adventures，Pauanui, Tairua and Whangamata, 電話：07-865-8809；www.kiwidundee.co.nz。這間探險公司是紐西蘭兩大著名嚮導之一，可以視個人需要提供健行路線及健行團。

陶藍加/毛加奴山

如何抵達

從科羅曼德出發，走太平洋海岸公路到普連提灣，深入陶藍加約需1到2個小時的車程。也可以打電話到**Intercity**，然後可以從大部分北島城市搭乘巴士到陶藍加。也可以試試**Bayline Coaches**，電話：07-578-3113。

遊客資訊

陶藍加遊客中心：95 Willow Street, 電話：07-578-8103；www.tauranga.govt.nz；電子信箱：info@tauranga.govt.nz。

旅館價格指南

所列價格為非旺季的每晚雙人房價格，購物稅已包括。

$ = 100紐幣以下
$$ = 100-150紐幣
$$$ = 150-200紐幣
$$$$ = 200-250紐幣
$$$$$ = 250紐幣以上

住宿資訊

Bay Palm Motel，84 Girven

Road, Mount Maunganui, 電話：07-574-5971；www.baypalmmotel.com.nz。房間相當舒適，也有溫泉浴；旅館距離商店和海灘很近。有溫水游泳池。共有16間房間。$-$$$

Oceanside Twin Towers Resort，1 Maunganui Road, Mount Maunganui, 電 話 ： 07-575-5371；傳真：07-575-0486；www.oceanside.co.nz。這間頂級的度假村有旅館和備有家具的房間。每間房間的空間相當寬廣，也有浴室和小型廚房。度假村中還有一般游泳池和溫水游泳池、健身房和三溫暖，距離商店、餐廳和海灘很近。備有家具的房間也有浴室和全套設備的廚房，視野很好，只接受兩晚以上的訂房。$$-$$$$$

Summit Motor Lodge，213 Waihi Road, Tauranga, 電話：07-578-1181；傳真：07-578-1354；www.summitmotorlodge.co.nz。每間房間設備齊全，可以容納1-6人，非常安靜、隱密和寬廣。離市區、毛加奴山、海邊衝浪和商店很近。旅館中有溫泉游泳池、遊戲房和洗衣間。共有25間房間。$

Te Puna Lodge Motel，4 Minden Road, RD6, Tauranga, 電話：07-552-5621；www.tepunalodge.co.nz。旅館提供家庭式的舒適房間，有些房間附設溫泉浴。$-$$

The Terraces，346 Oceanbeach Road, Mount Mauganui, 電話：07-575-6494；www.terracesoceanbeach.co.nz。小公寓共有三層樓，裡面有整套廚房設備、洗衣間和陽台。$$

用餐資訊

Harboruside Brasserie and Bar，這是間古老的遊艇俱樂部，地址：The Strand Tauranga, 電話：0800-721-714。餐廳的特色就是讓客人在濱水的景色中用

餐，可以在享用美味餐點的同時觀賞熙來攘往的船隻。餐廳供應的菜色很豐富，有普羅旺斯小羊腿和架烤蘋果豬肉，也可以嚐嚐一些紐西蘭最新鮮美味的海產。$$$

Piccola Italia，107 Grey Street, 電話：07-578-8363；www.piccolaitalia.co.nz。可以在此餐廳享用北義大利的美食：有義大利麵、義大利水餃和海鮮。$$-$$$

Spinnakers Restaurant，Harbourside, Tauranga, 電話：07-574-4147。餐廳位於港橋海灣的濱水區，擁有許多不同的料理：有輕食、歐式大淺盤菜和豐富的海產。$$$

娛樂

陶藍加每年舉辦不同的節慶：有爵士節、藝文節和運動馬拉松。這裡的夜生活也是多采多姿，週末時，人們會聚集到陶藍加和毛加奴山區的酒吧。在陶藍加的**Baycourt 劇院**中也常常舉辦許多展示和節慶。電話：07-577-7198。

戶外活動

釣魚

Mission Charters，陶藍加橋小艇碼頭，電話：07-549-0055；www.missioncharters.co.nz。這間公司提供單日遊、多日遊或是夜釣的釣魚行程。所有船員都具有相當經驗，新手或是老手都可以享受這精采的釣魚樂。

獨木舟

Oceanix Sea Kayaking，毛加奴山，電話：07-572-2226；www.oceanix.co.nz。這家獨木舟公司會帶領你在內海灣中探索不同的小島，並且參觀毛利社區（Pa site）或是參觀前灘。

火山之旅

PeeJay Charters White Island Tours，15 The Strand East, Whakatane, 電 話 ： 07-308-9588；www.whiteisland.co.nz。遊客可以體驗一下活火山令人敬畏的威力。

酒鄉之旅

Tasting Tours，1 Tuscany Place, Tauranga, 電話：07-544-1383；www.tastingtours.co.nz。可隨團參觀當地的葡萄酒釀酒商、啤酒廠及美食製造商。

其他地區
住宿資訊

Pacific Harbour Lodge，Tairua Beach，電話：07-864-8858；www.pacificharbour.co.nz。共有31間海島型的小木屋，位於熱帶性植被中，遊客可以在鋪有貝殼的小徑上步行到小木屋、海灘和榮獲獎項的餐廳。房間相當寬敞。$$

Pauanui Pines Motor Lodge，174 Vista Paku，鮑亞奴海灘，電話：07-864-8086；傳真：07-864-7122；www.pauanuipines.co.nz。旅館就在高爾夫球場的旁

普連提灣商店

海灣中有幾家主要的購物中心，從陶藍加到毛加奴山的鳳凰中心（P h o e n i x Centre）、海灣展覽中心（Bayfair）和棕櫚海灣廣場（Palm Beach Plaza）。遊客可以漫步於陶藍加西方的17大道上的指南針社區村（Compass Community Village）中的早期街道、探訪殖民的建築和手工藝店；然後可以在村中的咖啡廳小憩一下。電話：07-571-3700。

邊，這間榮獲獎項的旅館共有九間「先驅者」別墅；所有房間中都有彩色電視和廚房；旅館外有一網球場和溫水游泳池。共有18間房間。$-$$$

用餐資訊

Kaiaua Seafood Restaurant，Coast Road, Seabird Coast, Kaiaua, 電話：07-867-3396。這家餐廳的榮獲獎項的英式炸魚薯條相當有名，可以在店內用餐或是外帶。$-$$

Shells Restaurant & Bar，227 Main Road, Tairua, 電話：07-864-8811；傳真：07-864-9298。這間餐廳是半島中最受歡迎的餐廳之一，在太平洋港灣小木屋旁邊。$-$$

羅托魯和火山平原

羅托魯

如何抵達

要欣賞鄉村景色最好的方法就是搭乘**Geyserland**，這家公司結合火車和巴士，往返於羅托魯和奧克蘭之間。每天從奧克蘭和羅托魯出發，只需四個小時左右的車程。有興趣者請聯絡觀景火車（Tranz Scenic，電話：04-495-0775或0800-872-467；

市區交通

遊客可以在羅托魯搭乘接駁巴士到不同的火山區。只需花費70紐幣就可以參加凱利觀光公司（Carey's Sightseeing）的地熱仙境之旅（Geothermal Wonderland Tour），電話：07-347-1197。有許多班的公車和計程車。欲搭乘計程車，請洽Rotorua Taxis：07-348-1111或Super Shuttle Rotorua：07-349-3444。

www.tranzscenic.co.nz）。另外也可以搭乘**紐西蘭航空**；從羅托魯市中心到機場只需15分鐘的車程。當然，你也可以選擇搭乘內陸公車到達紐西蘭主要大城。請參考330-331頁的「熟悉環境」。

遊客資訊

羅托魯觀光旅遊辦公室：1167 Fenton Street, Rotorua, 電話：07-348-5179；www.rotoruanz.com。

住宿資訊

Acapulco Motel，位於Malfroy Road和Eason Street街角，電話：07-347-9569；電子信箱：acapulco@xtra.co.nz。是個鬧中取靜的旅館，步行就可到商店和餐廳。共有15間房間。$

Birchwood Spa Motel，6 Sala Street，電話：07-347-1800；傳真：07-347-1900；www.birchwoodspamotel.co.nz。旅館離暖氣流保留地和高爾夫球場很近，每個豪華的房間內有溫泉浴或溫泉水池。共有17間房間。$$

Duxton Hotel Okawa Bay，Mourea, Lake Rotoiti, 電話：07-362-4599；傳真：07-362-4594；www.duxton.com.。這家榮獲獎項的度假中心位於羅陀堤湖岸，可以來此垂釣鱒魚，也可以去不同的溫泉池；旅館中有大型會議設施。共有44間房間。$$$

Gibson Court Motel，10 Gibson Street，電話：07-346-2822；傳真：07-348-9481；www.stay-rotorua.co.nz。離賽馬場很近，去暖氣流保護區只需要一個半小時的車程。這間旅館中有些房間有個人的礦泉水池，房間很寬敞、有中央暖氣空調。共有10間房間。$-$$

Kinsgate Hotel Rotorua，Fenton Street，電話：07-348-01999；傳真：07-346-1973；www.kingsgatrotorua.co.nz。這間飯店毗鄰賽馬場、運動場和高爾夫球場。共有136間房間。$$

Lake Plaza Rotorua Hotel，1000 Eruera Street，電話：07-348-1174；傳真：07-346-0238；www.lakeplaza.hotel.co.nz。面對波里尼西亞水塘（Polynesian Pools），從飯店可俯瞰湖中美景和暖氣流區，離市中心也很近。可以安排高爾夫球行程。共有250間房間。$$

Millennium Rotorua，位於Eruera Street和Hinemaru Street的街角，電話：07-347-1234；www.cdlhotels.com. 訂房時可要求從陽台俯瞰波里尼西亞水塘和羅特魯亞湖美景的房間；飯店職員非常親切，擁有健身房和游泳池設施。$$$

Muriaroha Lodge，411 Old Taupo Road，電話：07-346-1220；傳真：07-346-1338；www.muriarohalodge.co.nz。這間迷人的小型旅館位於風景優美的地區，距離市中心僅3公里（2英里）的車程。房間很豪華，也有個人礦泉水池。共有6間房間。$$$$$

Silver Fern Motor Inn，326 Fenton Street, Rotorua，電話：07-346-3849；www.silverfern-motorinn.co.nz。這間位於市中心的汽車旅館有些加州風味，頂級套房中有溫泉浴和其他現代化

旅館價格指南

所列價格為非旺季的每晚雙人房價格，購物稅已包括。

$	=	100紐幣以下
$$	=	100-150紐幣
$$$	=	150-200紐幣
$$$$	=	200-250紐幣
$$$$$	=	250紐幣以上

設備。共有20間房間。$$
Solitaire Lodge，Lake Tarawera, RD5，電話：07-362-8208；www.solitairelodge.co.nz。位於美麗湖邊並可欣賞美景的小木屋很豪華，每間小木屋中有木製的大教堂似的天花板、大床、私人露天陽台和寬敞的房間。大客廳中有壁爐。共有10間小木屋。$$$$$
Wylie Court Motor Lodge，345 Fenton Street，電話：07-347-7879；傳真：07-346-1494；www.wyliecourt.co.nz。這間汽車旅館有著一種度假村的感覺，在如公園般的庭園中有一座溫水游泳池和一些個人溫水池。共有36間房間。$$-$$$

用餐資訊

Bistro 1284：1284 Erueta Street，電話：07-346-1284；www.bistro1284.co.nz。 這間榮獲獎項的餐廳位於羅托魯一棟1930年代的建築物中。$$-$$$
Fat Dog Café Bar，1161 Arawa Street，電話：07-347-7586。供應美味平價的早餐、午餐和咖啡，是個適合展開清新的一天的好地方，也可以悠閒地啜飲咖啡並寫明信片回家。$
Katsubi Restaurant and Sushi Bar，1123 Eruera Street，電話：07-349-3494。道地的日本美食，尤其以壽司、鐵板燒和便當聞名。$
Poppy's Villa，4 Marguerita Street，電話：07-347-1700。這

餐廳價格指南

以下符號代表每個人的晚餐平均消費額，包括服務費和稅金。

$ = 10-15紐幣
$$ = 15-25紐幣
$$$ = 25紐幣以上

間美食餐廳在艾德華式的別宅中提供美味的紐西蘭菜餚和葡萄酒。所烹調的牛肉和羊肉菜餚曾經贏過獎項。$$
The Landing Café，Lake Tarawera, 電話：07-362-8595；傳真：07-362-8883；www.purerotorua.com。依傍泰拉維拉湖（Lake Tarawera），這間餐館大膽地以泰拉維拉湖著名的粉紅和白色梯田、泰拉維拉火山爆發和鱒魚紀事來作為餐廳裝潢主題。他們另人垂涎三呎的料理採用傳統冬季食材，像是鹿肉、培根和蘑菇派餅，以及美味夏季食材，像是佐以桑葚汁的扇貝；他們最著名的還有淡菜濃湯（mussel chowder）。餐廳內部以豐富的色彩展現，並有一個大型的壁爐。$$$
Zanelli's，23 Amohia Street，電話：07-348-4908。這是間非常受歡迎的義大利餐廳，著名料理有：奶油烤大蒜淡菜、自製義大利果棟和提拉米蘇。$$$

羅托魯購物

羅托魯寬廣的街道中有許多服飾店、流行飾品店、紀念品店、餐廳和藥房，絕對不能錯過的是圖坦尼給街（Tutanekai Street）和喜內摩亞街（Hinemoa Street）；市中心廣場也是在徒步可及的範圍。市區中充滿著許多的紀念品店，在芬藤街（Fenton Street）上有一家玉石工廠（The Jade Factory），電話：07-349-3968，店內販賣紐西蘭和其他國家的高級玉石。紀念品中心（The Souvenir Centre）也在芬藤街上，電話：07-348-9515，裡面販賣紐西蘭藝術品和手工藝品。

夜生活

夜店/酒吧

Barbarella，1263 Pukuatua Street，電話：07-347-6776。這是羅特魯亞主要現場演奏的夜店，你可以在這裡聽到來自奧克蘭的樂團演奏最新的龐克音樂，或是跟著DJ在舞池扭動身軀。夜晚的地下舞廳常常接到鄰居抗議聲音過大。
Fuse Bar，1122 Tutanekai Street，電話：07-349-630。遊客可以在這家高級的咖啡酒吧享用美食並品味高級咖啡。在晚間時，這家咖啡酒吧會變身為市區中播放舞曲的受歡迎酒吧。
Henneseys Irish Bar，1210 Tutanekai Street，電話：07-343-7901；www.henneseysirishbar.net。週一到週六11am開始營業到很晚打烊，週日中午開始營業到凌晨一點。週四和周六晚上有現場表演，可以座在室外；提供完整的酒單和下酒菜。氣氛很棒。
Kaspers Sports Bar，1302 Tutanekai Street，電話：07-347-1144。可以選擇很多來自不同國家的啤酒。
O'Malleys Irish Bar，1287 Eruera Street，電話：07-347-6410。每天2pm開始營業，到很晚才打烊。氣氛很棒、人們都很親切、音樂也悅耳。每月第二個星期五晚上有現場表演，飲酒減價時段是每天下午5點到晚間7點。
Pig and Whistle，位於厚帕帕街（Haupapa Street）和圖坦尼給街（Tutanekai）的街角，電話：07-347-3025。遊客可以在花園酒吧引用店內自然發酵的啤酒並且觀賞現場表演。

戶外活動

騎馬

The Farm House，Sunnex Road，每天10am到10pm開放；電話：07-332-3771。可以在灌木叢圍繞的245公頃（600英畝）農場中騎乘租用的小馬或成馬。

快艇

Agrojet，Western Road, 電話：07-357-2929。膽大的遊客不妨試試450高壓、4公尺長的驚險刺激快艇之旅，快艇可以在四秒內加速到100公里，在人造的水道中轉彎也不減速。

山野單車行

Planet Bike，電話：07-346-1717；www.planetbike.co.nz。羅托魯的**Whakarewarewa森林**有著世界級的山野自行車路徑，離市中心很近。第一次嘗試者可以在平坦、簡單的軌道騎車，而有經驗的人可以在快速、專門的單一軌道騎車。他們有提供半日或兩日遊的行程。或者你也可以試試結合山野自行車行、騎馬、泛舟和獨木舟。半日單一軌道行大約是$79紐幣，兩個小時約$69紐幣；費用包括設備、自行車、嚮導和點心。

越野車

Off Road NZ，SH5，每天9am到5pm開放；需購票；電話：07-332-5748；www.offroadnz.co.nz。對於喜歡速度和製造噪音的人而言，這是最適合不過的運動，特別是自己駕駛四輪傳動車時更是刺激。

泛舟

Kaituna Cascades，Trout Pool Road, Okere Falls，電話：07-345-4199；www.kaitunacascades.co.nz。可以參加單日或是多日泛舟和獨木舟冒險，

沿著凱圖那瀑布、懷羅亞河、朗基德基河和摩土河而下。
這家公司的嚮導曾榮獲獎章，設備也是一流。

空中觀景之旅

Volcanic Air Safaris，位於濱湖區，電話：07-348-9984；www.volcanicair.co.nz。這家公司提供的是羅特魯亞區和中部火山平原的空中景觀，同樣也可以觀賞塔拉維拉山和白色小島的美景。城市上方飛行旅程費用是每人$60紐幣（四人成行），而搭乘3小時的直升機到白色小島的費用是$665紐幣。

毛利文化

市民劇院是表演毛利舞蹈和藝術的重要場所，在羅特魯各處可以見到毛利人的音樂演奏和表演。這裡也是1月份在羅托惠歐聚會廳（Rotowhio Marae）表演之著名毛利社區歌劇（Opera In The Pa）發源地。欲索取進一步資料，請洽羅托魯觀光旅遊局（Tourism Rotorua Travel Office），電話：07-348-5179；www.rotoru-anz.com。羅托提毛利文化之旅（Rotoiti Tours World of Maori）在夏季特每天都開放參觀，冬季參觀需要另外安排，需購票，電話：07-348-8969。來到Rakeiao marae的觀光客可以體驗到毛利人傳統的歡迎儀式，他們以音樂表演和土窯烘烤食物（hangi）來歡迎客人，甚至也有機會被邀請到他們聚會的地方（wharenui）過夜。

礦泉浴

Polynesian Spa，Hinemoa Street, 每天6:30am到11pm開放；需購票，電話：07-348-1328；www.polyne-sian.spa.co.nz。這裡有35個不同溫度的暖氣流水池，每個水池中的礦物質也不同。

釣鱒魚

羅托魯有許多的釣魚嚮導和公司。**實際釣鱒魚公司**（Down to Earth Trout Fishing），提供湖邊釣魚或是船上釣魚的選擇，有專業嚮導指導，電話：07-362-0708。毛利人嚮導-**Greg Tuuta**對當地魚類非常熟悉，擅長拖曳釣魚和用凝餌手釣釣捕魚。可以試試他的「釣不到魚不收錢」策略，電話：07-362-7794；傳真：07-362-7792。**清水船釣**（Clearwater Charters），537 Spencer Road，電話：07-362-8590；www.clearwater.co.nz。另外還有**漢米爾探險**（Hamill Adventures），電話：07-348-4186；網址：www.hamillcharl-ters.co.nz。清水船釣和漢米爾探險都有提供釣鱒魚的短途旅程。

釀酒廠

Mamaku Blue Winery，SH5，每天10am到5pm開放參觀，不需購票，電話：07-332-5840；www.mamakublue.co.nz。這是紐西蘭唯一製造藍莓酒的地方。可以參加釀酒廠和果園之旅。

陶波

如何抵達

陶波介於奧克蘭（北方4小時車程處）和威靈頓（南方4小時車程處）之間，是個旅遊必經之地。暖氣流探險公路（Thermal Explorer Highway）就會從奧克蘭到羅托魯和和克灣途中經過陶波。紐西蘭航空有飛機從奧克蘭

和威靈頓直航至陶波機場，也和南島連結。

遊客資訊

陶波遊客中心，30 Tongariro Street, Taupo，電話：07-376-0027；傳真：07-378-9003；www.laketaupo.nz.com；電子信箱：taupovc@laketaupo.nz.com。

住宿資訊

Baywater Motor Inn，126 Lake Terrace, Taupo電話：07-378-9933；傳真：07-378-9940；www.baywater.co.nz。從這旅館可以看到壯觀的陶波湖和群山景色，旅館距市區很近。設備齊全的房間有個大型的室內溫泉浴和陽台或是露台。共有12間房間。$$

Boulevard Waters Motor Lodge，215 Lake Terrace, Taupo，電話：07-377-3395；傳真：07-377-2241；www.boulevardwaters.co.nz。這間濱湖的旅館擁有豪華的設備，像是室內溫泉、大床、加熱地板和暖氣流水池。共有10間房間。$$-$$$

Gables Motor Lodge，130 Lake Terrace, Taupo，電話：07-378-8030；傳真：07-378-

8031。旅館位於陶波游泳池的正對面，可以從旅館觀看陶波湖和山景，一樓有12間單人房套房，每間套房有私人溫泉池。$$

The Cove，213 Lake Terrace, Taupo，電話：07-378-7599；傳真：07-378-7393；www.thecove.co.nz；電子信箱：stay@thecove.co.nz。這間豪華精品旅館位於湖岸，距離市郊只有3公里（2英里）。可從旅館看到陶波湖，附設餐廳菜色豐富，酒單也無所不包。$$$$-$$$$$

Wairakei Resort，SH1, Taupo，電話：07-374-8021；www.wairakei.co.nz。度假村位於懷拉凱暖氣流公園中，從陶波市中心開車只需9公里（6英里）。村內有三溫暖、健身房、網球場和回力球場。村內有超過180間的標準房、豪華房和別墅。$$-$$$$

餐廳價格指南

以下符號代表每個人的晚餐平均消費額，包括服務費和稅金。

$	=	10-15紐幣
$$	=	15-25紐幣
$$$	=	25紐幣以上

陶波夜生活

就陶波的面積而言，這城市讓人們度過夜生活的酒吧算是相當多了。神聖乳牛（Holy Cow!）位於11 Tongariro Street，是最受歡迎的夜店之一。另外還有Finn MacCuhal's，這間艾爾蘭的酒吧位於Tuwharetoa街和Tongariro街的街角，是個可以暢飲金氏黑啤酒（Guinness）的生動酒吧。

用餐資訊

Finch's，64 Tuwharetoa Street, Taupo，電話：07-377-2425。這是間具有亞洲影響的紐西蘭料理，使用的全部是當地新鮮食材。$$$

Restaurant Villino，45 Horomatangi Street, Taupo，電話：07-377-4478；www.villino.co.nz。這是間歐洲風餐廳，位於陶波商業區。料理全都採用新鮮食材，並且結合德國和義大利料理精華。

維里諾以多樣牡蠣料理和美味燉飯聞名。$$$

Santorini's Greek-Mediterranean Kitchen and Bar，133 Tongariro Street, Taupo，電話：07-377-2205。餐廳氣氛非常活躍，道地的地中海裝潢以及美味的希臘家鄉料理。$$

The Bach，2 Pataka Road, Taupo，電話：07-378-7856；www.thebach.co.nz。這間餐廳曾獲獎項，料理是由國際性的名廚和當地的廚師烹調，酒單也非常廣泛，這是紐西蘭最著名的餐廳之一。

夏季最受歡迎的料理是洋渣和楓糖鴨胸肉。$$-$$$

Walnut Keep，77 Spa Road, Taupo，電話：07-378-0777。供應紐西蘭美食和廣泛的酒單。$$

戶外活動

高空彈跳

Taupo Bungr：Spa Road, Taupo，電話：07-377-1136；www.taupobungy.co.nz。是在威卡托河上方彈跳。

高爾夫

Wairakei International Golf Course，SH1, P.O. Box 377, Taupo，電話：07-374-8152傳真：07-374-8289。高爾夫球文摘將此球場票選為美國境外20大高爾夫球場。威卡托國際高爾夫球場有壯觀的平坦球道和大型101洞的草坪。

釣魚

Albion Fishing Guides，378 Lake Terrace, Two Mile Bay, Taupo，電話：07-378-7788；傳真：07-378-2966；www.albionfishing.co.nz。以釣鱒魚著名，陶波眾多的河川很適合用蟲形魚鉤。在陶波湖中的彩虹鱒魚可重達兩

公斤，而棕色鱒魚則重達3公斤。

威卡帕帕村／國家公園

如何抵達

要去北島滑雪斜坡著稱的威卡帕帕村國家公園區和歐哈谷內，可以從奧克蘭搭乘**Overlander**火車。InterCity公車也連接奧克蘭、威靈頓和歐哈谷內。請參考330-331頁的「熟悉環境」。

滑雪和徒步旅行

主要在中部平原的冬季活動是在威卡帕帕或陶波滑雪及徒步旅行一可以參加橫越通加里羅一日遊，或是夏季食參加通加里羅北部環行或環繞山間小道多日遊。欲進一步了解通加里羅環行資訊，請洽**陶波的高山景觀之旅**（Alpine Scenic Tours），電話：07-378-7412；www.alpinescenictours.co.nz。威卡帕帕大城堡（請見以下列表）也提供通加里羅的套裝行程。

威卡帕帕滑雪區坐落於魯亞佩胡山的西北斜坡，在天氣晴朗時，可以清楚俯瞰北島中部。滑雪者不是以威卡帕帕為基地（經過布魯斯路到山腳約6公里的路），不然就是以國家公園區為基地（離西部9公里）。

圖羅亞（Turoa）滑雪區位於魯亞佩胡山西南方的斜坡，可以在此欣賞德拉那基山壯觀景色。需由歐哈湖內村（村中有許多可住宿和用餐的地方）上山，走約17公里的山路，就可以到達斜坡下的基地。

進一步滑雪資料請參考www.MtRuapehu.com。

遊客資訊

威卡帕帕遊客中心：Whakapapa Village，電話：07-892-3729；電子信箱：whakapapa@doc.govt.nz

住宿資訊

威卡帕帕村

Bayview Chateau Tongariro，Whakapapa Village，通加里羅國家公園，電話：07-892-3809。網址：www.chateau.co.nz。這間旅館在1929年建造完成，是紐西蘭少數位於世界古蹟公園中的旅館之一。其暱稱為「山間老奶奶」，以其風格和宏偉著稱。提供不同等級的住宿房間。$$$-$$$$

Skotel Alpine Resort，位於通加里羅國家公園中的威卡帕帕村，電話：07-892-3719；www.skotel.co.nz。這間坐落於村莊外圍的度假村提供豪華房間或是簡單的小木屋。$-$$$

國家公園

Adventure Lodge & Motel，國家公園村Carroll Street，電話：07-892-2991；傳真：07-892-2799；www.adven-turenationalpark.co.nz。這裡沒有什麼奢華的房間，只有一般旅館房間、標準小木屋房間和上下舖的床位；旅館中有用餐室、溫泉和第四台。可以幫住宿客人安排滑雪的交通工具。$-$$

Ski Haus，國家公園村Carroll Street，電話：07-892-2854；傳真：07-892-2856；www.skihaus.co.nz。提供團體、家庭和個人的簡單住宿房間一有雙人房和單人房、上下舖床房間、全家福房間和野營車駐紮區。旅館有酒吧、乾衣間和溫泉池。$

歐哈昆

遊客資訊

魯亞佩胡遊客中心，Clyde Street, Ohakune，電話：06-385-8427；www.ruapehu.tourism.co.nz

住宿資訊

Alpine Motel Lodge & Saissi's Bistro，7 Miro Street, Ohakune，電話：06-385-8758；傳真：06-385-8758；www.alpinemotel.co.nz。位於市中心，旅館所提供的是高級的房間，大多房間有烹飪設備。可以在塞斯小酒館享用輕食。$

旅館價格指南

所列價格為非旺季的每晚雙人房價格，購物稅已包括。

$	=	100紐幣以下
$$	=	100-150紐幣
$$$	=	150-200紐幣
$$$$	=	200-250紐幣
$$$$$	=	250紐幣以上

The Hobbit Motor Lodge，位於Goldfinch街和Wye街的角落，電話：06-385-8248；www.the-hobbit.co.nz。床鋪正常大小，旅館也有提供全家福房間和公寓式房間；旅館中也有餐廳酒吧，除了星期日外，每天晚上營業。$-$$

Powderhorn Chateau，位於山路的山腳，電話：06-385-8888；傳真：06-385-8925；www.powderhorn.co.nz。這間城堡位於歐哈古內的滑雪城中，城堡結合傳統歐洲滑雪農舍的儉樸和現代飯店的奢華。可以在樓下的餐廳用餐或是在主要酒吧的壁爐前啜飲一杯。

粉角滑雪和滑雪板店就在隔壁。共有30間房間。$$$

餐廳選擇

遊客可以在歐哈昆內找到最棒、菜色最多的餐廳和餐館。在威卡帕帕村及國家公園中，遊客比較缺乏選擇，只能在所待的飯店、旅館或小木屋用餐。

波佛提灣和和克灣

吉斯本

如何抵達

從奧克蘭開車走太平洋海岸公路就可以到達**吉斯本**，車程約6小時。也有固定航班往返於吉斯本和南北島間；也可以搭乘長途巴士到全國各地。請參考330-331頁的「熟悉環境」。

遊客資訊

Eastland Tourism，209 Grey Street，電話：06-868-6139；傳真：06-868-6138；www.gisbornenz.com；電子信箱：info@gisbornenz.com

住宿資訊

Alfresco Motor Lodge，784 Gladstone Road，電話：06-863-2464；傳真：06-863-2465。旅館距離機場和高爾夫球場很近。只有一層樓的住房，所有房間都有烹飪設備，有些房間有溫泉浴，共14間房間。$-$$

Cedar House，4 Clifford Street，電話：06-868-1902；傳真：06-868-1932；www.cedarhouse.co.nz。這是個位置適中的民宿，由修復的艾德華式大宅改建，只需步行就可抵達商業中心、博物館、餐廳

和美術館。房間相當寬敞，有大床、衣櫥、鮮花和晚間不打擾服務。$$-$$$

Champers Motor Lodge，811 Gladstone Road，電話：06-863-1515；傳真：06-863-1520。旅館距離機場和市中心很近，房間很豪華，有些房間有雙人溫泉浴缸。戶外有溫水游泳池。共14間房間。$-$$

Ocean Beach Motor Lodge and Sandbar Restaurant，威晉伊海灘（Wainui Beach），電話：06-868-6186；傳真：06-868-3653；www.oceanbeach.co.nz。這兼具有地中海風格的豪華汽車旅館位於威晉伊海灘。提供一到兩人房的公寓，每間公寓有私人庭院、專門設計的廚房和皮製家具。$$

The Quarters，Mahia省的Nuhaka德澳農場（Te Au Farm），電話：06-837-5721；www.quarters.co.nz。這是間現代又時髦的度假小木屋，風景相當迷人。遊客抵達時旅館提供免費的自製麵包和乳酪，可以在附近欣賞風景、健行或是只要放鬆就好。房間可以睡6-8人。$$

餐廳價格指南

以下符號代表每個人的晚餐平均消費額，包括服務費和稅金。

$ = 10-15紐幣
$$ = 15-25紐幣
$$$ = 25紐幣以上

用餐資訊

C-View Restaurant，懷凱納海灘Salisbury Street，電話：06-867-5861。典型的料理為扇貝、培根和菲塔乳酪沙拉或是炭烤多汁小

羊肉。$$

The Colossuem，4 River Point Road, Matawhero，電話：06-867-4733。遊客可以在葡萄園中享用鄉村美食。$$

The Fettucine Brothers，12 Peel Street，電話：06-868-5700。這是市區中最受歡迎的義大利麵餐廳。$$

Trudy's Restaurant，位於吉斯本飯店中，在Huxley路和Tyndall路的角落，電話：06-868-4109。餐廳只使用當地優良新鮮的食材，拿手菜是小羊肉、牛肉和海鮮。$

Wharf Café Bar and Restaurant，位於濱水區，電話：06-868-4876。主要拿手菜是海鮮和野味。擁有全國最棒的酒單。$

戶外活動

騎馬

Waimoana Horse Treks，威晉伊、威摩納車站，Lysnar街。電話：06-868-8218。這個地方可以安排在農場和灌木叢間騎馬，並且欣賞海洋和高地景觀。

狩獵

New Zealand Safari Adventures，Tangihau Station, Rere，電話：06-867-0872；www.nzsafari.co.nz。有經驗的嚮導會引領你去狩獵紅公雞。可以在這找到民宿或小木屋的住宿。

健行

東岸有許多可以探索的步道，包括海灘步道、私人步道和老舊防坡提。你也可以享受悠閒的歷史性健行，穿越吉斯本市或是清晨攀爬高山去Hikurangi山，這座山高1752公尺，是紐西蘭本島第一個可以看到日出的高山。進一步資料請洽自然

保育中心或是遊客資訊中心。

釣魚

可以租船或在貧窮海灣搭乘遊輪,在有經驗的嚮導帶領下,於10公尺的坡度垂釣。請洽**海灣航行遊艇出租及遊輪**（Sail-A-Bay Yacht Charters and Cruises）,Harbour Marina,電話:06-868-4406;電子信箱:sailabay@clear.net.nz

德・烏雷維拉國家公園

遊客資訊

阿尼瓦尼瓦遊客中心（Aniwaniwa Visitor Centre）,SH38 Aniwaniwa,電話:06-837-3900

住宿資訊

可以在威凱雷摩納湖旁露營車住宿。預定請洽阿尼瓦尼瓦遊客中心。

戶外活動
划船

手臂強壯的人可以租小船來探索湖光山色。電話:06-837-3900

健行

這裡有全國最棒又鮮為人知的步道,可以去遊客中心詢問,或上網查地圖www.cpp.co.nz

內皮爾

如何抵達

從吉斯本開車到內皮爾需要3個小時。在南北島和和克灣機場間有固定的航班往返於其中。也可搭乘長途巴士。請參考330-331的「熟悉環境」。

住宿資訊

Bella Tuscany Motor Lodge,371 Kennedy Road,電話:06-843-9129;傳真:06-843-9227;www.tuscanymotorlodge.co.nz。這間旅館的建築設計相當美麗,

塔斯坎尼旅館擁有地中海風格的住宿房間,有溫泉浴缸的套房、私人庭院和具品味的家具。$-$$

The County Hotel,12 Browing Street,電話:06-835-7800;www.countyhotel.co.nz。這間位於市中心的建築是愛德華式的裝飾藝術,飯店中的餐廳-Chambers所供應的料理榮獲國際烹飪獎項,千萬不要錯過。酒單也非常廣泛。$$$$

Deco City Motor Lodge,308 Kennedy Road,電話:06-843-4342,這家旅館提供的住宿價格中等,其裝飾藝術的建築非常可愛。$$

McHardy House,11 Bracken Street,電話:06-835-0605;www.mchardyhouse.com。旅館所供應的食物沒話說,這可能是全國中唯一將產婦之家改建為住宿的旅館。$$$$$

用餐資訊

Pacifica Kaimoana Restaurant,209 Marine Parade,電話:06-833-6335。這是家現代的海鮮餐廳,餐廳非常的有太平洋風味。$$

Ujaza:28 Tennyson Street,電話:06-835-1490。小巧舒適的咖啡廳以展示當地藝術家作品著稱。$

Westshore Fish Café,112A Charles Street, Westshore,電話:06-834-0227。餐廳位置離市中心有一些距離,但是為了享

內皮爾裝飾藝術

內皮爾基金會裝飾藝術:Desco中心,163 Tennyson Street,電話:06-835-0022;www.hb.co.nz/artdeco。這裡是遊客可以蒐集有關內皮爾裝飾藝術資料的地方,也提供地圖和嚮導。

用他們所供應的新鮮又物美價廉的海鮮,多走一些路是值得的。$$

戶外活動
酒鄉之旅

Church Road Winery,150 Church Road, Taradale,電話:06-845-9137;www.chruchroad.co.nz。這間釀酒廠是紐西蘭製酒的佼佼者之一,也是最具歷史的釀酒廠之一（1897年設立）。

Mission Estate,198 Church Road, Taradale,電話:06-845-9350;www.missionestate.co.nz。這是紐西蘭最具古老的釀酒廠,成立於1851年,坐落在一棟優雅的建築物中。

Royalty Wine Tours,12 Browning Street,電話:06-835-7800;www.countyhotel.co.nz。只所以命名為「皇家」,因為英國女王伊麗莎白二世和黛安納王妃曾經參加他們所舉辦的葡萄酒之旅。這旅程是由郡飯店所管理。

哈斯丁
如何抵達

從**吉斯本**開車到哈斯丁只需3小時。固定航班連接和克灣機場和南北島的大城市;遊客也可以搭乘長途巴士。請參考330-331頁的「熟悉環境」。

遊客資訊

哈斯丁遊客資訊中心:位於Russell街和Heretaunga街的角落,電話:06-873-5526;www.hastings.co.nz電子信箱:info@hastings.co.nz

住宿資訊

Aladdin Lodge Motel，120 Maddison Street，，06-876-6322；www.aladdins.co.nz。旅館距離市中心很近，有游泳池和溫泉池。共11間房間。$

The Woolshed Apartments，106 Te Mata Road, Havelock North，電話：06-877-0031；www.woolshedapartments.co.nz。房間裝潢非常有品味、具有全套設備，提供一間、二間或三間房間的公寓。$$$

用餐資訊

Rush Munro's Ice Cream Gardens，704 Heretaunga Street，電話：06-878-9634。這家完全自然、手工攪拌的冰淇淋一定要親自嚐嚐才知道其滋味如何，這是紐西蘭乳製品的至極品質代表。$

Terroir，235 Waimarama Road, Havelock Norht，電話：06-873-0143；www.craggy-range.com。這間餐廳和Craggy Bay釀酒廠比鄰，其家譜無懈可擊、料理也相當精緻具創意，還有他們的點心也是相當有名。$$$

Thorps Coffee House，40 Hastings Street，電話：06-835-6699。這家裝飾藝術的咖啡屋很適合遊客來此享用便宜的輕食。$

披頭四博物館

披頭博物館：1319 Omahu Road，電話：06-879-4944，週日10am到5pm開放，需購票。這間博物館真的是世界級的披頭四紀念品收集。

戶外活動

熱氣球

Early Morning Balloons：71 Rosser Road，電話：06-879-4229；www.early-am-ballons.co.nz。你可以花一個小時的時間在和克灣上空靜靜的飛翔，也可以在熱氣球上享用餐點。

釣魚

Jack Trout Fishing Guides，27 Tainui Drive, Havelock North，電話：06-877-7642；網址：www.jacktrout.co.nz。專業的嚮導所提供的是一對一的釣魚體驗，必須作直升機和小艇才能到達最棒的釣魚場所。

自然之旅

Gannet Safaris Overland，Summerlee Station, 396 Clifton Road, Te Awanga，電話：06-875-0888傳真：06-875-0893；；www.gannetsafaris.com；電子信箱：gannetsafaris@xtra.co.nz。你會坐在舒服的四輪傳動車中來參加這旅程，這是個難得的體驗，因為你會去嚴酷的綁架者角海岸（Cape Kidnappers Coast）參觀世界最大的塘鵝棲息地。

薰衣草花園

Casa Lavanda，176 Magatahgi Road，電話：06-874-9300。遊客可以在這小巧的薰衣草花園中享受花香、在旁邊的咖啡屋歇息或是採買衣些薰衣草的製品和藝品。

水上公園

Splash Planet，Grove Road，夏季時每天10am到6pm開放，需購票，電話：06-876-9856；www.splashplanet.co.nz。這個水上公園很適合親子行，裡面有真實大小的海盜船、城堡和驚險刺激的滑水道，還有許多其他暫時讓你忘記現實的刺激娛樂。

酒鄉之旅

Vidal Estate，913 St Subyn Street East，電話：06-876-8105；www.vidal.co.nz。懷多莊園的餐廳中有許多他們獲得獎項的葡萄酒，這間餐廳是紐西蘭第一家釀酒餐廳。

On Yer Bike Wine Tours，129 Rosser Road，電話：06-879-8735；www.onyerbikehb.co.nz。可以在相當平坦的道路上騎單車，穿越和克灣的葡萄園和橄欖園，並去參觀六家釀酒廠。這是個相當特殊的一日單車行體驗。

塔拉那基、汪加奴和馬那瓦圖

新普利茅斯

如何抵達

可以搭乘**紐西蘭航空**來到這一區的機場，也可以搭乘長途巴士。**新普利茅斯**距離奧克蘭約5小時的車程（走國道43公路）。請參考330-331頁的「熟悉環境」。

遊客資訊

Puke Ariki，1 Ariki Street，電話：06-759-6060；www.pukeariki.com；每天9am到6pm辦公，週三到9pm，週末到5pm；免費。這是個集市中心博物館、市立圖書館和遊客中心於一身的地方。

住宿資訊

93 By the Sea，93 Buller Street，電話：06-758-6555；www.93bythesea.co.nz。這是間位於海岸公路上舒適的民宿，鄰近海洋和河川。$-$$

旅館價格指南

所列價格為非旺季的每晚雙人房價格，購物稅已包括。

$	=	100紐幣以下
$$	=	100-150紐幣
$$$	=	150-200紐幣
$$$$	=	200-250紐幣
$$$$$	=	250紐幣以上

Brougham Heights Motel，54 Brougham Street，電話：06-757-9954傳真：06-757-5979。有頂級和溫泉浴缸的房間，還有商業會客室和會議室設備。共有34間套房。$$

Copthorne Hotel Grand Central New Plymouth，42 Powderham Street，電話：06-758-7495；傳真：06-758-7496；www.copthornehotels.co.nz。這間位於市中心的旅館有一般房間也有頂級房間，大多數房間有溫泉浴，旅館內有高級咖啡廳。共60間房間和套房。$$-$$$

Issey Manor，32 Carrington Street，電話：06-758-2375；www.isseymanor.col.nz。舒適的精品房間、高品質的服務。$-$$

Nice Hotel & Bistro，71 Brougham Street，電話：06-758-6423；www.nicehotel.co.nz；電子信箱：info@nicehotel.co.nz。原來這棟建築物是一家小醫院，位於新普利茅斯的市中心。每一間房間都很有特色-牆上掛有現代化的藝術品、浴室中也有雙人溫泉浴缸。小酒館也非常棒。共有6間豪華房間。$-$$$$

用餐資訊

Hiccup Juice and Salad Bar，11C Brougham Street，電話：06-769-9030。可以來此享用簡單輕食，在旅行時要找到像這樣的輕食餐廳非常不容易。$

L'Escargot Restaurant and Bar，37-43 Brougham Street，電話：06-758-4812。餐廳主人是為法國人-Andres Teissonniere，蝸牛餐廳的氣氛絕對很法國，餐廳名字也是以博根地烤蝸牛來命名，酒吧中不時的播放音樂。$$

Nice Hotel & Bistro，71 Brougham Street，電話：06-758-6423；www.nicehotel.co.nz；電子信箱：info@nicehotel.com.nz。這家榮獲獎章的小酒館位於華麗的宜人飯店中。有適合不同場合的料理，餐廳明亮又寬廣，酒單選擇多、服務也一流。$$

Portofino，14 Gill Street，電話：06-757-8686。這是市區中唯一的義大利餐廳，當地人非常喜愛來這家餐廳用餐，員工也非常親切。$$

戶外活動

獨木舟

Canoe and Kayak：6/631 Devon Road，電話：06-769-5506。這家公司提供嚮導之旅和課程，可以租借愛斯基摩小船，另外也銷售愛斯基摩小船和配件。

自行車

Cycle Inn，133 Devon Street East，電話：06-758-7418。可以租借自行車。

潛水

New Plymouth Underwater，16 Hobson Street，電話：06-758-3348；www.newplymouthunderwater.co.nz。有專門帶遊客去潛水的租船和販售潛水用具商店。

釣魚

遊客可以在汪加奴、曼納瓦圖和塔拉那基進行很棒的釣魚和划船活動。這些地方都有鱒魚和和河鱸棲息的湖水。釣魚前必須先購買釣魚執照（sport fishing license），可以聯絡**塔拉那基釣魚和競賽協會**（Taranaki Fish and Game Council），電話：06-345-4908。

四輪傳動駕駛體驗

4WD Waka：Ngatoto Road，電話：06-755-2068；www.4wdwaka.com，這家公司提供四輪傳動駕駛體驗或是四輪自行車之旅，也提供毛利waka獨木舟（長約12呎的美麗雕刻獨木舟）之旅，遊客可以划獨木舟造訪不同的歷史古蹟。

騎馬

Gumboot Gully，Piko Road，Okoki，電話：06-756-5809。遊客可以選擇參加這家公司從半日遊到一個星期長的行程，有騎馬過河、老舊家畜路線、當地灌木叢之行、松樹森林、到達高山頂觀景或是到寧靜的薄霧小峽谷。整年都可以騎馬，但只有11月到5月間才可以通宵騎馬。

健行/登山

在**艾格蒙**（Egmont）和**汪加奴國家公園**有許多可以健行的地方。去健行前一定要先知道天氣狀況，尤其是去攀爬塔拉那山時天候是很重要的；可以去鄰近的

風浪板/衝浪

在塔拉那基衝浪板和衝浪的狀況和夏威夷類似。可以沿著海岸選擇不同的地點，從北部的亞瓦奇諾（Awakino）到南部的汪加奴都可以玩風浪板或衝浪。要知道什麼是玩風浪板和衝浪最好的地點，去問當地的衝浪店準沒錯。沿著塔拉那基海岸有許多可以讓衝浪客和玩風浪板客住宿的地方。

國家公園管理處詢問天氣和健行狀況；可以在塔拉那基雇用專業嚮導。在這兩個地區也可以找到很多可以健行的河川和海岸健行途徑。

欲進一步了解，請洽艾格蒙村的北艾格蒙遊客中心，電話：06-756-0990。也可以和MacAlpine Guides聯絡，電話：06-765-6234；網址：www.macalpineguides.com

酒鄉之旅

Cottage Wines，81 Branch Road，電話：06-758-6910。遊客可以免費品嚐這裡製造香醇的水果酒；需預約參觀，參觀時間：9am-6:3pm。

Whitecliffs Brewing Company Ltd.，SH3，電話：06-752-3676。遊客可以參觀這間完全有機釀酒的過程，並且購買或是品嚐邁克的清淡的麥芽酒；他們所釀造的麥芽酒是頂級的英式麥芽酒，只用完全天然的原料，再加上傳統的方法釀造。每天10am-6pm開放參觀。

汪加奴

如何抵達

汪加奴的機場每天有紐西蘭航空飛機起降，長途巴士也有到達此區。

從威靈頓、新普利茅斯、內皮爾或陶波開車到汪加奴約需3小時，你也可以從奧克蘭開約6個小時的車來汪加奴，途中會經過塔拉那基或是走國道4號。請參考330-331頁的「熟悉環境」。

遊客資訊

汪加奴遊客中心：101 Guyton Street，電話：06-348-0418；www.wanganuinz.com；電子信箱：destinationwanganui@xtra.co.nz

住宿資訊

Arlesford House，202 SH3, RD4, Westmere，電話：06-347-7751；傳真：06-347-7561；www.arlesfordhouse.co.nz。這間旅館具有鄉村住家的風格，房間寬敞、有獨立的浴室。旅館面積2.4公頃，有一座游泳池和泛光照明的網球場。$$$-$$$$

Avenue Hotel and Conference Centre，379 Victoria Avenue，電話：06-345-9070；傳真：06-345-3250；www.theavenuewanganui.com。有許多不同等級的房間、餐廳供應國際性的料理、有一間大型會議中心和游泳池。距離市區商業中心、藝術中心、文化中心和運動場所只有10分鐘的路程。$-$$

Kings Court Motel，60 Plymouth Street，電話：0800-221-222；www.kingscourtmotel.co.nz。旅館乾淨整齊，居中位置。$

Rutland Arms Inn，48-52 Ridgway Street，電話：0800-788-5263；www.rutland-arms.co.nz。旅社設備現代化、環境精緻又古色古香並有一間頂級的餐廳。$$$

用餐資訊

Legend Café and Restaurant，25 Somme Parade，電話：06-349-0044；傳真：06-348-7451。位

於汪加奴河西岸，這家餐廳的菜色豐富，並附有一間咖啡廳和雪茄廳。$-$$$

Redeye Café，96 Guyton Street，電話：06-345-5646。餐廳料理全部採用有機食材，有機料理在紐西蘭成為一種風尚，因此餐廳很受歡迎。$

Victoria's Restaurant，13 Vicotria Avenue，電話：06-347-7007。這間榮獲獎項的餐廳是依菜單點菜（a la carte），所供應的大多是紐西蘭傳統料理，咖啡廳菜單則比較歐式，有義大利寬麵條、義大利麵和三明治。$$

戶外活動

獨木舟

Bridge to Nowhere Tours，電話：06-348-7122；www.bridgetonowhere-lodge.co.nz。嚮導帶領在汪加奴河上划獨木舟，也可以選擇搭乘快艇。

快艇

River Spirit Jetboat Tours，Campbell Road，電話：06-342-1718；www.riverspirit.co.nz。可以選擇不同的河川之旅行程，也可以到灌木叢散步並且探索洞穴和瀑布。

山野自行車

有些此地區的山野自行車路徑距離汪加奴只有幾分鐘的車程。強力推薦去里斯摩森林（Lismore Forest）騎自行車。請洽Rayonier NZ, Hylton Park和Whanganui River Road，電話：06-347-1774

北帕默斯頓

如何抵達

北帕默斯頓位於曼那瓦圖的中心位置，距離汪加奴只有1小時的車程。**紐西蘭航空**和長途巴士都有到達這個城市。此城也是主要公路幹線必經之地，**Overlander**

和**Northerner**有提供奧克蘭-威靈頓的鐵路路線。請參考329-330頁的「熟悉環境」。

遊客資訊

北帕默斯頓遊客資訊中心：52 The Square，電話：06-354-6593；傳真：06-356-9841；www.manawatunz.co.nz；電子信箱：manawatu.visitor-info@xtra.co.nz

住宿資訊

Chancellor Motor Lodge，131 Fizherbert Avenue，電話：06-354-5903；傳真：06-354-6593；www.manawatunz.co.nz。這間旅館距離市中心很近，房間很舒適、有全套廚房設備和溫泉浴。共有18間房間。$$

Rose City Motel，120-122 Fitzherbert Avenue，電話：06-356-5388；傳真：06-356-5085；www.rosecitymotel.co.nz。旅館提供套房或是樓中樓房間、單人房或是雙人房。有三溫暖、溫泉浴和回力球場。所處位置很方便。$$

Rydges Palmerston North，140 Fitzherbert Avenue，電話：06-356-5065；www.rydges.com。這間殖民風格的精品旅館有健身房和游泳池，距城市各項設施和景點很近。$$

旅館價格指南

所列價格為非旺季的每晚雙人房價格，購物稅已包括。

$	=	100紐幣以下
$$	=	100-150紐幣
$$$	=	150-200紐幣
$$$$	=	200-250紐幣
$$$$$	=	250紐幣以上

用餐資訊

Aqaba，186 Broadway Avenue，電話：06-357-8922。供應像是小羊腿肉等輕食。$-$$

Roma Italian Ristorante and Uno Basement Bar，51 The Square，電話：06-356-1853。這間餐廳所供應的是傳統和現代的義大利料理，樓下的酒吧是當地人和巡迴的DJ晚上喜歡駐留的場所。$$

The Bathhouse Restaurant and Bar，161 Broadway Avenue，電話：06-355-0051；電子信箱：bathhouse@xtra.co.nz。大理石牆壁、陶製的壁爐和地中海風味的美食是這餐廳的特色，遊客終年可在他們全天候的露天庭園享用美食。$$

戶外活動
四輪傳動之旅

Tararua 4x4's Offroad Adventure，George Road的Beyond the Bridge咖啡廳上車，Balance，電話：06-357-1713。地面崎嶇難行，也有許多自然屏障，喜歡冒險的人會愛上這趟越野冒險的。

騎馬

Timeless Horse Treks，George Road, Balance, Pahiatua，電話：06-376-6157。可以在平緩的河川小道或是陡峭的郊區斜坡騎馬。

游泳

Lido Aquatic Centre，Park Road，電話：06-357-2684；www.clmnz.co.nz。週一到週四6am-8pm開放，週五6am-9pm開放，週六和周日8am-8pm開放；需購票。可以選擇室內或戶外游泳池，也有水療滑水道和其他設施。

威靈頓和周圍城市
威靈頓
如何抵達

威靈頓國際機場，有班機從澳洲和一些南太平洋島飛往威靈頓，當然也有固定航班往返於威靈頓和其他國內大城。從機場距離威靈頓市中心約需半小時的車程，搭乘計程車約需20-30紐幣，搭乘接駁公車需要較長的時間，但只花費12-14紐幣的車資；也可搭乘公車從機場到威靈頓和下哈特，到威靈頓車資只需4.5紐幣、到下哈特需7.5紐幣、到上哈特需9紐幣，需45分鐘的車程。

長途巴士也到威靈頓，也可以從奧克蘭搭火車到威靈頓。

從威靈頓可搭渡輪前往南島的皮克頓。請參考330-331頁的「熟悉環境」。

遊客資訊

威靈頓中心（Wellington Centre），在威克菲德街和市民廣場的角落，電話：04-802-4860；www.wellingtonnz.com；電子信箱：bookings@wellingtonnz.com

市區交通運輸

威靈頓有許多公車，像從機場到市區以及從下哈特到威靈頓的**Stagecoach Flyer**，還有**City Circular**每10分鐘繞市區一周。可電洽：04-801-7000或查www.stagecoach.co.nz。市區內也有許多計程車招呼站。威靈頓市不是很大，因此可以從蘭頓碼頭走路到寇特尼街。

你可以在**Evening Post**（電話：04-499-1282）搭乘渡輪前往具歷史性的索梅斯島（Somes Island）或是Eastboune；也可以從蘭頓碼頭附近的纜車巷搭乘珍奇的攬車（**Cable Car**, 電話：04-472-2199），前往Kelburn郊區和植物園頂端。威靈頓也有通勤火

車系統-The Tranzmetro（電話：0800-801-700），這條火車路線連接威靈頓和市郊城市。

住宿資訊

Apollo Lodge Motel，49 Majoribanks Street，電話：04-385-1849；傳真：04-385-1849；www.apollo-lodge.co.nz。可以依不同人數來選擇不同的房間、套房和公寓，一間最多可容納五人，旅館離市中心很近，只要走路5分鐘就可以到東方灣（Oriental Bay）。共有50間房間。$$

Duxton Hotel Wellington，170 Wakefield Street，電話：04-473-3900；www.duxton.com。飯店位置交通方便，靠近麥克•方勒中心（Michael Fowler Centre）和濱水區；出差的商人喜歡住在這家飯店。頂樓的Burbury's餐廳供應相當精緻的美食。$$$-$$$$$

Hotel Inter Continental Wellington，位於Grey街和Featherston街的角落，電話：04-472-2722；www.interconti-nental.com。飯店位置就在濱水區，適合旅遊或出差的住客；飯店內有餐廳、酒吧和客房服務，也有一間很棒的溫水池健身中心。共有232間房間和套房。$$$$-$$$$$

James Cook Hotel Grand Chancellor，147 The Terrance，電話：04-499-9500；www.grandhotelsinternational.com。這家作為地標的飯店位於市中心，距離購物商店很近，這是威靈頓第一批建造的大型飯店，目前仍然有壯麗的外觀。飯店的喬瑟夫班克斯餐廳和葡萄酒吧很受歡迎。$$$-$$$$$

Kingsgate Hotel Oriental Bay，73 Roxburgh Street, Mount Victoria，電話：04-385-0279；www.kingsgateorientallooking.co.nz。這間現代的飯店距離市區很近。共有17間房間。$$-$$$

Kingsgate Hotel Willis Street，355 Willis Street, T Aro，電話：04-385-9819；傳真：04-385-9811；傳真：www.kingsgatewil-lis.co.nz。這間現代的飯店中有室內游泳池、健身房、餐廳和酒吧。共有84間房間。$$-$$$

Novotel Capital Wellington，133-137 The Terrance，電話：04-918-1900；傳真：04-918-1901；www.novotel.co.nz。這間現代化的飯店位於商業中心，距離Lambton碼頭很近，有游泳池。$$-$$$$$

Tinakori Lodge Bed and Breakfast，182 Tinakori Street, Thorndon，電話：04-939-3478；www.tinakorilodge.co.nz。距離歷史性的Thorndon區火車站、植物園和餐廳很近。自助早餐非常美味。$

Victoria Court Motor Lodge，201 Victoria Street，電話：04-472-4297；www.victoriacourt.co.nz。靠近市中心、房間很舒服、可以不靠街面停車，是個不錯的選擇。只要走幾步路就可以到古巴街東邊和曼內斯購物中心。$$-$$$

餐廳價格指南

以下符號代表每個人的晚餐平均消費額，包括服務費和稅金。

$ = 10-15紐幣
$$ = 15-25紐幣
$$$ = 25紐幣以上

用餐資訊

Brava，2 Courtenay Place，電話：04-384-1159。這間受歡迎的餐廳位於Downstage戲院的樓下，早餐非常美味，料理也新奇，政商名流喜歡來此用餐。$$

Brewery Bar and Restaurant，Cable Street，電話：04-381-2282。位於濱水區的修復碼頭大樓中，可以在此親眼看到啤酒釀製過程。

Café Bastille，16 Majoribanks Street, Mount Victoria，電話：04-281-2212。這家餐廳供應傳統法式小酒館料理及一些很好的法國和紐西蘭葡萄酒，以一杯杯的酒來販售。最好預先訂位。$$

Café L'Affare，27 College Street，電話：04-385-9748；www.laffare.co.nz。這個地方的早餐很棒、而且咖啡是自家烘培的；餐廳很受歡迎，所以最好早點來排隊，才不會失望。$

Logan Brown Restaurant，192 Cuba Street，電話：04-801-5114；www.loganbrown.co.nz。要來這間本城最受歡迎的餐廳，一定要提早訂位，以免到時拿不到位置而有所爭執。$$$

One Red Dog，9-11 Blair Street，電話：04-384-9777。這是威靈頓最棒的比薩餐廳，氣氛非常鮮活，供應50種以上的葡萄酒，也有曾經榮獲獎項的天然釀製的啤酒。$$

Paradiso，20 Courtenay Place，電話：04-384-2675。在Courtenay廣場有許多很時髦的餐廳，這間之所以特別受歡迎是因為他們有太平洋沿岸地區的料理及酒吧。$$

Shed 5 Restaurant and Bar，Queens Wharf，電話：04-499-9069；www.shed5.co.nz。這間餐廳位於海洋博物館的對面，是由倉庫改建而成。$$$

Siows，41 Vivian Street, 電話：04-801-7771。以馬拉西亞咖哩和燒烤料理著名。$$

Taste，2 Ganges Road, Khandallah，電話：04-479-8449。來到嚐嚐看餐廳可以絕對的放鬆，他們的料理也直接反

映紐西蘭多文化的特色。$$

Zibibbo，25-29 Taranaki Street，電話：04-385-6650；傳真：04-385-9660；www.zibibbo.co.nz。在時尚的沙發酒吧和餐廳中所供應的是現代的西班牙和義大利料理；每週五和周六晚上有長駐的DJ播放音樂。樓上的料理很棒。$$

購物

威靈頓市可以分成好幾個購物地區：

古巴區（Cuba Quarter，可以在這裡找到很多具選擇、時髦的商店和二手商店。**蘭頓碼頭**是5家購物中心的基地，其中有一家是紐西蘭最舊但最著名的傳統百貨公司-Kirkcaldie & Stains、**威力斯區**（Willis Quareter）有當地設計師所設計的商品店、運動用品店和咖啡廳。假如你想要找古董店，那你就必須要去威靈頓充滿特殊風格街道的歷史區一棱頓區。不然你也可以去威拉拉帕，你在那裡美麗的歷史房屋和建築中可以找到令人驚奇的釀酒廠、古董店和手工藝品店。

娛樂

威靈頓除了是紐西蘭的首都外，她也是個重要的文化中心。這城市中有三間輪演保留節目的劇院、音樂表演和許多音樂、藝術和劇院節慶。紐西蘭皇家芭蕾舞團、紐西蘭國家樂團、紐西蘭弦樂四重奏、紐西蘭室內音樂、威靈頓義大利管絃樂團和紐西蘭歌劇就是在這裡成立的。每年年尾的時候，紐西蘭舞蹈學院和紐西蘭戲劇學院-Toi Whakaari都會有在這裡表演。

由出售剩餘物資的鐵路公司所建造的體育場位於濱水區，每年會舉辦大型運動比賽和音樂會。

想要索取表演購票資訊，請洽Ticketek office電話：04-384-3840；www.ticketek.co.nz

電影

威靈頓人很熱中於電影，也是全紐西蘭最喜歡自誇所看的電影是按人計算的；威靈頓的電影院放映的是世界和當地最好的電影，從主流的電影到藝術電影一應俱全。每年在這城市也舉辦極具評價的電影節。

劇院和芭蕾

Bats Theatre，1 Kent Terrace，電話：04-802-4175。這間小巧舒適的劇院有很大的勇氣嘗試比較不著名的劇作，意指：你可以不需太早購票。

Circa Theatre，1 Taranaki Street，電話：04-801-7992。這間劇院由演員經營，在位於濱水區的劇院中表演有趣的戲碼，在紐西蘭歷史博物館旁邊。

Downstage Theatre，2 Courtenay Place，電話：04-801-6946。位於充滿餐廳和咖啡廳的去浴，這間劇院所表演的有從莎士比亞到現代的劇作，另外還有頂尖毛利劇場公司-Taki Rua所作的表演。

Royal New Zealand Ballet，77 Courtenay Place，電話：04-381-9000；www.nzballet.org.nz。這個國家芭蕾團是在1953年成立，主要在聖詹姆士劇場表演。可以在Ticketek購票（電話：04-384-3840）。

St. James Theatre，77-87 Courtenay Place，電話：04-802-4060。這間劇院是紐西蘭最棒的抒情詩劇場，在這修復的古蹟保護建築中常會舉辦歌劇、芭蕾和主要的音樂表演，也是Tiketek銷售處所在地。

在寇特尼路終端的**大使館戲院**（The Embassy Theatre）是威靈頓最大的電影院，2003年《魔戒》世界首映會就是在這裡放映。

夜生活

Bouquet Garni：100 Willis Street，電話：04-499-1095；www.bouquetgarni.co.nz。這間原木建築物原來是一位醫生的外科診所和住宅，之後成為妓院，但是現在成為高級的夜店；在這奢華的空間中啜飲一杯葡萄酒是個不錯的享受。

Hummingbird，22 Courtenay Place，電話：04-801-6336。這間時尚的夜店位處市中心，和Courtenay廣場其他夜店比較，他們吸引很多的成年顧客。

Monkey Bar，25 Taranaki Street，電話：04-802-5090。如果你只想過個安靜的夜晚，那麼選擇這家沙發酒吧準沒錯。他們的葡萄酒和雞尾酒酒單提供很多的選擇。

Welsh Dragon Bar，位於劍橋街的中間地段，電話：04-385-6566。這裡的氣氛可以和愛爾蘭的酒吧相互媲美，但是他們的老闆是威爾斯人，所供應的也是威爾斯啤酒，因此這是一家道地的威爾斯酒吧。每星期有3個晚上有現場音樂演奏，也有即興的鋼琴表演。週一不營業。

戶外活動
山野自行車

市區中有許多令人興奮的山野自行車小徑，也就是：你可以不需要跑很遠就能從事戶外活動。可以在維多利亞山地帶騎自行車、也可以從威靈頓的風力渦輪發電機出發，一路像是坐雲霄飛車般地下降到Highbury、Te Kopahau保護區和Makara山脊小徑。

接觸大自然

Karori Wildlife Sanctuary，Waiapu Road，電話：04-920-2222；www.sanctuary.org.nz；週一到週五10am到4pm開放，週六和週日10am-5pm開放；需購票。這個野生綠洲在252公頃的再生森林中有長達35公里的小道，也有座19世紀的金礦開採區。

觀海豹

Seal Coast Safari，從市政中心的威克菲爾街巴士站出發，電話：0800-732-5277；手機：64-25-534-880；www.seal-coast.com。這趟航海之旅會帶領你接近威靈頓海豹棲息地。

散步

在威靈頓市郊有許多公園、保護區、河川和森林，你可以盡情地在這裡走走；你也可以去距離威靈頓35分鐘車程的**馬卡拉海灘**、沿著海岸漫步3-4個小時；或是到Red Rocks沿著海岸漫步2個小時並且觀看在那裡棲息的紐西蘭軟毛海豹（5-10月）。當然如果你想要考察一下威靈頓歷史，也可以去城市中的古蹟去走走。

酒鄉之旅

Wairarapa Gourmet Wine Escape，由Tranzit巴士組團前往，228 Rongotai Road，電話：04-387-2018或是06-377-1227；www.tranzit.co.nz。這家公司會帶領遊客從威靈頓出發，前往馬丁布羅讓人脣齒留香的四間釀酒廠。

南島

納爾遜和馬波羅

皮克頓

皮克頓之間有大型渡輪往返於其間。Interislander和Bluebridge兩家渡輪公司會帶領你橫越庫克海峽，整趟旅程需時3小時。請參考330-331頁的「熟悉環境」。

遊客資訊

皮克頓遊客資訊中心：Foreshore，電話：03-520-3113；www.destinationmarlborough.com；電子信箱：pvic@destinationmarlborough.com

旅館價格指南

所列價格為非旺季的每晚雙人房價格，購物稅已包括。

$	=	100紐幣以下
$$	=	100-150紐幣
$$$	=	150-200紐幣
$$$$	=	200-250紐幣
$$$$$	=	250紐幣以上

住宿資訊

Bay of Many Coves Resort，夏綠蒂皇后峽灣，電話：03-579-9771；www.bayofmanycovesresort.co.nz。這間度假村位於馬波羅峽灣的中央地帶，是個寧靜又吸引人的度假地。共有11間設備齊全的公寓。$$$$-$$$$$
Portage Resort，位於肯尼普魯峽灣（Kenepuru Sound），電

話：03-573-4309；www.portage.co.nz。這是在馬波羅峽灣中的美麗度假村，度假村內的設施有游泳池、溫泉、休閒活動和讓人食指大動的陸運餐廳。有位於山坡並有小花園的房間、架式床舖的房間和小木屋。$-$$$$
Punga Cove Resort，位於海灣口，電話：03-579-8561。在灌木叢中的木屋可以觀看附近海灣的美景，每間木屋有一浴室、現代化設備、露天陽台和烤肉設備（需事先要求準備）。鵬加木屋中可以容納10人，而小木屋則可以容納2-3人。度假村有私人的海灘，可以在這裡游泳或釣魚。$$
Raetihi Lodge，Kenepuru Sound，電話：03-5730-4300；www.raetihi.co.nz。共有14間豪華的房間，所有房間都附有浴室及優雅的家具；旅社中有大型會客室、領有酒牌的酒吧、餐廳、遊戲室和許多戶外的活動。$$-$$$$

餐廳價格指南

以下符號代表每個人的晚餐平均消費額，包括服務費和稅金。

$	=	10-15紐幣
$$	=	15-25紐幣
$$$	=	25紐幣以上

用餐資訊

Le Café，14-16 London Quay, Picton；電話：03-573-5588。餐廳位於濱水區，供應牛排、漢堡、三明治和海鮮，價格合理。$$
The Barn Café，High Street, Picton，電話：03-573-7440。提供傳統牛排、雞肉和海鮮料理，主要滿足主流口味。$$

戶外活動

愛斯基摩小船

Marlborough Sounds Adventure Company，The Waterfront, Picton，電話：03-573-6078或 0800-283-283；www.marlboroughsounds.co.nz。這間公司安排划愛斯基摩小船，或是在這地區1500公里的峽灣附近健行或騎自行車。

航行

Compass Charters，Unit 1, Commercial Building, Waikawa Marina，電話：03-573-8332；www.compass-charters.co.nz。可以坐遊艇、小汽艇或下水探索一下神奇的馬波羅峽灣。

布倫安

如何抵達

紐西蘭航空飛往布倫安機場，在皮克頓南方36公里的國道1號上。請參考330-331頁的「熟悉環境」。

遊客資訊

馬波羅資訊和旅遊中心（Marlborough Information and Travel Centre，布倫安國道1號的火車站，電話：03-577-8080；www.destinationmarlborough.com；電子信箱：mvic@destinationmarlborough.com

住宿資訊

Cliterion Hotel，2 Market Street，電話：03-578-3299；距離市中心很近，可以在這裡找到很棒的餐廳和放鬆的舒適酒吧電話：$
Marlborought Hotel，20 Nelson Street，電話：03-577-7333；www.marlboroughhotel.co.nz。這間有品味又現代化的飯店有間非常棒的餐廳。$$-$$$
Swansdown Cottage，Riverina Riverlands，RD4，電話：03-578-9824；www.swansdown.

co.nz。你可以在這間民宿中體驗到紐西蘭的農村生活。$$

用餐資訊

Bellafico Restaurant and Wine Bar，17 Maxwell Road，電話：03-577-6072；www.bellafico.co.nz。現代的紐西蘭料理，鮮美的海鮮和當地最好的葡萄酒。$$
Hotel d'Urville Restaurant，52 Queen Street，電話：03-577-9946；www.durville.com. 這間世界級的餐廳也提供住宿，位於歷史性的建築內，也有一間烹飪學校。共有11間房間。$$$$
Rocco's Italian Restaurant，5 Dobson Street，電話：03-578-6940。這間餐廳由來自義大利北部的洛克兄弟經營，主要以自製的義大利麵和煙燻五香火腿著名，另外還以傳統義大利烹調來料理紐西蘭的海鮮、羊肉和雞肉。菜單和酒單選擇很多。$$

戶外活動

健行

Southern Wilderness and Wilderness Guides，電話：03-578-4531；www.southernwilderness.com。有嚮導帶領健行和在海洋划愛斯基摩小船。途中提供美食和葡萄酒。

酒鄉之旅

Allied Domecq Wines，SH1, Riverlands, Blenheim，電話：03-578-2099；www.adwnz.co.nz。提供酒廠參觀和品酒，有小孩的遊戲場所和餐廳。
Cloudy Bay，Jackson Road, Blenheim，電話：03-520-9140；www.cloudybay.co.nz；這酒廠所產的葡萄酒是紐西蘭一些最好的葡萄酒。
Villa Maria Estate，位於Fairhall的Paynters路和New Renwick路的角落，電話：03-577-9530；www.villamaria.co.nz。這間現代

化的釀酒廠所處位置非常好，專精於pinot noir和 sauvignon blanc葡萄酒。
Wairau River Winery，264 Rapaura Road, Blenheim，電話：03-572-9800；www.wairauriverwines.com。曾經榮獲莊園生產葡萄酒冠軍。

凱庫拉

如何抵達

凱庫拉是世界觀鯨的首都，介於布倫安和基督城中間，可以坐車或火車到此地。沿著東部海岸到凱庫拉這段路程的風景相當優美、壯觀。請參考330-331頁的「熟悉環境」。

遊客資訊

凱庫拉遊客中心（Kaikoura Visitor Centre），West End，電話：03-319-5641；傳真：03-319-6819；www.kaikoura.co.nz；電子信箱：info@kaikoura.co.nz

住宿資訊

Admiral Court Motel，16 Avoca Street，電話：03-319-5525；傳真：03-319-5523；www.kaikouramotel.co.nz。這間旅館位於相當寧靜的區域，面對美麗山景和海景，房間設有廚房。可以將車停靠路旁，免費接送到巴士或火車站，也有一座溫泉池。$$
Panorama Motel，266 Esplanade，電話：03-319-

旅館價格指南

所列價格為非旺季的每晚雙人房價格，購物稅已包括。

$	=	100紐幣以下
$$	=	100-150紐幣
$$$	=	150-200紐幣
$$$$	=	200-250紐幣
$$$$$	=	250紐幣以上

5053；傳真：03-319-6605；www.panoramamotel.co.nz。旅館濱臨海灘，所有房間可觀賞美麗山景和海景；船隻和車子可以停靠路旁。共有22間房間。$-$$

The Old Convent B&B，Mount Fyffe Road，電話：03-319-6603；傳真：03-319-6690；www.theoldconvent.co.nz。民宿位於新裝修的1911年代的修院中，民宿後面是壯麗的凱庫拉山；民宿有一種法國風情，餐廳供應的是當地新鮮的食材；有全家福、雙人床和成對單人床的房間。週末上演謀殺推理劇。$-$$

餐廳價格指南

以下符號代表每個人的晚餐平均消費額，包括服務費和稅金。

$	=	10-15紐幣
$$	=	15-25紐幣
$$$	=	25紐幣以上

用餐資訊

The Craypot Café and Bar，70 West End Road，電話：03-319-6027；傳真：03-319-6041；www.craypot.co.nz。餐廳地處中央，室內有個壁爐；供應加糖葡萄酒、淡水螯蝦和素食。$$$

Finz of South Bay，103 South Bay Parade，電話：03-319-6688；傳真：03-319-6687。這是間位於濱水區的海鮮餐廳和酒吧，可遠眺壯麗山景和海景；雖然他們的拿手菜是海鮮（包括凱庫拉的螯蝦），但是他們還是有肉類和素食料理。$$$

戶外活動
觀海豹

Topspot Sealswims，22 Deal Stree，電話：03-319-5540。遊客可以穿上保暖緊身衣下水去接近紐西蘭的軟毛海豹。

觀鯨和觀海豚

來凱庫拉觀鯨和觀海豚的人數居世界第一；巨大的抹香鯨在4月和6月間會游到離岸邊邊1公里的地方；夏季時也可以看到orcas；6、7月時還可以看到座頭鯨。

以下所列的公司提觀鯨和海豚之旅，你必須要提早幾天預定行程：

Whale Watch Kaikoura，電話：03-319-6767或0800-655-121；傳真：03-319-6545；www.whalewatch.co.nz

Dolphin Encounter，96 The Esplanade，電話：03-319-6777；傳真：03-319-6534；www.dolphin.co.nz

納爾遜
如何抵達

納爾遜區機場和奧克蘭、威靈頓和基督城之間有班機連結；機場有兩個航空站，一個航空站是**紐西蘭航空**專用，另一個航空站是**原點太平洋航空**（Origin Pacific Airways），電話：0800-302302，請參考329-330頁的「熟悉環境」。

納爾遜和莫土伊卡（Motueka）及其他進入亞伯‧塔斯曼公園南方入口城市之間有巴士連結；請洽**Abel Tasman Coachlines**，電話：03-548-0285。你也可以租用汽車或旅行車，只需少於2小時的車程就可抵達週遭多數城市。請向最近的遊客資訊中心洽詢。

淡水泉

世界上最著名的淡水泉是在靠近納爾遜的普普泉（Pupu Springs）。

遊客資訊

Latitude Nelson，位於Halifax街和Trafalgar街的角落，電話：03-548-2304；www.nelsonnz.co；電子信箱：vin@nelsonnz.com

住宿資訊

Beachside Villas，71 Golf Road，電話：03-548-5041；www.beachsidevillas.co.nz。這間地中海風格的精品旅館坐落於美麗的花園中，提供設備齊全的豪華公寓，《魔戒》演員和工作人員在納爾遜拍攝電影時就住在這間旅館中。共有六間房間。$$-$$$

Bella Vista Motel，178 Tahunanui Drive，電話：03-548-6948。從市區走到這旅館有些距離（30分鐘的路程），但是離海灘和海港入口很近；附近有很棒的咖啡店和商店；有一間房間中附有溫泉浴，另外兩間房間有殘障設備。共18間房間。$-$$

DeLorenzo's Motel and Studio Apartments，43-55 Trafalgar Street，電話：03-548-9774；www.delorenzos.co.nz，這些距離商業和購物中心很近的公寓都

手工藝品之行

在納爾遜地區有大約350個全職的藝術家和手工藝品創作者，因此到市中心時，你會看到非常多的手工藝品店。週六上午在蒙哥馬利廣場上會有市集，攤販所販售的東西從藝術品、手工藝品到哪一個區的特產和美食一應俱全；在莫土伊卡海灣和哥登灣也有週末市集；你可以在莫土伊卡遊客中心找到超過30個當地藝術家的和手工藝品創造者的工作室指南 - 「創意之路」（Creative Pathways）。

附帶家具，每間公寓的風格很現代，有張超大型的床舖、有一間浴室、溫泉浴缸和第四台。有商業設施和客房服務。$$-$$$$
Kimi Ora Spa Resort，Kaiteriteri，電話：0508-546-5672；www.kimiora.co。這間有瑞士風格的小木屋公寓可以觀賞

海岸划愛斯基摩小船

亞伯·塔斯曼國家公園：位於距離納爾遜60公里處的地方，可眺看翡翠海灣和花崗石邊緣的海岸線，來到這裡最好就是步行並且細細玩味這條海岸路線（請參考243頁）；要完全走完這路線需時3天；如果你喜歡到水裡去玩的話，可以參加有嚮導帶領或無嚮導的海灣划愛斯基摩小船，這項運動在近幾年來非常受歡迎，來此划船的人口已近乎爆滿。我們推荐以下幾家店：

Abel Tasman Kayaks，RD2 Marahau, Motueka，電話：03-527-8022，；www.abeltasmankayaks.co.nz。可單獨雇用嚮導或是參加個人行程，有半日由或是需過夜的行程。

Ocean River Sea Kayaking，Marahau Beach, Marahau，電話：03-527-8266；www.seakayaking.co.nz。海洋河川所描述的是他們的行程像是增加腎上腺素的天堂般，所強調的是以顧客的舒適和優先考量為重。

Abel Tasman Wilson's Experience，265 High Street, Motueka，電話：03-528-7801；www.abeltasmannz.co.nz。他們專精於白天之旅，並且在國家公園中乘坐豪華郵輪。

美麗海景；這家度假村有個健身中心，裡面有溫泉治療、具游泳水道的室內和室外溫水游泳池、三溫暖、蒸氣室、網球場和領有執照的海景餐廳。可提供套裝行程。共有20間公寓。$$$-$$$$$
Tuscany Garderns Motor Lodge，80 Tahunanui Drive，電話：03-548-5522。有適合全家福的一人房或雙人房住房，並有全套廚房設備，到當地的市中心東方和海灘只需要5分鐘的路程。共12間住房。$$-$$$

Wairepo House，22 Weka Road, Mariri，電話：03-526-6855；www.wairepohouse.co.nz。這間三層樓的民宿採用當地原木建造，有禮拜室的天花板和路天陽台，位於蘋果園中。$$$$$

用餐資訊

The Boat Shed Café，350 Wakefield Quay, Nelson，電話：03-546-9783；www.nelsonwaterfront.co.nz。這是間非常舒適又受歡迎的餐廳，可以在餐廳中享用具創意的海鮮並遠眺海景。必須預先訂位。$$-$$$
The Cut Restaurant and Bar，94 Collingwood Street, Nelson，電話：03-548-9874。在這間傳統的餐廳中有著現代的地中海料理。$$
The Hones Lawyer，1 Point Road，電話：03-547-8850；www.honestlawyer.co.nz。這間坐落於具歷史性建築中的老式鄉村酒吧就在納爾遜的市郊，有大型啤酒花園和住宿；主要供應美味的紐西蘭和英國料理，酒單和啤酒的選擇也很多。$$
The Oyster Bar，15 Hardy Street, Nelson，電話：03-545-8955。沒有地方比這家酒吧提供更新鮮的海產了，喜愛壽司、生魚片和牡蠣的人會愛上這家新約克風格的酒吧。
The Smokehouse，Shed Three,

Mapua Wharf, Mapua, Nelson，電話：03-540-2280；www.smokehouse.co.nz。這家獨特的燻製房&咖啡廳採用當地最新鮮美味的海鮮，他們的菜單主要以魚、淡菜和新鮮時蔬為主，現場也可以看到他們用傳統的磚塊窯和瑪瑩卡（manuka）刨薄片的方式來進行熱煙燻烤。$$

戶外活動
空中飛人
Happy Valley Adventures，194 Cable Bay Road, Nelson，電話：03-545-0304；www.happyvalleyadventrues.co.nz。這家公司所提供的是世界上唯一的「空中飛人」；他們會將你綁在吊在纜索上的四人座椅，然後以每小時100公里的速度橫越1.6公尺的山谷。

基督城& 周圍城市
基督城
如何抵達

基督城有個繁忙的國際機場、萬能的道路和鐵路環節、和一座深水海港。從機場到市區有巴士連結，每人的車費約為4紐幣，車程為30-40分鐘；接駁巴士費用為12-18紐幣，費時20-30分鐘；另外還有比較貴的選擇，那就是搭乘計程車，車資約20-30紐幣，但費時較短，只需12-20分鐘就可抵達市區。

如果是從西岸的格雷茅斯來此，你就應該搭乘觀景的火車**TranzAlpine**（電話：0800-277-482；www.tranzscenic.co.nz），火車會經過一些非常壯麗景觀的地方。

從紐西蘭其他城市也有長途巴士到基督城。請參考330-331頁的「熟悉環境」。

遊客資訊

基督城和坎特柏利遊客中心

（Christchurch & Canterbury Visitor Centre，Cathedral Square，電話：03-379-9629；www.christchurchnz.net；電子信箱：info@christchurchnz.net

市區運輸

基督城中有許多的市區巴士和計程車，但是如果要體驗古老世界迷人的地方，那你就一定要搭乘基督城具歷史性的電車；電車會從Worcester街出發，環繞市區，經過藝術中心、博物館和基督大學；你可以在任何停靠站下車，這是市區觀光挺不錯的選擇（電話：03-366-7511，；www.tram.co.nz）。

在市區中也可搭乘到漢美爾溫泉（Hanmer Springs）的接駁公車，從基督城遊客中心出發，每天9am發車，約需2小時的車程才可到漢美爾溫泉。可連絡：**Hanmer Connection**（電話：0800-377-378）、Blue Star計程車（電話：03-37799-799）或Gold Band計程車（電話：03-379-5795）。

住宿資訊

Admiral Motel，168 Bealey Avenue，電話：03-379-3554；傳真：03-379-3272；www.admiralmotel.co.nz。鄰近大教堂廣場和市政府，這間旅館有可以容納到六人的大房間。共有9間房間。$

Airport Gateway Motor Lodge，45 Roydvale Avenue, Burnside，電話：03-358-7093；傳真：03-358-3654；www.airportgateway.co.nz。這個地方也有可以容納至六人的房間；離機場很近，旅館中有餐廳和會議設施。共有40間房間。$$-$$$

Ashleigh Court Motel，47 Matai Street West, Lower Riccarton，

電話：03-348-1888；傳真：03-348-2973。走路就可以到博物館、購物中心和花園；房間中有廚房設備和浴室。$-$$$

Belmont Motor Inn，172 Bealey Avenue，電話：03-379-4037；傳真：03-366-9194；www.belmontmotorinn.co.nz。這間交通位置方便的旅館距離市中心只有10分鐘的車程。共有18間房間。$$

Cotsworld Hotel，88 Papanui Road，電話：03-355-3535；傳真：03-355-6695；www.sceniccircle.co.nz。這間旅館除了舒適，另外還兼具古老世界的魅力、道地的時代家具和裝潢；距離市中心只有5分鐘的車程。附近的餐廳有供應歐陸料理。共有99間房間和套房。$$-$$$$

Country Glen Lodge，107 Bealey Avenue，電話：03-365-9980；www.glenlodge.com。這間具有豪華公寓的旅館鄰近市中心，旅館中有溫泉池房間。$$-$$$

Crowne Plaza Christchurch，位於Kilmore街和Durham街的角落，電話：03-365-7799；傳真：03-365-0082；www.christchurch.crowneplaza.com。這間旅館位於市中心的維多利亞廣場上，鄰近市政府和會議中心；房間很乾淨、走道寬敞、也有一流的設施。共有298間房間。$$$$

Gothic Heights Motel，430

Hagley Avenue，電話：03-366-0838；傳真：03-366-0188。位於Hagley公園的正對面，走路就可以到博物館、藝術中心、餐廳和植物園。共有15間房間。$$

Holiday Inn City Centre，在Cahel街和High街的角落，電話：03-365-8888；傳真：03-364-5143；www.holidayinn.co.nz。飯店位於市中心，距離商店和商業區很近，飯店有餐廳和酒吧。共有146間房間和3間公寓。$$-$$$$$

Hotel Grand Chancellor，161 Cashel Street，電話：03-379-2999；www.grandc.oc.nz。位於基督城市中心，步行就可抵達大教堂廣場；房間舒適、服務快速。$$$

Millennium Hotel Christchurch，14 Cathedral Sqaure，電話：03-365-1111；傳真：03-365-7676；www.millennium-christchurch.co.nz。這間位於市中心的現代化飯店有餐廳、酒吧、健身房、三溫暖和商業中心。共有179間房間。$$$-$$$$$

The Charlotte Jane，110 Papanui Road，電話：03-355-1028；傳真：03-355-8882；www.charlottejane.co.nz。鄰近Merivale，這間迷人的精品旅館只需步行20分鐘就可到達市中心；是由老舊的維多利亞女子學校改建而成，以載基督城之父的第一批四艘船命名；有12間附有典雅家具的寬敞房間，每天上午提供美味早餐、晚間則提供一杯雪利酒。$$$$$

The George Hotel，50 Park Terrace，電話：03-379-4560；傳真：03-366-6747；www.thegeorge.co。是間低樓層的豪華飯店，在Avon河和Hagley公園的對面；每間房間有陽台、並有楊柳樹遮蔭；離市中心只有10分鐘的路程；有間高級的壁爐餐廳。共有54間房間。$$$$

The Latimore Hotel，30 Latimer Square，電話：03-379-6760；傳真：03-379-0133；www.latimerhotel.co.nz。這是間鄰近市中心樓層低的旅館；房間價格適中、車子可以停靠路旁。共有90間房間。$$-$$$

Windsor Hotel，52 Armagh Street，電話：03-366-1503；www.windsorhotel.co.nz。這是間家族經營的民宿，所處位置方便，房間有殖民風格。$$

餐廳價格指南

以下符號代表每個人的晚餐平均消費額，包括服務費和稅金。

$ = 10-15紐幣
$$ = 15-25紐幣
$$$ = 25紐幣以上

用餐資訊

Asian Food Court，266 High Street，電話：03-365-0168。這是南島唯一的一家道地亞洲美食廣場。有許多令人垂涎三尺的亞洲料理：印度菜、印尼菜、馬來菜、中國菜和越南菜。$

Cup，位於Hackthorne路和Dyers Pass路的角落，電話：03-332-1270；不僅有美食，也或許是基督城最棒的美景餐廳。$$

Dux de Lux，The Arts Centre，位於Montreal街和Hereford街的角落，電話：03-366-6919；www.thedux.co.nz。你可以在這吵雜的餐廳酒吧中放鬆的用餐，菜色很多，有海鮮和素食料理；一定要試試他們自家釀造的啤酒；有個很棒的室外花園酒吧。$$$

Honeypot Café，114 Lichfield Street，電話：03-366-5853。這家不拘小節的飯館供應正餐和三明治；他們的比薩極具創意，

比薩上面有印度烤雞肉、酸奶油；也有飯後點心和咖啡。$

Il Felice，56 Lichfield Street，電話：03-377-7997；www.littleindia.co.nz。非常著名的義大利餐廳，可以自己帶酒去餐廳（BYO），餐廳老闆對於他們能夠重新創造一種全新的義大利風體驗感到很驕傲；料理有現做的義大利麵料理，餐廳員工也非常熱情。$$

小印度餐廳（Little India），在New Regent街和Gloucester街的角落，電話：03-377-7997；www.littleindia.co.nz。餐廳供應道地的印度美食，員工很親切。$$

Lone Star Café and Elvis Bar，26 Manchester Street，電話：03-365-7086，對於他們所供應的大盤料理要有心理準備，氣氛熱鬧、親切。$$

Panini Bar and Internet Café，223 High Street，電話：03-377-5543；這家小巧的咖啡酒吧提供一種叫做「潘妮妮」的料理，也就是肉捲，他們的咖啡也很棒。$

Pedro's，143 Worcester Street，電話：03-379-7668；www.pedros.restaurant.co.nz。佩卓來自於西班牙的巴斯克省，在當地很受歡迎，他所烹調的巴斯克料理非常好吃，餐廳氣氛也很休閒。$-$$$

Tiffan's Restaurant，位於Oxford Terrace和Lichfield Street的角落，電話：03-379-1380。葡萄酒品質很棒，他們的料理在此區受高度的優良評價，服務品質也是一流的。蒂芬妮餐廳位於河邊，可以一邊用餐一邊欣賞美景，離市中心也很近；推荐大家嘗試他們的義大利寬麵午餐。$$

The Blue Note，20 New Regent Street，電話：03-379-9674；www.bluenote.co.nz。他們所提供的料理受道地中海的影響，另

有現場演奏爵士樂；餐廳氣氛溫馨、親切；餐廳位於僅限行人的美麗街道上。$$-$$$

娛樂

基督城是個相當悠閒的城市，城市中住了許多畫家和手工藝品創作者。有不同的戲院和演唱會，可以查詢基督城和坎特柏利遊客指南；《Press》報紙也會刊登最新的藝術活動。基督城也是每年藝文節、浪漫節和冬季嘉年華的起源地。

劇院

Court Theatre，20 Worcester Boulevard，電話：0800-333-100；www.courttheatre.org.nz。這間劇院可以說是紐西蘭數一數二的劇院，劇團少數但很專業的成員和演員來自英國，所上演的劇碼是適合大眾的現代戲劇；也是「南方芭蕾舞蹈劇」的發源地。

Issac Theatre Royal，145 Gloucester Street，電話：03-366-6326；www.theatreroyal.co.nz。劇院建於1908年，是個艾德華式抒情的劇院，可以容納約1,300人，常常舉辦演奏會、喜劇和不同節目和藝文表演。

演奏會

Convention Centre，市政府（Town Hall）和西太平洋中心（Westpac Centre），95 Kilmore Street，電話：03-366-8899；www.convention.co.nz。在這棟離賭場很近的現代建築物中常常舉辦大型的音樂會；是全國劇院和演奏會購票的主要代理處；也是紐西蘭最大的室內運動體育場。

夜生活

在週五和週六晚上，幾乎所有的夜店中都有現場表宴的樂團，有些樂團非常的棒。位於維多利亞

基督城購物

基督城就像購物天堂般，你可以在這裡找到不同設計師的商店、全國連鎖商店、紀念品店和購物中心。

在Worcester大道的**藝文中心**（Arts Centre）中有超過40家的手工藝品店，販售紐西蘭製的紀念品。

坎特柏利博物館專門展覽紐西蘭的鮑魚貝殼製的珠寶和紀念品；也有紐西蘭設計的陶器、玻璃、石頭和木頭製品；還有毛利人的雕刻品。

如果你想要找一些比較有冬天氣息的紐西蘭產品，不妨去國際南極中心（International Antarctic Centre）和基督城國際機場中的**南極商店**（Antarctic Shops）找找看。

在哥倫布街上你可以找到**巴倫提內百貨公司**，就在市政府的旁邊，這是基督城最大的百貨公司，被比凝為紐西蘭的哈洛百貨公司或馬些爾‧菲爾德百貨公司。百貨公司中的銷售員身穿黑色衣服，非常專業。

世界著名的**坎特柏利農產品市場**（The World Famous Canterbury Produce Market）位於Tuam街，週五11am-6pm、週六9am-3pm開放。這裡是當地農夫種植產品市場，市場和世界其他銷售農產品的市場一樣；在2003年開幕，要找坎特柏利農產品，來這裡準沒錯。

街的基督城賭場（The Christchurch Casino；電話：03-365-9999）也是個充滿人群的熱鬧場所。

Ferment：130 Oxford Street，電話：03-377-9898。這間商店白天是咖啡店、晚上變身為酒吧，可以從這裡開始沿著牛津街逛逛。

The Dux de Lux，299 Montreal Street，電話：03-379-8334；www.thedux.co.nz。這裡的客人很時髦、但是態度悠閒；他們有自釀的啤酒、現場民謠和藍調音樂。

The Loaded Hog，位於Cashel街和Manchester街的角落，電話：03-366-6674；傳真：www.loadedhog.co.nz。這家最早的酒吧位於繁忙的角落，和在奧克蘭的酒吧一樣大、活躍；是個值得造訪的地方。

The Ministry，90 Lichfield Street，電話：03-379-2910；www.ministry.co.nz。這酒吧所播放的是世界最新的音樂，男同性戀者喜歡聚集於此；酒吧有個很大的舞池和很棒的音響，這地方越晚越狂熱。

戶外活動

滑雪

基督城是滑雪者理想的基地，哈特山和梅德文山距離基督城約90分鐘的車程，離波特滑雪場也很近。請洽：**Mount Hutt Ski Area**，電話：03-308=5074；傳真：03-307-6301；www.nzski.com/mthutt

空中飛人

Skydiving NZ Com，Wigram Aerodrome，電話：03-343-5542；www.skydivingnz.com。你可以體驗以每小時200公里速度自由下降時腎上腺素升高的感受。

游泳

Queen Elizabeth II Park，171 Travis Road，電話：03-941-6849；www.qelipark.org.nz；週一到週五，6am-9pm，週六、週日和國定假日7am-8pm開放，需購票。公園內的運動場和運動設施是為了1974年的協會界比賽所建，但是在比賽結束後，他們又增添了許多特別的水上設施，特別是刺激的滑水道。

風帆/衝浪

靠近基督城的帕格薩斯灣和索姆納灣有很棒的風帆和衝浪環境，但是海水非常的寒冷，建議你最好穿上保暖緊身衣。

阿卡羅亞

遊客資訊

阿卡羅亞遊客資訊中心：80 Rue Lavaud，電話/傳真：03-304-8600；www.akaroa.com；電子信箱：akaroa.info@clear.net.nz

住宿資訊

Kahikatea Country Retreat，Wainui Valley Road, RD2 Akaroa，電話：03-304-7400；www.kahikatea.com。這是間1860年代的農莊改建之豪華旅館，可遠眺阿卡羅亞海灣。$$$$$

Maison des Fleurs，6 Church Street，電話：03-304-7804；www.maisondesfleurs.co.nz。這間奢華的精品旅館有個露天陽台和隱蔽的庭園。$$$$$

Wai-Iti Motel，64 Rue Jolie，電話：03-304-7292；www.driftwood.co.nz。這間濱海的旅館有容納全家福的房間，從旅館步行就可到達商店和餐廳。共有12間房間。$-$$$

餐廳價格指南

以下符號代表每個人的晚餐平均消費額，包括服務費和稅金。

$	=	10-15紐幣
$$	=	15-25紐幣
$$$	=	25紐幣以上

用餐資訊

C'est La Vie Bistro/Café，33 Rue Lavaud，電話：03-304-7314，餐廳專精於法式料理和海鮮料理。$$$

French Farm Winery and Restaurant，Valley Road，電話：03-304-5784；www.french-farm.co.nz。供應一般咖啡廳風格午餐。$$

Ma Maison，6 Rue Balguerie，電話：03-304-5784。這間濱水的餐廳有很棒的料理和選擇多的酒單。

戶外活動

Dolphin Experience，61 Beach

南極探索

這不是一趟輕鬆的旅程，可以在基督城出發並且選擇以下幾家當地專門安排南極之旅的公司：

The Adventure Travel Company，60 Oxford Terrace，電話：03-364-3409；www.adventuretravel.co.nz。追隨Shackleton和Scott的腳步，從紐西蘭搭乘郵輪，航行於Ross海中的大冰塊中，來開始為期一個月的旅程；你會去參觀這兩位探險家所住的小屋並且觀賞南方非凡的野生動物。

Heritage Expeditions，53B Montreal Street，電話：03-365-3500；www.heritage-expeditions.com。有郵輪去南極以及其他南極的群島—「南極的加拉巴哥群島」（the Galapagos of Antartica）以及世界尚未被文明染污的自然環境。團體人數不會超過50人，他們所強調的是：盡量讓乘客下岸，停留時間盡量地長久。

Road，電話：03-304-7726；www.dolphinsakarva.co.nz。這是個兩個小時的郵輪之旅，帶你去觀察軟毛海豹、藍色企鵝和稀有的黑格特海豚（Hector's dolphin）。

愛斯基摩小船

阿卡羅亞租用船和阿卡羅亞海上划愛斯基摩小船：Foreshore, Beach Road，電話：03-304-8758。可以租用划船、愛斯基摩小船、海上愛斯基摩小船、汽船、雙人獨木舟和划船來探索當地平靜的海水。

坎特柏利

漢美爾溫泉

遊客資訊

哈魯奴依遊客中心（Hurunui Visitor Centre，42 Amuri Avenue，電話：03-315-7128；www.hurunui.com；電子郵件：info@hurunui.com

旅館價格指南

所列價格為非旺季的每晚雙人房價格，購物稅已包括。

$	=	100紐幣以下
$$	=	100-150紐幣
$$$	=	150-200紐幣
$$$$	=	200-250紐幣
$$$$$	=	250紐幣以上

住宿資訊

Alpine Lodge，在Amuri Drive和Harrogate街的角落，電話：03-315-7311；傳真：03-315-7312；www.alpinelodgemotel.co.nz。旅館距離商店和游泳池很近，旅館中有傳統的小木屋和豪華的高樓套房，每間房間的設備不同。共有24間房間。$$-$$$$

Greenacres Charlet and

Townhouse Motels，84 Conical Hill Road，電話：03-315-7125；www.greenacresmotel.co.nz。房間像公園環境般的散布四處，可從房間遠眺漢美爾盆地；小木屋和聯建住宅公寓有露天平台、陽台和完整廚房設備；旅館離漢美爾鎮和暖氣流水池很近。$-$$

Hanmer Resort Motel，7 Cheltenham Street，電話：03-315-7362；傳真：03-315-7581；www.hanmerresortmotel.co.nz。旅館房間可以容納到6人；比鄰礦泉水池。共有15間房間。$-$$$

Hanmer Springs Larchwood Motel，12 Bath Street，電話/傳真：03-315-7281。房間寬敞，可以容納到6人，離回力球場、溫泉池和森林很近。$-$$$

用餐資訊

Hot Springs Hotel，2 Fraser Close，電話：03-315-7799。這間酒吧員工非常親切，有小酒館的菜單。$

Heritage Hanmer Springs，1 Conical Hill Road，電話：03-315-7804。餐廳供應太平洋沿岸地區料理和法式料理，餐廳非常雅致。$$$

Malabar Restaurant and Cocktail Bar，5 Conical Hill Road，電話：03-315-7745；電子郵件：malabartd@xtra.co.nz。這間美味的亞洲和印度料理餐廳有選擇性多的酒單。記得要先訂位。

戶外活動

高爾夫球

Hanmer Springs Golf Club，133 Argelins Road，電話：03-315-7110；www.hanmersprings.nzgolf.net。是個具挑戰性18洞的高爾夫球場，位於極為美麗的山景中。

騎馬

Hurunui Horse Treks，Ribbonwood, Hawarden（位於漢美爾溫泉和基督城之間），電話/傳真：03-314-4204；www.hurunui.co.nz。這家公司帶領遊客越過北坎特柏利的農地，來進行騎馬的旅程。

溫泉

Hanmer Springs Thermal Reserve，**Amuri Avenue**，每天10am-9pm開放，需購票；電話：03-315-7511；www.hanmersprings.co.nz。這些溫泉池位於大的針葉樹花園中；冬天時泡在室外的溫泉池、看著雪花融入池中，那種溫暖舒適的體驗是很少有的。

梅德文
遊客資訊

梅德文旅遊資訊（Methven Travel and Information，Main Street，電話：0800-764-444；傳真：03-302-9367；www.methven.net.nz；電子郵件：methven@clear.net.nz

住宿資訊

Canterbury Hotel，**Mount Hutt Village**，電話：03-302-8055；www.nzpub.com。這間具歷史性的飯店50年來一直都是遊客的避風港；飯店很簡單，但是設備很舒適；有間不錯的家族經營的餐廳。$

Mount Hutt Motel，205 Main Street，電話：03-302-8382；傳真：03-302-8382；www.mounthuttmotels.com。這間是距離哈特山最近的旅館，房間寬敞、設備齊全；公寓房間位於像公園般的環境中，有溫泉浴和草坪網球場。共有10間房間。$

Powderhouse Country Lodge，3 Cameron Street, Mount Hutt，電話：03-302-9105；www.pow-erderhouse.co.nz。這是由美麗的艾德華式別墅修復而成的旅館，旅館內有傳統的古董和早期滑雪、釣魚和登山重要紀事收藏品。房間非常舒適，有私人浴室；也有8人溫泉池和泡腳溫泉池。共有5間房間。$$$$

用餐資訊

Abisko Lodge，74 Main Street, Mount Hutt Village, Main Road，電話：03-302-8875。這間餐廳的食物專門是為餵飽飢餓的滑雪者準備。$-$$

131咖啡屋（Café 131），131 Main Street，電話：03-302-9131。早餐、午餐和點心非常豐盛，價格也很合理。晚上不營業。$-$$

戶外活動
熱氣球

Aoraki Balloon Safaris，20 Barkers Road，電話：03-302-8172；www.nzballooning.com。熱氣球升上高空來俯瞰庫克山和國家公園中的群山，另外也可以欣賞坎特柏利平原的全景。

直升機滑雪之旅

Methven Heliskiing，Main Street，電話：03-302-8108；www.heliskiing.co.nz。這家公司用直升機載滑雪者深入滑雪心臟地區，滑雪者可以在滑道上一邊滑雪一邊欣賞無懈可擊的美景。

提卡波湖
遊客資訊

Lake Tekapo Information Centre，在德卡波湖旁的主要公路，森尼克度假區（Senic Resort），電話：03-680-6686；www.laketekapountouched.co.nz。

住宿資訊

Lake Tekapo Grandview，32 Hamilton Drive，電話：03-680-6910；www.laketekapograndview.co.nz。飯店果真不負其名，每一間房間都可以觀賞到壯麗湖光山色。$$$-$$$$

Lake Tekapo Scenic Resort，位於主要公路上，電話：03-680-6808；www.laketekapo.com。這間度假村所處位置居中，也可欣賞美麗景色，也有比較便宜的房間。$$-$$$$

用餐資訊

Reflection Café and Restaurant，位於德卡波湖風景度假村內，電話：03-680-6808。料理以當地新鮮食材烹調，例如新鮮鮭魚和鹿肉，可以一邊用餐一邊欣賞美麗湖光山色。$$

戶外活動
冰上溜水

湖濱之旅（Lakeside Drive），德卡波冰上運動，電話：03-680-6550；電子郵件：icerink@xtra.co.nz。這個是紐西蘭最大的自然戶外溜冰場（通常在7、8月開放）。

登山

Alpine Recreation Canterbury，德卡波湖Murray Place，電話：03-680-6736；www.alpinerecreation.co.nz。他們提供登山課程，並且也有嚮導帶領攀爬主要山峰及冰河。

觀星

Tekapo Tours Start Watching，電話：03-680-6565；www.stargazing.co.nz。天氣冷時，請把握在這個地區明亮無雲的天空中觀賞難得的景象，晚上觀星。

庫克山國家公園
住宿資訊

Aoraki Mount Cook Alpine Lodge，Mount Cook Village，電話：03-435-1860；www.

aorakialpinelodge.co.nz。位於阿歐拉提庫克山的國家公園內,對於自助旅行者而言,這間小木屋旅館的品質不錯,需自己解決膳食,從房間可觀賞庫克山和南阿爾卑斯山的全景。共有16間房間。$-$$$

Mount Cook Youth Hostel,位於Kitchener Drive和Bowen Drive的角落,電話:03-435-1820;傳真:03-435-1821;www.yha.co.nz。是個具有現代化設施的旅社。有同性別大寢室和男女混合的大寢室、雙人床房間和成對單人床的房間。旅社中有商店、電視房、中央暖氣、淋浴室、盥洗室、免費三溫暖和投幣式洗衣機;Newmans和Great Sights巴士每天在旅社外發車。$

The Hermitage Hotel,Terrace Road,電話:03-435-1809;www.mount-cook.com。房間舒適,位於庫克山國家公園中、紐西蘭最高山的山腳下,風景優美;飯店中有山溫暖、服飾店、咖啡廳、兩間餐廳和一間酒吧。共有250間房間。$$$$-$$$$$

The Hermitage Mount Cook Chalets and Motels,Terrace Road,電話:03-435-1809;傳真:03-435-1879;www.mount-cook.com。這是間新裝修、設備完善的旅館小木屋,有附浴室、電話和廚房的房間。$$$-$$$$$

戶外活動
航行

Glacier Explorers,位於隱士飯店中,電話:03-435-1077;www.glacierexplorers.com;10月到5月營業。在紐西蘭最大冰河溶化的水面上航行,遊客可以觸摸並且嚐嚐已有500年歷史的冰;有嚮導提供具教育性的評論。

空中觀景

Cloud 9 Heli Hiking,直升機直接升空至庫克山,並且在這寧靜的

登山

高山嚮導(Alpine Guides),這是阿歐拉提和庫克山國家公園唯一的嚮導公司,他們提供的南阿爾卑斯山的高山之旅、登山課程、一對一的指導、高山探險和嚮導的服務。庫克山(3754公尺/12348呎)7天探險的費用為4750紐幣,費用包括搭乘飛機的費用。意者請洽Alpine Guides Trekking,Bowen Drive,電話:03-435-1834;傳真:03-435-1898;www.alpineguides.co.nz;電子郵件:mtcook@alpineguides.co.nz

仙境中緩慢飛行。可以依據個人的時間、年齡、需要和身體狀況來安排直升機之旅。

Mount Cook Skiplanes,靠近庫克山莊的機場國道80號,電話:03-435-1026;www.mtcook-skiplanes.com。遊客可以在觀景飛機上觀賞冰河;這是南阿爾卑斯山中唯一降落於雪上的飛機。

滑雪

Alpine Guides Heliskiing,Bowen Drive,電話:03-435-1834;www.heliskiing.co.nz。從7月到9月可以在塔斯梅冰河上滑雪,但是只能搭乘雪上飛機才能到達滑雪道;要提醒遊客的是:即使紐西蘭直升機的費用比美國和歐洲便宜,但是在塔斯梅滑雪的費用可以是相當昂貴的。

西海岸

如何抵達

如果你開車的話,有兩條路,一條可以從納開遜穿越布勒峽谷、經過歷史小鎮里佛頓再通過列維

斯通道、從基督城越過高山亞瑟山隘(Alpine Arthur's Pass);另一條路是從皇后鎮越過哈斯特山隘。開車時間約為3-5小時。

在荷基提卡和西港市有設置機場,有固定的航班起降。也可以搭乘**Tanz Alpine**火車,從基督城穿越南部阿爾卑斯山(Southern Alps)到格雷茅斯(或是反方向走)。西岸也有長途巴士服務。請參考329-330頁的「熟悉環境」。

哈斯特
遊客資訊

哈斯特遊客中心(Haast Visitor Centre),Department of Conservation),哈斯特會合點(Haast Junction),電話:03-750-0809;電子信箱:haastvc@doc.govt.nz

住宿資訊

Lake Moeraki Wilderness Lodge,SH6, Haast,電話:03-750-0881;www.wildernesslodge.co.nz。環境美麗至極,有著極棒的灌木叢和海岸人行道及眾多的野生動物。$$$$$

餐廳價格指南

以下符號代表每個人的晚餐平均消費額,包括服務費和稅金。

$ = 10-15紐幣
$$ = 15-25紐幣
$$$ = 25紐幣以上

用餐資訊

Haast World Heritage Hotel,SH6, Haast,電話:03-750-0828;www.world-heritage-hotel.com。荒涼的西岸料理,像是羊肉、藍色鱈魚、鹿肉、鮭魚和銀魚都可以在菜單上找到。

$-$$$

戶外活動
快艇

Waiatoto River Jet Boat Safaris，The Red Bar, SH6, 哈斯特會合點，電話：03-750-0780。這是世界上唯一一家由海上探險到山邊河川探險，探索的是西南世界遺產地區的偏遠地帶、

福克斯冰川
遊客資訊

福克斯冰川遊客中心（Fox Glacier Visitor Centre），公園保護管理中心, SH6, Fox Glacier，電話：03-751-0807；www.west-coast.co.nz / www.glaciercountry.co.nz；電子信箱：info@west-coast.co.nz

住宿資訊

A1 Fox Glacier Motel，Cook Flat Road, Fox Glacier，電話：03-751-0804；傳真：03-751-0706。鄰近郵局、餐廳和海灘；房間最多可以容納八人；共有10間房間。$-$$

Fox Glacier Hotel，位於Cook Flat Road和SH6角落，電話：03-751-0839；傳真：03-751-0868；www.resorts.co.nz。建於1928年，這間飯店曾經在期間裝修過以恢復奇原有的魅力和氛圍；有餐廳、沙發酒吧、會客廳和網路服務。共有80間房間。$-$$

Scenic Circle Glacier，Fox Glacier，電話：03-751-0847；傳真：03-751-0822；www.scenic-circle.co.nz。在狐狸冰河鎮的西部世界遺產公園中，這間飯店有會客廳、客房服務和餐廳。共有51間房間。$$

用餐資訊

Café Neve，Main Road，Fox Glacier，電話：03-751-0110；

傳真：03-751-0115。咖啡廳位於福克斯冰川鎮的中心，可以在室內和壁畫室（al fresco，只有夏天時開放）用餐；他們的菜單以新鮮海產、小羊肉、牛肉、素食和義大利麵及沙拉為主。$$-$$$

High Peaks Bar and Restaurant，163 Cook Flat Road, Fox Glacier，電話：03-751-0131。這是品嚐道地西岸料理的地方；鹿肉火鍋是他們最受歡迎的料理；這家餐廳酒單的選擇很多；咖啡廳有很棒的小酒館菜料理；從每張餐桌都可以觀看秀麗的湖光山色。$$

戶外活動
冰上漫步

Alpine Guides Fox Glacer，弗朗茲 · 喬瑟夫冰河 Main Road, SH6。電話：03-751-0825；www.foxfuides.co.nz。公司可安排冰上漫步、攀爬冰山和「直升機登山」之旅。

法蘭茲 · 約瑟夫冰川
遊客資訊

法蘭茲 · 約瑟夫冰川遊客中心，SH6，公園保護管理中心，電話：03-752-0796；傳真：03-752-0797；www.glaciercountry.co.nz

旅館價格指南

所列價格為非旺季的每晚雙人房價格，購物稅已包括。

$	=	100紐幣以下
$$	=	100-150紐幣
$$$	=	150-200紐幣
$$$$	=	200-250紐幣
$$$$$	=	250紐幣以上

住宿資訊

Franz Josef Glacier Hotel，SH6, Franz Josef Glacier，電話：03-752-0729；傳真：03-752-0709；www.scenic-circle.co.nz。飯店擁有兩個地方，距離1公里，每個飯店的三個側廳位於蒼翠繁茂的特有灌木叢中並可欣賞壯麗的高山景觀。共有177間房間。$$$$$

Glacier Gateway Motor Lodge，Main Road, Franz Josef Glacier，電話：03-752-0776；傳真：03-752-0732；www.franzjosefhotels.co.nz。這是鄰近紐西蘭冰河區的其中一間旅館，有直通冰河的道路；旅館設備簡單但是有兩間房間有浴室，旅館有溫泉和三溫暖。距離商店和餐廳很近，共有23間房間。$

Karamea Bridge Farm Motels，Westport1RD, Franz Josef Glacier，電話：03-782-6955；傳真：03-782-6748；www.karameamotels.co.nz。在私人的農莊中提供單人房和雙人房間，可以遠眺卡胡蘭吉國家公園（Kahurangi National Park）的一片茫茫景色；每間房間有一間大客廳。距離卡拉梅亞只有400公尺的距離。

用餐資訊

Beeches Restaurant，SH6, Franz Josef Glacier，電話：03-752-0721。餐廳外面石頭樑柱上有一個煤氣燈，因此很容易找到這家餐廳；餐廳主要提供道地西岸料理，有鹿肉和牛肉；也提供輕食、酒單的選擇性很多。$$

Blue Ice Café，SH6, Franz Josef Glacier，電話：03-752-0707。這間餐廳不拘一格的菜單中有印度料理、義大利料理和紐西蘭料理，但是披薩仍然是他們的拿手菜；酒單選擇很多，樓上的酒吧有免費的撞球桌。$$

戶外活動
冰上漫步

Franz Josef Glacier Guides，Main Road, Franz Josef Glacier，電話：03-752-0763；www.franzjosefglacier.co.nz。由於他們所提供相當新的設備，因此原來只有有經驗的人才能到冰河地帶冒險的旅程，現在新手也可以加入了。

賞鳥

Okarito Nature Tours，Franz Josef, Whataroa，電話：03-753-4014；www.okarito.co.nz。划槳進入森林中心來觀賞莊嚴的高山景觀，或是欣賞那一區70種左右的鳥類，尤其是白色蒼鷺。

White Heron Sanctuary Tours，電話：03-3753-4120；www.whiteheron.tours.co.nz。這是紐西蘭唯一的一個白色蒼鷺棲息地；只有在10月到3月間才可以看到牠們，但是快艇行和觀光行程是全年都有的。

亞瑟通道
遊客資訊

亞瑟通道遊客資訊中心：電話：03-318-9211；www.apinfo.co.nz

住宿資訊

The Chalet Transalpine Hotel，Main Road, Arthur's Pass，電話：03-318-9236；傳真：03-318-9200；www.arthurspass.co.nz。小木屋風格的住宿可遠眺壯麗的南阿爾卑斯山山景，餐廳以羊肉、鮭魚、鹿肉和牛肉料理為主°C共有10間房間。$-$$

荷基提卡
遊客資訊

威士蘭資訊中心（InformationCentre Westland，Hamilton Stree, Carnegie建築，Hokitika，電話：03-755-6166；www.west-coast.co.nz。

住宿資訊

Best Western Shining Star Beachfront Chalets，11 Richards Drive, Hokitika，電話：03-755-8921；傳真：03-755-8653。位於市中心，這些小木屋各有露天平台、可直接走到海灘，小木屋設備齊全。$-$$

Fitzherbert Court Motel，191 Fitzherbert Street, Hokitika，電話：03-755-5342；傳真：03-755-5343；www.fitzhertcourt.co.nz。舒適的房間中有小廚房，有些房間內有溫泉浴；旅館鄰近市中心、機場和海灘。$-$$

Kapitea Ridge & Cottage，RD2，卡皮提溪，SH6，Chesterfield Road, Hokitika，電話：03-755-6805；www.kapitea.co.nz。舒適的旅館，可觀海景。$$$

餐廳價格指南

以下符號代表每個人的晚餐平均消費額，包括服務費和稅金。

$	=	10-15紐幣
$$	=	15-25紐幣
$$$	=	25紐幣以上

用餐資訊

Café de Paris，19 Tancred Street, Hokitika，電話：03-755-8933；道地的法國料理，有令人垂涎三尺的點心，這家餐廳特製的這種點心最多可以在巴黎吃到。$$

Stumpers Bar and Café，2 Weld Street, Hokitika，電話：03-755-6137；www.stumpers.co.nz。這家溫暖舒適的咖啡的菜單普通但撩人，菜單中有現做的義大利麵、當地時節性的銀魚和鹿肉，

來到這家餐廳不要忘了觀賞一下牆上由當地藝術家創作的銅製藝術品。$$

Trappers Restaurant and Bar，131-137 Revell Street, Hokitika，電話：03-755-6868；傳真：03-755-6068。就和餐廳名字一樣，這家餐廳提供的料理是野味和具異國情調的食物和海鮮；也提供低價的住宿。$$

格雷茅斯
遊客資訊

格雷茅斯旅遊中心，164 MacKay Street, Greymouth電話：03-768-7080；www.west-coast.co.nz

住宿資訊

Aachen Place Motel，50 High Street, Greymouth，電話：03-768-6901；www.aachenmotel.co.nz。這家旅館曾獲獎項，從套房公寓和房間窗戶可以遠眺美麗的湖光山色。位於市中心，設備齊全。鄰近超市。$-$$

Gables Motor Lodge，84 High Street, Greymouth，電話：03-768-9991；傳真：03-768-9992；電子信箱：gables@xtra.co.nz。舒適的房間中有大床舖和全套設備的小廚房，有些房間有溫泉浴、有些房間中有浴室。鄰近超市和商店。$-$$$

西岸手工藝品

西岸是許多藝品店和手工藝品店之家，從綠石和動物骨藝品到玻璃和木製藝品應有盡有。來到這裡不妨參觀一下**Gray Fur Trading Co. Ltd**（20 Sewell Street），這家公司專門販售負鼠毛和羊毛製品；電話：03-757-8949；傳真：03-756-8092。

用餐資訊

Café 124 on Mackay，124 Mackay Street, Greymouth，電話：03-768-7503。位於新建的建築中，食物和咖啡都很棒，可以在室內或室外用餐。$-$$

The Smelting House Café，102 MacKay Street, Greymouth，電話：03-768-0012；傳真：03-768-0075。餐廳位於西岸河岸的一棟改建的歷史建築物中，是由領有執照的營養師經營，主要供應家庭式的料理。週一到週六上午八點到下午五點營業。$-$$

戶外活動

Wild West Adventure Co.，8 Whall Street, Greymouth，電話：03-768-6649；www.nzholidayheaven.com。這家公司安排不同的探險行程：有淘金、螢火蟲洞和尋寶石之旅，也有泛舟和駕駛四輪傳動。

皇后鎮和奧塔哥

皇后鎮

如何抵達

紐西蘭航空每天有固定班機到達皇后鎮，你可以在威靈頓、基督城和奧克蘭等城市搭機；每天也有班機往返於皇后鎮和澳洲雪梨。從基督城、庫克山、但尼丁、蒂阿瑙、瓦納卡，法蘭茲·約瑟夫和密爾福峽灣每天都有長途巴士和接駁巴士往返於這些城市間。

遊客資訊

皇后鎮旅遊和遊客中心（Queenstown Travel and Visitor Centre），於Shotover街和Camp街角落的鐘樓建築中，電話：03-442-4100或0800-478-336；www.queenstow-nzco.nz

市區交通

你在皇后鎮走路或搭乘短程計程車就可以到達許多地方，如果想要去看市郊景色，那就一定要租車才能到達，皇后鎮中有許多家租車公司；要往返於亞羅城也很容易，每天都有固定巴士班次。

旅館價格指南

所列價格為非旺季的每晚雙人房價格，購物稅已包括。

$	=	100紐幣以下
$$	=	100-150紐幣
$$$	=	150-200紐幣
$$$$	=	200-250紐幣
$$$$$	=	250紐幣以上

住宿資訊

Alpine Sun Motel，18 Hallenstein Street，電話：03-442-8482；傳真：03-442-6432；www.alpine-sun.co.nz。位於皇后鎮市中心，有完備的套房和全家福房間；旅館中有洗衣房和活動諮詢櫃檯。共有10間房間。$$

Copthorne Lakefront Resort，位於Adlaide街和Frankton路的角落，電話：03-442-8123；www.copthornelakefront.co.nz。這是間具有241間房間的四星級飯店，許多房間可以觀賞到美麗的湖光山色，不在皇后鎮的市中心，但是步行就可到達主要的購物區；提供接駁巴士。$$$

Kingsgate Hotel Terraces，88 Frankton Road，電話：03-442-7950；傳真：03-442-8066；www.kingsgatehotels.co.nz。走路10分鐘就可以到市中心，飯店所有房間都可以欣賞壯麗的湖光山色，有些房間中有簡單烹飪的設備；客人可以去免費的私人溫泉池泡湯。共有85間房間。$$$

Mercure Resort，Sainsbury Road，電話：03-442-6600；www.accorhotels.co.nz。從旅館可以俯瞰壯觀的山脊景觀和湖水；走路5分鐘就可以到達市區；旅館提供24小時的客房服務、溫泉、網球場、健身房、三溫暖和觀景台。$$

Millenium Queenstown，位於Frankton路和Stanley街的角落，電話：03-441-8888；傳真：03-441-8889；www.mckhotels.co.nz。這是間高級餐廳，房間裝潢非常有品味；飯店中有餐廳、酒吧、停車場、健身房和溫泉。共有220間房間。$$$-$$$$$

Novotel Gardens，位於Marine Parade和Earl街的角落，電話：03-442-7750；www.accorhotels.co.nz。這間現代的旅館位於湖濱；從旅館寬敞又溫暖的會客廳就可以大概了解房間的狀況；旅館經理和員工提供高品質又無懈可擊的服務。$$-$$$$$

Nugget Point Resort，位於亞瑟岬，電話：03-442-7273；傳真：03-442-7308；www.nugget-point.co.nz。這家榮獲獎項的精品旅館有間很雅致的餐廳，從皇后鎮只需10分鐘車程就可到達；旅館房間裝潢無懈可擊、比較貴的房間還可欣賞Shotover河和Coronet高峰的景色；專業的員工提供一流的服務。$$$$-$$$$$

The Heritage Queenstown，91 Fernhill Road，電話：03-442-4988；www.heritagehotels.co.nz。這是間歐風飯店，有森林和瀑布房間，也有濱湖套房，房間由好幾百年的西洋杉建造，有白天溫泉池、三溫暖、健身房和游泳池完善的設施。$$$

用餐資訊

Boardwalk Seafood Restaurant and Bar，Steamer Wharf Village，電話：03-442-5630；www.boardwalk.net.nz。是間遊客常光臨的餐廳，美國柯林頓總統也曾經來此用餐過，供應的是肉類和海鮮料理，價格合理；但是服務態度有待加強。$$$

Lone Star Café and Bar，14 Brecon Street，電話：03-442-9995；www.lonestar.co.nz。餐廳就如其名，這是間西部風格的餐廳，餐點份量巨大，食物也很美味。$$

Minami Jujiei，45 Beach Street，電話：03-442-9854；這家榮獲獎項的餐廳結合了傳統和現代的日本料理，從沒吃過日本料理的客人不妨來這裡嚐試。$$

Roaring Megs Restaurant，57 Shotover Street，電話：03-442-9676；www.roaringmegs.co.nz。位於1800年代金礦工小屋中，這間餐廳曾以其歐洲和太平洋海岸地區料理榮獲獎項，可以輕鬆、舒適的氛圍中享受燭光晚餐。$$

Solera Vino，25 Beach Street，電話：03-442-6082。這是間非常吸引人的餐廳，餐廳所供應的是西班牙料理和葡萄酒。$$-$$$

The Bathhouse，28 Marine Parade，電話：03-442-5625；www.bathhouse.co.nz。這間是由1911年建造的澡堂改建而成的餐廳，位於海灘上，可欣賞美麗湖光山色，可以在他們懷舊的室內和令人驚歎的室外享用榮獲獎項的料理。$$-$$$

The Birches，位於礦塊岬度假村內，電話：03-442-7273。這間餐廳距離皇后鎮市中心只有10分鐘的車程，因此能來這裡嚐試具創意又創新的料理算是很方便的，他們採用紐西蘭最新鮮的食材來料理，香草脆皮羊肉是會讓人愛死的一道菜。$$$

娛樂/夜生活

7月的時候絕不能錯過**皇后鎮冬季節慶**（Queenstown Winter Festival），他們有精采的節慶遊行、戶外舞會、爵士夜、冬季啤酒節、名人滑雪賽和皇后鎮「油膩的星期二」（Mardi Gras）。欲更進一步了解請聯絡03-442-2453；www.winterfestival.co.nz

皇后鎮有許多很棒的酒吧和夜店，國際觀光客、自助旅行者、當地的滑雪者和探險者常常會在晚上來此放鬆一下。

Bardeaux，位於Eureka Arcade，在購物中心對面，電話：03-442-8284。環境奢華，供應很多的葡萄酒和雞尾酒，大型的壁爐吸引許多當地人和遊客。

Pog Mahone's：14 Rees Street，電話：03-442-5328；www.pogmahones.com。當愛爾蘭人來到皇后鎮的時候，他們也跟著開了這家酒吧。金氏黑啤酒銷售量不錯，現場有樂團表演（通常在週三和周日）；也有供應食物。

The World Bar, Restaurant and Nightclub，27 Shotover Street，電話：03-4426-757。這裡常常擠滿許多自助旅行遊客和年輕冒險者，是個非常生動又熱鬧的地方，他們的happy hour常常延長到午夜。

Surreal，7 Rees Street，電話：03-441-8492。這在傍晚為餐廳的店，晚上就變成充滿電子音樂、很棒的酒吧。食物和服務都很好。

戶外活動
觀鳥

Kiwi and Birdlife Park，Brecon Street，電話：03-442-8059；www.kiwibird.co.nz；每天9am-6pm開放；需購票。穿越當地灌木叢中，就可以到達鳥舍；在那裡你不只可以看到密雀、鈴鳥、扇尾鳥和鷸鴕，你也可以看到瀕臨絕種的黑色長腳鷸、棕色短頸野鴨、帶狀秧雞和稀有的大蜥蜴。7pm-10pm的時候，你可能會想要選擇四道鷸鴕菜的盛宴，並且觀賞毛利文化表演和去鳥舍餵食鷸鴕。需事先

訂位。

高空彈跳

皇后鎮是世界高空彈跳瘋狂開始的地方，也是高空彈跳的起源地。在Skiippers峽谷有三座43-102公尺高的橋，你可以從那樣的高度直衝而下；也可以去高度43公尺的卡瓦羅橋、47公尺的Ledge Bungy、134公尺的Nevis Bungy和102公尺的Skippers Canyon Pipeline Bungy。A.J Hackette（坎普街和修特歐瓦街角落的車站，電話：03-442-4007；www.ajhackett.com）公司在皇后鎮經營4個獨特高空彈跳地點。新開的Kawarau Bungy Centre公司（電話：03-442-1177）有多媒體的高空彈跳圓屋頂和咖啡廳。

花園之旅

Queenstown Garden Tours：電話：03-442-3799；www.queenstowngardentours.co.nz；10月到3月每天8:30am到中午開放。行程有：至少去參觀3家百花爭艷的住宅花園，依據季節來選擇不同花園，這是個參觀紐西蘭境內最美花園的好機會，途中會提供Devonshire茶。如果想要將花園之旅和酒鄉之旅結合，可以去www.queenstownwine.trail.co.nz網站查詢。

高爾夫球

Millbrook Resort，Malaghans Road, Arrowtown，電話：03-441-7010；www.milkbrook.co.nz。可以在這磨坊小溪度假村的72洞的冠軍高爾夫球場打球，球場是由紐西蘭著名的高爾夫球手Bob Charies爵士所設計的。

快艇

Shotover Jet：亞瑟岬的Shotover Jet海灘，電話：03-442-8570；傳真：03-442-7467；www.shotoverjet.com。

皇后鎮和紐西蘭搭乘快艇最棒的地方之一就在Shotover河。可以在皇后鎮搭乘免費的接駁公車。Dart River Safaris，Mull Street, Glenorchy，電話：03-442-9992；www.dartriver.co.nz。這家公司會帶領大家搭乘80公里長的快艇之旅，在群山和冰河間航行、穿越「中土」、來到世界遺跡地區亞斯派林峰國家公園中。

泛舟

Challenging Rafting，在修特歐瓦街和坎普街角落的車站中，電話：03-442-7318；傳真：03-441-2983；www.raft.co.nz。在充氣船中體驗一下這驚險刺激的泛舟之旅，每條船最多只能容納8人；最刺激的河川是在修特歐瓦和卡瓦羅。

纜車/小雪橇

Skyline Gondolas，Brecon Street，電話：03-441-0101；www.skyline.co.nz；每天9am到4pm開放乘坐；需購票。在纜車攀爬790公尺高度後，你可以搭乘驚險刺激的小雪撬下山。最小年齡限制：3歲。

高崖跳傘

Flight Park Tandems：電話：0800-467-325，www.tandem-paragliding.com。當教練在駕駛的時候，你必須在瓦卡提浦盆地上空700公尺高度處進行高空跳傘，降落傘會打開並帶你緩慢地下降到地面；冬天的時候你會從皇冠峰高峰跳傘，滑雪滑了一天，這種下山方式也是不錯的。

跳傘

NZONE The Ultimate Jump，電話：03-442-5867；www.nzone.biz。這個雙人的跳傘價錢不一，要是你所跳傘的高度是2743公尺、3658公尺或是終極的4572公尺。

飛行

Fly By Wire，34 Shotover Street，電話：0800-359-299；www.flybywire.co.nz。這是個刺激的自我控制冒險飛行，坐在一個一種高速的、栓繩的飛機上，在深邃的峽谷中敞翔於空中。在飛機緩緩滑行而下前，要好好體驗一下這個9分鐘的無重量飛行，費用是160紐幣；至少要15歲以上才能參加。

Paraflights NZ，皇后鎮主要碼頭，電話：03-441-2242；www.paraflights.co.nz。從Wakatipu湖上的船隻起飛，感受一下自己緩慢升空的體驗，然後升到300公尺的空中。然後下降到船上，至

直升機滑雪之旅

哈利斯高山直升機滑雪之旅公司（Harris Mountains Heli-Ski）提供一系列的套裝行程，包括私人直升機滑雪之旅的包機、一週和每天的直升機滑雪之旅套裝行程，完全是個人的滑雪技術如何來選擇。滑雪者會去探索南阿爾卑斯山的廣闊地區，以及未發現足跡的小道、巨大山峰、壯麗的山谷和具挑戰性的滑運道。最好在7月到9月間來進行直升機滑雪之旅。請洽哈利斯高山直升機滑雪之旅公司：在修特歐瓦街和坎普街角落的車站中，電話：03-442-6722（只有冬天營業）；或是瓦納卡的Ardmore街99號，電話：03-443-7930（只有紐西蘭冬季才營業）；www.heliski.co.nz；電子信箱：hmh@heliski.co.nz。哈里斯高山直升機滑雪之旅公司在皇后鎮、瓦納卡和庫克山有營業點。

少要3歲才能參加。

攀岩

The Rungway，位於Gorge路的舊式Johnston巴士公司建築中，電話：03-409-2508；www.rungway.co.nz。這是南半球第一個「鐵道」（Iron Way），簡單的說就是在山邊搭上一連串的鐵梯、梯子和纜線，可以讓新手體驗一下攀岩的滋味；每天有分兩班次，9am和1pm。

盪鞦韆

Shotover Canyon Swing，電話：03-442-6990；www.canyon-swing.co.nz。在109公尺的高度盪鞦韆可以算是世界最高的盪鞦韆了；你會像自由落體般地下滑至峽谷60公尺，直到你以每小時150公里的速度被繩子擺動到呈現大弧形，最低年齡限制：10歲。

滑雪

南島最有組織的滑雪中心就是卡得羅納、三山錐、科羅內峰和卓越山脈，這些中心離皇后鎮和瓦納卡很近。可以查閱一下以下的網站或是聯絡皇后鎮和瓦納卡遊客中心。欲索取滑雪和冰上滑板基本資料，請參考「旅遊小點子」有關活動的部分。

卡得羅納 — www.cardrona.com
三山錐 — www.treblecone.co.nz
科羅內峰 — www.nzski.com/coronet
卓越山脈 — www.nzski.com/remarkables

蒸氣船之旅

TSS Earnslaw：位於瓦卡提浦湖，電話：03-442-7500或是0800-656-503；www.realijourneys.co.nz；每天中午到4pm。這是艘老舊的大船（以燒煤炭啟動），從1912年開始就航行於瓦卡提浦湖，開始航行時是用來載

運貨物道偏遠地區。你可以造訪Walter Peak High Countr農莊，在這裡享用午餐並且參加嚮導帶領的騎馬之旅。

酒鄉之旅

Chard Farm，RD1, Queen's Town，電話：03-442-6110；www.chardfarmco.nz。位於偏遠地區的偏僻小路上，以前曾經是皇后鎮和克倫威爾之間往返巴士必經之地。

Gibbston Valley Wines，SH6, Gibbston，電話：03-442-6910；www.gvwines.co.nz。這間榮獲獎項的釀酒廠所處地點相當迷人，不要錯過參觀酒廠，酒窖相當令人驚歎。

Lake Hayes Amisfield Cellars，Lake Hayes 10；電話：03-442-0556；www.amisfield.co.nz。遊客可以在美麗的湖岸邊進行一般的品酒體驗，另外當代的藝術展覽也是這裡的特色。

Peregrine Wines，Kawarau Gorge Road, Queen's Town；電話：03-442-4000；www.peregrinewines.co.nz。在高低起伏不平的山中村莊之葡萄園所釀造出來的是黑皮諾酒。

亞羅鎮

如何抵達

亞羅鎮位於皇后鎮東北方21公里處，網址：www.arrowtown.com

旅館價格指南

所列價格為非旺季的每晚雙人房價格，購物稅已包括。

$	=	100紐幣以下
$$	=	100-150紐幣
$$$	=	150-200紐幣
$$$$	=	200-250紐幣
$$$$$	=	250紐幣以上

住宿資訊

Arrowtown Old Nick，70 Buckingham Street，電話：03-442-0066；www.oldnick.co.nz。位於橡木和梧桐樹之間，這間民宿本來是1902年亞羅鎮警察的住所，後來在1995年改建為舒適的民宿。$$$

Millbrook Resort，Malaghans Road, Arrowtown，電話：03-441-7000；傳真：03-441-7007；www.millbrook.co.nz。這間世界級的豪華度假村之住宿有鄉村風格的房間和小木屋，也有兩間房間的小木屋。這裡有個很棒的高爾夫球場、餐廳和健身溫泉池。$$$$$

Settlers Cottage Motel，22 Hertford Street，電話：0800-803-301；www.settlerscottage。旅館是由民房改建而成，房間很漂亮、舒適又安靜，走路就可以到亞羅鎮的主要街道。$$

用餐資訊

Pesto，18 Buckingham Street，電話：03-442-0885。這間是家族經營的餐廳，主要有比薩、義大利麵和其他義大利料理。$$

Saffron，18 Bukingham Street，電話：03-442-1031；www.saffronrestaurant.co.nz。這家別緻、帶有亞洲風味的餐廳，被Conde Nast Traveller's旅遊書列為世界最令人食指大動的餐廳。$$$

The Postmasters House Restaurant，54 Buckingham Street，電話：03-442-0991；www.postmastershouse.com。這家榮獲獎項的餐廳位於細心整建的歷史性住宅中；食物美味、酒單豐富、服務也極佳。$

古老世界電影院

Dorothy Brown's Cinema Bar and Bookshop，Buckingham Street，電話：03-442-1968。這家電影院自成一格，擁有42張座位，在豪華的電影院中所放映的都是藝術電影（紅色的負鼠毛坐墊、美術吊燈），也有一家酒吧。

瓦納卡

如何抵達

瓦納卡距離皇后鎮北方約1小時的車程，你也可以搭乘接駁巴士或是長途巴士來此。也有觀景航班，從皇后鎮到瓦納卡約20分鐘的飛行時間。

遊客資訊

瓦納卡湖遊客資訊中心：100 Ardmore Street，濱水木屋，電話：03-443-1233；www.lakewanaka.co.nz；電子信箱：info@lakewanaka.co.nz

住宿資訊

Alpine Motel Apartments，7 Ardmore Street, Lake Wanaka，電話：03-443-7950；傳真：03-443-9031；www.alpinemotels.co.nz；電子信箱：alpinemotel@lakewanaka.co.nz。走路5分鐘就可以到達市中心、瓦納卡湖和高爾夫球場；基本的全家福公寓和套房設備齊全也很舒適。$-$$

Brook Val Motels，35 Brownston Street, Wanaka，電話：0800-438-333；傳真：03-443-9040；www.brookvale.co.nz。離市中心很近，但是很隱密，可以從旅館觀賞南阿爾卑斯山美景。所有房間內都有小廚房；旅館也有

溫泉池、戶外池、烤肉區和洗衣房。$-$$

Edgewater Resort，Sargood Drive, Lake Wanaka，電話：03-443-8311；www.edgewater.co.nz。這間旅館有現代又舒適的公寓和房間，房間中的浴室很大；旅館可以視人數的多寡來提供全家福套房；從旅館可以欣賞湖光山色；附設的Sargoods餐廳曾獲獎項。$$$$-$$$$$

Mount Aspiring Hotel，109 Mount Aspiring Road, Lake Wanaka，電話：03-443-8216；傳真：03-443-9108；www.wanakanz.com。這間以自然石塊和原木興建的美麗飯店擁有38間套房，每間套房中有私人浴缸和淋浴設施。附設的Tililum餐廳提供季節性的料理。$$$

Oakridge Pool and Spa Resort，Studholme路和Cardrona路的角落，電話：03-443-7707；www.oakridge.co.nz。距離市中心很近。

用餐資訊

Finchy's Restaurant and Bar，2 Dunmore Street，電話：03-443-6263；傳真：03-443-6263。這間餐廳在1880年的瓦納卡監獄所在地，餐廳是以粗面的石塊、木頭和鐵器興建的；這間寬敞高級的餐廳有非常悠閒、誘人的氣氛。公共的壁爐很美，餐廳的菜單和酒單很豐富；有個大型、與世隔絕的露天平台。$$$

Kai Whakapai Café and Bar，位於濱湖區，電話：03-443 07795；www.kaiwanaka.co.nz。這家在濱湖區的咖啡館很容易找到，可以一邊咀嚼他們自製的新鮮麵包、派餅、義大利麵和素食，一邊欣賞全景；Pa Runga葡萄酒酒吧在樓上。$

夜生活

就像皇后鎮一樣，瓦納卡的娛樂

似乎以冬季的滑雪者和夏季的探險活動者為中心；這裡有很多的酒吧和夜店，來參觀一下在Helwich街的Slaine愛爾蘭酒吧，這裡有很多愛爾蘭和紐西蘭啤酒。電話：03-443-6755。

戶外活動
登山

New Zealand Wild Walks：10A Tenby Street，電話：03-443-4476；www.wildwalks.co.nz。他們專門從事高聳山國家公園徒步旅行和登山的活動，並且帶領小團體參加一日或過夜的登山及冰河行程。

騎馬

Backcountry Saddle Expeditions，位於Carodronal山谷，電話：03-443-8151；傳真：03-443-1712；www.ridenz.com。他們提供南島山區騎馬之旅。

高崖跳傘

瓦納卡高崖跳傘：電話：03-443-9193或是0800-359-754；www.wanakaparagliding.co.nz。懷卡納提供紐西蘭最高的高崖跳傘活動；也有到三山錐的飛行巴士交通，費用25紐幣。

丹尼丁和附近城市
丹尼丁

如何抵達

丹尼丁有座國際機場，自由航空直飛澳洲的黃金海岸、雪梨、墨爾本和布里斯本，當然也直飛奧克蘭、威靈頓、基督城和羅托魯。機場到市區的接駁巴士票價是每人12紐幣，也可以搭乘計程車。機場距離市區約半個小時的車程，你可以從紐西蘭任何一個地方開車、搭火車或坐巴士來到丹尼丁；從丹尼丁開車到基督城需時5個小時，而到皇后鎮的車程約需4小時。

遊客資訊

丹尼丁遊客中心：48 The Octagon，電話：03-474-3300；傳真：03-474-3311；www.dunedinnz.com；電子信箱：visitor.centre@dcc.govt.nz

市區交通

丹尼丁和皇后鎮一樣，步行或搭乘計程車就可以到達市區許多地點；計程車行是南部計程車（Southern Taxis，電話：03-476-6400）；也有固定的市公車班次。若要訂位巴士、火車，長途巴士和國內班機，請聯絡下司徒華街的丹尼丁火車站（電話：03-477-4449）。

住宿資訊

Abbey Lodge，900 Cumberland Street，電話：03-477-5380；傳真：03-477-8715；網址：www.

奧塔哥購物

皇后鎮

來到皇后鎮的遊客會發現街上到處都是紀念品店，通常是不能殺價的，但是這裡殺價慢慢成為一種風氣。為了配合觀光客，皇后鎮的商店營業時間不定，大部分的商店一個星期營業7天，營業時間也延長。

亞羅鎮

在白金漢街上的黃金店（Gold Shop）使用當地出產的黃金製作當代的珠寶飾品。

瓦納卡

只要走路就可以買到你所需要的所有東西，你可以找到銷售當地藝術品和手工藝品的商店、很多的紀念品店和藥局、五金店及文具店。

旅館價格指南

所列價格為非旺季的每晚雙人房價格，購物稅已包括。

$	=	100紐幣以下
$$	=	100-150紐幣
$$$	=	150-200紐幣
$$$$	=	200-250紐幣
$$$$$	=	250紐幣以上

abbeylodge.co.nz。位置適中，有簡單的旅館房間，也有豪華的套房；有室內溫泉游泳池、三溫暖和溫泉。$-$$$$$

Cargill's Hotel，678 George Street，電話：03-477-7983；傳真：03-477-8098或0800-737-738；www.cargills.co.nz。飯店有附設餐廳，最適合出差旅行者了，房間雖然設備簡單但是很舒適。$$

Fletcher Lodge，276 High Street，電話：03-477-5552；傳真：03-474-5551；www.fletcherlodge.co.nz。旅館住宿舒適又優雅，旅館所在處原為民房；只要步行就可以到市中心。只有六間房間。$$$$$

Hulmes Court Bed and Breakfast，52 Tennyson Street，電話：0800-448-563；傳真：03-447-5310；www.hulmes.co.nz。這是間美麗的1860年代維多利亞式大宅，位於丹尼丁市中心，可以在路邊停車；民宿內有一個大理石壁爐，冬天時特別顯得溫暖，有一間道地家具的畫室。$-$$$

Larnach Lodge，145 Camp Road，奧塔哥半島，電話：03-476-1616；www.larnachcastle.co.nz。每間房間各有特色，都附有浴室；每一間房間可以俯瞰305公尺下方的海洋美景；小木屋的客人可以在他們具有歷史性的拉納屈城堡中的用餐室用餐。共有12間房間。也可以住在這裡

馬廄改建的房間，需共用浴室，共有6間房間。$

Leisure Lodge，丹尼丁北方的Duke Street，電話：03-477-5360或0800-334-123；www.leisurelodge.net.nz。旅館距離購物中心很近，比鄰植物園；這間旅館建築原來是McGavin's釀酒廠的所在地，現今仍然保留原有的石製品和釀酒廠的樣子。$$$

Scenic Circle Southern Cross Hotel，118 High Street，電話：03-477-0752；www.scenic-circle.co.nz位置適中；飯店大廳寬敞又溫暖，房間很高級，但是有些靠近馬路的房間可能會有一點吵；飯店中有一家很棒的咖啡廳，服務也很棒。$$$-$$$$$

餐廳價格指南

以下符號代表每個人的晚餐平均消費額，包括服務費和稅金。

$	=	10-15紐幣
$$	=	15-25紐幣
$$$	=	25紐幣以上

用餐資訊

2 Chefs，428 George Street，電話：03-477-9117。這家美食餐廳供應的是紐西蘭料理。$$$

Bell Pepper Blues，12 Moray Place，電話：03-474-5055。這家具創意的餐廳所供應的食物很簡單，像是比薩、義大利麵和墨西哥塔哥，餐廳位於舊式建築物中；他們的咖啡也很棒。樓上是間午夜沙發酒吧。$$

Etrusco at the Savoy，8A Moray Place；電話：03-477-3737。位於伊特魯里亞式的歷史建築物中。餐廳所供應的是道地的義大利麵料理、薄脆的比薩、義大利麵包和前菜。供應的咖啡相當濃，也有點心和選擇性很多的酒

單。$-$$

Highgate Bridge，Roslyn市312 Highgate，電話：03-474-9222。這裡有些古怪，但是絕對值得試試的餐廳，他們只在週五營業，而且只有外賣，提供的份量相當多一食物是由James Byars烹調，他曾經在倫敦最高級的Gavroche工作過十年。$-$$

Ombrellos，10 Clarendon Street，電話：03-447-8773；www.ombrellos.com。這家餐廳主要以非常有創意的料理為主，餐廳內裝潢很吸引人。$$$

娛樂/夜生活

在丹尼丁曾經非常典雅建築的外觀後面可以看出這城市仍然十分新。它是紐西蘭最古老大學的所在地，大學中眾多的學生賦予這城市一種輕鬆的環境，也有許多的酒吧音樂和劇院。丹尼丁有非常生動的音樂場景，許多紐西蘭的樂團就是在這裡組成的。財富劇院位於司徒華街231號，電話：03-477-8323；www.fortunetheatre.co.nz，這是間相當具知名度的劇院，他們常邀請當地和巡迴演出的團體來此表演。地球劇院位於London街104號，電話：03-477-3274，這是間獨特的丹尼丁機構，只演出最棒的傳統和現代舞台劇。丹尼丁賭場位於High Street108號，電話：03-477-4545；www.dunedincasino.co.nz，這間賭場也挺值得來小賭一下，限制年齡：20歲以上。

戶外活動
划愛斯基摩小船

Wild Earth Adventures，每天安排行程，收門票，電話：03-473-6535；www.wildearth.co.nz。這家公司提供小船之旅，有幾個小時的行程或是好幾天的行程，會帶領你到海邊參觀軟毛海豹和皇家信天翁，沿路也會看

到許多其他的野生動物。

觀企鵝

Penguin Place，Harrington Point, No. 2RD，電話：03-478-0286；www.penguin-place.co.nz。每天上午10.15到夏季太陽下山前90分鐘開放、冬季開放時間為3:15pm-4:15pm。這裡稀有的黃眼企鵝在碎浪中昂首挺胸，可以用特別的方式躲起來或是躲在隧道中觀察這些企鵝。

Monarch Wildlife Curise and Tours，電話：03-477-4276或0800-666-272；www.wildlife.co.nz。沒有比在信天翁、海豹和企鵝棲息地觀察牠們更好的地方了。探索一下泰阿羅海角、奧塔哥港和半島；有一小時、半天和全天的行程。

衝浪

只要勇敢的人都可以試試在冰冷的海洋中探險一下，丹尼丁有全國最棒的一些海浪，有個47公里長的海灘。著名的衝浪點是在St. Clair、St. Kilda和Brighton。如果你計畫在冬天衝浪，請先確定自己有厚的緊身保暖衣、帽子和鞋子。

丹尼丁商店

在丹尼丁購物是件非常輕鬆又不緊張的事，主要的購物中心位於八角大樓、Lower Stuart街、Princes街、George街和St. Andrews。這裡也有一些在Mornington、The Gardens、Anderso海灣路和Mosgiel郊區的商店。

南地島

印威喀吉（Invercargill）

如何抵達

印威喀吉機場在市中心西方5分鐘車程處，紐西蘭航空有班機飛往此地，也有巴士到達紐西蘭各處。

遊客資訊

印威喀吉i-SITE遊客中心：位於Gala街108號，電話：03-214-6243；，網址：www.invercargill.org.nz

南島冒險觀光局（Venture Southland Tourism）：143 Spey Street，電話：03-211-1429；www.visitsouthlandnz.com

住宿資訊

Ascot Park Hotel/Motel，位於Racecourse路和Tay街的角落，電話：03-217-6195；傳真：03-217-7002；www.ilt.co.nz。這間位於寧靜環境中的飯店有室內游泳池、溫泉、三溫暖、健身房和餐廳。$-$$

Birchwood Manor，189 Tay Street，電話：03-218-8881；傳真：03-218-8880；www.birchwood.manor.co.nz。這間榮獲獎項的旅館有很棒的全家福房間和商業住宿房間，房間寬敞、價格也合理。$-$$

維多利亞鐵路飯店：3 Leven Street，電話：03-218-1281或0800-777-557；www.vrhotel.info。這間家族經營的飯店位於歷史性的建築中，有餐廳和沙發酒吧。$-$$

用餐資訊

Frog 'n' Firkin Café Bar，31 Dee Street，電話：03-214-4001；傳真：03-214-0661。有英國舊式酒吧的感覺，氣氛很棒，食物價格合理。週末夜晚有餘興表演。$

HMS國王餐廳：80 Tay Street，電話：03-218-3443。餐廳供應傳統的紐西蘭海鮮、蝦、牡蠣、銀魚、明蝦和魚類料理。$$

The Cabbage Tree，379 Dunns Road, Otatara, RD9，電話：03-213-1443，傳真：03-213-1108；www.thecabbagetree.com。這間歐風料理的餐廳和酒吧有很溫暖的氣氛（四個壁爐）和當地美味的海鮮和時蔬，可以單點也可以點定食。$$

戶外活動

釣魚

Riverside Guides in Gore，電話：03-208-4922；www.browntrout.co.nz；電子信箱：fishing@esi.co.nz。有嚮導帶領在河中或溪中釣魚。在三角地帶的馬陶拉河中有全世界最棒的棕色鱒魚，當然這是當地人說的。

健行

要在南島健行，請洽附近的公園管理處或遊客資訊中心，或是參考公園管理處的網站www.doc.govt.nz

卡特林斯海岸

遊客資訊

卡特林斯社區資訊中心（Catlins Community Information Centre，Main Road, Owaka，電話：03-415-8371；www.catlins.org.nz；電子信箱：infor@catlins-nz.com

住宿資訊

Catlins Farmstay B&B，174 Progress Valley Road，電話：03-246-8843；www.catlinsfarmstay.co.nz。這間介於Cathedral洞穴和Curio海灣中間的民宿位於農莊內，房間寬敞；提供早餐和晚餐，在這裡可以體驗到熱情的紐西蘭式歡迎。$$$-$$$$

Nadir Outpost，Slope Point，電

話：03-246-8544。提供基本的房間，有紮營地和民宿，在森林中、景色壯觀。旅館中有小型的紀念品店和用品店。$

Nugget View and Kaka Point Motel，11 Rata Street，卡卡岬，電話：03-412-8602網址：www.catlins.co.nz。有經濟房和豪華溫泉房，所有房間都可以欣賞美麗海景。可以安排生態之旅或是釣魚租船。$-$$$$$

戶外活動
健行

Catlins Wildlife Trackers Ecotours，Papatowai，RD2 Owaka，電話：03-415-8613；www.catlins-ecotours.co.nz。這間榮獲獎項的多日旅程可以帶你去看企鵝、海獅和稀有鳥類，並有歷史解說-從1億8千萬年前到現代歷史。

蒂阿瑙
如何抵達

蒂阿瑙距離皇后鎮南方約2小時的車程，和皇后鎮之間有接駁巴士和長途巴士。在蒂阿瑙的**Top Line Tours**（電話：03-249-7959）每天有車班往返於皇后鎮和蒂阿瑙之間，也可以從皇后鎮搭乘45分鐘的班機來到蒂阿瑙。請參考329-330頁的「熟悉環境」。

遊客資訊

Destination Fiordland，Milford Road，電話：03-249-7959；www.fiordland.org.nz；電子信箱：info@fiordland.org.nz

住宿資訊

Aden Motel，57-50 Quintin Drive，電話：03-249-7748；傳真：03-249-7434；www.aden-motel.co.nz。這間設備齊全的旅館房間有個小廚房；鄰近湖和商店。共有12間房間。$-$$

Explorer Motel，6 Cleddau Street，電話：03-249-7156或0800-477-877；傳真：03-249-7149；www.explorerlodge.co.nz；距離市中心很近。共有11間房間。$$

Kingsgate Hotel Te Anau，20 Lake Front Drive，電話：03-249-7421；傳真：03-249-8037；www.kingsgatehotel.co.nz。有濱湖的花園、餐廳和酒吧。共有94間房間。$$

Luxmore Hotel，Main Sreet，電話：03-249-7526；傳真：03-249-7272；www.luxmorehotel.co.nz。距離觀光點和商店很近，和湖邊也只有100公尺的距離。共有106間房間。$$$-$$$$$

Te Anau Downs Hotel，SH94 Milford，電話：03-249-7811；傳真：03-249-7753；www.teanau-milfordsound.co.nz。飯店位於到密爾福峽灣公路上的一個安靜處所。有領照的餐廳。5月20日到9月10日不對外營業。共有25間房間。$

用餐資訊

Kepler's Restaurant，23 Town Centre，電話：03-249-7909。餐廳菜單上至少有50%是海鮮料理 — 有炒小章魚和烤明蝦，另外還有傳統料理（烤蛋白、英式炸魚薯條）。凱普樂餐廳的食物很美味、服務也很好。$$

La Toscana，108 Town Centre，電話：03-249-7756；www.latoscana.co.na。這是蒂阿瑙真正的塔斯卡尼料理餐廳、服務一流；當地人對他們的nonno義大利麵和乳酪蛋糕讚不絕口。$$

橄欖樹咖啡：52 Town Centre，電話：03-249-8496。供應簡單的早餐和午餐，咖啡很好喝。有現場餘興節目。$

Redcliffs Café and Bar，12 Mokonui Street，電話：03-249-7431。在可愛的木屋中供應大城市風格的料理。$$

戶外活動
觀鳥

蒂阿瑙野生動物中心：Lakefront Drive，電話：03-249-7924。主要專注在當地鳥類，包括稀有的takahe。

遊輪

Adventure Manapouri，50 View Street，電話：03-249-8070；www.adventuremanapouri.co.nz。這間公司會帶你去瑪納普利許多美麗的步道，這些地方是只有坐船才能到達的。

密爾福峽灣紅色小船之旅：位於密爾福峽灣的密爾福碼頭，電話：03-441-1137；www.redboats.co.nz。紐西蘭假期最有趣的地方就是參觀密爾福峽灣壯麗的景色，包括法冠峰、瀑布和眾多的植物群和動物群。

潛水

Tawaki Dive，44 Caswell Raod，電話：03-249-9006；www.tawakidive.co.nz。在密爾福峽灣潛水是個相當難得的體驗。通常住在海底50-150公尺的生物可以在20公尺深的海底看到；歡迎不會潛水的人。

螢火蟲洞穴

Real Journeys，位於蒂阿瑙，電話：03-249-7416；www.realjourneys.co.nz。在蒂阿瑙湖航行，以小團體的方式參觀螢火蟲洞穴；非常壯麗的景象。

石化森林

南島的庫利歐海灣是世界上最寬廣又最少被破壞的石化森林之一。這間森林據說有1億8000萬年的歷史。

在南島健行

這裡的雨林、海岸步道、海灘生態之旅和南島附近的國家公園都值得去走走。**密爾福步道**長達53.5公里，也是很受歡迎的地方。請洽蒂阿瑙峽灣地國家公園遊客中心，電話：03-249-8514；傳真：03-249-8515。

福沃健行步道，靠近布拉夫，是在陡岸懸崖下的步道，長約7公里，可以一邊走一邊欣賞美麗的海岸和灌木叢景觀。或是探索卡特林斯，如果幸運的話，或許你可以看到海豹、海獅和海豚。

試試在峽灣地國家公園東南方的**新突亞塔佩列丘脊步道**，這條步道長達43公里，起點和終點都是在Te Wae Wae海灣西邊盡頭的藍色峭壁海灘（Blue Cliffs Beach）；請洽：健行預定櫃檯 — Te Anau 9681，Lakefront drive，郵政信箱29號，電話：03-249-8514；傳真：03-249-8515；www.doc.govt.nz；電子信箱：greatwalksbooking@doc.govt.nz

騎馬

High Ride Horse Treks，Wilderness Road, RD2，電話：03-249-8591；www.highride.co.nz。在這趟騎馬之旅中可以欣賞到許多美景、遇到動物和古代森林。依據個人騎馬經驗可以在眾多馬匹中做選擇，受過訓練的教練也可以提供指導。

司徒華島

如何抵達

印威喀吉和司徒華島之間有Foveaux Express渡輪，每天從布拉夫出發，電話：03-212-7660；www.foveauxexpress.co.nz。司徒華島班機也從印威喀吉機場直航史督滑島，電話：03-218-9129；www.stewartisland-flights.com。請參考329-330頁的「熟悉環境」。

遊客資訊

遊客資訊中心：Main Road, 郵政3號信箱，電話：03-219-0009；傳真：03-219-0003；www.stewartisland.co.nz

公園管理處：Main Road, 電話：03-219-0002；www.doc.govt.nz，這裡所提供有關如何盡情探索保護區天堂的資訊是不可或缺的。

當地交通

Oban Tours and Taxis，電話：03-219-1456，從7am-7:30pm營業，也可以租用摩托車。另外一個到達島上主要地區的方式就是搭乘水上摩托車；請洽**Seaview Tours**，電話：03-219-1014。

住宿資訊

South Sea Hotel，Elgin Terrace, Halfmoon Bay，電話：03-219-1059；www.stewart-island.co.nz。這是間友善的鄉村風格飯店，距離市區只需步行25分鐘。飯店所附設的餐廳供應當地海鮮料理；套房比鄰飯店、景色美；距離Mill Creek很近。$-$$

Stewart Island Lodge，位於半月海灣，電話：03-219-1085；www.islandlodge.co.nz。飯店在灌木叢的自然美景中半隱半現，可以觀賞半月海灣的壯麗景觀，每一間套房有大張的床鋪、中央空調和浴室；餐廳提供美味料理，最主要是當地新鮮海鮮料理。$$$

The Retreat，位於馬蹄海灣，電話：03-219-1071，這是個現代化的海灘民宿，房間寬敞、景色優美；提供海鮮和素食料理。$$

戶外活動

租船之旅

有許多的租船公司，有探險遊輪、潛水和釣魚之旅；若想真正體驗冒險，就要乘坐17公尺長的裝上發動機的鋼鐵雙堤縱帆船；請洽**Talisker**租船公司；電話：03-219-1151；www.talisker-charter.co.nz；或**Thorfinn**租船公司，電話：03-219-1210；www.thorfinn.co.nz。

划愛斯基摩小船

划愛斯基摩小船是另外一種探索本地的好方法；請**洽司徒華島愛斯基摩小船公司**，電話：03-219-1080。

健行

有許多可以探索的步道，有一些步道只需15分鐘就可以走完，有些步道則需要花3天的時間才能走完。3天的**雷奇歐拉步道**是最受遊客歡迎穿越森林的步道，只要體力還可以的人就可以參加這個健行，可以了解司徒華島和棲息鳥類生活 — 像是藍色企鵝。**Kiwi Wilderness Walks**，31 Orawia Road, Tuatapere，電話：0800-733-549；www.nzwalk.com，這家公司提供多天內陸健行行程，可以趁這個機會來了解鷸鴕在自然環境中的生活方式。

Ulva's健行嚮導，電話：03-219-1216；www.ulva.co.nz。Ulva Amos是司徒華島原住民的後代子孫、是此地區植物群和動物群的專家、也帶領遊客進行半日的健行行程，在這半天的行程中可以欣賞司徒華島自然遺產。

圖片版權

攝影作品

Map Production Polyglott Kartographie, Lovell Johns
© 2005 Apa Publications GmbH & Co. Verlag KG (Singapore branch)

地圖編輯 **Zoë Goodwin**
設計顧問
Klaus Geisler, Graham Mitchener
攝影研究 **Hilary Genin**

英文索引

Y

中文索引

國家圖書館出版品預行編目資料

紐西蘭 / -- 初版. -- 臺北市：時報文化, 2006〔民 95〕
　　面；　公分. --（知性之旅；10）
譯自：New Zealand
ISBN 978-957-13-4562-8（平裝）

1. 紐西蘭 - 描述與遊記

772.9　　　　　　　　　　　　　95020911

買最新修訂版 INSIGHT GUIDES【知性之旅】

送 長榮航空 台北—巴黎 來回機票

凡購買時報出版最新修訂版INSIGHT GUIDES【知性之旅】系列——法國、德國、澳洲、西班牙、埃及、紐西蘭、希臘、日本、英國、義大利等10國旅遊書任一本,就有機會獲得長榮航空提供台北至巴黎來回機票乙張,只有兩名幸運兒,千萬別錯過!

活動時間:
即日起至2007年3月5日止

活動辦法:
1. 購買最新修訂版INSIGHT GUIDES【知性之旅】系列——法國、德國、澳洲、西班牙、埃及等五本,請將購買此五本任一本書籍之發票或收據(發票或收據上確實註明書名、品項名稱;如無法註明,請加蓋店章,否則無效),並附上本人姓名、地址、聯絡電話、身分證字號等基本資料放入信封內,寄至時報出版公司「知性之旅系列小組 收」(108台北市和平西路三段240號4樓)。
2. 購買最新修訂版INSIGHT GUIDES【知性之旅】系列——紐西蘭、希臘、日本、英國、義大利等五本,請填妥讀者回函卡並放入信封內,或貼在明信片背後,寄至時報出版公司「知性之旅系列小組 收」(108台北市和平西路三段240號4樓)。
3. 參加者來函以郵戳為憑,逾期無效。

得獎公布:
時間:2007年3月13日,得獎名單公布於時報悅讀網http://www.readingtimes.com.tw,並另行電話通知。

備註:
1. 機票不得折現或更換,得獎之讀者,需依規定辦理繳稅手續。
2. 機票使用期限:所有機票須於2007年6月30日前全程使用完畢。
3. 主辦單位保留隨時視需要得調整活動辦法及獎項之權力。

長榮網翼通特別活動:
自2006年12月1日起至2007年2月8日止至長榮航空網站(http://www.evaair.com)購得台灣出發任一單點之來回機票(港、澳航點除外),就有機會獲得時報文化出版最新修訂版INSIGHT GUIDES【知性之旅】系列、精選法國、德國、澳洲、西班牙、埃及、紐西蘭、希臘、日本、英國、義大利等10國旅遊書乙套,價值NT6,000元,週週送出一套,豐富您的深度旅遊!

主辦單位: **時報出版** **EVA AIR 長榮航空**

長榮假期 深度體驗 —
讓旅行，蒐藏全世界友情

掙脫朝九晚五的魔咒，探索完全屬於自己的獨特旅程—
上帝創造不同膚色的人種，也創造了人們發現彼此的樂趣，
自在的旅程，使相逢盈溢酒釀的芳香，
更讓回程的行囊裝滿異國的熱情…

長榮假期 *evasion*，帶您享受自由的、深度的、超值的完美旅程！

EVA AIR
長榮航空
www.evasion.aero